HISTOIRE ANCIENNE DE L'ORIENT

JUSQU'AUX GUERRES MÉDIQUES

ANGERS, IMPRIMERIE BURDIN ET Cie, RUE GARNIER, 4.

HISTOIRE ANCIENNE
DE L'ORIENT

JUSQU'AUX GUERRES MÉDIQUES

PAR

FRANÇOIS LENORMANT

MEMBRE DE L'INSTITUT

PROFESSEUR D'ARCHÉOLOGIE PRÈS LA BIBLIOTHÈQUE NATIONALE

Ouvrage couronné par l'Académie Française

NEUVIÈME ÉDITION

Revue, corrigée, considérablement augmentée et illustrée de nombreuses figures d'après les monuments antiques.

TOME TROISIÈME

CIVILISATION, MŒURS ET MONUMENTS DE L'ÉGYPTE

Contenant 241 Gravures, 4 Cartes dans le texte, 2 Planches en chromolithographie et 3 Planches en noir tirées hors texte

PARIS
A. LÉVY, LIBRAIRE-ÉDITEUR, 13, RUE LAFAYETTE
(PRÈS L'OPÉRA)

1883

LIVRE IV

CIVILISATION, MŒURS, RELIGION ET ARTS DE L'ÉGYPTE

CHAPITRE PREMIER

ORGANISATION SOCIALE ET POLITIQUE, ET MŒURS

§ 1. — CONSTITUTION SOCIALE DU PEUPLE ÉGYPTIEN

La division du peuple en classes était la base de la constitution sociale de l'Égypte antique; la royauté en était le sommet. Le nombre de ces classes varie dans Hérodote et Diodore de Sicile, les deux écrivains de la littérature classique qui nous ont fourni des renseignements à cet égard. Le premier distingue sept classes : les prêtres, les guerriers, les bouviers, les porchers, les gens de métier, les interprètes, les pilotes. Le second divise autrement la population. Pour lui, il n'y a que cinq classes : les prêtres, les guerriers, les agriculteurs, les pasteurs, les artisans. Cette divergence entre les deux historiens, qui avaient tous deux vu et parcouru l'Égypte, indique que les renseignements qu'ils nous ont transmis sur cette matière étaient incomplets et assez légèrement pris. De plus, bien des conditions civiles que nous voyons signalées et mentionnées sur les monuments ne rentrent naturellement dans aucune des classes énumérées par les deux écrivains grecs.

On a longtemps supposé, sur la foi de témoignages mal interprétés, que le peuple égyptien était sévèrement divisé en castes. Un savant français, J.-J. Ampère, a victorieusement réfuté cette idée[1]. La caste, en effet, n'existe qu'à trois conditions imposées à ses membres : s'abstenir de certaines professions qui leur sont interdites, se préserver de toute alliance en dehors de la caste, continuer la profession qu'on a reçue de ses pères. Or, pour ne parler que des classes sacerdotale et militaire, au sein desquelles les professions se seraient transmises de père en fils suivant Hérodote et Diodore, voici ce que nous apprennent les monuments : 1° Les fonctions sacerdotales et militaires, loin d'être exclusives, étaient souvent associées les unes avec les autres, et chacune d'elles avec des fonctions civiles, le même personnage pouvant porter un titre sacerdotal, un titre militaire et un titre civil ; 2° un personnage revêtu d'un titre militaire pouvait s'unir à la fille d'un personnage investi d'une dignité sacerdotale ; 3° les membres d'une même famille, soit le père, soit le fils, pouvaient remplir l'un des fonctions militaires, l'autre des fonctions civiles ; ces fonctions enfin ne passaient pas nécessairement aux enfants.

Il n'y avait donc pas de caste sacerdotale dans le sens rigoureux du mot, puisque les prêtres pouvaient être en même temps généraux ou gouverneurs de provinces, architectes ou juges. Il en était de même de l'état militaire, dans lequel le même homme était chef des archers et gouverneur de l'Éthiopie méridionale, préposé aux constructions royales et chef d'un corps de mercenaires étrangers. L'hérédité n'était pas non plus la loi générale de la société égyptienne. Sans doute le fils héritait souvent de l'emploi de son père, et plus souvent dans les classes sacerdotale et militaire que dans les autres ; mais ce fait, qui se retrouve dans une foule d'autres sociétés, ne prouve nullement que l'hérédité fût absolue et universelle. Il y avait jadis en France une classe essentiellement vouée à la guerre, c'était la noblesse ; il y en avait une autre au sein de laquelle les charges se transmettaient à peu près de père en fils, c'était la classe des magistrats. On n'en conclura pas cependant que la France ait jamais été soumise au régime des castes. Il serait donc plus juste de traduire par le mot « corporation, » ainsi que l'a fait Ampère, le mot grec auquel on a donné le sens de « caste » en parlant de l'ancienne Égypte.

De toutes les classes entre lesquelles se partageait la société égyptienne, celles des guerriers et des prêtres jouissaient des plus grands

---

[1] Dans un mémoire qui a été réimprimé à la suite de son *Voyage en Égypte*, Paris, 1868

honneurs. Les prêtres, surtout sous les dernières dynasties, formaient dans l'État une sorte de noblesse privilégiée. Ils remplissaient les plus hautes fonctions et possédaient la plus grande et la meilleure partie du sol; et pour rendre cette propriété inviolable, ils la représentaient comme un don de la déesse Isi, qui leur avait, dans le temps où elle était sur la terre, assigné un tiers du pays. Ces terres étaient exemptes de toute espèce d'impôts ; elles étaient ordinairement affermées moyennant une redevance qui constituait le trésor commun du temple dont les terres dépendaient, et qui était employée aux dépenses du culte des divinités, ainsi qu'à l'entretien des prêtres et de leurs nombreux subordonnés. Les prêtres, disent les écrivains classiques, ne dépensaient rien de leurs biens propres; chacun d'eux recevait sa portion des viandes sacrées, qu'on leur donnait cuites ; on leur distribuait même chaque jour une grande quantité de bœufs et d'oies; on leur donnait aussi du vin, mais il ne leur était pas permis de manger du poisson.

Cette dernière prescription était d'une rigueur absolue. Manger du poisson, pour un prêtre égyptien, était faire acte éclatant d'apostasie, renoncer formellement à son sacerdoce et se poser en contempteur des dieux. Dans quelques documents indigènes, correspondances ou pièces administratives, il est question de prêtres qui ont commis une aussi coupable infraction aux règles de leur état, et c'est de cette manière que leur acte est interprété. Le 9 du mois de thoth, le premier mois de l'année, une vieille coutume religieuse imposait à tous les Égyptiens de manger un poisson grillé devant la porte de leurs maisons; les prêtres recevaient ce jour-là le leur, comme les autres, mais au lieu de se souiller en le mangeant, ils le brûlaient en public sur des charbons. Ce n'était pas là du reste, la seule prescription diététique relativement à la nourriture qui fût imposée aux membres du sacerdoce égyptien. La viande de porc leur était strictement interdite comme impure, interdiction qui du reste était, sauf quelques cas exceptionnels, la même pour les gens de toutes les classes du peuple. Certains aliments végétaux, permis aux non-prêtres, étaient encore du nombre des choses interdites pour le sacerdoce, par exemple les fèves, les pois, les lentilles, l'ail et les oignons. Ce n'étaient pourtant pas, à proprement parler, des aliments impurs, puisqu'on les présentait aux dieux en offrandes. Les oignons en particulier, ces fameux oignons d'Égypte après lesquels les Benê-Yisraël soupiraient dans le désert, figurent presque toujours parmi les objets de nature comestible offerts aux dieux ou aux morts dans les cérémonies du culte. Dans certains rites on les voit réunis par leurs tiges en faisceaux qui s'ouvrent en bas, de manière à coiffer comme une sorte de couvercle la table où sont accumulées les autres offrandes.

Offrandes d'oignons faites aux dieux.

C'est probablement la double circonstance de l'interdiction pour les prêtres de manger ce légume et de son caractère habituel d'offrande sacrée qui a donné lieu à la fable puérile, si souvent répétée sur la foi des écrivains grecs et latins, d'après laquelle les Égyptiens auraient rendu aux oignons un culte divin. Dans la réalité cette assertion ne repose sur aucun fondement sérieux.

Les prêtres étaient obligés à la plus extrême propreté sur eux et dans leurs vêtements. « Ils se rasent le corps entier tous les trois jours, » dit Hérodote, dont le récit se trouve pleinement d'accord avec les monuments. « Ils ne portent qu'une robe de lin et des chaussures en écorce de papyrus; il ne leur est pas permis d'avoir d'autre habit ni d'autre chaussure. Ils se lavent deux fois par jour dans l'eau froide et autant de fois toutes les nuits; en un mot, ils ont mille pratiques religieuses qu'ils observent régulièrement. » Une grande cérémonie de purification précédait chacun de leurs jeûnes, qui étaient nombreux et duraient de sept à quarante-deux jours. Pendant le temps de ces jeûnes ils devaient s'abstenir de tout aliment ayant eu vie et pratiquer la plus rigoureuse chasteté.

Le costume des prêtres, surtout celui dans lequel ils officiaient, variait suivant leur rang et leur fonction. Les représentations monumentales en font connaître un assez grand nombre de types. Le plus souvent, la robe de lin rituelle y est d'étoffe fine et transparente, d'une sorte de batiste empesée et gaufrée à petits plis, au moyen d'un instrument de bois dont les musées renferment quelques exemplaires en original. L'insigne spécial du prêtre d'ordre supérieur appelé *sam*, consistait dans une peau de léopard posée par-dessus la tunique, dont la tête, passant sur l'épaule gauche, retombait sur la poitrine.

La hiérarchie sacerdotale égyptienne comprenait de nombreux degrés, classés d'après leur rôle et leur importance. Clément d'Alexandrie en donne une énumération dont l'exactitude a été confirmée par l'étude des documents hiéroglyphiques eux-mêmes; et il indique celui des livres sacrés, attribués au dieu Tahout, que les membres de chaque catégorie de prêtres devaient étudier et savoir par cœur pour être en mesure de remplir dignement leur office. L'ordre supérieur était celui de ce que les Grecs ont appelé les « prophètes, » qui devaient être versés à fond dans toutes les matières relatives à la doctrine religieuse, aux lois, au

Costumes principaux des différentes classes de prêtres[1].

culte et à la discipline sacerdotale. C'étaient eux qui, non seulement présidaient aux cérémonies des temples, y tenaient la première place et y accomplissaient les rites principaux, mais aussi qui en administraient les revenus. Dans les assemblées sacerdotales, tenues quand il s'agissait de porter de nouveaux règlements sur les choses religieuses, les « prophètes » étaient ceux à qui appartenait le privilège d'opiner les premiers.

Chaque prêtre était attaché au service d'un dieu et d'un sanctuaire déterminé. Celui d'un dieu ne jouissait pas du droit d'officier dans le temple d'un autre; mais tous pouvaient, dans certaines circonstances, pratiquer les rites du culte de famille en l'honneur des ancêtres et y pré-

[1] D'après Wilkinson, qui les a tous relevés sur les monuments originaux.

senter les offrandes à Osiri, en tant que dieu des enfers. A tout temple était attaché un nombreux clergé, présentant l'échelle des principales classes de la hiérarchie. Un grand prêtre ou « chef des prophètes » y présidait ; c'est lui qui offrait le sacrifice à la divinité du temple. La présence seule du roi lui enlevait ce privilège et le faisait passer au second rang ; il devenait alors l'assistant du souverain. Les grands prêtres tenaient la tête de l'ordre des « prophètes, » et même ils en sont quelquefois distingués comme formant un ordre supérieur. Leur rang réciproque était déterminé par le rang même que tenaient dans le panthéon les dieux dont ils desservaient les sanctuaires. Dans chaque nome ou province il y avait un temple principal, dont le grand prêtre était de droit

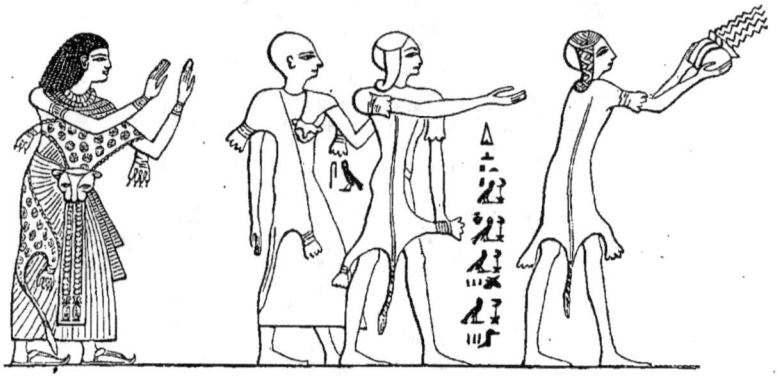

Le prêtre appelé *sam*, variantes de son costume.

chef du sacerdoce de la province. Quant aux grands prêtres des dieux suprêmes des villes comme Thèbes et Memphis, leur rang et leur autorité sur les prêtres de tout le pays était en rapport avec la prépondérance politique des cités où ils avaient la direction du sacerdoce. Sous les dynasties thébaines, de la xviii° à la xx°, les grands prêtres d'Ammon à Thèbes devinrent graduellement les chefs des prêtres de l'Égypte entière, des souverains pontifes, de véritables Papes, dont l'autorité spirituelle, toujours grandissante, se doubla d'un pouvoir temporel qui s'accentua et se développa au fur et à mesure de l'affaiblissement de l'autorité royale sous des princes fainéants, à tel point qu'un jour vint où ces grands prêtres d'Ammon, comme nous l'avons déjà raconté (tome II, p. 327), ceignirent temporairement la couronne des Pharaons.

Les principaux titres sacerdotaux que nous lisons dans les textes égyptiens sont ceux de *noutri hon*, traduit par « prophète ; » de *noutri atef* ou « père divin, » qui constituait un grade inférieur mais d'où on pouvait s'élever par élection à celui de prophète ; de *ab* ou « purificateur, » qui était encore au-dessous ; enfin, le dernier de tous était le titre de *noutri meri*. Dans le culte funéraire, celui qui récitait les prières et pratiquait les cérémonies rituelles à la porte du tombeau était appelé *kar hebi*. Au-dessous de ces prêtres proprement dits s'échelonnaient un certain nombre de catégories de ministres inférieurs des autels, tels que les *fai sen-noutri*, « porte-encens, » et les *hosi*, musiciens et chanteurs.

Du temps de l'Ancien Empire on voit des femmes investies du titre de *noutri hon-t* ou « prophétesses, » placées sur le même rang que les

Pallacides des dieux[1].

« prophètes » et remplissant exactement le même office. Mais dès la xiie dynastie on n'en rencontre plus de trace. Hérodote remarque qu'en Égypte, à la différence de ce qui se passait chez les Grecs, aucune femme ne pouvait exercer la prêtrise, même dans le culte des déesses. Ceci était déjà vrai dans l'Égypte thébaine du Moyen et du Nouvel Empire ; mais ceci ne doit être entendu que par rapport à l'office propre du prêtre, en tant que sacrificateur et médiateur officiel entre les hommes et les dieux. Sans qu'il y eût de véritables prêtresses, les femmes avaient de certains rôles dans le culte égyptien. A presque tous les temples étaient attachées des chanteuses, *qema-t*, et des joueuses de sistre, *ahi-t*. En outre, nous rencontrons des femmes, qui, pour la plupart sont épouses,

[1] D'après Wilkinson, qui en a relevé les figures sur les monuments originaux.
Les trois femmes placées à la droite du spectateur sont qualifiées de mère, fille et sœur de prêtres. Les deux figures sur la gauche représentent la reine Nofri-t-ari Meri-t-en-Mout, une des femmes de Râ-mes-sou II, dans l'exercice de l'office de Pallacide d'Ammon à Thèbes.

mères ou filles de prêtres, portant le titre de *noutri hem-t* ou *noutri tiou-t*, « épouse » ou « servante concubine » de tel ou tel des grands dieux mâles, dont elles desservent le temple. C'est ce que les Grecs ont appelé les Pallacides de tel ou tel dieu. En quoi consistait proprement leur office, c'est ce que nous ne saurions définir d'une manière précise ; mais leur rang était élevé et leur caractère particulièrement sacré. Sur les monuments qui les représentent, elles tiennent le sistre à la main et présentent des fleurs au dieu dont on les tenait pour les épouses terrestres. Les principales de ces Pallacides des dieux étaient celles de l'Ammon thébain. A partir de l'avènement de la xviiie dynastie, les princesses de sang royal et les reines elles-mêmes tinrent à grand honneur d'être revêtues de ce titre saint et de l'office qu'il désignait, marque éclatante de l'estime où on le tenait. Amon-iri-ti-s, pendant la régence qu'elle exerçait à Thèbes pour son frère Schabaka, était décorée de ce titre religieux.

Après la classe sacerdotale venait, dans l'ordre d'importance, la classe militaire, qui, elle aussi, jouissait de grands privilèges. Sa constitution, telle qu'elle nous est décrite par les auteurs grecs d'après ce qu'ils en avaient vu en visitant le pays, paraît avoir été de date assez tardive.

Sous l'Ancien et le Moyen-Empire, il semble que l'organisation des troupes égyptiennes ait été toute féodale. Les princes héréditaires des nomes et les seigneurs terriens qui leur étaient subordonnés, levaient parmi leurs vassaux des contingents qui leur servaient à maintenir l'ordre et à garder les places situées sur leur territoire. Ils veillaient à leur instruction et s'étudiaient à s'en faire des satellites dévoués, dont les armes devaient être la meilleure garantie du maintien de leur puissance personnelle. C'est de leurs rangs qu'ils tiraient les soldats qu'ils devaient fournir au souverain sur sa réquisition et dont un certain noyau restait sans doute à demeure auprès de sa personne ou dans le voisinage des frontières. Dès les plus anciennes époques, du reste, nous voyons les Pharaons renforcer leur armée proprement égyptienne de corps de mercenaires étrangers.

Sous les grands conquérants de la xviiie et de la xixe dynastie, on constate l'existence d'une armée royale permanente, nombreuse, bien exercée, puissamment disciplinée, capable, en un mot, d'assurer au loin la prépondérance militaire de l'Égypte. En guise de cavalerie, cette armée comptait des chars de guerre en grand nombre, mais le véritable nerf en était l'infanterie, divisée en troupes de ligne, *mesch-ou* ou *menfi-ou*, et troupes légères, *nofri ou*. Les premières se formaient pour le combat en phalange profonde et compacte ; les secondes consistaient surtout en archers dont l'habileté était renommée. L'armée était répartie en régiments, que distinguait la variété de leurs enseignes et de leur équipement. Les grades y étaient ceux de lieutenant, *menh*, capitaine, *mer*, et colonel, *haout ;* on ne sait pas encore bien définir quelle était la nature de celui que désignait le titre d'origine sémitique *adon*. Ces officiers paraissent avoir été entretenus par des dotations

Types de mercenaires étrangers sous la xix⁰ dynastie¹.

territoriales proportionnées à leur grade. Le privilège de la naissance était pour quelque chose dans l'obtention des grades, et l'on conçoit que les fils d'officiers devenaient, plus facilement que d'autres, officiers eux-mêmes. Cependant le soin que, dans les correspondances littéraires du temps de la xix⁰ dynastie qui sont parvenues jusqu'à nous, les scribes prennent de détourner leurs élèves des séductions de la carrière militaire, montre qu'elle était accessible à tous. Le moment de la guerre de délivrance qui expulsa les Pasteurs et des premières campagnes triomphantes des Pharaons de la xviii⁰ dynastie fut celui des officiers de fortune, qui, partis des rangs mêmes du peuple, parvinrent par leur seule vaillance personnelle, aux plus hautes situations de l'armée. Du temps de la xix⁰ les candidats aux grades militaires étaient conduits de

¹ Le premier qui marche sur la gauche est un Schardana, le second un Tourscha, le troisième un Ouaschascha et le quatrième un Daanaouna du Péloponnèse.

bonne heure à la caserne et y recevaient une éducation spéciale qui commençait au sortir de l'enfance [1]. L'avancement était modelé sur celui

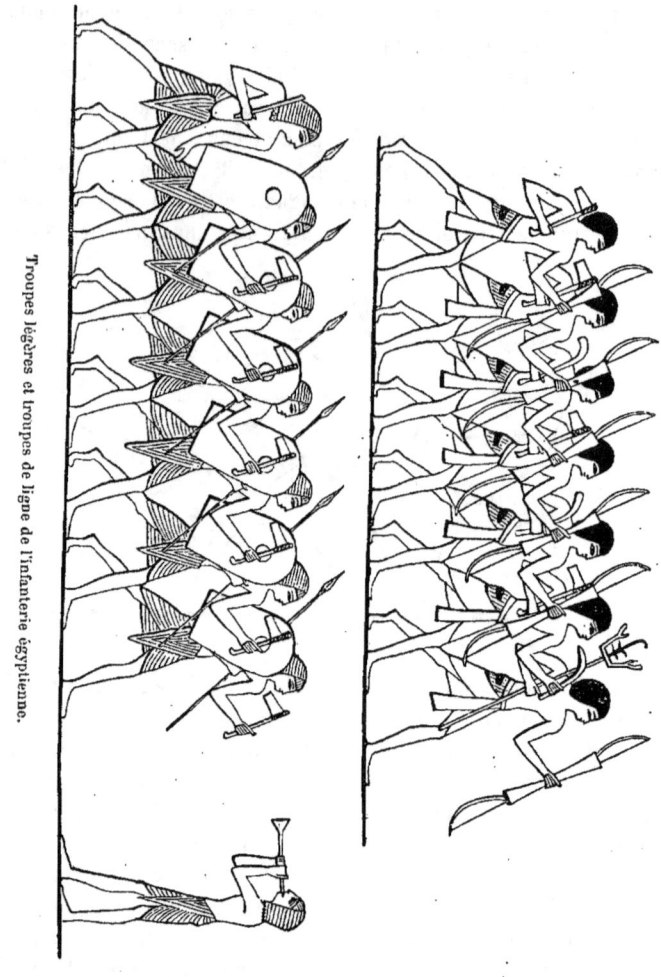

Troupes légères et troupes de ligne de l'infanterie égyptienne.

de la carrière des scribes; on y procédait de même par examens. En un mot, il s'était constitué un véritable mandarinat militaire, à la façon de

[1] Voyez les morceaux cités plus haut, tome II, p. 273 et suiv.

celui de la Chine. Quant aux soldats, on ignore comment ils se recrutaient à cette époque. Mais des armées aussi considérables que celles des grands conquérants égyptiens de cet âge n'ont pu être alimentées d'hommes que par des levées portant sur tout le pays et sur la masse de la population.

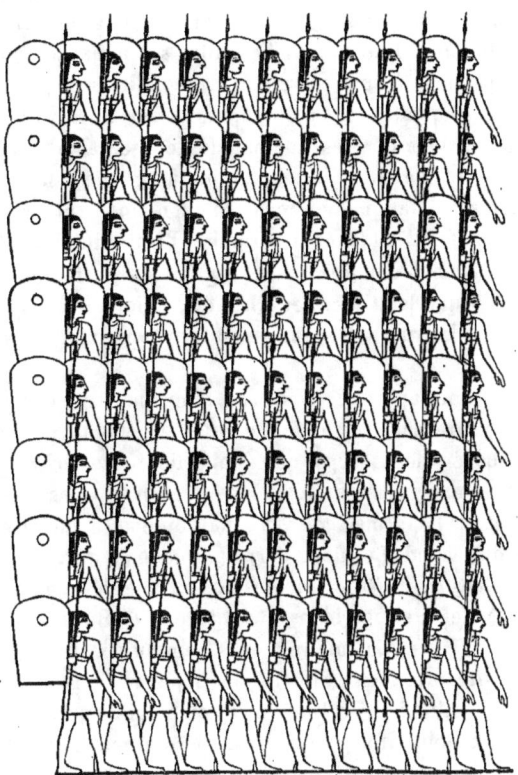

Phalange d'infanterie égyptienne.

C'est seulement après la xxe dynastie, dans la période de troubles et de compétitions dynastiques qui amena la décadence complète de la monarchie égyptienne et bientôt celle du pays lui-même, c'est seulement alors que les milices, en partie d'origine étrangère mais de familles établies depuis plusieurs générations dans la vallée du Nil, arrivèrent à se constituer en une sorte de nation à part au sein de la nation. Elles faisaient et défaisaient les rois, à la manière des mamelouks et des janissaires; ses chefs ceignaient souvent la couronne, ou bien, sans porter jusque-là leur ambition, se rendaient indépendants de fait dans telle ou telle province, sous leur titre militaire. Dans ces conditions, l'armée égyptienne fit ce que firent plus tard les janissaires en Turquie. Elle se constitua en classe fermée, perpétuée par l'hérédité, de manière à n'avoir pas à partager avec de nouveaux venus ses privilèges et son pouvoir politique. Elle immobilisa entre ses mains les dotations territoriales destinées à son entretien. La condition de soldat devint un métier fixe, auquel l'accès n'était plus permis qu'aux fils de soldats ou bien aux individus que les compagnies consentaient à admettre dans leurs rangs par une véritable cooptation, tandis que la masse de la nation était tenue systématiquement écartée du maniement des armes, et par suite des avantages attachés désormais à l'état militaire. C'est ainsi que les choses étaient définitivement organisées au temps des dernières dynasties, et que les Grecs les virent fonctionner sous la domination perse ou sous les rois nationaux qui interrompirent à certains moments cette domination.

Hérodote nous apprend que de son temps la classe des guerriers, qui comptait quatre cent dix mille hommes en état de porter les armes, était divisée en deux corps, qui s'appelaient *Calasiriens* et *Hermotybiens*. Le premier de ces noms s'est retrouvé dans les documents indigènes sous la forme *kalâscher;* mais on ignore quelle était la forme véritable du second. Ces deux corps permanents et héréditaires étaient distribués dans les différents nomes de l'Égypte de la manière suivante : Les nomes des Hermotybiens étaient ceux de Busiris (ix° de la Basse-Égypte), Saïs (v° de la même région), Chemmis (ix° de la Haute-Égypte), Paprémis (vii° de la Basse-Égypte), Prosopis (iv° de la même contrée) et la moitié de Nathô (le *Ni-adhou* du vii° ou celui du xv° nome de la Basse-Égypte). Ces nomes fournissaient au besoin cent soixante mille hommes. Les Calasiriens occupaient les nomes de Thèbes (iv° du sud), de Bubastis (xviii° du nord), de Aphthis et de Tanis (formant ensemble l'ancien xiv° nome du nord), de Mendès et de Thmuis (formant ensemble l'ancien xvi° du nord), de Sébennytus (xii° de la même région), de Pharbæthus (partie de l'ancien xviii° du nord), d'Onuphis (xvii° de la même région), d'Anysis (district du xii°), d'Athribis (x° du nord), enfin l'île de Myecphoris (Mâ-Snéfrou, située dans la xviii° province du nord). Ces nomes pouvaient mettre sur pied, lorsqu'ils étaient le plus peuplés, deux cent cinquante mille hommes.

On voit, d'après la désignation des différents nomes occupés par la classe des guerriers, que l'état de choses décrit par Hérodote n'avait pu prendre naissance que postérieurement à la xx° dynastie, alors que toute la puissance militaire des Égyptiens s'était concentrée dans la Basse-Égypte. Dans l'intérieur du Delta quatre nomes et demi étaient occupés par les Hermotybiens et douze par les Calasiriens ; il n'y en avait, au contraire, qu'un seul de chacun d'eux dans la Haute-Égypte, savoir les districts de Chemmis ou Panopolis et de Thèbes. Les corps d'origine étrangère, mais fixés à demeure dans le Delta depuis plusieurs siècles, comme les Maschouasch[1], avaient été évidemment englobés dans l'une ou l'autre de ces catégories.

La classe des guerriers, comme celle des prêtres, était très richement dotée, et elle possédait à peu près le tiers du sol. Chacun d'eux, au rapport d'Hérodote, avait douze aroures de terre[2], exemptes de toute espèce de charges et de redevances. C'était là le lot des soldats. Pour les officiers la dotation s'accroissait en raison du grade. Tous les ans, mille hommes, tant des Calasiriens que des Hermotybiens, allaient servir de gardes au roi. On leur donnait par jour, à chacun, pendant la durée de ce service, cinq mines de pain (un peu plus de deux kilogrammes), une mine de bœuf (un peu moins d'un kilogramme) et quatre mesures de vin.

Telle fut l'organisation de la force armée en Égypte sous les dernières dynasties de la monarchie pharaonique. Les Égyptiens, pendant des siècles, employèrent principalement des troupes nationales, et chez eux le service militaire fut considéré comme un privilège, comme une distinction. Les corps d'auxiliaires et de mercenaires, dont on constate l'existence dès la vi° dynastie et qui furent toujours nombreux, étaient tenus alors dans une situation très inférieure à celle des corps indigènes ; ils n'arrivaient à y être assimilés que lorsque leur existence, conservée héréditairement pendant plusieurs générations, avait fini par en faire de véritables citoyens de l'Égypte, comme les Matsiou sous le Moyen-Empire et les Maschouasch sous le Nouveau. Psamétik Ier, comme nous l'avons raconté dans le livre précédent (tome II, p. 389), désorganisa toute cette constitution de l'armée en donnant aux merce-

---

[1] Voy. les figures des chefs des Maschouasch représentés sur la stèle de Pi-ānkhi Méri-Amoun, tome II, p. 345.

[2] L'aroure égyptienne était un carré de 100 coudées de côté, la coudée royale ayant 0^m,525 de long et la coudée ordinaire 0^m,450.

naires grecs, qu'il engageait, le pas sur les troupes nationales. La troupe des guerriers indigènes y vit une violation flagrante de ses privilèges, et deux cent mille guerriers quittèrent spontanément les garnisons où le roi les avait à dessein relégués, pour aller former des établissements en Éthiopie.

Dès lors les derniers restes de l'ancienne puissance militaire de l'Égypte furent brisés. Les mercenaires grecs et cariens[1], dont se composèrent en majorité les armées égyptiennes sous la XXVI° dynastie, devinrent plutôt les instruments des rois que les défenseurs de la nation. La rivalité s'établit entre eux et ce qui subsistait encore de la classe des guerriers, et l'Égypte fut livrée aux divisions intestines et à l'anarchie. Le jour où l'invasion persique arriva, le pays ne sut pas se défendre, et il suffit d'une bataille pour rendre Kambouziya maître de toute la vallée du Nil.

Toute la portion de la population libre qui n'appartenait ni au corps sacerdotal ni au corps militaire composait en Égypte comme un troisième ordre de l'État, qui lui-même se subdivisait en plusieurs classes, dont le nombre et les attributions sont assez mal déterminés par les historiens anciens.

C'est en effet sur ce chapitre que portent les divergences entre Hérodote et Diodore de Sicile. Le premier répartit le peuple en cinq catégories; le second n'en admet que trois : les pasteurs, les agriculteurs et les artisans. Sur certains points il semble assez facile de faire cesser le désaccord. Ainsi les artisans, les marchands, les interprètes, dont Hérodote fait autant de catégories, appartenaient vraisemblablement à la même classe, dont ils ne formaient que des subdivisions; les bouviers et les porchers, que le même auteur distingue, rentraient aussi sans doute dans une seule classe, les pasteurs. Mais il reste toujours une différence importante entre Hérodote et Diodore de Sicile, le second admettant une classe particulière d'agriculteurs que le premier ne connaît pas. Heeren croit qu'ils sont désignés par Hérodote sous le nom de κάπηλοι, hommes de métier, et alors il faudrait comprendre les agriculteurs parmi les artisans. La nature même de la propriété territoriale en Égypte autorise cette interprétation. En effet, ainsi que le raconte Diodore et que le confirment les monuments, le tout

---

[1] Voyez les figures des guerriers grecs et cariens, tome II, p. 383 et 384.

sol de l'Égypte était entre les mains des rois, des prêtres et des guerriers, et les agriculteurs n'étaient pas autre chose que des colons attachés à la glèbe, qui cultivaient, moyennant une redevance, les domaines possédés par les classes privilégiées. Ils étaient tenus à se faire inscrire périodiquement sur des registres tenus à cet effet par des scribes gouvernementaux, registres qui portaient non seulement leurs noms et leur état civil, mais leur signalement très détaillé, et des remarques sur leur bonne ou leur mauvaise conduite[1]. On les cédait avec la propriété du sol ; ils ne pouvaient pas sortir du territoire sans la permission du gouvernement, et même il leur fallait obtenir un passe-port pour circuler dans l'intérieur de l'Égypte. Le régime des corvées pour les travaux publics pesait sur eux dans toute sa rigueur. Leur position était à peu près semblable à celle des modernes fellahs, qui n'ont pas de propriété à eux et qui exploitent le sol de l'Égypte pour le compte du souverain.

Chasseur avec ses chiens, rapportant une antilope capturée[2].

D'après Diodore on comptait dans la même classe que les agriculteurs, les chasseurs et les mariniers. Il y avait des chasseurs attachés à toutes les grandes maisons pour les approvisionner de gibier et pour accompagner le maître quand il voulait se livrer à ce plaisir. Il y en avait aussi dans les principales fermes, dont le service était analogue à celui de la louveterie de nos jours, et qui s'occupaient à détruire les animaux féroces menaçant la sécurité des troupeaux et des hommes eux-mêmes. Entre temps, ils tuaient aussi du gibier, et le produit de celui qu'ils vendaient au marché entrait dans le revenu de la propriété dont ils dépendaient. Certains chasseurs avaient la spécialité de prendre au filet les oiseaux d'eau sur les canaux et les marais[3] ; ce sont surtout les lacs du Delta qui

---

[1] La figure placée en tête du présent chapitre représente cette opération d'enregistrement des paysans, d'après une peinture d'un tombeau de Thèbes.
[2] Peinture d'un tombeau de Thèbes, d'après Wilkinson.
[3] Voy. la représentation de cette chasse aux oiseaux d'eau avec le filet, tome II, p. 15.

étaient le théâtre où s'exerçait leur activité. D'autres parcouraient le désert pour y atteindre les antilopes et les autruches, dont les œufs et les plumes étaient des objets d'un commerce fort lucratif.

La corporation des mariniers et pilotes se composait d'individus voués

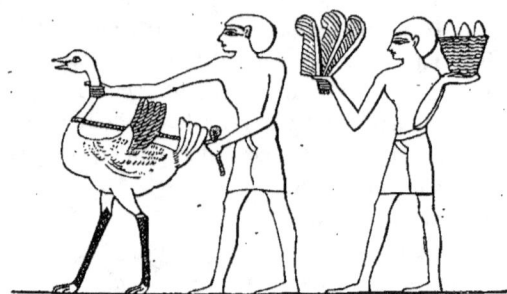

Chasseurs rapportant du désert une autruche vivante, avec des œufs et des plumes du même animal[1].

à la navigation du Nil. L'inondation qui transformait périodiquement l'Égypte en un vaste lac rendait leurs services indispensables. D'ailleurs il y avait ordinairement sur le Nil et sur les nombreux canaux qui sillon-

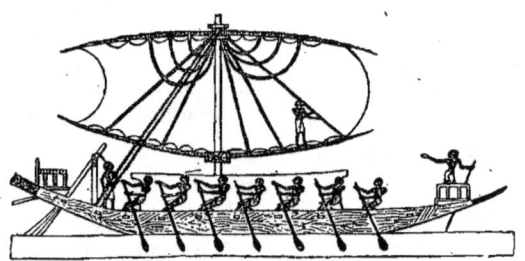

Barque de transport du Nil[2].

naient le pays un grand mouvement de bâtiments de toute espèce; car le transport des marchandises et des matériaux nécessaires aux constructions se faisait par eau. Le fleuve était la principale et presque unique voie du commerce intérieur. Les Égyptiens regardaient la mer comme impure et avaient horreur de s'y aventurer; aussi est-ce une question fort dou-

---

[1] Peinture d'un tombeau de Thèbes, d'après Wilkinson.
[2] Peinture d'un tombeau de Thèbes, d'après Wilkinson.
Une barque d'un plus grand modèle est figurée plus haut, tome II, p. 82.

teuse que celle de savoir s'ils eurent jamais de véritables marins pris parmi eux, et si, dans le temps où les Pharaons entretinrent des flottes considérables sur la Méditerranée et sur la mer Rouge, elles furent montées par d'autres matelots que des Phéniciens.

Diodore de Sicile range dans sa classe des artisans et gens de métier les marchands, les taverniers et les musiciens. Ouvriers et marchands étaient organisés par corporations très spécialisées, avec des degrés rigoureux de maîtrise. L'État entretenait sur les marchés des peseurs publics, qui vérifiaient officiellement, pour tous ceux qui en faisaient la demande, le poids des denrées vendues et en délivrait un certificat faisant foi. Ils étaient, nous dit-on, comptés dans la même classe que les

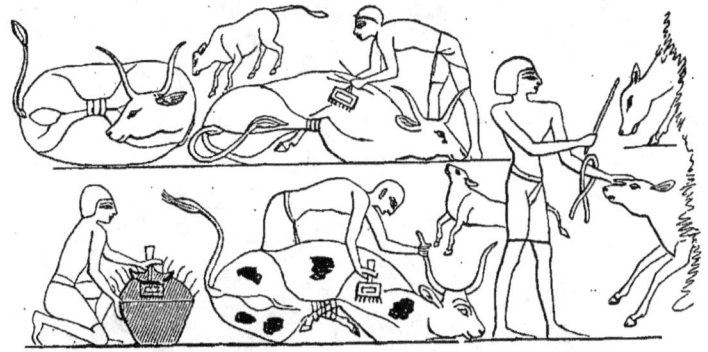

Bétail marqué au fer chaud[1].

marchands. Quant aux interprètes, dont Hérodote fait une classe à part, ils devaient appartenir aussi au même degré de la hiérarchie sociale. Ces interprètes étaient indispensables aux besoins du commerce, mais ils ne paraissent avoir été organisés en corporation que sous les rois Saïtes, lorsque les relations avec les étrangers eurent pris un développement et une activité qu'elles n'avaient encore jamais eues. Comme au Japon de nos jours, ces interprètes étaient généralement en Égypte de naissance mixte. On les recrutait parmi les enfants issus des unions plus ou moins régulières des étrangers avec des femmes du pays, et on leur donnait dès l'enfance une éducation spéciale, en vue du métier qu'ils étaient appelés à remplir.

La classe des pasteurs, inférieure à celle des cultivateurs, comprenait

---

[1] Peinture d'un tombeau de Thèbes, d'après Wilkinson.

naturellement tous ceux qui faisaient de l'élève du bétail leur principale occupation. Le sol de l'Égypte était très favorable au développement

Les troupeaux de bœufs amenés devant les intendants pour être enregistrés[1].

de cette branche de l'industrie agricole. On y élevait de nombreux trou-

Les troupeaux d'oies amenés devant les intendants pour être enregistrés[2].

peaux de bœufs, de moutons, de chèvres et d'ânes[3], confiés à des bergers spéciaux, qui dépendaient du fermier et étaient tenus comme d'une con-

[1] Peinture provenant de Thèbes et conservée au Musée Britannique.
[2] Peinture provenant de Thèbes et conservée au Musée Britannique.
[3] Voyez la représentation de troupeaux de ces différents animaux d'après les bas-reliefs d'un tombeau du voisinage des Pyramides, tome II, p. 48.

dition plus humble que les laboureurs. Les scènes de la vie des champs, retracées sur les parois des tombeaux, nous montrent souvent ces pasteurs donnant leurs soins aux bestiaux, les conduisant au pâturage, leur appliquant avec un fer rouge la marque du propriétaire, ou bien en amenant les troupeaux devant les intendants qui en enregistrent le compte. Après le labourage et les semailles, au lieu de herser les champs, on y lâchait des moutons qui, en piétinant la terre humide, y enfouissaient le grain. Il y avait aussi des bergers spécialement préposés aux nombreuses bandes d'oies et de canards qu'on élevait sur les canaux.

Il ne faut pas, du reste, confondre les bergers proprement égyptiens

Porcs et porchers[1].

de race, qui habitaient les villages et s'occupaient des troupeaux dans l'intérieur du pays, avec les pasteurs nomades répandus sur les frontières. Ceux-ci étaient généralement odieux aux Égyptiens; la Bible et Hérodote l'attestent. Cette antipathie, qui remontait aux temps les plus anciens de la monarchie et qui a toujours existé dans l'Orient entre les habitants sédentaires et les nomades ou Bédouins, s'appliquait aussi aux tribus étrangères établies dans les marécages du Delta et dont une grande partie descendait des Pasteurs de Hâ-ouar. Ces tribus avaient bien adopté les mœurs égyptiennes; mais, restées à moitié barbares, elles se livraient au brigandage et entretenaient par leurs déprédations la vieille haine qui animait contre elles les autres classes de la société.

La corporation des porchers, qu'Hérodote distingue expressément des

[1] Peinture de tombeaux de Thèbes, d'après Wilkinson.

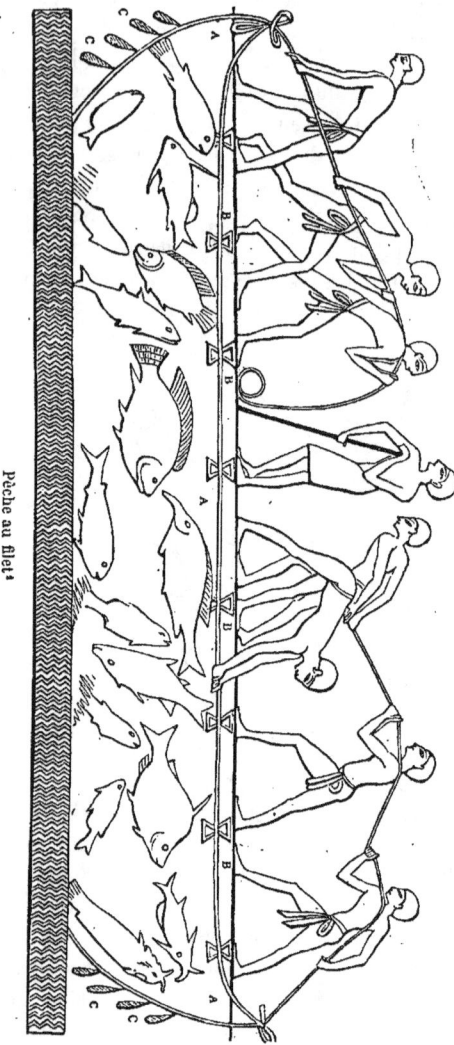

Pêche au filet[1].

autres bergers, était méprisée et regardée comme impure. Elle se composait de gens auxquels on interdisait non seulement l'accès des temples, mais encore tout mélange avec les autres classes. Le porc était aux yeux des Égyptiens, comme aux yeux des Juifs, un animal immonde. Cependant, d'après un ancien usage, il y avait un jour de l'année où l'on immolait à Set un animal de cette espèce, et où l'on mangeait la chair de cette victime. Le reste du temps, c'étaient les étrangers seuls qui se nourrissaient de porc.

Les pêcheurs étaient groupés à côté des porchers et tenus également pour impurs. Leur métier était en outre rude et périlleux, à cause des animaux redoutables qui habitaient le fleuve et les marais. Aussi la description des misères des diverses professions,

---

[1] Bas-relief d'un tombeau du voisinage des Pyramides, d'après Wilkinson.
A est le filet. B ses flotteurs de liège, C les plombs qui le font plonger au fond de l'eau. Le filet est rempli de toutes les espèces comestibles de poissons du Nil, représentées avec une exactitude zoologique remarquable.

composée au temps de la xii⁰ dynastie, à laquelle nous avons fait d'assez nombreux emprunts dans le livre précédent[1], parle de celle-ci en ces termes :

> Je te dis comment le pêcheur a plus de peine que tout autre métier
> qui ne travaille pas sur le fleuve.
> Il vit au milieu des crocodiles.
> Si les touffes de roseau viennent à manquer sous son pied,
> et si le crocodile est là,
> c'est en vain qu'il crie au secours.
> La terreur l'aveugle.

Le nombre des pêcheurs était d'ailleurs considérable, le Nil et ses canaux étant très poissonneux, et le poisson, frais ou salé, entrant pour une large part dans l'alimentation du peuple égyptien. Ils employaient surtout de grands filets, que les représentations monumentales nous montrent remplis de poissons de toute espèce.

Quant aux prolétaires, aux gens sans moyens d'existence réguliers, aux misérables, ils étaient aussi comptés dans la dernière classe de la population, à côté de ceux qui exerçaient des professions méprisées et à peine au-dessus des esclaves.

§ 2. — LA ROYAUTÉ

La constitution politique de l'Égypte ne varia pas dans toute l'énorme durée de l'empire des Pharaons. Elle demeura toujours une monarchie, la plus absolue peut-être qui ait existé dans le monde. Ni changements de dynasties, ni compétitions de princes rivaux n'y apportèrent jamais aucune modification.

« Les Égyptiens, dit Diodore de Sicile, respectent et adorent leurs rois à l'égal des dieux. L'autorité souveraine dont la Providence a revêtu les rois, avec la volonté et le pouvoir de répandre des bienfaits, leur paraît être un caractère de la divinité. » Ce passage de l'historien grec est pleinement d'accord avec les faits qui ressortent de l'étude des monuments.

Dès le temps des plus vieilles dynasties on voit exister ce respect sans bornes de la royauté, qui se transforme en un véritable culte et fait du Pharaon le dieu visible de ses sujets. Les monarques égyptiens sont

---

[1] Tome II, p. 123 et suiv.

plus que des pontifes souverains, ce sont de réelles divinités. La classe sacerdotale est dans leur dépendance absolue. L'épithète de « fils du dieu Soleil » est l'accessoire obligé de tout nom de Pharaon. Ils s'intitulent en même temps « le dieu grand, le dieu bon, » ils s'identifient avec le grand dieu Hor, parce que, comme dit une inscription, « le roi est l'image de Râ (le dieu Soleil) parmi les vivants. » Le prince, en montant sur le trône, se transfigurait, pour ainsi dire, aux yeux de ses sujets. De son vivant, il obtenait une complète apothéose. Voilà pourquoi il prenait un nom symbolique et mystérieux, une sorte de nom divin, au moment de son intronisation. Ce nom se lit dès les époques les plus reculées dans les légendes royales, sur un étendard que surmonte un épervier couronné. On appelle aussi le monarque « le soleil seigneur de justice, » parce que c'est de lui que tout est censé émaner dans l'ordre moral et dans l'ordre matériel ; il règle tout, comme l'astre du jour règle les phénomènes cosmiques.

La divinité du roi, commencée sur la terre, se complète en quelque sorte et se perpétue dans l'autre vie. Tous les Pharaons morts deviennent des dieux, de façon qu'après chaque règne le panthéon égyptien s'enrichit d'une nouvelle divinité. La série des Pharaons constituait ainsi une série de dieux auxquels le monarque régnant devait adresser ses hommages et ses invocations. De là ces monuments où l'on voit un Pharaon offrant un culte à ses prédécesseurs[1]. La liste en était si longue que, dans les inscriptions commémoratives de leur piété, les rois sont obligés de faire un choix parmi les noms de tous les princes divinisés.

Ce culte des Pharaons fut si persistant et si révéré qu'on vit subsister jusqu'à l'époque ptolémaïque l'adoration des rois de l'âge primitif. Ces rois avaient leur sacerdoce particulier, comprenant les plus hauts degrés de la hiérarchie, leurs prophètes, attachés quelquefois aux autels de deux ou plusieurs monarques à la fois. Le sanctuaire de chacun des rois des dynasties primitives était attenant à sa pyramide. Ceux des rois du Moyen-Empire devaient être aussi placés près de leurs tombeaux, sans préjudice des endroits où un de ces monarques était honoré à titre de divinité synthrône dans quelqu'un des temples des grands dieux, comme Ousor-tesen III à Semneh[2]. A Thèbes, les grands édifices sacrés de la rive gauche du Nil, de la rive funèbre, à Médinet-Abou, à Qournah et

---

[1] Voy. la représentation de la nouvelle Table d'Abydos, tome II, p. 38.
[2] Voy. le bas-relief reproduit dans le tome II, p. 111.

dans les localités voisines, sont les temples que les fastueux monarques de la xviiiᵉ et de la xixᵉ dynastie, ensevelis à quelque distance en arrière dans les tombes souterraines de la vallée de Biban-el-Molouk, ont fait construire de leur vivant pour les cérémonies du culte funéraire qui devait leur être rendu après leur mort.

Mais ce n'est pas tout. Le Pharaon était si bien homme et dieu; il réunissait si véritablement en lui les deux natures dans l'opinion des

Le roi Râ-mes-sou II s'adorant lui-même comme dieu, assis entre Râ et Tefuout[1].

Égyptiens, qu'il s'adressait à lui-même un culte. Divers monuments figurent le prince présentant des offrandes à sa propre image, à son propre nom.

On comprend quel prestige une pareille exaltation de la royauté devait donner en Égypte à la puissance souveraine. Cette puissance, déjà si grande chez les peuples de l'Asie, voisins de cette contrée, y prenait le caractère d'une véritable idolâtrie. Les Égyptiens n'étaient à l'égard de leur roi que des esclaves tremblants, obligés par la religion même d'exécuter aveuglément ses ordres; les plus hauts et les plus puissants fonc-

---

[1] Bas-relief du temple souterrain d'Ibsamboul.

tionnaires ne constituaient que l'humble domesticité du Pharaon. Les plus insignifiantes faveurs de celui-ci à leur égard sont mentionnées dans leurs épitaphes comme leurs titres de gloire les plus éclatants. L'un, par exemple, a été autorisé à toucher les genoux du roi et dispensé de se prosterner jusqu'à terre devant lui; l'autre a obtenu le privilège de garder ses sandales dans le palais du prince. Pour s'accommoder d'un semblable régime, pour consentir à s'annuler comme individu et à n'être que le docile ouvrier de la gloire du maître, il fallait que l'Égyptien, comme l'ont été presque tous les peuples de l'Orient, fût totalement dépourvu de ce sentiment d'indépendance, de dignité personnelle, qui est la force et le titre de noblesse des nations modernes et perce déjà chez les Grecs et chez les Romains. Mais pour que ce régime ait duré tant de siècles sans se modifier notablement, il a fallu aussi que l'Égyptien fût profondément pénétré de l'idée que le gouvernement auquel il était soumis émanait de la volonté divine. Une vive foi religieuse dévoyée dans ce sens dégradant pouvait seule lui inspirer la résignation nécessaire à sa condition servile.

Roi officiant en prêtre devant les dieux.

Autour d'un roi-dieu, l'étiquette ne pouvait manquer d'être rigoureuse. Non seulement tous les actes de la vie publique des rois, mais aussi ceux de leur vie privée et journalière étaient réglés d'une manière invariable. Éveillé dès le matin, le roi devait d'abord recevoir et lire les lettres et rapports qui lui étaient envoyés de toutes parts, afin de prendre une exacte connaissance de ce qui se passait dans son empire. Ensuite, après s'être baigné et revêtu des insignes de la royauté, il offrait un sacrifice aux dieux. Les victimes étaient amenées à l'autel; le grand-prêtre se tenait près du roi, lui servant d'assistant, et, en présence du peuple, il suppliait à haute voix les dieux de conserver au prince la santé et les autres biens. En même temps il énumérait les vertus du roi, parlait de sa piété envers les dieux et de sa douceur envers les hommes. Il le représentait tempérant, magnanime, ennemi du mensonge, aimant à faire le bien, etc. En un mot, toutes les vertus, toutes les qualités lui étaient attribuées, et nulle part plus qu'en Égypte ne régnait le principe que « le roi ne peut mal faire. »

Aussi ce que racontent plusieurs auteurs grecs d'assemblées populaires pour juger les rois après leur mort, n'est qu'un pur et simple roman. Le roi mort était aussi bien dieu et impeccable que le roi vivant. S'il y a eu dans la série des annales égyptiennes quelques rois privés de sépulture et dont les noms ont été effacés sur les monuments, ce n'a pas été par suite d'un jugement populaire, mais bien par l'ordre d'un autre roi, qui voulait traiter son rival en usurpateur.

En même temps que dieu, et comme tel, le roi était pontife. Dans chaque temple en l'honneur de la divinité du lieu, il y avait certaines cérémonies, les plus hautes et les plus augustes de toutes, que seul il avait le droit d'accomplir et où le grand prêtre lui-même ne pouvait le suppléer en son absence. Seul il pénétrait dans certaines salles mystérieuses, hermétiquement fermées quand il n'était pas là et où aucun

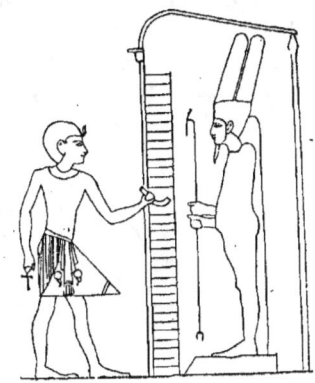

Le roi ouvrant le naos du dieu Ammon [1].

vivant ne pouvait mettre les pieds sans sacrilège; seul il revêtait certains ornements particulièrement saints et portait la main à certains objets sacrés. Nul autre que le roi n'était autorisé à ouvrir les portes scellées du naos renfermé dans le plus intime sanctuaire et où le dieu était censé résider en personne, quelquefois représenté par un symbole qu'aucun œil humain, sinon l'œil royal, ne devait voir après qu'il y avait été placé. C'est, en effet, à un dieu terrestre seul qu'il pouvait appartenir de contempler face à face les grands dieux, ses pères et ses frères, dont il était au milieu des hommes l'émanation visible et tangible.

Tout roi égyptien portait deux noms, qui s'écrivent sur les monuments enfermés dans cet encadrement elliptique auquel on a appliqué la qualification de « cartouche ». Le premier, que l'on a pris l'habitude de désigner par l'expression fort impropre de « prénom, » est le nom nouveau qu'il prenait en ceignant la couronne. C'est toujours un titre du dieu Râ, considéré comme l'auteur et le prototype de la royauté. Le cartouche

---

[1] Bas-relief du grand temple d'Abydos.

contenant ce premier nom est invariablement précédé du titre de « roi de la Haute et de la Basse-Égypte » ou de celui de « dieu bon. » Le second cartouche, précédé de la qualification de « fils du Soleil, » renferme le nom que le monarque portait avant son avènement, comme prince héritier ou comme simple particulier. C'est seulement dans la v° dynastie que l'usage du double nom commence à faire son apparition. Les rois antérieurs n'avaient qu'un seul cartouche. Et même il semble que l'adoption des deux ne devint une règle invariable qu'avec le Moyen Empire. En revanche l'usage de ce qu'on appelle « le nom d'enseigne » du roi, de ce nom mystérieux qu'on écrit sur une sorte de bannière et que précède l'appellation divine de Har-ouer, remonte aux origines mêmes de la monarchie. Enfin les souverains des premières dynasties

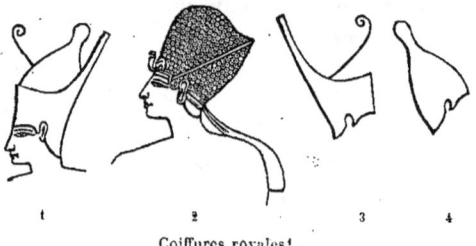

Coiffures royales[1].

avaient l'habitude, qui fut ensuite abandonnée, de faire suivre leur cartouche du nom de la pyramide qu'ils se faisaient construire pour leur sépulture; il forme comme une sorte d'appendice à leur désignation personnelle.

L'insigne essentiel et caractéristique de la royauté était le serpent uræus[2], qui décorait le front du souverain, tantôt attaché au diadème qui ceignait sa perruque de cérémonie, enveloppée souvent de cette ample coiffe de toile, en épousant les formes, qu'on appelait *klaft*, tantôt adhérant aux autres coiffures de cérémonie du monarque. Les plus importantes de ces coiffures étaient les deux sortes de hautes mitres en étoffe montée sur une armature solide ou en feutre, qu'on appelait « la couronne blanche » et « la couronne rouge, » et qui symbolisaient la souveraineté sur la Haute et sur la Basse-Égypte. Ces deux couronnes

---

[1] La couronne blanche de la Haute-Égypte est figurée sous le numéro 4; la couronne rouge de la Basse-Égypte, sous le numéro 3; le skhent complet, formé de leur réunion, sous le numéro 1. Enfin la figure 2 retrace le casque de guerre ou khopersch.

[2] Voy. la figure de cet animal, tome II, p. 44.

se combinaient en une seule, appelée *skhent*, qui était l'insigne de la royauté simultanée des deux divisions du pays. L'acte essentiel du couronnement des rois consistait à se coiffer solennellement du skhent, et à ce moment on lâchait des oies sauvages, en leur commandant d'aller porter aux quatre coins du monde la grande nouvelle que le Pharaon « avait ceint la couronne de la Haute et de la Basse-Égypte. » Cette cérémonie est retracée dans les bas-reliefs du temple de Médinet-Abou. Quant à la coiffure de bataille du roi, c'était le casque de forme particulière appelé *khopersch*, qui était aussi décoré de l'uræus sur le front. On ne sait pas si les coiffures compliquées et symboliques, propres à différents dieux, que l'on voit sur la tête des rois dans un certain nombre de bas-reliefs des temples, ont un caractère emblématique abstrait, ou si, dans la réalité, le souverain en portait de semblables à certaines occasions. Les vêtements royaux étaient toujours magnifiques et variaient suivant les circonstances. Le sceptre n'était pas en Égypte un des insignes constants et distinctifs de la puissance royale.

Les Égyptiens, nous l'avons déjà dit à la fin du livre précédent, se rasaient soigneusement la tête et, au lieu de garder leurs cheveux naturels, portaient perruque. Aux enfants on laissait le crâne rasé à nu, mais on réservait au-dessus de l'oreille gauche une mèche de cheveux dont on faisait une tresse pendante. Cette tresse, signe de l'enfance, était coupée quand on atteignait à l'âge d'adolescent. Elle devint l'insigne des princes royaux. Tant que leur père vivait, quel que fût leur âge, quand bien même ils étaient depuis longtemps devenus des hommes faits, un simulacre de la tresse des enfants s'attachait au côté gauche de leur perruque et désignait leur qualité à tous les regards. Cet insigne était comme une expression

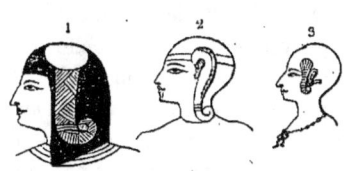

La tresse des enfants et des princes[1].

de l'idée que, tant que le roi leur père était assis sur le trône, ils dépendaient de lui comme des enfants et ne pouvaient pas atteindre à l'indépendance de la virilité. On serait tenté de comparer à cet usage égyptien l'habitude espagnole de qualifier d'Infants les princes de sang royal.

[1] Les figures 2 et 3 font voir la tresse réservée sur le côté de la tête rasée, telle que les enfants la portaient jusqu'à l'adolescence. La figure 1 montre la tresse postiche qui s'attachait comme insigne à la perruque des princes royaux.

§ 3. — ORGANISATION ADMINISTRATIVE.

Le territoire de l'Égypte proprement dite était distribué, sous le rapport de l'administration, en un certain nombre de districts auxquels les Grecs donnèrent le nom de *nomes*. La plupart d'entre eux correspondaient à d'anciennes principautés féodales des temps primitifs, et, pendant toute la durée de l'indépendance de l'Égypte et de la monarchie, ces circonscriptions territoriales ne subirent presque aucun remaniement. Le nome était, d'ailleurs, un district religieux autant que politique et administratif. Il avait ses dieux, son sanctuaire central, son culte et ses cérémonies propres. Aussi un esprit de particularisme local très marqué animait-il les nomes. Ils avaient de l'un à l'autre de fréquentes querelles politiques et religieuses, qui dégénéraient souvent en émeutes, en rixes sanglantes, et qui plus d'une fois eurent la plus fâcheuse influence sur les événements généraux de l'histoire de l'Égypte.

Au point de vue de l'administration financière et de la perception des impôts, les terres du nome et des districts entre lesquels il se subdivisait étaient classées en plusieurs catégories : 1° Le chef-lieu (*nout*), siège de l'administration civile et militaire, centre de la religion provinciale, et les autres villes; 2° les terres arables (*ouou*), cultivées en céréales et fécondées par l'inondation; 3° les terres basses (*pe'hou*), sur lesquelles le débordement du Nil laissait des marécages trop profonds pour être desséchés facilement; on les mettait en pâturages quand on le pouvait, sinon l'on y cultivait le lotus et le papyrus, et on y faisait en grand l'élève des oiseaux d'eau; 4° les canaux (*maou*), dérivés du fleuve pour les besoins de l'agriculture et de la navigation.

En tête de chaque nome, comme chef de l'administration civile et militaire, était un gouverneur, que les Grecs appelèrent nomarque. Suivant les époques, nous le voyons tantôt un prince héréditaire (*hiq*), tantôt un fonctionnaire (*mer-nout tsât-to* ou simplement *mer-nout tsât*), nommé directement par le roi et révocable par sa volonté. Au-dessous du nomarque, d'autres magistrats lui étaient subordonnés; ce sont ceux que les Grecs qualifièrent de toparques, administrateurs des districts secondaires et des cantons. L'autorité religieuse était exercée par le grand-prêtre du temple, dont la dignité était tantôt élective, tantôt héréditaire; car il n'y avait pas d'uniformité sur ce point.

Il y avait un livre officiel intitulé : « Le livre des villes situées en Égypte et la description de tout ce qui se rapporte à elles. » C'était un tableau complet et statistique de toute l'organisation administrative et religieuse des nomes et de leurs subdivisions, avec la nomenclature des villes, des territoires des différentes natures, des temples et de leurs propriétés, des reliques qu'ils renfermaient, l'énumération des productions locales, l'état hiérarchique des fonctions civiles et des sacerdoces, enfin l'indication des principales fêtes célébrées dans chaque nome. C'est de ce livre, nous est-il dit formellement, que sont extraits tous les renseignements sur les provinces de l'Égypte que l'on trouve gravées sur les murailles de certains temples, comme ceux d'Edfou et de Dendérah [1].

Le nombre des nomes ou préfectures de l'Égypte varia à diverses époques. Diodore de Sicile et Strabon en comptent trente-six ; mais si l'on relève, pour la période de la domination grecque des Ptolémées et de celle des Romains, toutes les indications des écrivains, des inscriptions et des monuments numismatiques, on arrive à dresser une liste de cinquante-quatre nomes, dont quatorze dans la Haute-Égypte, sept dans l'Égypte-Moyenne et trente-trois dans le Delta. Du temps des Pharaons, on ne distinguait que deux régions, la Supérieure et l'Inférieure, et chacune comprenait vingt-deux nomes, en tout par conséquent quarante-quatre. C'est d'après les catalogues qui se lisent aux parois des temples que nous avons dressé les deux tableaux suivants des nomes, des districts qui en dépendaient, des chefs-lieux des uns et des autres et de leurs divinités tutélaires. Les divisions du territoire égyptien dans les temps pharaoniques et dans les temps gréco-romains y sont mis en rapport les uns avec les autres. En étudiant ces tableaux le lecteur fera bien de se reporter aux deux cartes de l'Égypte en général et de la Basse-Égypte en particulier, qui ont été données au commencement de notre précédent volume.

[1] Sur ce sujet, voy. principalement : Brugsch, *Geographische Inschriften altægyptischer Denkmæler*, Leipzig, 1857-1860 ; J. de Rougé, *Inscriptions géographiques du temple d'Edfou*, Paris, 1865-1870 ; Brugsch, *Dictionnaire géographique de l'ancienne Égypte*, Leipzig, 1877-1879.

32 ORGANISATION SOCIALE ET POLITIQUE, ET MŒURS

HAUTE-

NOMES ANTIQUES.	DISTRICTS DÉPENDANTS.	CAPITALES.	
		NOMS INDIGÈNES.	NOMS CLASSIQUES.
I (1). To-Qens.		Abou.	Éléphantine.
II (11). Tes-Hor.	Noub.	Noubit.	Ombos.
III (111). Ten.		Deb.	Apollonopolis magna.
		Nekheb.	Eileithyia.
	Qamhous.	Nekhen.	Hieracoupolis.
	Khnoum.	Agni.	?
	Bennoui.	Sni.	Latopolis.
	Hor-abet.	Ta-hof.	Tuphium.
IV (iv). Ouas.	Hor-ament.	Hasfoun.	Asphynis.
		T-Ape ou Ni-Amon.	Thebœ.
	On-res.	Ou-Montou.	Hermonthis.
	Ha-Noub.	Pu-Noub.	Pampanis.
	Ouerouer (?).	Qonsi ou Pa-Harouer.	Apollonopolis parva.
V (v). Horoui.		Qoubti.	Coptos.
VI (vi). A-dou (?).		Tsa-noutri ou Tantarer.	Tentyra.
VII. Sokhem.		Hou.	Diospolis parva.
VIII (vii). Abets.		Teni.	Thinis.
	To-Set.	To-Sevek ou Pa-Sevek.	Crocodilopolis.
	...-ouer.	...-ouer.	Passalon.
	Hor-...	Nesch, plus tard Psoï-Ptolmis.	Ptolémaïs.
IX (viii). Khem.		Pa-Khem ou Apou.	Panopolis.
X. Ouots-t ou Sap-Nouteroui.		Teb-ti..	Aphroditopolis.
XI (ix). Douf.		Dou-qa ou Pa-Hor-noub.	Antœopolis.
XII (x). Set.		Schas-hotpou.	Hypsele
XIII (xi). Atef-khent.		Saout.	Lycopolis.
XIV (xii). Atef-pe'hou.		Qous.	Cusæ.
XV (xiv). Onn.		Sesounnou ou Khmounnou	Hermopolis magna.
XVI (xv). Meh.		Hibenou.	Ibiu.
	Dou-Sat.	Pakh.	Speos-Artemidos.
XVII (xvi). Anopou.		Ha-souten ou Ka-sa.	Cynopolis.
XVIII (xix). Sap.		Ha-bennou.	Hipponon.
XIX (xvii). Ouab.		Pa-matsets.	Oxyrhynchus.
XX (xviii). Am-khent.		Ha-khnen-sou.	Heracleopolis.
XXI (xx). Am-pe'hou.	To-sche.	Schena-khoun.	?
		Pa-Sevek.	Arsinoë.
XXII (xxi). Matennou ou Tes.		Tep-ahe ou Pa-neb-tep-ahe.	Aphroditopolis.

[1] Les numéros ainsi mis entre parenthèses sont ceux de la carte générale de l'Égypte, placée en

ÉGYPTE

DIEUX PROTECTEURS.	NOMES GRÉCO-ROMAINS.	CAPITALES.	DIEUX PROTECTEURS.
Khnoum. Sevek et Har-ouer. Hor-houd. Khnoum-Râ et Nekheb. Hor Qamhous.	Ombite. Apollonopolite.	Ombos. Apollonopolis magna.	Apollon. Apollon.
Hat-Hor. Khnoum et Nit. Ammon.	Latopolite.	Latopolis.	Athéné.
Ammon. Ammon-Râ et Mout. Montou. Hat-Hor. Har-ouer. Khem. Hat-Hor. Amon Ape-t et Hat-Hor. Anhour. Sevek. ?	Diospolite. Hermonthite. Pathyrite. Coptite. Tentyrite. Diospolite. Thinite.	Diospolis ou Thebæ. Hermonthis. Pathyris. Coptos. Tentyris. Diospolis parva. Ptolemaïs.	Zeus. Apollon. Aphrodite. Pan. Aphrodité. Zeus. Apollon.
Sevek. Khem. Hat-Hor.	Panopolite. Aphroditopolite.	Panopolis. Aphroditopolis.	Pan. Aphrodite.
Hor-noub.	Antéopolite.	Antæopolis.	Antée.
Khnoum. Anopou Ap-Matennou. Hat-Hor.	Hypsélite. Lycopolite. Aphroditopolite. Antinoïte (XIII).	Hypsele. Lycopolis. Cusæ. Antinoë.	Chnoubis. Anubis. Aphrodite. Antinoüs.
Tahout. Hor. Pakht.	Hermopolite.	Hermopolis magna.	Hermès.
Anopou. ?	Cynopolite. Oxyrhynchus.	Cynopolis. Oxyrhynchite.	Anubis. ?
Tefnout et Schou. Har-schafi. Khnoum.	Héracléopolite.	Heracleopolis.	Héraclès.
Sevek-Râ.	Arsinoïte.	Arsinoë.	Suchos.
Hat-Hor.	Aphroditopolite.	Aphroditopolis.	Aphrodite.

tête de notre tome II.

BASSE-

NOMS ANTIQUES.	DISTRICTS DÉPENDANTS.	CAPITALES.	
		NOMS INDIGÈNES.	NOMS CLASSIQUES.
I. Aneb-hat.		Man nofri.	Memphis.
II. Khopesch ou Aaou.		Sekhem.	Letopolis.
III. Ament.		Na-nt-Hapi.	Apis.
	Houd.	Demt-n-Hor.	Hermopolis parva.
IV. Sâpi-res.		Tseqâ-pir.	?
V. Sâpi-me'hit.		Sat.	Saïs.
VI. Ka-khas.		Khsôou.	Xoïs.
VII. Nôûr-ameut.	Khas.	Sonti-nofri.	Metelis.
	Ro-nôfir.	Ganoup.	Canopus.
	Adhoui ou P-to-n-Ouats.	Ro nofri.	Bolbitine.
	P-tosch-en-Pa-Ouats.	Pou-Dep.	?
VIII. Nôfir-abet.	Àn.	Pa-Ouats.	Buto.
		Tokou ou Pa-Atoum.	Patumos.
IX. Athi.		Au ou Pa-Râmessou.	Heroopolis.
		Pa-Osiri-neb-Dad.	Busiris.
X. Ka-kam.		Ha-to her-ab.	Athribis.
XI. Ka heseb.		Pa-mag.	Lycopolis.
XII. Theb-ah.	Hebi.	Theb-noutri.	Sebennytus.
XIII. Hiq-nit.	Pa Hapi.	Pa-hebit.	Iseum.
	Hotpon-him.	Ou.	Heliopolis.
	Schen-qebh.	Pa-Hapi.	Nilopolis.
	Meu.	To-Sereq ou Pa-Bailis.	Byblos.
		Schen-qebh.	Scenæ Veteranorum.
		Men.	Castra Judæorum.
XIV. Khout-abet.		Tsar.	Sethroë ou Heracleopolis parva.
XV. Tahout.		Pa-Tahout-âprohouh ou Khmounou.	Hermopolis.
	Ni-Adhou.	?	Panephysis.
XVI. Kha.		Pa-Ba neb-Dad.	Mendes.
XVII. Sam-houd.		Pa-khoau-n-Amon.	Pachnamunis.
XVIII. Am-khent.	Hount.	Pa-Bast.	Bubastis.
XIX. Am-pehou.	Atef.	Scheden.	Pharbæthus.
	Ha-snotsem.	Rowau.	Pelusium.
		Sam-houd ou Magadil.	Magdolum.
		Ha-snotsem ou Pa-Soutekh.	Pentaschœnos.
	Anbou.	Aneb.	Gerrha.
XX. Soupt-akhom.	Schens.	Qosem.	Phacusa.
		Ha-khnemti.	Selæ.

ÉGYPTE

DIEUX PROTECTEURS.	NOMES GRÉCO-ROMAINS	CAPITALES.	DIEUX PROTECTEURS.
Phtah et Sekhet.	Memphite.	Memphis.	Isis.
Har-ouer.	Létopolite.	Letopolis.	Apollon.
Hat-Hor et Osiri.	Maréotique.	Marea.	Ammon.
	Libyque.	Apis.	Ammon.
Hor.	Alexan Irin.	Hermopolis parva.	?
	Momemphite.	Momemphis.	?
Sevek et Ammon-Râ.	Prosopite.	Prosopis.	Harpocrate.
	Phthemphu.	Tava.	Harpocrate.
Nit.	Saite.	Saïs.	Athéné.
	Naucratile.	Naucratis.	Aroêris-Apollon.
	Gynécopolite ou	Gynæropolis ou	
	Andropolite.	Andropolis.	Isis.
Amon-ari-âa-schefi.	Xoïte.	Xois.	Zeus-Ammon.
	Cabasite.	Cabasa.	Apollon.
Sevek.	Métélite.	Metelis.	Aphrodite.
Sevek.	Ménélaïte.	Canopus.	Harpocrate-crocodile.
Osiris-Sah et Sebek.			
Ouats.	Phthénéote ou Butique.	Buto.	Buto et Harpocrate.
Ouats.			
Atoum et Hat-Hor.	Phagroriopolite.	Phagroriopolis.	?
Hor-khout-Au.	Héroopoli.c.	Heroopolis ou Æau.	Hérou.
Osiri.	Busirite.	Busiris.	Osiris.
Hor-khout-khat et	Athribite.	Athribis.	Aphrodite.
Khout.	Lycopolite.	Lycopolis.	?
Set.	(Supprimé sous Ptolémée		
	Épiphane et réuni au Sé-		
	hennytique supérieur.)		
Anhour.	Sébennytique supérieur.	Sebennytus.	Arès.
Rammou.			
Râ-Atoum et Iousas.	Héliopolite.	Heliopolis.	Hélios.
Hapi (le Nil).			
Schou.			
?			
Schou.			
Hor et Khout-abet.	Léontopolite.	Leontopolis.	Apollon.
	Tanite.	Tanis.	Apollon.
	Séthroïte.	Sethroë ou	Héraclès.
		Heracleopolis perva.	
Tahout et Nohem aoui.	Hermopolite.	Hermopolis.	Hermès.
Ammon.	Natho ou Néout.	Panephysis.	Maïa.
Ba-neb-Dad.	Mendésien.	Mendes.	Mendès.
	Thmuite.	Thmuis.	?
Amon-Râ et Mout.	Omphite.	Omphis.	Isis.
	Sébennytique inférieur.	Pachnamunis.	Dionysos.
	Diospolite.	Diospolis.	Zeus.
Bast.	Bubastite.	Bubasis.	Ar emis.
Hor-marti.	Pharbéthite.	Pharbæthus.	Apollon.
Ouats.	Pélusiaque.	Pelusium.	Isis.
Amon-neb-khatou.			
Soutekh.			
?			
Akhom-Soupt.	Arabia ou Heptacomêtis.	Phacusa.	Apollon.
?			

Au temps où la vice-royauté de Kousch, c'est-à-dire de l'Éthiopie, fut définitivement organisée sous le sceptre de l'Égypte, de la xviii° dynastie à la fin de la xx°, elle fut divisée en treize districts analogues aux nomes égyptiens et constitués de même. Cette division territoriale paraît avoir été conservée dans le royaume d'Éthiopie que forma la famille des grands-prêtres thébains d'Ammon, quand elle dut abandonner la capitale de la Haute-Égypte devant le progrès des dynasties originaires du Delta et se retirer au delà des cataractes (plus haut, tome II, p. 329 et suiv.).

Les districts ainsi constitués embrassaient toute la vallée du Nil, depuis le confluent du fleuve Blanc et du fleuve Bleu, jusqu'à la cataracte de Syène, c'est-à-dire l'Éthiopie et la Nubie.

DISTRICTS.	NOMS CLASSIQUES.	DIVINITÉS PROTECTRICES.
I. Pe'hou-Qens.	»	?
II. Maràou.	Méroé.	Ammon.
III. Nâpit.	Napata.	Ammon.
IV. Pet-en-Hor.	Pontyris.	Hor.
V. P·uoubs.	Pnups.	Tahout.
VI. To-ouals.	Autoba.	?
VII. Bohou.	Boôn.	Hor.
VIII. Atef-ti.	Tasitia.	?
IX. Neh-àou.	Noa.	?
X. Mehi.	Meœ.	Hor.
XI. Mâma.	Primis.	Hor.
XII. Bok.	Contra-Pselcis.	Hor.
XIII. P-i-lak.	Philœ.	Isi.

§ 4. — LE PERSONNEL ADMINISTRATIF ET LA CORPORATION DES SCRIBES.

L'administration de l'Égypte, depuis les temps les plus reculés jusqu'à la conquête des Perses, était aux mains d'une bureaucratie puissante, nombreuse, savamment constituée, avec une hiérarchie à laquelle les pays les plus bureaucratiques du monde moderne n'ont rien à envier. Cette administration était très paperassière et tenait sa comptabilité de la façon la plus régulière. Parmi les papyrus conservés jusqu'à nous, il y a un certain nombre de fragments de rouleaux des comptes publics. On y possède aussi des rapports de police et des pièces de correspondance administrative, qui donnent une idée suffisante du mécanisme des bureaux égyptiens.

Voici, par exemple, ce qu'un fonctionnaire en inspection écrit à son chef de service [1] :

« Je suis arrivé à Abou (Éléphantine). J'accomplis ma mission, je passe en revue les fantassins et les cavaliers des temples [2], ainsi que les domestiques, les subordonnés qui sont dans les demeures des officiers de Sa Majesté. Comme je vais faire un rapport direct par-devant Sa Majesté, mon affaire coule comme le Nil. Ne t'inquiète pas de moi. »

Voici maintenant les instructions envoyées à un employé de l'administration des travaux publics par son supérieur :

« Dès que cette dépêche te sera remise, applique-toi à faire travailler dans la demeure du roi Râ-mes-sou Mi-Amon, aimé comme Ammon. Point de négligence, point de mollesse. Car, sache que le nombre des gens mis à ta disposition est divisé en trois escouades ayant chacune son capitaine, six cents hommes en tout, soit deux cents hommes par escouade.

Scribes écrivant sous la dictée d'un supérieur [3].

« Fais-leur traîner les trois grands blocs de pierre qui sont à la porte du temple de Mout, et qu'on ne manque pas un seul jour à fournir leurs rations de blé et d'huile.

« Vois! pour ce qui est des scribes du trésor et des scribes du grenier public, dès qu'ils seront revenus du voyage qu'ils font pour transporter des grains, qu'ils convoquent leurs hommes.

« Je t'abandonne la direction des hommes et des soldats. Empêche que certains ne restent dans l'inaction tandis que d'autres travaillent, et surtout que les capitaines n'emploient les hommes à leurs affaires personnelles.

« Quand tu enverras le chaland pour transporter les pierres, installe des contre-maîtres pour surveiller les hommes; que l'officier ne commande pas de malades pour lever la pierre; enfin garde que les hommes

---

[1] Nous empruntons les traductions données ici au livre de M. Maspero : *Du genre épistolaire chez les anciens Égyptiens*.

[2] Ceux qu'ils devaient fournir de leurs domaines au service militaire.

[3] Peinture d'un tombeau de Thèbes, d'après Wilkinson.

ne quittent la barque en chemin, de telle façon qu'elle cesse de marcher. Et quand elle arrivera, dès qu'elle aura abordé, qu'aucun de ceux qui auront reçu l'ordre de la décharger ne reste oisif.

« Souviens-toi que le nombre d'hommes dont tu disposes, s'il est réparti convenablement, sa force est multipliée. »

Citons maintenant, pour compléter ce petit choix d'exemples, la réprimande adressée par un intendant des domaines à un subordonné négligent qui n'avait pas accompli un ordre précédemment reçu :

« Tu seras mis à l'amende, fraudeur que rien ne trouble. Qu'as-tu fait ? Je t'avais mandé : « Remets une dizaine d'oies pour la reproduction aux « gens que je t'envoie, » et tu ne t'es pas mis en mouvement pour faire prendre les oies blanches sur l'étang. N'avais-tu pas pourtant du monde avec toi? Oui certes, tu avais nombre de serviteurs avec toi. »

Les services dont le personnel était le plus nombreux et le plus savamment monté étaient ceux des travaux publics, de la guerre et de l'intendance des revenus de l'État. L'argent monnayé étant inconnu, tous les impôts se percevaient en nature. La distinction des différentes catégories du sol correspondait à la différence de leurs redevances. Les villes payaient la dîme en produits de leur industrie, les terres arables en céréales, les terres basses ou marais en bétail et les canaux en poisson. Un cadastre soigneusement établi, et tenu au courant des mutations, comprenait pour chaque district le relevé de toutes les espèces de terre et les noms de ceux qui les possédaient.

Tout le personnel des bureaux était recruté dans la hiérarchie de l'immense corporation des scribes. Il y avait des scribes sacrés ou, comme ont dit les Grecs, des hiérogrammates, attachés aux temples, dépositaires des livres Saints, chargés de les conserver et de les copier, et tous les membres du sacerdoce avaient reçu l'éducation qui servait à les former. Il y avait des scribes royaux ou basilicogrammates, entre les mains de qui l'administration se trouvait placée, les uns civils, les autres militaires. De ces derniers on comptait au moins un par compagnie de soldats, chargé d'en tenir les écritures et la comptabilité. La corporation des scribes était comme un vaste mandarinat, pareil à celui de la Chine, où l'on s'élevait par une succession d'examens, depuis le poste d'employé le plus infime jusqu'aux plus hautes fonctions de l'État. Ceux qui avaient réussi à gagner un grade parmi les scribes royaux entraient par là d'emblée dans la première classe sociale. Les candidats malheureux aux examens qui ouvraient cette carrière, se réfugiaient dans les rangs des enregistreurs du poids des marchés, des notaires et des écrivains publics, qui étaient classés avec les marchands et avaient beaucoup d'occupation ; car en Égypte tout se faisait par écrit, et pour la moindre transaction un contrat était libellé.

L'instruction littéraire d'un certain degré était la première condition qu'on exigeait d'un employé civil et même d'un officier. Il fallait avoir le titre de scribe pour obtenir la moindre charge dans l'administration ou dans l'armée. La science, officiellement constatée par les examens, pouvait conduire à tout. Aussi faut-il voir combien, dans leurs correspondances avec leurs élèves, les maîtres vantent les avantages que la science procure. J'ai déjà cité (tome II, p. 127), un éloge du métier de scribe opposé aux misères des autres professions, composé sous la XIIe dynastie, et un autre, écrit sous la XIXe (tome II, p. 275), où les privilèges dont jouit le scribe de l'administration civile sont mis en contraste avec les peines de la condition du paysan, et même de celle de l'officier. En voici un autre, que fournit le recueil classique des lettres d'Amon-em-Apt, chef des archivistes du trésor, à son élève Pen-ta-our :

Statue de scribe de l'Ancien Empire au musée du Louvre.

« Quand cette lettre t'aura été apportée, que ton cœur n'aille plus voltigeant comme la feuille au vent ; que ton cœur ne néglige plus ce qu'il est bon qu'un homme fasse ; que ton cœur ne poursuive plus les plaisirs et l'oisiveté.

« Il ne brille pas, celui qui fait les travaux manuels d'un journalier ; il n'inspire pas le respect. Faisant des travaux manuels, il est le serviteur des magistrats établis au-dessus de lui ; faisant des travaux manuels, il ne peut pas manifester sa valeur. Ses travaux sont désagréables ; il n'a pas de serviteur qui lui apporte son eau, pas de servante qui lui apporte son pain. Les autres se reposent à leur bon plaisir ; car leurs serviteurs les aident.

« L'homme qui n'a point de cœur s'occupe aux travaux manuels et y fatigue ses yeux. Mais celui qui comprend les mérites des lettres et s'y est exercé, prime tous les puissants, tous les courtisans du palais. Sache-le bien. »

Cette haute idée de la carrière qu'ils poursuivaient, du but brillant qu'elle offrait à l'ambition, encourageait les étudiants au travail et leur donnait l'ardeur nécessaire pour s'acharner à la préparation des examens, s'élevant de degré en degré à chaque épreuve subie et y trouvant à la fois honneur et profit. Le plus haut grade de la science du scribe, constituant un véritable doctorat, paraît avoir été celui de *her seschta*, mot à mot « sur les secrets. » On trouve mentionnés des *her seschta* du ciel, de la terre, des mines, des récoltes, du trésor, docteurs en astronomie et astrologie, en profession d'ingénieurs civils et d'ingénieurs des mines, en agriculture et en finances. Il y a là comme une indication d'autant d'examens spéciaux, qui ouvraient l'accès à ces doctorats bien distincts.

Nous manquons de notions sur l'organisation des écoles où se formaient les candidats au titre de scribe, ainsi que sur le cycle des études qui préparaient à cette carrière, sur les connaissances dont il fallait justifier pour en obtenir les différents grades. Toujours est-il que dans les écoles la discipline était extrêmement sévère. Le maître recevait sur ses élèves délégation complète de l'autorité paternelle, avec toutes ses rigueurs. Il exigeait d'eux une application soutenue, une assiduité sans relâche au travail, et il paraît avoir été de mode d'obtenir cette application par la rudesse beaucoup plus que par la douceur. Les correspondances des scribes fameux avec leurs disciples sont remplies de vertes réprimandes contre la paresse.

« Tourne ta face vers les lettres, beaucoup, beaucoup, écrit un de ces maîtres; ne laisse pas retomber ta main; veille à exécuter tous les ordres du prince de point en point.

« On enregistre les hommes, on en fait le recensement. L'homme est fait pour le chef, le cadet pour le capitaine. Le petit garçon vient au monde pour être arraché du sein de sa mère. Il n'arrive à l'âge d'homme qu'après avoir été roué de coups comme un âne. Tu seras toujours primé si tu n'as pas de cœur au ventre. Si tu négliges les devoirs agréables et lucratifs de l'employé, ta palette et tes rouleaux de papyrus, tu devras désespérer toujours. Sache-le bien. »

Si la réprimande ne suffisait pas, le bâton était là pour inculquer la discipline et l'amour du travail. Et le maître ne se faisait pas faute d'en user.

« Scribe, écrit un professeur, point de paresse ou tu seras battu vertement. Ne livre pas ton cœur aux plaisirs, ou tu seras dans la misère. Les livres dans la main, agissant de la bouche, discute avec les savants. Si tu gagnes l'instruction qui fait le fonctionnaire, certes, tu retrouveras dans ta vieillesse le prix de tes peines

« Bien préparé, le scribe habile dans son métier est sûr d'arriver. Il se fortifie par un travail continuel. Que ton bras soit donc toujours appliqué à tracer des lettres. Ne prends pas un jour de repos, sinon l'on te battra. Le jeune homme a un dos pour être bâtonné ; il écoute quand il est frappé. Écoute bien ce qu'on te dit, tu y trouveras ton profit. On apprend à danser aux chèvres, on dompte les chevaux, on enseigne aux pigeons à nicher où l'on veut, au faucon à voler. La vigueur du raisonnement, ne t'en écarte jamais ; les livres, ne t'en dégoûte pas ; tu y trouveras ton profit. »

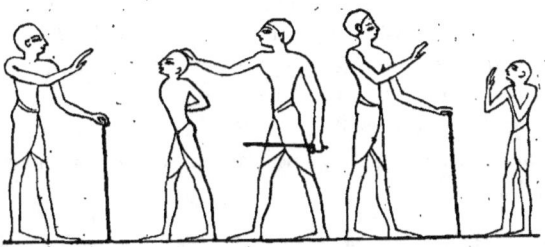

Enfants bâtonnés à l'école[1].

Quelquefois le maître semble trouver un véritable plaisir à ces menaces de bâton, qui donnent une idée assez peu riante du régime des écoles égyptiennes. « Tu es pour moi un âne qu'on doit bâtonner vertement chaque jour, un nègre stupide qu'on amène en servage et qu'il faut dresser. On fait nicher le vautour ; on apprend à voler au faucon ; je ferai un homme de toi, méchant garçon. Sache-le bien. »

Aussi par quelles flatteries l'élève ne s'étudiait-il pas à gagner la bienveillance du professeur dont il pouvait craindre les mauvais traitements. Les lettrés égyptiens aimaient singulièrement l'encens ; leur modestie ne faisait aucunement mine d'être effarouchée quand un de leurs disciples leur envoyait un portrait d'eux, tel que celui qu'on va lire. C'est tout au plus si le professeur ainsi dépeint trouvait que l'éloge était à la hauteur de ses mérites.

« Scribe d'élite, cœur large, bouche éloquente, c'est une joie que son

[1] Peinture d'un tombeau de Thèbes, d'après Wilkinson.

langage quand on a le bonheur de l'entendre. Artisan en paroles divines, qui n'ignore rien, c'est un homme distingué par la valeur et les travaux de la déesse Safekh [1], la servante de Tahout, dans la salle des livres, un professeur actif dans la salle des archives. C'est le premier parmi ses collègues, la tête de ses concitoyens, le chef de sa race; il est sans pareil. Appui ferme pour tout jeune homme qui sort de ses mains, il sait grandir le petit. C'est un homme d'élite qui juge par lui-même, qui accomplit ses desseins et par là réjouit les cœurs. Il est celui qu'illustrent ses mérites, l'aimé des cœurs, celui qui ne contredit point la volonté de son supérieur et ne s'en dégoûte point. Il sait parcourir rapidement le texte des livres. Jeune, distingué, charmant, c'est l'image de la grâce. Il explique les livres et les chroniques, comme elles ont été faites. Tout ce qui sort de sa bouche est frotté de miel ; il fait par là germer les cœurs comme les fleurs. C'est le digne serviteur de Sa Majesté. »

Si nous voulions citer tout le morceau, il y en aurait encore deux pages du même ton. Mais cet échantillon suffit.

Après quelques années d'école, l'étudiant était en mesure de passer ses examens. A ce moment, lui disait-on, tout son avenir ne dépendait que de lui-même.

> La déesse Rannou-t (la déesse de l'abondance), le scribe l'a dans sa main quand il se présente dans la salle
> du jury, une fois son éducation faite.
> Car il n'y a point de scribe qui ne se nourrisse
> des choses du palais du roi.

On écrivait ces choses-là, dès le temps de la XIIe dynastie. C'était, du reste, une manière de parler, car l'encombrement des carrières libérales et des avenues de la carrière administrative était déjà tel en Égypte, grâce à l'esprit de fonctionnarisme qui y régnait, que le mérite réduit à ses propres forces aurait eu bien de la peine à y percer. Il fallait mendier des recommandations auprès des examinateurs pour obtenir les grades. Puis, une fois gradué, il fallait encore s'assurer des protecteurs à force de bassesses, pour arriver à accrocher une place dans les bureaux du gouvernement.

Les correspondances parvenues jusqu'à nous nous introduisent au milieu de la vie journalière des scribes attachés à l'administration ; c'est l'existence des employés gouvernementaux de tous les temps et de tous

---

[1] La déesse des lettres.

les pays. On est vraiment étonné que les choses aient si peu changé depuis tant de siècles, car la nature humaine reste la même. Un scribe se lamente d'être relégué dans une petite ville de province où il s'ennuie et n'a rien à faire. Il dépeint comment il s'efforce d'y tuer le temps :

« Je demeure oisif dans la ville de Qenqen-tooui, sans y avoir rien à faire. Car je n'ai point d'hommes pour mouler la brique, pas de paille sur le chantier pour y mêler, pas d'ânes pour la transporter. Je passe mon temps à contempler le ciel; je chasse, mon œil fouille les chemins. Je me couche sous des dattiers qui n'ont pas de fruits, parce que les oiseaux les mangent. Mes jambes s'étirent, elles entraînent mes membres; je marche comme un homme vigoureux de ses os, je parcours les plaines à pied. Si parfois on ouvre des bouteilles de bière de Qadi, tous les gens sortent pour se régaler dehors.

La déesse Rannou-t.

« Il y a deux cents dogues et trois cents chiens-renards, en tout cinq cents, qui sont chaque jour dans les environs de ma maison, toutes les fois que je sors de faire ma sieste ; et ils font le sabbat quand on ouvre les paniers de provisions. Un petit chien qui n'est pas à moi, mais à Ta-her-hou, le scribe royal qui demeure dans la même maison que moi, m'accompagne dès que je sors, courant devant moi sur la route ; il aboie et j'accours pour donner du fouet et du bâton aux bêtes. Un chien rouge à longue queue se promène la nuit dans les écuries des bœufs. Son poitrail est aussi large que sa croupe ; sa face est terrible. L'ardeur de sa course ne peut se dépeindre.

« Il y a un scribe comptable qui demeure avec moi. Tous les muscles de sa face sont agités d'un tic ; l'ophthalmie s'est mise dans son œil ; les vers rongent ses dents. »

Cet autre se distrait en drapant ses camarades et ses supérieurs.

« Viens que je te fasse le portrait du scribe Roi,
qu'on dit le flambeau de l'administration des greniers.

Il ne s'est pas remué, il n'a pas couru depuis sa naissance;
il a le travail en horreur; il ne connaît pas l'activité.
Il est comme s'il reposait déjà dans l'Ament [1], et pourtant il est en santé.
Tu t'es rejeté sur Kasa,
le contrôleur des bestiaux, un hâbleur, dont je te fais le portrait
sans que tu puisses me donner de démenti.
N'as-tu pas entendu le nom de Amon-ouah-sa, un des vieux du trésor?
Il a accompli la durée normale de la vie, et il serait assez vigoureux
pour être chef d'atelier, à la tête de l'arsenal.
Tu connais Nakht, de l'entrepôt des vins,
il t'est dix fois plus agréable que les autres.
Je te parle du chef des mercenaires qui est dans An
parmi les vétérans du palais royal.
Petit, il était souple comme un chat; âgé, il est raide comme un bâton.
Tandis que tu demeurais au dépôt des archives, tu as entendu parler de
....., le glouton;
il se traîne sur le sol, jamais rassasié;
tous ses vêtements sont en lambeaux.
Quand tu le vois le soir, dans les ténèbres,
tu dis : « Un oison vaut mieux que lui. »
Voici maintenant le préposé à la balance publique; tu vois son poids,
il n'a pas l'air de peser vingt livres.
Si on soufflait sur lui quand il passe,
il tomberait, emporté comme un brin de feuillage. »

Dès le temps de la xix⁰ dynastie, obtenir un congé était le rêve de tout employé bien pensant. Mais, comme le dit finement M. Maspero, « je doute que les commis de nos jours, quand ils demandent un congé, se servent pour écrire à leur chef d'un langage aussi passionné que les commis égyptiens. » Voici, en effet, comment est rédigée une de ces demandes, que porte un papyrus du Musée Britannique.

« Mon cœur est sorti de ma poitrine, il voyage et ne veut plus revenir. Il voit Man-nofri et s'y rend. Moi, puissé-je être avec lui! Je demeure assis à suivre mon cœur qui me dit la direction de Man-nofri; je n'ai aucun travail en main; mon cœur palpite en sa place. Plaise à Phtah me conduire à Man-nofri! Accorde qu'on m'y voie m'y promener. J'ai du loisir : mon cœur veille; mon cœur il n'est plus dans mon sein; une langueur saisit tous mes membres. Mon œil s'affaiblit, mon oreille se durcit; ma voix devient muette; je suis tout bouleversé. Je t'en prie, porte remède à cet état. »

[1] La terre des morts, placée dans l'occident.

§ 5. — LOIS ET ORGANISATION JUDICIAIRE.

Les lois égyptiennes ont eu dans tout le monde antique une grande réputation de sagesse. On les signale comme basées sur une très haute conception de la morale, et sur un sentiment juste et pratique des besoins de l'ordre social. Quand Bossuet a dit : « l'Égypte était la source de toute bonne police, » il n'a fait que résumer l'opinion générale des écrivains anciens. Malheureusement les renseignements exacts, précis et détaillés nous manquent au sujet de ces lois fameuses. Aucun fragment de leurs textes originaux ne se lit sur les papyrus que l'on possède jusqu'à présent. On peut seulement déduire quelques dispositions légales des rares pièces de procès criminels qui sont parvenues jusqu'à nous, et d'autres des contrats privés qui subsistent en grand nombre, mais n'ont encore été interprétés en partie. Ceux-ci même n'appartiennent point, pour la plupart, à l'époque pharaonique, mais au temps des Ptolémées. Ce n'est donc que par une hypothèse, très vraisemblable et très autorisée sans doute, mais non démontrée, que l'on y considère comme provenant de l'ancien droit égyptien, tout ce qui n'y est pas grec. Autrement, nous sommes obligés de nous en tenir aux renseignements fournis par Diodore de Sicile, renseignements qui, du reste, sont assez étendus et paraissent puisés à de bonnes sources.

D'abord, nous dit-il, le parjure était puni de mort, parce qu'on y voyait la réunion de deux des plus grands crimes qu'on pût commettre, l'un contre les dieux, et l'autre contre les hommes. Celui qui voyait dans son chemin un homme aux prises avec un assassin, ou subissant quelque violence, et ne le secourait pas lorsqu'il le pouvait, était condamné à mort. S'il avait été réellement dans l'impossibilité de porter du secours, il devait dénoncer les coupables et les traduire devant les tribunaux. S'il ne le faisait pas, il était condamné à recevoir un nombre déterminé de coups de bâton et à la privation de toute nourriture pendant trois jours. Ceux qui portaient des accusations mensongères subissaient, lorsqu'ils étaient démasqués, la peine capitale en tant que calomniateurs. Il était ordonné à tous les Égyptiens de déposer chez le magistrat un écrit indiquant leurs moyens de subsistance ; celui qui faisait une déclaration fausse ou qui gagnait sa vie par des moyens illicites était condamné à mort. Celui qui avait tué volontairement, soit un homme libre, soit un esclave, était puni de mort ; car les lois voulaient frapper, non d'après les différences de fortune, mais d'après l'intention du malfaiteur. En même temps, par les ménagements dont on usait envers les esclaves, on les engageait à ne jamais offenser un homme libre.

Une femme enceinte, condamnée à mort, ne subissait sa peine qu'après avoir enfanté : on pensait qu'il était souverainement injuste de faire participer un être innocent à la peine du coupable, et de faire expier, par la vie de deux personnes, le crime commis par une seule. Les juges qui faisaient mourir un innocent étaient regardés comme aussi coupables que s'ils avaient acquitté un meurtrier.

La peine de mort avait deux formes, la pendaison et la décapitation; en imitation des châtiments usités dans la vie terrestre, on voit, dans les représentations de scènes infernales, les génies tourmenteurs, étrangler et décapiter des damnés. On a trouvé plusieurs fois les momies d'individus qui avaient subi la décollation, d'où il faut induire que ce supplice n'avait pas le caractère infamant qui aurait privé d'une sépulture honorable ceux à qui on l'infligeait. Quand il s'agissait de personnages de haut rang, coupables de crimes d'État, on leur accordait quelquefois la faveur de leur permettre de se tuer eux-mêmes, en choisissant leur genre de mort. Tel fut le cas de certains des principaux parmi ceux qui avaient conspiré contre Râ-mes-sou III. Certains princes, comme Schabaka, tentèrent de substituer absolument à la peine de mort celle des travaux forcés.

Le parricide était traîné sur des épines et des roseaux aiguisés qui lui déchiraient le corps, puis, après cette torture, était brûlé vif. Le père qui avait tué son enfant n'était point puni de mort; on eût cru par là porter une atteinte à la puissance paternelle. Mais on lui imposait une torture morale que l'on regardait comme de nature à lui faire sentir l'énormité de son crime et à le pousser au désespoir. Pendant trois jours et trois nuits, sous la surveillance de gardes, il était condamné à subir l'effroyable embrassement du petit cadavre qu'on suspendait à son cou.

L'espion, qui avait révélé à l'ennemi des plans secrets, était condamné à avoir la langue coupée. Ceux qui falsifiaient les poids et mesures, ou qui contrefaisaient les sceaux, ceux qui rédigeaient des écritures fausses ou altéraient les actes publics, étaient condamnés à avoir les deux mains coupées. Les lois concernant les femmes étaient très sévères. Celui qui était convaincu d'avoir fait violence à une femme libre devait être mutilé, car on considérait que ce crime comprenait en lui seul trois maux très grands : l'insulte, la corruption des mœurs et la confusion des enfants.

Pour l'adultère commis sans violence, l'homme était condamné à recevoir mille coups de bâton, et la femme à avoir le nez coupé. Le législateur voulait qu'elle fût privée de ses attraits, qu'elle n'avait employés que pour la séduction.

Parmi les lois qui concernaient les soldats, il y en avait une qui infligeait, non pas la mort, mais l'infamie à celui qui avait déserté les rangs, ou qui n'avait point exécuté l'ordre de ses chefs. Si plus tard il effaçait sa honte par quelque action d'éclat, il était rétabli dans son poste. Ainsi le législateur faisait du déshonneur une peine plus terrible que la mort, pour habituer les guerriers à regarder l'infamie comme le plus grand de tous les malheurs. En même temps, ceux qui avaient été punis de cette façon pouvaient rendre de grands services pour recouvrer la confiance première, tandis que, s'ils avaient été condamnés à mort, ils n'auraient plus été d'aucune utilité pour l'État.

Femme recevant la bastonnade[1].

En matière criminelle, le travail des canaux, des mines et des travaux publics constituait le châtiment inférieur à la mort. Pour la punition des délits on employait d'ordinaire l'emprisonnement et la bastonnade, même pour les femmes. Le bâton jouait un grand rôle dans la vie des Égyptiens de l'antiquité, qui auraient volontiers dit, comme les fellahs de nos jours, que c'était « un présent du ciel pour la bénédiction de l'humanité. » L'officier bâtonnait ses soldats, le père ses enfants, le maître ses élèves, le mari sa femme. Dans les ateliers, les ouvriers travaillaient sous le bâton du contremaître. C'était, nous dit-on, chez le paysan de l'Égypte ancienne comme chez le fellah contemporain, une sorte de point d'honneur de ne payer son impôt que contraint à force de coups.

Il y a au Caire et à Constantinople encore aujourd'hui une singulière institution, celle du « scheikh des voleurs. » C'est un personnage accepté par la police comme le chef de la corporation des pick-pockets, qui font inscrire leur nom chez lui et doivent lui déclarer tous leurs vols. Ses registres ne peuvent servir de base à aucune poursuite. Les individus qui ont été volés et qui tiennent à rentrer en possession de leur bien, plus qu'à voir punir le larron, se rendent chez le scheikh des voleurs et lui

---

[1] Peinture d'un tombeau de Béni-Hassan.

paient le quart de la valeur de l'objet dérobé. Ceci fait, au bout de vingt-quatre heures ils en rentrent en possession, et le vol, tenu désormais pour non avenu, n'est plus punissable. Diodore de Sicile affirme que cette institution qui nous paraît si bizarre, mais qui pratiquement a bien son bon côté — j'ai eu l'occasion d'y recourir et je m'en suis félicité — existait déjà dans l'Égypte ancienne. Cela ne veut pas dire que les lois égyptiennes ne punissaient pas le vol et en reconnaissaient la légitimité, pas plus que ne le font les lois turques. Au contraire, nous voyons par le témoignage des monuments que le simple larcin était puni de la bastonnade, le brigandage et le vol avec effraction de la peine de mort.

Quelques-unes des lois civiles de l'Égypte sont signalées comme

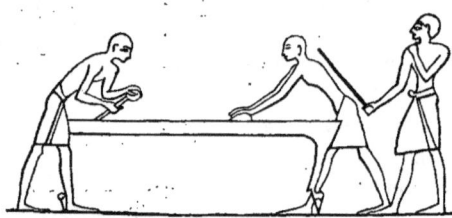

Ouvriers travaillant sous le bâton [1].

remarquables. On attribuait au roi Bok-en-ran-f l'établissement de cette règle que la dette n'était pas reconnue en justice si le débiteur affirmait, par un serment solennel, ne rien devoir à un créancier qui n'était pas muni d'un titre écrit. Dans aucun compte, l'intérêt dû ne devait dépasser le capital. Les biens du débiteur étaient engagés pour ses dettes, mais non sa personne. Le législateur avait pensé que la personne du citoyen appartenait à l'État, qui à tout moment peut le réclamer pour son service, soit dans la guerre, soit dans la paix. La contrainte par corps n'était donc, dans aucun cas, admise. Hérodote parle aussi d'une loi assez singulière attribuée à Asychis (Ases-ka-f, de la IVe dynastie), et qui obligeait les Égyptiens à n'emprunter dans certains cas qu'en mettant en gage la momie de leur père. Le prêteur était en même temps en possession du tombeau de l'emprunteur. Celui qui ne payait pas sa dette était privé des honneurs de la sépulture de famille, et en privait

[1] Peinture de Béni-Hassan.

aussi ceux de ses enfants qui mouraient pendant la durée de cet engagement sacré.

Nombre de contrats de vente et de louage de fonds de terre et de maisons, tracés sur papyrus, nous ont été conservés dans les hypogées funéraires au milieu des papiers de famille des défunts. On y voit de quelles garanties, de combien de formalités protectrices la propriété était environnée dans l'Égypte antique. La présence de seize témoins est nécessaire pour la validité de tout contrat de ce genre. Tous ceux que l'on possède, et aussi ceux qui stipulent les conditions d'un emprunt d'argent, sont en démotique; et il n'y en a pas d'antérieur aux règnes de la dynastie éthiopienne. Ceci confirme l'exactitude du dire des écrivains classiques, que Bok-en-ran-f avait réformé toute la législation relative aux obligations et imposé de dresser des contrats écrits dans beaucoup de circonstances où jusqu'alors on s'en dispensait.

M. Eugène Revillout, qui s'est tout spécialement adonné à l'étude de ces contrats privés démotiques et y a fait les plus heureuses découvertes, a reconnu encore dans le nombre des testaments et des contrats de mariage. Dans ces derniers, le mari constitue à sa femme une dot et un trousseau, il lui garantit une pension fixe, enfin il stipule une somme qu'il lui paiera en indemnité dans le cas où il la répudierait pour prendre une autre femme. Pour assurer l'exécution de toutes ces conditions du contrat, la femme a sur les biens de son mari une hypothèque qu'elle peut transférer à un tiers. Au cas où il y aurait eu répudiation et second mariage, c'est le fils aîné de la première femme qui hérite des propriétés paternelles.

La plupart des lois civiles et criminelles de l'Egypte remontaient aux origines même de la constitution de sa société et étaient écrites de temps immémorial. Aussi en attribuait-on la rédaction, comme celle de la majorité des livres sacrés, au dieu Tahout lui-même. Pourtant elles avaient subi différentes modifications, améliorations, additions dans le cours des âges. Quand il s'agissait d'établir des règlements nouveaux, la puissance législative appartenait au roi, qui procédait par voie de rescrits. On citait comme les plus fameux auteurs de sages lois, Ména, le fondateur même de la monarchie, Ases-ka-f, Râ-mes-sou II ou Sésostris, Bok-en-ran-f, Schabaka l'Éthiopien et Ah-mès de la xxvie dynastie. Plus tard, le roi de Perse, Dârayavous, fils de Vistâçpa (Darius, fils d'Hystaspe), maître de l'Égypte, fut aussi compté parmi les législateurs de ce pays.

L'organisation judiciaire était presque indépendante du pouvoir royal ; les rois ne jugeaient eux-mêmes qu'en suprême ressort, dans des cas très rares et en général dans des affaires qui tenaient par quelque côté à la politique. Dans les cas de procès de conspiration et de crime de haute trahison, le jugement avait lieu par des commissions spéciales, que le roi nommait. Certains officiers de la cour, ceux qu'on appelait les flabellifères, *tai seri en sem,* parce qu'ils portaient le chasse-mouches de plumes ou flabellum auprès du monarque quand il siégeait en grande

Flabellifères auprès du roi, assis sur son trône.

pompe sur son trône, avaient aussi un pouvoir de justice pour certaines natures d'affaires. Mais la juridiction ordinaire et régulière appartenait à des tribunaux qui étaient tenus d'observer rigoureusement les lois. La classe sacerdotale était en possession de recruter la magistrature égyptienne. Les juges, *tâ* ou *ten,* se prenaient parmi les hiérogrammates qui justifiaient de certaines connaissances de droit et d'une grande intégrité de mœurs.

Nous ne connaissons, du reste, que très imparfaitement l'organisation des tribunaux inférieurs, dont il devait y avoir probablement un par nome. Nous sommes mieux renseignés sur la cour suprême des *sotmou en os en kat en mâ,* « auditeurs de plaintes du tribunal de justice. » Les grandes villes de Man-nofri (Memphis), On (Héliopolis) et Ape-t ou T-Ape (Thèbes), qui renfermaient les collèges sacerdotaux les plus importants, fournissaient les membres de cette cour; chacune en donnait dix. Ces trente conseillers choisissaient entre eux un président ou grand juge, et la place que celui-ci laissait libre était immédiatement remplie par un

La déesse Mâ, « fille de Râ, » déesse de la Justice [1].

autre juge de la même ville. Ces magistrats étaient entretenus aux dépens du trésor royal, et le président avait des appointements considérables. Les affaires se traitaient par écrit, jamais de vive voix, afin, disait-on, de prévenir tout ce qui pouvait troubler l'impartialité du juge en excitant les passions. Le demandeur dans les procès civils, l'accusateur dans les procès criminels (car il n'y avait pas de ministère public), pré-

---

[1] Représentations diverses, d'après Wilkinson.
Dans une de ces représentations la déesse est double parce qu'elle personnifie à la fois la Vérité et la Justice; « la double Mâ » est une expression très fréquente dans les textes. La figure qui représente Mâ, assise à terre, a les yeux fermés et scellés. Diodore de Sicile parle de cette manière de la figurer, qui exprimait la notion que la justice ne doit se laisser influencer par rien d'extérieur et ne pas faire acception de personnes. Le même écrivain signale aussi la représentation où la déesse n'a pas de tête, mais à la place la plume d'autruche qui constitue son insigne habituel.

sentait d'abord sa plainte par écrit et indiquait le dédommagement auquel il prétendait ou la peine dont il requérait l'application contre le coupable. Le défendeur ou l'accusé recevait communication de la requête de la partie adverse, et devait répondre aussi par écrit à chacun de ses chefs. Il était permis au demandeur de faire encore une réplique et au défendeur d'y répondre une dernière fois. La cour était alors obligée de prononcer son arrêt, qui était rendu par écrit et scellé du sceau du président. Celui-ci portait au col une chaîne d'or, à laquelle était suspendue une image en pierre précieuse, qui représentait la déesse Mâ, la vérité et la justice, reconnaissable à l'attribut de la plume d'autruche placé au-dessus de sa tête. Il fallait que le président mît cette chaîne pour que la séance pût commencer. Quand l'arrêt était rendu, on faisait entrer les deux parties en litige dans la salle de la cour; le président imposait l'image de la déesse Justice sur celle qui obtenait gain de cause, et le procès était désormais jugé sans appel.

Nous possédons les dossiers de deux grands procès criminels égyptiens : le premier, jugé par une commission nommée spécialement par le roi, est celui des conspirateurs du règne de Râ-mes-sou III; le second, jugé par les tribunaux ordinaires, est celui d'une bande de voleurs qui, profitant des troubles dont fut suivie l'extinction de la xxe dynastie, s'était organisée pour dévaliser de leurs riches trésors les tombes royales de Thèbes. Le résumé de l'enquête de ce dernier procès est conservé dans un papyrus du Musée Britannique. Des gens du rang le plus élevé s'y trouvaient compromis; le pillage des tombes royales était une opération aussi lucrative que criminelle, et c'était une véritable société industrielle qui en avait monté l'entreprise. Malheureusement dans les papyrus jusqu'à présent retrouvés et connus il n'y a aucun document original et authentique relatif à un procès civil.

Une juridiction spéciale était réservée pour les affaires qui touchaient à la religion, comme les procès de magie et d'hérésie. La pénalité y était la mort.

§ 6. — INDUSTRIE ET COMMERCE [1].

Il faudrait d'immenses détails pour faire connaître tout ce que les monuments nous apprennent sur les coutumes et la vie privée des Égyptiens. Ce peuple était à la fois agriculteur, industriel et guerrier. Le sol fertile de la vallée du Nil fut dès une époque antérieure à toute histoire positive cultivé soigneusement par sa nombreuse population, et si les machines proprement dites manquèrent toujours aux Égyptiens, si la fabrication des objets de consommation journalière et universelle paraît avoir été chez eux obtenue par des procédés aussi simples que ceux de leur agriculture, les objets de luxe, d'un luxe à la fois élégant et dispendieux, furent de très bonne heure produits en Égypte. Les musées d'Europe en contiennent des preuves trop nombreuses et trop décisives pour laisser un doute à cet égard. On sait que le climat de l'Égypte est le plus merveilleusement conservateur qui existe dans le monde. Aussi nulle société antique ne nous a-t-elle légué une pareille quantité et une pareille diversité de reliques. Les objets qui partout ailleurs ont disparu sans retour, dévorés par les ravages du temps, ceux des matières les plus périssables, de bois, de sparterie, de paille, de cuir, aussi bien que les tissus, sortent intacts des tombes égyptiennes après plus de cinquante siècles. On en possède qui datent de la IIe dynastie. Aussi n'est-ce pas seulement par les représentations plastiques que nous connaissons jusqu'au moindre détail du mobilier, des ustensiles, des outils, du vêtement et même de la nourriture des anciens Égyptiens ; il n'en est rien dont nous ne possédions quelques spécimens originaux.

Un grand nombre d'ouvriers étaient employés au tissage et à la teinture de riches étoffes, pour lesquelles on employait le lin, le coton et la laine. Dans les échantillons de ces étoffes parvenus jusqu'à nous, il en est bon nombre de brochées et de brodées avec une grande habileté, et également des mousselines transparentes d'une merveilleuse finesse. L'art de travailler les métaux était aussi poussé fort loin chez les Égyptiens. De très bonne heure ils ont connu les procédés de la soudure. Le métal le plus usuel était le cuivre, que l'on tirait en abondance des riches

---

[1] Cailliaud, *Recherches sur les arts et métiers de l'ancienne Égypte*, Paris, 1829. — Rosellini, *Monumenti dell' Egitto e della Nubia, Monumenti civili*, Florence, 1833. — Wilkinson, *Manners and customs of ancient Egyptians*, nouvelle édition publiée par S. Birch, Londres, 1878. — Voy. aussi les planches des grands ouvrages de Champollion et de M. Lepsius.

mines de la péninsule du Sinaï, et dont on faisait du bronze en l'alliant avec l'étain qui provenait du pays de Midian ou que le commerce amenait de bien plus loin. Le fer et l'acier étaient connus, mais des raisons superstitieuses en faisaient éviter l'emploi autant que l'on pouvait. L'or, que l'on recueillait dans le désert de Nubie et sur le haut du Nil, qu'on se faisait fournir en tribut par les peuplades nègres, était fort abondant dans le pays. L'argent y était beaucoup plus rare, ainsi que l'électrum, alliage d'or et d'argent donné par certains minerais naturels. Ce que l'on connaît de produits de la dinanderie, de l'orfèvrerie et de la joail-

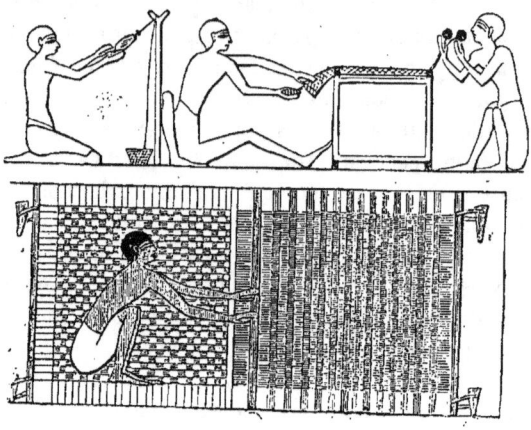

Tisserands[1].

lerie des Égyptiens n'est pas remarquable seulement au point de vue du dessin et du sentiment de l'art, mais aussi pour l'habileté et la perfection des procédés. Les bijoutiers des temps pharaoniques enchâssaient dans l'or, avec autant d'adresse que de goût, des plaquettes découpées de pierres dures comme la cornaline et le lapis, des pâtes de verre opaques imitant ces pierres. Ils ménageaient dans leurs joyaux des alvéoles qu'ils remplissaient à froid d'un mastic dur et coloré; quelquefois enfin ils exécutaient de véritables émaux cloisonnés. La planche chromo-lithographique placée en tête de ce volume reproduit quelques-uns des plus beaux spécimens connus de ces bijoux égyptiens à pierres dures et pâtes de terre enchassées dans l'or.

En effet, l'art de la fabrication du verre, blanc ou coloré, translucide

---

[1] Peinture des tombeaux de Béni-Hassan, d'après Wilkinson.

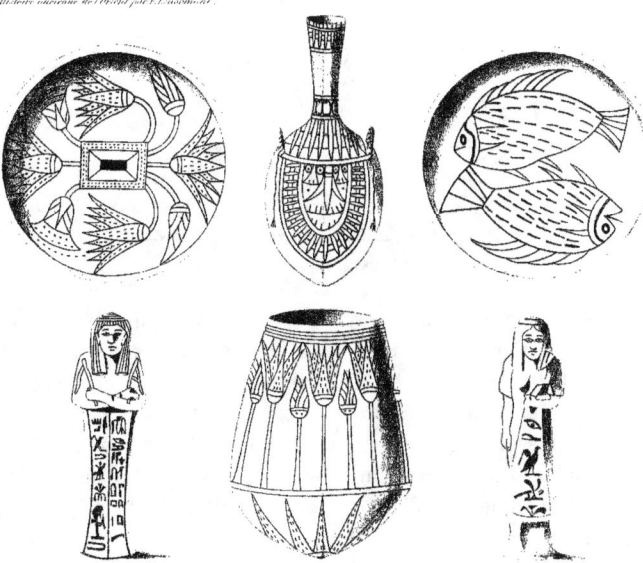

POTERIE ÉMAILLÉE ÉGYPTIENNE.

ou opaque, était parvenu en Égypte à une grande perfection. Dès le temps de la IVe dynastie, les sculptures des tombeaux nous montrent des verriers qui soufflent leur manchon. D'autres nous font assister à toutes les opérations des potiers, depuis le moment où la pâte est mise sur le tour jusqu'à celui où l'on retire les verres du fourneau dans lequel ils ont cuit. La poterie usuelle égyptienne était, du reste, assez grossière. Le plus souvent elle est d'une terre rouge ou grise, sans couverte et promptement perméable. Quelquefois on l'a revêtue d'une légère glaçure silico-alcaline, qui la rend plus brillante et surtout lui fait mieux retenir les liquides.

Le produit le plus original et le plus agréable à l'œil de la céramique des bords du Nil est ce qu'on appelle ordinairement la *porcelaine égyptienne*, expression tout à fait impropre, car l'objet qu'elle désigne

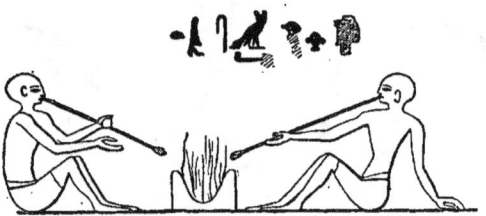

Verriers soufflant leur manchon[1].

n'est en aucune façon une porcelaine. C'est une poterie à texture sableuse, blanchâtre ou grisâtre, qui donne à l'analyse de 80 à 90 pour cent de silice contre de 13 à 4 d'alumine et de 3 à 2 de chaux. La masse n'en a ni ténacité, ni cohésion, et s'égruge avec une extrême facilité. C'est du sable presque pur, auquel on n'a joint que la quantité d'argile indispensable pour le lier. D'un semblable mélange est résulté une pâte manquant presque complètement de plasticité, dont on a surtout fait des figurines et des pièces pleines ou des coupes rondes sans pied, d'un modelage très simple, car elle était extrêmement difficile à façonner en vases faits sur le tour. Une planche chromo-lithographique place ici sous les yeux du lecteur quelques-uns des plus beaux échantillons de cette poterie que renferment les collections du musée du Louvre.

La glaçure, presque toujours d'un bleu plus ou moins franc, tantôt tirant sur le vert, tantôt si intense et si beau qu'on l'a quelquefois attri-

[1] Peinture d'un des tombeaux de Béni-Hassan, d'après Wilkinson.

bué au cobalt, la glaçure que l'on appliquait sur cette fritte sableuse est un verre tendre, souvent très épais, composé de silice et de soude, et coloré par des sels de cuivre. C'est à l'état d'oxyde que ce métal a dû être employé, et c'est l'action alcaline de la soude, lors de la fusion de la glaçure dans le four, qui lui a fait prendre la couleur bleue. L'addition de plomb aurait seule permis de lier une semblable glaçure aux pâtes argileuses dont les Égyptiens faisaient leur poterie usuelle. Mais ils ne paraissent pas avoir connu l'emploi de ce métal dans les vernis cérami-

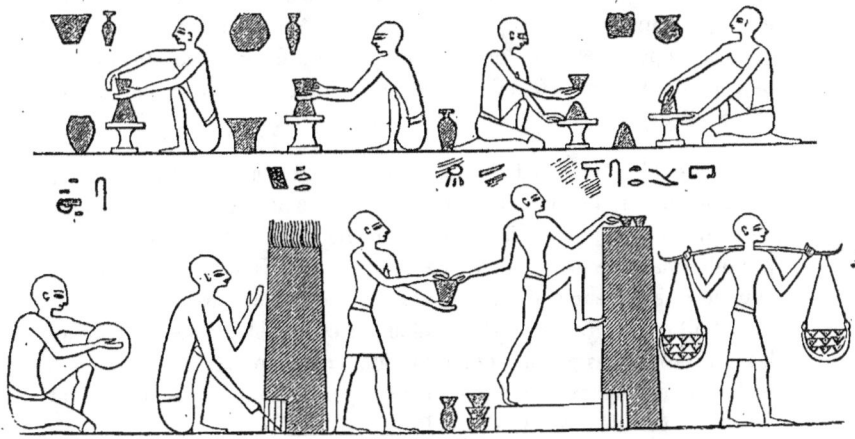

Potiers au travail[1].

ques, pratiqué au contraire de très bonne heure par les Babyloniens. Placée sur la poterie d'argile telle qu'ils la faisaient, la glaçure de leur soi-disant porcelaine aurait ou bouillonné ou grésillé, ou serait tombée en écailles. « Les Égyptiens, qui faisaient bien le verre, mais assez mal la poterie, dit Brongniart, avaient probablement découvert la glaçure bleue de cuivre avant de savoir si elle pouvait aller sur leurs pâtes céramiques ; ils ont donc été obligés d'en inventer une particulière qui pût recevoir et retenir ce beau verre ; ils ont alors composé comme excipient cette pâte

[1] Peinture de Béni-Hassan, d'après Wilkinson. Dans le registre supérieur quatre ouvriers modèlent en vases la terre encore fraîche sur la tournette, mise en mouvement avec une main. Dans le registre inférieur, en commençant par la gauche, un potier façonne un plat rond à la main, sans s'aider du tour ; un autre surveille le feu du four, qui est de forme cylindrique et ouvert par le sommet, d'où la flamme s'échappe ; viennent ensuite deux qui sont occupés à défourner après extinction du feu ; enfin un dernier emporte les vases terminés et cuits, pour les déposer en magasin.

presque entièrement siliceuse et poreuse. » Elle était moins pour eux du reste, une poterie à proprement parler, qu'une sorte de pierre artificielle, un succédané de certaines roches naturellement poreuses, auxquelles ils appliquaient la même glaçure colorée au cuivre, après les avoir sculptées, par exemple des schistes qui la retenaient facilement. Ajoutons que le verre tendre ainsi employé en guise de vernis céramique par les Égyptiens s'altère avec une extrême facilité. La plus légère quantité d'un acide quelconque, même très étendu, l'attaque immédiatement, et en le décomposant donne naissance à des sels de cuivre solubles, qui peuvent être toxiques. Les vases revêtus de cette glaçure, tels que les coupes, n'étaient donc d'un emploi sans danger que dans un très petit nombre de cas. C'était là une céramique décorative bien plutôt qu'usuelle.

Les produits de l'industrie égyptienne étaient exportés au loin par les voies de terre et de mer. En revanche, l'Égypte tirait de l'Asie beaucoup de matières premières indispensables que ne fournissait pas son sol et de produits manufacturés qu'elle ne savait pas fabriquer elle-même. Le commerce extérieur était donc actif et considérable. L'usage de la monnaie était encore inconnu, non seulement en Égypte, mais dans toutes les civilisations des peuples qui entouraient cette contrée. Le commerce se faisait donc par voie de troc ou bien en employant les métaux à l'état de lingots pour leur valeur de poids.

Ici il faut faire une distinction entre les usages de la circulation intérieure de l'Égypte et ceux de son commerce avec l'étranger. A l'intérieur, l'instrument ordinaire des échanges était le cuivre, que l'on comptait par *outen*, poids de 91 grammes environ, divisé en dix *kat* d'un peu plus de 9 grammes. Les papyrus qui renferment des comptes nous fournissent l'indication du prix de diverses choses en poids de cuivre, d'après ce système :

Un bœuf.	119 outens (10 kil. 829 gr.)
Un chevreau nouveau-né. . .	2 outens (182 gr.)
Une paire d'oies.	1/4 d'outen (22 gr. 75.)
Un couteau.	3 outens (273 gr.)
Un rasoir.	10 outens (910 gr.)
Cinq pièces d'étoffe	25 outens (2 kil. 275 gr.)
Cinq hins (2 litres 30) de miel.	4 outens (364 gr.)
Onze hins (5 litres 06) d'huile.	10 outens (910 gr.)

Une peau tannée.	2 outens (182 gr.)
Une canne avec incrustations.	4 outens (364 gr.)
Une canne simple en cyprès.	1 outen (91 gr.)
Une pioche	2 outens (182 gr.)
Une passoire de bronze. . . .	5 outens (455 gr.)

Cette liste est curieuse par la façon dont elle montre combien la main-d'œuvre augmentait la valeur des objets de luxe. C'est ce que nous voyons encore plus clairement quand un vase de bronze du poids de 20 outens est évalué à 50, plus du double de son poids de métal.

Dans les transactions avec les Asiatiques, on se conformait à leurs habitudes et les opérations se soldaient en or et en argent, métaux employés à cet usage sous forme d'anneaux d'un poids déterminé. On se servait aussi des anneaux d'or et d'argent dans la circulation intérieure de l'Égypte pour les paiements considérables, où le cuivre eût été par trop encombrant et difficile à transporter; on les prenait alors comme représentant, d'après le cours commercial du moment, des sommes comptées en outens de cuivre. C'est ainsi qu'un certain nombre de peintures d'hypogées funéraires nous montrent les grands achats de blé soldés au moyen d'anneaux d'or, que l'on entasse pour les peser dans les plateaux d'une balance.

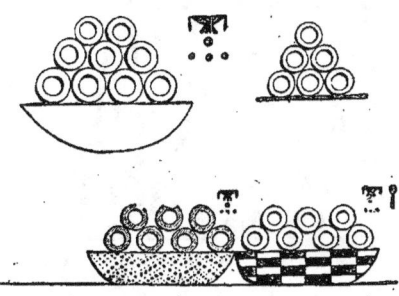
Anneaux d'or et d'argent servant aux échanges.

Nous possédons en original quelques-uns de ces anneaux d'or et d'argent, qui tenaient lieu de numéraire monnayé. Ils représentent toujours des divisions exactes du système de poids de l'Asie antérieure, qui s'était naturalisé en Égypte à côté du système national de l'outen et de ses divisions, et ils y descendent jusqu'à des tailles fort minimes. On facilitait le côté matériel des transactions d'échange et de vente en fabriquant des anneaux de ce genre qui représentassent toutes les valeurs normales résultant de l'application d'un certain système pondéral, à la mesure des métaux servant d'étalon commun de la valeur des choses. Par là cette forme de circulation se rapprochait déjà beaucoup de la monnaie.

La Genèse nous fait assister à toute la mise en pratique de son mécanisme en Palestine et en Égypte. Quand Abraham achète aux 'Hittim de

Qiryath-Arba' le terrain de sa sépulture de famille, il livre à son vendeur quatre cents sicles d'argent, « tels qu'ils ont cours entre les marchands [1]. » C'est avec de l'argent que les frères de Yôseph vont acheter du blé en Égypte au moment de la famine [2], et cet argent est sous une forme qui leur permet de l'emporter dans des bourses fermées [3]. Comme les lingots en sont d'un poids régulier et conformes à certaines tailles d'un usage général et habituel, on les compte quelquefois à la pièce, aussi bien en

Pesée des anneaux en métaux précieux servant aux paiements [4].

Égypte qu'en Palestine. Ainsi font Abimelech, roi de Gerar, quand il offre un présent d'argent à Abraham [5]; les marchands midianites, quand ils achètent Yôseph à ses frères [6], et Yôseph devenu ministre du Pharaon, quand il fait un cadeau à Benyamin, en l'envoyant rechercher son père [7].

Tout cela est bien près de l'usage de la monnaie; mais ce n'en est pas encore réellement et complètement. Il y manquait ce que les jurisconsultes romains appelaient dans la monnaie la loi et la forme. Ni le poids ni le titre n'étaient garantis par des autorités publiques. Le côté fiduciaire qui est de l'essence de toute monnaie, même de la meilleure, de

---

[1] *Genèse*, XXIII, 16.
[2] *Ibid*, XLII, 27.
[3] *Ibid.*, XLII, 35.
[4] Peinture d'un tombeau d'Eileithyia, d'après Wilkinson. Un scribe surveille l'opération et enregistre les résultats de la pesée pour en donner un certificat ayant valeur authentique.
[5] *Genèse*, XX, 16.
[6] *Ibid.*, XXXVII, 28.
[7] *Ibid.*, XLV, 22.

celle dont la valeur réelle est la plus exactement en concordance avec la valeur nominale, et qui fait qu'on la reçoit sans vérification dans les transactions journalières, à cause de son caractère légal et de la confiance qu'inspire l'empreinte gouvernementale qu'elle a reçue, ce côté fiduciaire y faisait absolument défaut.

Dans cette circulation, tout en constituant déjà la commune mesure de la valeur, les métaux étaient encore à l'état de pure et simple marchandise. Pour la réalisation plus commode des échanges, on préparait cette marchandise en quantités exactes, depuis les plus faibles jusqu'aux plus fortes, de manière à avoir toujours sous la main un morceau d'or ou d'argent du poids voulu, sans être obligé de le couper dans un plus gros lingot. Mais comme les anneaux n'avaient pas d'empreinte et de garantie de l'autorité publique, ils n'avaient pas non plus de cours légal. Il fallait à chaque fois vérifier à la balance l'exactitude de leur poids et essayer leur titre à la pierre de touche. Et le marchand demeurait libre, même dans le pays où ils avaient été fabriqués, de les refuser ou d'en discuter le cours.

Encore aujourd'hui la Chine nous présente un état de choses tout à fait analogue, qu'il est intéressant d'y comparer. Le cuivre en sapèques y est la seule monnaie marquée d'une empreinte officielle, ayant cours légal. Elle ne représente que des valeurs infiniment petites. Mais, à côté de l'emploi de cette monnaie, il y a une grande circulation d'or et d'argent, d'argent surtout, en lingots, à l'état de marchandise. C'est avec ces lingots que s'opèrent la plupart des transactions commerciales, dès qu'elles ont quelque importance, et non par le moyen de la monnaie de cuivre, beaucoup trop encombrante et difficile à transporter. Pour la commodité du commerce, auquel ils servent d'instrument habituel d'échange, on donne à ces lingots des poids exacts et suivant une échelle régulière, de 1/2 à 10 taëls en or, de 1/2 à 100 taëls d'argent. Mais leur circulation et leur acceptation n'ont aucun caractère légal et obligatoire. L'autorité publique n'a point à y intervenir et ne leur donne aucune garantie. Ces lingots ne portent aucune empreinte, si ce n'est en certains cas un poinçonnement individuel, simple marque d'origine et de fabrique, qui quelquefois inspire assez de confiance pour dispenser de la vérification du titre du métal, lorsque c'est celle d'un négociant honorablement connu. La facilité avec laquelle on accepte le lingot à tel ou tel poinçon tient donc entièrement au crédit personnel de celui qui l'a marqué.

Hérodote remarque dans les habitudes industrielles et commerciales des Égyptiens deux particularités absolument contraires aux usages des Grecs : c'étaient des hommes, au moins aussi souvent que des femmes, qui travaillaient à la fabrication des tissus et faisaient marcher les métiers ; les femmes fréquentaient les marchés dans la vie quotidienne, et il n'était pas rare d'en voir s'adonner aux opérations du négoce.

§ 7. — MŒURS ET COUTUMES.

En général, le caractère de l'Égyptien était facile, ses mœurs douces et telles qu'on devait les trouver chez un peuple naturellement obéissant, profondément religieux et de très bonne heure civilisé. « Il n'y a parmi les Grecs, dit Hérodote, que les Lacédémoniens qui s'accordent avec les

Préparation du poisson salé [1].

Égyptiens dans le respect que les jeunes gens ont pour les vieillards ; si un jeune homme rencontre un vieillard, il lui cède le pas et se détourne ; si un vieillard survient dans un endroit où se trouve un jeune homme, celui-ci se lève. Lorsque les Égyptiens se rencontrent, au lieu de se saluer de paroles, ils se font une profonde révérence en baissant la main jusqu'aux genoux. »

Le même auteur dit encore, et l'étude des monuments confirme sur tous les points son témoignage : « Après les Libyens, il n'y a point d'hommes si sains et d'un meilleur tempérament que les Égyptiens... Ils sont persuadés que toutes nos maladies viennent des aliments que nous prenons... Ils font leur pain avec de l'épeautre ou blé barbu ; ils boivent de la bière dans certains districts, et vivent de poissons crus, séchés au soleil ou mis dans la saumure ; ils mangent crus, pareillement, les cailles, les canards et quelques petits oiseaux qu'ils ont eu soin de

---

[1] Sujet emprunté à un tombeau du voisinage des Pyramides.

saler auparavant. Enfin[1], à l'exception des oiseaux et des poissons sacrés, ils se nourrissent de toutes les autres espèces qu'ils ont chez eux, et les mangent ou rôties ou bouillies. »

Comme chair, le fond de l'alimentation des Egyptiens consistait en

Rôti préparé dans l'épaule du bœuf : 1, chez les anciens Égyptiens ; 2, chez les modernes.

viande de boucherie, principalement de bœuf. Les morceaux qu'ils en préparaient étaient le cuissot, appelé quelquefois *sotp*, « le morceau de choix » par excellence, l'épaule, l'aloyau, les côtes, le cœur et la tête. Tous ceux-ci étaient découpés à peu près de la même manière qu'ils le

Cuisiniers à l'ouvrage[2].

sont encore par nos bouchers. Mais en outre, ceux de l'ancienne Égypte avaient une façon particulière de préparer pour la faire rôtir, en la laissant autour de l'os, la viande qui accompagne l'humérus du bœuf. C'était un des morceaux les plus usités, et les bouchers de l'Égypte contempo-

[1] Voy. plus haut, tome II, p. 15, la figure représentant, d'après des peintures de tombeaux, la préparation des oiseaux d'eau en salaisons.
[2] Bas-relief d'un tombeau de l'Ancien Empire, d'après Wilkinson.
Un des cuisiniers (1) plume une oie ; un autre (4) découpe des viandes de boucherie ; un troisième (2) met diverses pièces de viande dans un chaudron ; un dernier enfin (3) fait rôtir une oie à la broche, en attisant le feu avec une sorte d'éventail.

raine le coupent encore exactement de même que leurs ancêtres de l'antiquité. Les représentations monumentales nous montrent ces diffé-

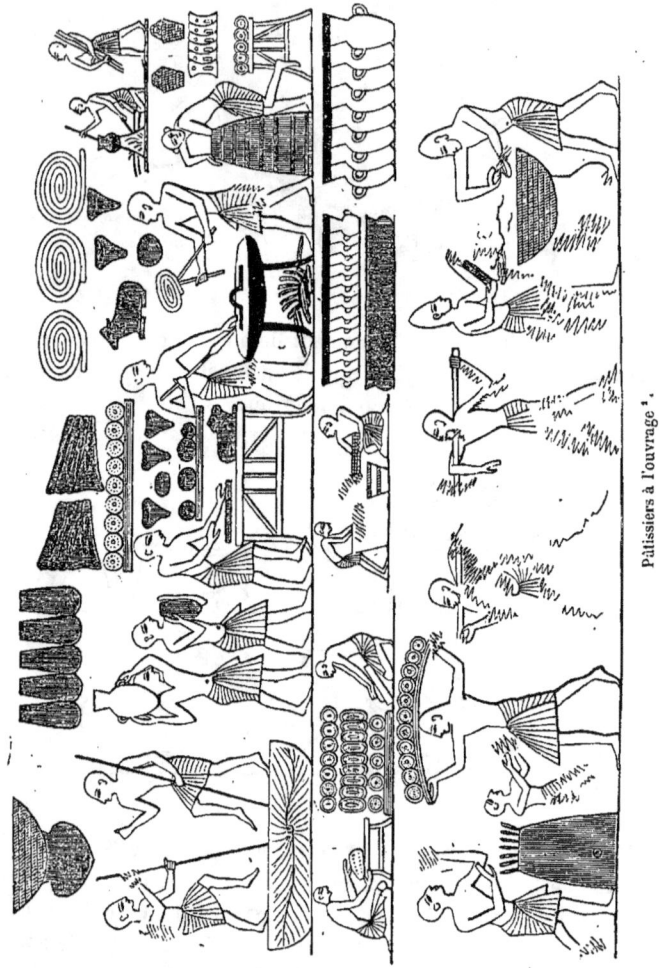

Pâtissiers à l'ouvrage [1].

rentes pièces de viande de bœuf servies sur les autels des dieux et sur les tables des vivants, et les textes nous parlent de toutes, en nous donnant leurs noms. On découpait de la même manière le mouton et la

[1] Peinture du tombeau de Râ-mes-sou III, à Thèbes, d'après Wilkinson.

chèvre, qui tenaient dans l'alimentation moins de place que le bœuf, et aussi la venaison, antilopes de diverses espèces et bouquetins. On mangeait aussi les diverses espèces de gibier à plumes et surtout une très grande abondance de volailles. Celle-ci consistait uniquement en oiseaux d'eau, oies et canards, à l'élève desquels on appliquait les procédés d'incubation artificielle dans des fours construits exprès, au moyen desquels les fellahs-de nos jours font éclore tant de poulets. Mais le coq et la poule étaient absolument inconnus de l'Égypte pharaonique, leur espèce n'a été introduite dans la vallée du Nil que sous la domination des Perses.

Les représentations de la vie quotidienne retracées sur les parois des

Foulage de la vendange et déposition du vin nouveau dans les amphores[1].

tombes nous font souvent pénétrer dans les cuisines, où l'on prépare les diverses espèces de viandes et où on les voit cuire à la broche ou dans des chaudrons. D'autres scènes du même genre montrent les pâtissiers en action, pétrissant la pâte tantôt avec les pieds, tantôt avec les mains, la modelant en gâteaux de formes variées, en pains ronds à la surface garnie de graines aromatiques, mettant ces gâteaux au four, ou bien faisant frire des sortes de beignets dans une poêle remplie de graisse bouillante. Le pain des Égyptiens était à peine levé, en galettes rondes cuites sur des pierres plates ou sur des plaques de métal, comme est encore celui des Arabes. On en préparait la pâte par le procédé rudimentaire qui s'est conservé dans la majeure partie de l'Afrique, en écrasant le grain entre deux pierres au moment même de s'en servir et

---

[1] Peinture d'un tombeau de Thèbes, d'après Wilkinson.

en ne séparant pas le son de la farine. Le pain de luxe, celui qu'on mangeait dans les maisons des riches, était fait de froment, celui des pauvres, d'orge ou de millet; c'est l'une ou l'autre de ces espèces qu'Hérodote aura prise pour l'épeautre, qu'en réalité on ne cultivait pas dans le pays.

La vigne était cultivée dans une partie de l'Égypte, surtout dans le Delta, et on y faisait une assez grande quantité de vin, *arp*. Les représentations de la vendange, du foulage des raisins dans la cuve et du dépôt du vin dans les amphores de terre se rencontrent quelquefois. On faisait aussi du vin de dattes, *baq*, et surtout on en tirait de la Palestine. Mais la vraie boisson nationale était la bière, *haq*, faite au moyen de l'orge; elle devait être aigre et tout à fait analogue à celle dont les Nubiens d'aujourd'hui font leurs délices sous le nom de *bouza*, boisson qui paraît à nos palais européens tout à fait repoussante. Il y avait, du reste, deux qualités différentes de bière, celle que l'on faisait en Égypte même et celle qu'on tirait du pays de Qadi, vers la Cilicie. Cette dernière était la plus estimée.

Dans la correspondance du scribe Amon-em-Apt avec son élève Penta-our il y a une lettre écrite dans un moment où celui-ci se dérangeait, courait les cabarets et se mettait à boire :

On me dit que tu abandonnes les lettres,
que tu cours de rue en rue, fleurant la bière.
Toutes les fois qu'on abuse de la bière,
elle fait sortir un homme de soi-même;
c'est elle qui met ton âme en pièces.
Tu es comme une rame arrachée de sa place
et qui n'obéit plus d'aucun côté;
tu es comme une chapelle sans dieu,
comme une maison sans pain,
dont le mur est trouvé vacillant et la poutre branlante.
Les gens se sauvent devant toi,
car tu leur lances de la boue et des huées.
Sachant que le vin est une abomination,
abstiens-toi de l'hydromel,
ne mets pas le vin de grenades devant ton cœur,
ignore le vin de figues.
Instruit à chanter avec accompagnement de flûte,
à réciter avec accompagnement de chalumeau,
à moduler avec accompagnement de kinnor,
à chanter avec accompagnement de lyre,
tu es assis dans une chambre, entouré de vieilles dames,
et tu te mets à dodeliner du cou;

tu es assis en présence de jeunes filles,
parfumé d'essences, un chapelet de fleurs au cou.
et tu te mets à te battre le ventre,
tu te balances comme une oie,
tu tombes sur le ventre, tu te salis comme un crocodile.

Dans les réunions de plaisir des Égyptiens il n'était pas rare de voir des convives se laisser aller ainsi à la boisson jusqu'à éprouver les plus dégoûtants effets de l'ivresse. Dans les peintures qui retracent des scènes de ces réunions, les artistes se sont quelquefois amusés à figurer des dames de marque, obligées de recevoir l'assistance de leurs esclaves dans le trouble d'estomac que leur cause l'excès du vin ou de la bière.

Dame égyptienne vomissant dans l'ivresse[1].

Les Égyptiens n'avaient pas l'habitude de se coucher pour le repas, comme les Grecs ou les Romains. Ils mangeaient accroupis par terre autour de petites tables

Repas égyptien[2].

rondes et basses, ou bien assis sur des chaises et ayant devant eux des tables plus élevées. L'usage de la fourchette leur était inconnu, et ils

---

[1] Peinture d'un tombeau de Thèbes, d'après Wilkinson.
[2] Bas-relief d'un tombeau de l'Ancien Empire, voisin des Pyramides.

faisaient en mangeant le même usage de leurs doigts que tous les Orientaux encore de nos jours.

« Aux festins que font les riches, rapporte Hérodote, on porte, après le repas, autour de la table, un cercueil avec une figure en bois si bien travaillée, qu'elle représente parfaitement un mort. On la montre à tous les convives tour à tour, en leur disant : Jetez les yeux sur cet homme, vous lui ressemblerez après votre mort; buvez donc maintenant et vous divertissez. »

Un papyrus du Musée Britannique, provenant de la collection Harris, nous a conservé le texte original d'un chant de fête qui est le développement de cette pensée et qui vient confirmer ici le témoignage du père de l'histoire.

C'est un décret du bon chef, un destin parfait
que, tandis qu'un corps se détruit à passer,
d'autres restent à sa place, depuis le temps des ancêtres.
Les dieux qui ont été autrefois et qui reposent dans leurs tombes,
les momies et les mânes aussi qui sont ensevelis dans leurs tombes,
quand on construit des maisons, ils n'y ont plus leur place.
Qu'a-t-on fait d'eux?
J'ai entendu les paroles de I-m-hotpou et de Hor-doudou-f,
que l'on chante en des chants dont le nombre est considérable.
Quelles sont aujourd'hui leurs places?
Leur enclos est détruit;
leurs places ne sont plus, comme s'ils n'avaient jamais existé.
Personne n'y vient qui célèbre leurs qualités,
qui célèbre leurs biens,
qui décide notre cœur à nous hâter vers le lieu où ils sont allés.
Tu es en bonne santé, ton cœur se révolte contre les honneurs funèbres ;
suis ton cœur tant que tu es vivant.
Mets des parfums sur ta tête, pare-toi de fin lin,
oins-toi de ce qu'il y a de plus merveilleux parmi les essences des dieux!
Fais plus encore que tu n'as fait jusqu'à présent !
Ne laisse pas s'en aller ton cœur!
Suis ton désir et ton bonheur aussi longtemps que tu seras sur terre,
n'use pas ton cœur en chagrins
jusqu'à ce que vienne pour toi ce jour où l'on supplie
sans que le dieu dont le cœur ne bat plus écoute ceux qui supplient.
Les lamentations du survivant ne réjouissent pas le cœur de l'homme
[dans le tombeau.
Fais un jour de plaisir et n'y reste pas inactif!
Aucun homme ne peut emporter ses biens avec lui.
Il n'y a pas d'homme qui soit allé là-bas et qui en soit revenu !

Nous avons de nombreuses représentations des fêtes que les riches

Fête chez un riche Égyptien, au temps de la XVIIIe dynastie¹.

¹ Peinture du tombeau du scribe Hor-em-heb, à Thèbes.

Égyptiens offraient à leurs amis, et où les hommes et les femmes prenaient part ensemble, assis sur de riches sièges, avec des chapelets de fleurs odorantes dans les cheveux et autour du col, servis par les esclaves de la maison qui leur apportaient des mets recherchés et des vins de luxe, tandis que les oreilles étaient charmées par les musiciens et les chanteurs, les yeux réjouis par des danseuses aux robes transparentes, qui exécutaient leurs pas les plus savants devant la société, en s'accompagnant de la guitare.

Les Égyptiens étaient très amateurs de plaisirs. Tous les témoignages antiques s'accordent à les décrire tels que sont encore leurs descendants,

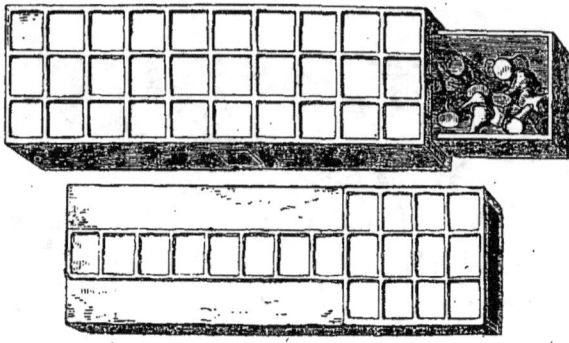

Échiquier égyptien[1].

les fellahs de nos jours, d'un tempérament singulièrement gai et insouciant, grands enfants qu'un rien amuse et qu'un moment de plaisir console de toutes les misères, en les leur faisant oublier. Ils aimaient avec passion les beaux récits des conteurs des rues, les concerts de musique[2], les ballets des danseuses, les exercices des acrobates de l'un et l'autre sexe, les tours d'adresses des escamoteurs, toutes choses qu'ils n'ont pas négligé de reproduire dans les scènes familières dont ils couvraient les parois des hypogées sépulcraux. Ils y ont aussi retracé leurs jeux favoris, la mourre, le pair ou impair, la main chaude, le cheval fondu, la balle et la paume, les parties d'échecs[3] et de dés. Nous possédons même en original des échiquiers égyptiens avec un tiroir contenant les pions et

---

[1] Musée Britannique.
[2] Voy. le bas-relief d'un tombeau de l'Ancien Empire reproduit dans notre tome II, p. 81.
[3] Voy. plus haut, tome II, p. 321, le bas-relief de Médinet-Abou, qui représente le roi Râmes-sou III jouant aux échecs avec une des femmes de son harem.

d'assez nombreux jouets d'enfant en bois ou en autres matières, tels que poupées et pièces mobiles que l'on mettait en mouvement en tirant une ficelle. Les joutes en barques sur les canaux étaient encore un divertissement très à la mode et fréquemment représenté par les artistes. Quant aux scènes de lutte qu'on voit aussi dans un certain nombre de tombeaux, il faut les considérer comme retraçant moins des amusements à proprement parler que des épisodes de l'éducation militaire, où la gymnastique tenait une grande part. Il en est de même des scènes d'escrime au bâton et de celles où on voit des jeunes gens s'exerçant à lever des haltères. Le pugilat ne paraît pas avoir été compris dans le cycle des exercices athlétiques des Égyptiens comme dans ceux des Grecs.

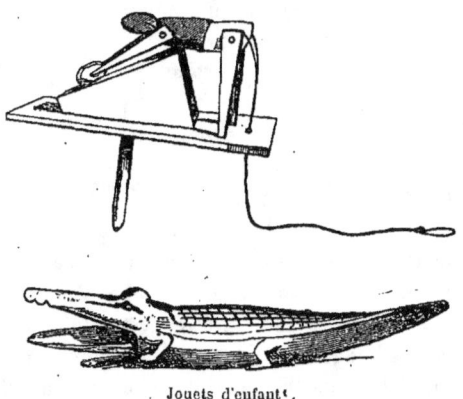

Jouets d'enfant[1].

Les anciens Égyptiens se rasaient les cheveux et la barbe. Sur leur crâne rasé, au lieu d'un turban comme celui des Turcs, ils portaient,

Variétés de la coiffure virile[2].

pour se défendre de l'insolation, ou une petite coiffe d'étoffe ou une perruque de cheveux montés sur une sorte de tulle. Les femmes elles-mêmes portaient perruque aussi souvent qu'elles conservaient leurs cheveux naturels. Quelques perruques égyptiennes ont traversé les

[1] Musée de Leyde.
[2] La tête figurée sur la gauche porte une petite coiffe d'étoffe blanche, les autres des perruques de formes variées. Ces représentations sont puisées dans l'ouvrage de Wilkinson.

siècles jusqu'à nous et sont conservées dans les musées[1]. C'est seulement en deuil qu'on cessait de se raser la tête et le menton et qu'on laissait pousser cheveux et barbe. De même qu'on substituait une perruque à ses cheveux, un très singulier usage faisait que, comme privilège et insigne de certains rangs élevés de la société, on attachait sous son menton une barbe postiche étroite et tressée. La forme et la longueur en variaient suivant la qualité dont on était revêtu. Les simples fonctionnaires jouissant du privilège de la fausse barbe ne pouvaient pas la porter de plus de quelques centimètres de longueur. Celle des rois avait plusieurs pouces de long, descendant jusque sur la poitrine, mais droite et carrée par en bas. Celle qu'on donnait aux figures des dieux était bien plus longue encore et s'enroulait sur elle-même en avant à son extrémité. Quelquefois on donnait cette barbe divine aux images des morts, rois ou simples particuliers, en vertu de l'assimilation que l'on faisait des défunts au dieu Osiris.

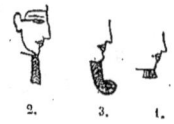

2. 3. 1.
Barbes postiches[2].

Personnages de haut rang, la canne à la main.

« Les habits des Égyptiens sont de lin, dit Hérodote, composés d'une pièce d'étoffe enroulée autour des reins, avec des franges sur les jambes ; par-dessus, ils s'enveloppent d'un manteau de laine blanche, mais ils ne le portent pas dans les temples. On ne les ensevelit pas non plus avec cet habit ; les lois de la religion le défendent. »

En effet la sorte de pagne court, fait de toile de lin et attaché aux

---

[1] Voy. celle qui est gravée plus haut, tome II, p. 423.
[2] Le numéro 1 représente celle des hauts fonctionnaires, le numéro 2 celle des rois et le numéro 3 celle des dieux.

reins, que l'on appelait *schenti*, apparaît comme la pièce essentielle du costume viril égyptien sur tous les monuments, qui en font plus ou moins varier la forme, mais en la maintenant toujours dans la même donnée fondamentale. Par-dessus on portait quelquefois une sorte de chemise étroite et sans manches, attachée au col et ne descendant qu'à mi-cuisse,

Détails du costume des hommes[1].

qu'une ceinture serrait à la taille. Cette chemise était aussi de toile. Nous en avons quelques-unes en original; plusieurs sont ornées de broderies ou garnies de franges par en bas. Quant au manteau, qu'Hérodote affirme avoir été ordinairement de laine, il était assez ample, mais s'enroulait serré autour du corps. Les monuments le placent souvent sur les

[1] D'après Wilkinson. Les figures 1-12 représentent diverses variétés de forme et de coupe de la *schenti*; la figure 13, la chemise sans manches, d'après celle qui est conservée en original au Musée égyptien de Florence. Sous le n° 15 est représenté un homme vêtu de la simple schenti, sous le n° 14 un qui porte de plus la chemise.

épaules des personnages d'un certain rang, qu'ils représentent marchant hors de leurs maisons en tenant à la main la longue canne qu'on faisait ordinairement de bois d'acacia, et sur laquelle on avait l'habitude d'inscrire en hiéroglyphes le nom de son propriétaire.

Le costume des femmes se composait avant tout de la longue et étroite chemise sans manches, attachée au col et descendant jusqu'aux pieds, qui constitue encore aujourd'hui tout le vêtement des fellahines. Le matin, dans l'intérieur de la maison, et aussi dans les lamentations du deuil, les femmes du plus haut rang se contentaient de cette chemise ; mais en toilette elles portaient par-dessus une robe flottante et descendant jusqu'aux pieds, attachée à la taille par une longue ceinture. Cette robe était souvent d'une mousseline transparente ; en particulier on représente toujours ainsi celle des princesses et celle des danseuses. Ces dernières ne portaient aucune chemise sous leur robe, de manière à ce

Princesse en costume de cérémonie.

Danseuses en robes transparentes[1].

que toutes leurs formes se montrassent nues au regard au travers du vêtement. Les femmes du peuple étaient seulement vêtues de la chemise d'étoffe non transparente, qu'elles relevaient souvent à la manière des

[1] Peinture d'un tombeau de Thèbes, d'après Wilkinson.

fellahines de nos jours, de façon à lui faire former par devant ou par derrière une sorte de poche où elles portaient leurs enfants.

Naturels ou artificiels, les Égyptiennes portaient les cheveux longs, tombant sur les épaules et disposés en un grand nombre de tresses que

Femmes dans les lamentations du deuil[1].

terminait un gland de laine de couleur. Le sommet de la tête était enveloppé d'un filet de perles d'émail, orné sur le front d'une fleur de lotus. A mi-longueur des cheveux, une bandelette plus ou moins riche enveloppait les tresses et les empêchait de se déranger. Les Égyptiennes riches portaient beaucoup de bijoux, épingles de tête, pendants d'oreille,

Femmes du peuple portant leurs enfants dans un pli du vêtement.

Coiffure de femme, d'après une caisse de momie.

colliers, bracelets de bras et de jambes, surtout des bagues à presque tous les doigts, en particulier à ceux de la main gauche, dont l'annulaire en avait toujours plusieurs. A en juger par les représentations des monuments, elles étaient souvent fort jolies, d'un type fin et d'une élégance un peu grêle. Elles avaient l'habitude de se farder et surtout de se garnir de poudre d'antimoine le bord des paupières, pour s'allonger les yeux et leur donner plus d'éclat.

[1] Peinture d'un tombeau de Thèbes, d'après Wilkinson.

Les hommes portaient certains bijoux comme les femmes, quelquefois des bracelets, presque toujours de gros anneaux au chaton gravé, qui leur servaient de bijoux. Certains colliers d'or étaient la récompense des actions d'éclat à la guerre et des services civils éminents.

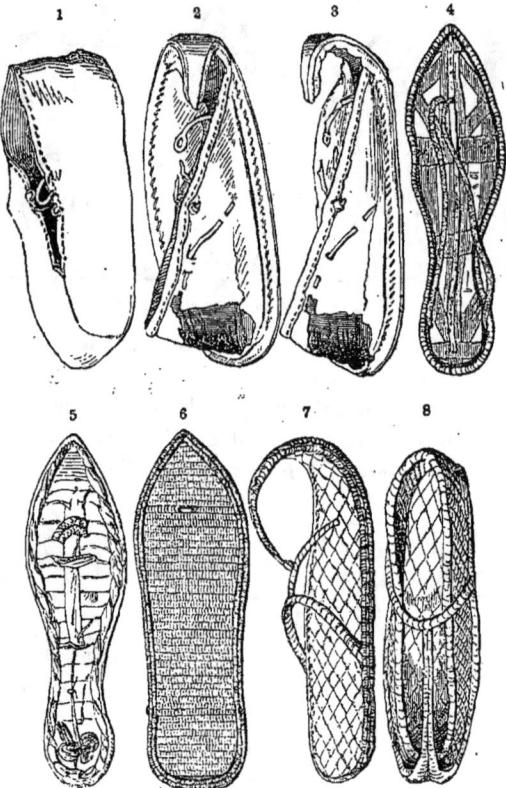

Chaussures égyptiennes[1].

Ils remplissaient le rôle de décorations. Les inscriptions funéraires mentionnent fréquemment les colliers honorifiques décernés au défunt, et certains bas-reliefs des tombes le montrent recevant solennellement un de ces insignes en présence du roi.

[1] D'après Wilkinson, tirées de diverses collections.
Les numéros 1-4 sont en cuir; 5, en feuilles de papyrus; 6-8, en sparterie.

Tandis que les gens du peuple marchaient pieds nus, ceux des hautes classes se chaussaient de sortes de pantoufles de cuir ou de sandales de feuilles de palmier et de sparterie, qui laissaient le pied à découvert. Ces chaussures, dont on possède un assez grand nombre de spécimens originaux, se terminent fréquemment à leur extrémité antérieure en pointe relevée et recourbée. On les quittait pour entrer dans les temples ou pour se présenter devant le roi, à moins qu'on n'eût reçu, par patente royale, le privilège honorifique singulièrement recherché de garder sa chaussure dans le palais.

Après avoir parlé du vêtement et de l'alimentation de l'Égyptien, il reste à dire quelques mots de son habitation. Ici je citerai ce que disent MM. G. Perrot et Chipiez dans leur remarquable *Histoire de l'art*.

« Le seul point de la vallée du Nil où se laissent encore distinguer quelques traces des dispositions d'une ville antique, c'est l'emplacement de la capitale que s'était bâtie Amon-hotpou IV, quand il avait quitté Thèbes et son dieu Ammon. Selon toute apparence, cette cité, qu'un caprice royal avait fait naître, aurait été abandonnée bientôt après; on ne sait même pas le nom qu'elle portait, et depuis lors il n'y a jamais eu près de là que de petits villages qui n'ont pas suffi à détruire les restes des bâtiments. Ceux-ci couvrent encore le sol de leurs décombres; ils sont tous en briques. On a pu relever, en gros tout au moins, le plan de quelques-unes de ces habitations; mais ce que l'on reconnaît le mieux, c'est la direction des voies. Il y a une grande rue parallèle au fleuve et qui est large d'environ vingt-cinq mètres; d'autres rues, plus étroites, paraissent la couper à angle droit; dans quelques-unes, deux chariots pouvaient à peine passer de front. Le quartier principal était au nord, dans le voisinage d'une vaste enceinte rectangulaire, qui renfermait le temple du Disque solaire, Aten. On remarque, dans cette partie de la ville, les débris d'importantes demeures, pourvues de cours spacieuses. Il y a surtout, à l'ouest de la grande rue, un édifice que Prisse appelle le palais; on y remarque de nombreux piliers de brique, serrés les uns contre les autres. Ces piliers étaient-ils destinés à supporter les planchers et à les préserver de l'humidité du sol? Pour répondre à cette question, il faudrait des renseignements plus précis. Dans le sud de la ville, ce sont au contraire de petites maisons, toutes contiguës, qui ne sont représentées que par des pans de murs et des tas de décombres. C'était le quartier des pauvres...

« Nous n'essaierons pas de comparer et de discuter les quelques indications que nous ont données les Grecs sur l'étendue de Thèbes ; fussent-elles moins vagues et moins contradictoires, elles ne nous renseigneraient pas sur la densité de la population. Diodore raconte qu'il y aurait eu à Thèbes des maisons de quatre et de cinq étages ; mais il ne les a pas vues, et c'est au règne de son fabuleux Busiris qu'il les attribue. Dans les représentations figurées, on ne trouve pas de maisons qui aient plus de trois étages, et encore est-ce l'exception ; d'ordinaire on ne rencontre qu'un rez-de-chaussée, un premier étage, et une terrasse couverte. Il paraît peu probable que, même dans les grandes voies, les maisons les plus luxueuses présentassent sur la rue une ligne de belles façades ; on se figure plutôt Thèbes et Memphis comme les villes orientales d'aujourd'hui, avec leurs rues bordées de longs murs aveugles ou de massifs de maçonnerie qui ne sont percés que de rares ouvertures. Les maisons que nous offrent les bas-reliefs y paraissent souvent entourées d'une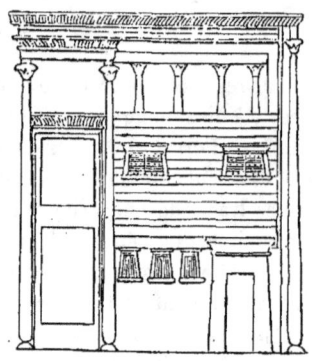

Maison à un étage et à terrasse couverte[1].

muraille crénelée ; elles s'élèvent au milieu d'une cour ou d'un jardin. Dès que leur propriétaire avait quelque aisance, elles devaient, comme les maisons arabes ou turques, fuir le bruit de la rue et réserver pour l'intérieur de l'enceinte toute l'élégance et la variété du bâtiment appliqués aux usages de la vie domestique. Toute maison assez riche devait ainsi couvrir un assez vaste espace.

« Dans la maison, située au milieu d'un vaste jardin, dont Rosellini a tiré d'une tombe thébaine le plan cavalier, faut-il, comme on l'a fait généralement, voir une maison des champs, une villa ? Nous ne le pensons pas ; il nous paraît possible que, dans ce que nous appellerions les quartiers aristocratiques de Memphis ou de Thèbes, les propriétés des grands aient eu ce développement et que l'habitation s'y soit entourée d'aussi beaux ombrages...

« Les maisons mêmes des pauvres paraissaient avoir eu d'ordinaire leur cour, au fond de laquelle s'élevait une construction qui ne compor-

---

[1] D'après les peintures d'un tombeau de Thèbes.

tait qu'un rez-de-chaussée et une terrasse où l'on montait par un escalier extérieur... Cette disposition est encore celle de la plupart des maisons dans les villages de l'Égypte contemporaine.

« Dans les maisons plus vastes, les chambres étaient rangées autour d'une cour et régulièrement distribuées sur deux ou trois de ses côtés. D'autres fois elles ouvraient sur un long corridor. Celles du rez-de-chaussée servaient aux besoins du ménage, tandis que celles des étages

[Maison au milieu d'un jardin, vue cavalière[1].

supérieurs étaient habitées par la famille. Au sommet de l'édifice était une terrasse, souvent garantie du soleil par un toit léger soutenu par des colonnettes de bois et peint de couleurs brillantes. La partie de la terrasse qui n'était pas couverte portait un large auvent en planches, espèce de ventilateur dans le genre des *moulqafs* arabes et qui servait comme eux à établir un grand courant d'air dans la maison. Quelquefois une partie de la maison faisait une saillie, en manière de tour. Enfin, certaines habitations sont couronnées par un parapet surmonté d'un cordon de

[1] Peinture d'un tombeau de Thèbes, d'après Rosellini.

créneaux arrondis. Dans les grandes maisons la cour était précédée d'une sorte de porche soutenu par deux colonnes à boutons de lotus, que les jours de fêtes on décorait de banderoles. Le nom du propriétaire était peint sur le linteau de la porte. D'autres fois on y lisait une sentence hospitalière.

« Les maisons étaient faites de briques crues, composées de terre grasse, broyée avec de la paille hachée ; ces briques ont en général un

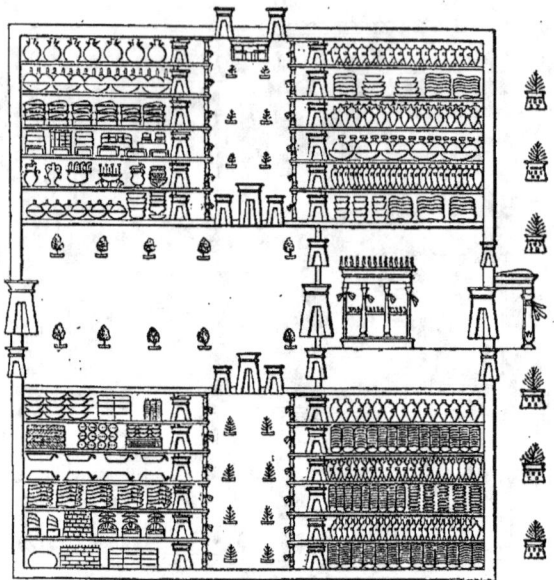

Plan cavalier d'une maison égyptienne[1].

pied de long sur un demi-pied de large. Les plafonds des grandes pièces étaient en bois indigènes ou étrangers ; les petites pièces étaient souvent voûtées.

« Les portes et les fenêtres étaient d'ordinaire à deux battants ; elles s'ouvraient en dedans, et se fermaient à l'aide de verrous et de loquets. Quelques-unes avaient des serrures en bois, dans le genre de celles qui sont usitées de nos jours en Égypte. La plupart des portes intérieures n'avaient qu'une simple tenture, d'une étoffe légère. Quant à la décoration, les peintures des hypogées peuvent seules nous en

[1] Peinture d'un tombeau de Tell-el-Amarna, d'après Wilkinson.

80 ORGANISATION SOCIALE ET POLITIQUE, ET MŒURS

donner une idée. Les murs étaient revêtus de stuc et peints de scènes religieuses ou domestiques. Les galeries ou les colonnes du porche étaient coloriées de façon à imiter la pierre ou le granit. Les plafonds étaient décorés d'entrelacs, de méandres et d'ornements de toute

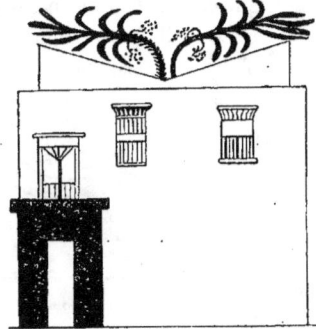

Auvent sur la terrasse de la maison[1].

Maison avec une tour[2].

espèce, tandis que sur les planchers étaient étendues des nattes tressées en joncs de couleur. »

L'ameublement intérieur des maisons était aussi élégant que com-

Sièges égyptiens[3].

mode, simple en même temps et surtout peu nombreux dans chaque pièce, comme encore aujourd'hui chez les Orientaux. Ces climats brûlants réclament, en effet, un confortable tout différent de celui de

[1] Peinture d'un tombeau de Thèbes, d'après Wilkinson.
[2] D'après une peinture.
[3] D'après les originaux conservés au Musée Britannique.

nos contrées du nord. Ce qu'on y recherche, c'est la ventilation et la fraîcheur. On y évite donc tout ce qui peut échauffer et encombrer. Ainsi l'on ne cherchait pas à garnir de coussins moelleux ni de matelas les sièges et les lits. On se bornait à étendre des peaux ou des tapis sur le cannage, les sangles ou les courroies entrecroisées qui en garnissaient le cadre. Au lieu d'un oreiller, on se servait, pour appuyer sa tête en dormant, d'un chevet de bois en forme de croissant, monté sur un pied. Ce genre de chevet est encore usité des Nubiens, et bien loin de l'Égypte nous le retrouvons aussi chez les Japonais. En tenant la tête soulevée et éloignée du lit, il permet tout autour une circulation d'air qui rafraîchit le dormeur et rend son sommeil plus paisible. Mais il faut que les muscles du cou y soient habitués dès l'enfance; pour ceux qui n'y sont pas faits, l'usage en serait fort douloureux.

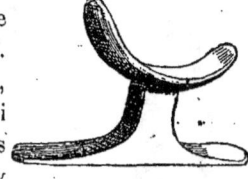

Chevet de bois.

« On paraît, remarquent encore MM. Perrot et Chipiez, avoir toujours employé pour les habitations le toit plat. Il agrandissait en quelque sorte la maison; il fournissait à ses hôtes une pièce de plus, un commode lieu de rendez-vous pour jouir de la vue du fleuve et de la fraîcheur des soirées; on devait y dormir dans certaines saisons. En revanche, les

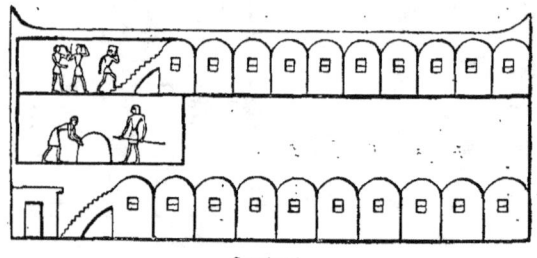

Greniers[1].

greniers et magasins étaient presque toujours couverts de coupoles... Les voûtes, bâties en briques, devaient être assez épaisses; on obtenait, grâce à elles, une température plus constante et moins élevée, qui était favorable à la conservation des denrées. On voit souvent, dans les bas-reliefs, ces greniers se suivre par longues files; leur nombre est sans

[1] Peinture d'un des hypogées de Béni-Hassan.

doute destiné à donner une idée de la richesse du propriétaire. Beaucoup de ces greniers semblent n'avoir d'ouverture que vers le milieu de leur hauteur ; c'était par une rampe extérieure que l'on atteignait la baie large et basse par laquelle on y déchargeait le grain...

« Les Égyptiens avaient des maisons de campagne aussi bien que des maisons de ville ; mais les procédés de construction et les dispositions

Fleurs et arbustes de parterres, d'après les peintures des tombeaux.

étaient les mêmes. La maison du paysan ne pouvait différer beaucoup de celle de l'artisan et du manœuvre des quartiers pauvres de la cité ; quant à la villa du riche, si elle se distinguait de celle qu'il avait dans les beaux quartiers de Thèbes ou de Memphis, c'était seulement par la plus grande abondance des eaux, par des ombrages plus épais et des parcs plus spacieux. L'Égypte avait poussé très loin le luxe des jardins ; on allait jusqu'à mettre en pot les arbres précieux, comme nous le faisons pour les orangers [1]. »

[1] Voy. plus haut, tome II, p. 190, le bas-relief de Deir-el-Bahari représentant le transport des arbres précieux ramenés du pays de Pount.

CHAPITRE II

LITTÉRATURE ET SCIENCES.

§ 1. — L'ÉCRITURE.

Les Grecs ont donné le nom d'*hiéroglyphes*, c'est-à-dire « sculptures sacrées, » à l'écriture nationale des Égyptiens, composée toute entière d'images d'objets matériels. Bien que très impropre, ce nom a été adopté par les modernes et est si complètement passé dans l'usage que l'on ne saurait plus aujourd'hui le remplacer par une appellation plus exacte.

Ni les Grecs, ni les Romains, quand ils ont été les maîtres de l'Égypte, n'ont cherché à s'instruire de la façon de lire cette écriture, qui leur paraissait un arcane et dont cependant les indigènes continuaient à se servir sous leur autorité. Pendant des siècles et des siècles le déchiffrement des hiéroglyphes, pour lequel les écrivains classiques ne fournissaient ainsi aucun secours, est demeuré enveloppé de nuages mystérieux, et l'on désespérait de jamais parvenir à les dissiper. On s'imaginait que dans les textes de cette écriture chaque signe était un symbole et représentait une idée, mais on ne croyait pas que l'on eût à y chercher la représentation des sons d'une langue.

A la fin du siècle dernier, pendant l'occupation française de l'Égypte, le génie, en exécutant des travaux de fortification, découvrit à Rosette un monument qui vint enfin fournir une base solide aux essais de déchiffrement des écritures égyptiennes. C'était une inscription en triple texte, hiéroglyphique, démotique et grec, contenant un décret solennel du corps sacerdotal de l'Égypte, en l'honneur de Ptolémée Epiphane. Sylvestre de Sacy et le Suédois Akerblad abordèrent l'étude du texte démotique, qu'en raison de son aspect cursif on supposait devoir être de nature alphabétique. Akerblad détermina de la manière la plus heureuse les valeurs d'une partie des signes principaux de cette écriture, et en dressa un premier alphabet, auquel des travaux ultérieurs n'ont presque rien changé, mais ont seulement ajouté. S'il avait persévéré dans la voie où il s'était ainsi engagé, nul doute qu'il ne fût parvenu au déchiffrement complet de cette sorte d'écriture.

Le problème des hiéroglyphes paraissait bien plus insoluble. Pourtant, après des tentatives de l'Anglais Th. Young, qui entrevit la voie à suivre, mais commit quelques erreurs fondamentales qui l'empêchèrent d'y avancer d'un pas sûr, le génie pénétrant d'un Français

Jean-François Champollion le Jeune.

parvint enfin, il y a soixante ans maintenant, à soulever le voile. Réalisant, par un prodigieux effort d'induction et de divination, la plus grande découverte du XIXe siècle dans le domaine des sciences historiques et philologiques, Jean-François Champollion, né à Figeac (Lot), le 23 décembre 1790, mort à Paris le 4 mars 1832, parvint à fixer sur des bases solides la lecture des hiéroglyphes. Comme tous les créateurs scientifiques, Champollion fut violemment attaqué de son vivant et abreuvé de déboires. On contesta sa découverte avec acharnement, et l'on a peine à comprendre aujourd'hui l'incrédulité qu'elle rencontra d'abord auprès des savants. Sans se laisser décourager par ces attaques si injustes, Champollion démontra le mouvement en marchant ; il continua ses travaux avec une ardeur qui épuisa bientôt ses forces et il obtint des résultats qui finirent par convaincre les plus incrédules et par s'imposer à la science. Quand il mourut, non seulement les principes fondamentaux du déchiffrement étaient acquis, mais la grammaire de la langue égyptienne antique était reconstituée dans ses traits les plus essentiels, et les principales époques de l'histoire du grand peuple civilisé de la vallée du Nil commençaient à sortir des ténèbres.

Les premiers successeurs de Champollion furent, en France, Ch. Lenormant et Nestor L'Hôte ; en Italie, Salvolini, Rosellini et Ungarelli. Bientôt après MM. Leemans, en Hollande, Osburn, Birch et Hincks en Angleterre, Lepsius, en Allemagne, se mirent à leur tour courageusement à l'œuvre pour continuer et développer l'étude si admirablement inaugurée par son fondateur. C'est surtout depuis une trentaine d'années que l'égyptologie a consommé les progrès qui ont achevé de la constituer et qui en ont mis l'état à la hauteur de celui des branches les plus avancées de la science. Un de nos compatriotes (car ce sont toujours des noms français que l'on rencontre au premier rang dans l'histoire des études égyptiennes), un de nos compatriotes, le vicomte Emmanuel de Rougé, par les principes d'inflexible rigueur philologique dont il a donné l'exemple dans ses travaux et dans son enseignement, et qu'il a imposés comme règle aux recherches, a mérité le titre de second créateur de la science hiéroglyphique. Un autre Français, Auguste Mariette, dont la mort est encore un deuil récent pour la science, a illustré son nom par une exploration des ruines de l'Égypte, continuée pendant plus d'un quart de siècle, qui a produit les plus fécondes découvertes et révélé des époques entières, jusqu'alors inconnues, de l'histoire d'Égypte, en particulier l'histoire et la civilisation des dynasties primitives. Des écoles égyptologiques se sont fondées dans tous les pays de l'Europe ; et aujourd'hui ces études peuvent y citer avec orgueil les noms de leurs principaux travailleurs : MM. Chabas, Devéria, Grébaut, de Horrack, Lefébure, Maspero, Pierret, J. de Rougé, en France ; Brugsch, Ebers, Eisenlohr, Lauth, Stern, en Allemagne ; Goodwin et Lepage-Renouf, en Angleterre ; Édouard Naville, en Suisse ; Pleyte, en Hollande ; Lieblein, en Norvège ; Golenischeff en Russie ; Schiaparelli et Rossi, en Italie. La plupart de ces savants sont jeunes et en pleine activité de travail; quelques survivants de la génération précédente rivalisent encore avec eux de zèle et de labeur. Grâce à leurs efforts concordant au même but, la science ne cesse de s'affermir chaque jour. Ses recherches s'étendent, ses travaux gagnent en solidité; dès à présent les textes historiques et littéraires se traduisent avec presque autant de certitude que les livres de l'antiquité classique.

Il n'est plus possible, dans l'état actuel de la science, de soutenir, comme on l'a fait si longtemps, que les hiéroglyphes étaient une écriture mystérieuse, réservée seulement aux prêtres et les maintenant seuls en possession du dépôt des connaissances. L'écriture hiéroglyphique se retrouve partout, sur les monuments publics et sur les objets de la vie domestique, dans les récits historiques et dans les éloges des rois destinés à la plus grande publicité, s'adressant à la postérité la plus reculée, comme dans l'exposé des plus subtiles doctrines de la religion égyptienne. Ce serait aussi une opinion très éloignée de la vérité que de regarder les hiéroglyphes comme étant toujours, ou même généralement des symboles. Sans doute il y a parmi eux des caractères *symboliques*, le plus souvent d'une intelligence facile, comme il y a, et en grand nombre, des caractères *figuratifs*, qui représentent l'objet lui-même ; mais la majorité des signes qui se trouvent dans tout texte hiéroglyphique sont des caractères *phonétiques*, c'est-à-dire peignant des sons et représentant soit des syllabes (ceux-là sont assez variés pour offrir quelquefois des difficultés sérieuses), soit des lettres appartenant à un alphabet médiocrement compliqué. Ces lettres sont aussi des dessins d'objets, mais d'objets dont le nom égyptien commençait par la lettre en question, comme les caractères syllabiques (véritables *rébus*) représentaient un objet désigné par cette syllabe. C'est même ainsi que Champollion est parvenu à reconstruire tout le système de l'écriture et de la langue égyptienne, dès que la comparaison des noms propres royaux (désignés, comme nous l'avons dit, par un encadrement ou cartouche) dans des textes joints à une traduction grecque — comme la fameuse inscription de Rosette — lui eut permis de faire les premiers pas dans le déchiffrement de l'alphabet, s'aidant pour le reste de la connaissance du copte, langue dérivée et très voisine de l'ancien égyptien, qui est demeurée jusqu'à nos jours la langue liturgique des chrétiens de l'Égypte.

Nous avons déjà parlé, dans le chapitre III de notre II° livre, du mécanisme de l'écriture hiéroglyphique égyptienne, et nous en avons indiqué les traits généraux, le mélange d'éléments idéographiques et phonétiques qu'elle présente, et qui y conserve des vestiges des états successifs par lesquels a passé ce système graphique dans les évolutions de son développement. Ici nous ne reviendrons pas sur ces données d'un caractère général, mais nous préciserons un peu plus les faits principaux et essentiels pour donner au lecteur une idée suffisante de l'écriture figurative de l'ancienne Égypte et de la façon dont elle procède.

Les vingt-deux articulations de l'égyptien classique, tel qu'il était constitué à sa plus belle époque littéraire, de la xii° à la xx° dynastie, sont représentées dans l'écriture par des lettres purement alphabétiques dont la série est donnée dans le tableau A, joint à ce chapitre (p. 91). Pour plusieurs articulations, on y verra qu'elles peuvent être figurées par deux, trois ou quatre caractères entièrement différents de forme, mais égaux en valeur. C'est ce qu'on appelle des homophones.

Une autre part du phonétisme de l'écriture hiéroglyphique égyptienne consiste en caractères *syllabiques*, représentant à eux seuls une ou plusieurs articulations formant syllabes. Ces caractères, qui se mêlent aux lignes purement alphabétiques, sont en assez grand nombre. Nous les réunissons dans notre tableau B (p. 93), en les accompagnant de l'indication de leurs valeurs.

« La plupart des syllabiques, dit M. Maspero dans son excellent résumé du système de l'écriture égyptienne, la plupart des *syllabiques* étaient *polyphones*, c'est-à-dire susceptibles de plusieurs sons. Pour éviter l'incertitude qui aurait pu résulter de leur valeur multiple, on avait soin de leur adjoindre un ou plusieurs *compléments phonétiques*, c'est-à-dire une ou plusieurs des lettres qui formaient l'expression alphabétique de la syllabe Ainsi, ▮ répond aux articulations *ab* et *mer;* lorsqu'il devait avoir la valeur *ab* on le faisait suivre du *b*, ▮] ; lorsqu'il devait avoir la valeur *mer* on écrivait ▮ 🐦 ━. ◣ peut se lire également *ad*, *sem* ou *sotem*, *den* ou *ten;* si je trouve dans un texte le groupe ◣ 🐦 = *x + m*, comme ni *ad* ni *den* ne renferment la lettre *m*, il faudra que je donne à ◣ la valeur de *sem* ou *sotem*, « entendre. » Si, au contraire, je trouve ◣ ou ◣, je devrai lire *ad* ou *den*. Lorsque le scribe a négligé de prendre cette précaution, c'est que le contexte indiquait le sens du mot, et par suite la valeur phonétique du signe, de manière à rendre toute erreur impossible. En résumé, les signes syllabiques peuvent s'employer isolés, ▯ = *'hon*, ◗ = *neb*, ◖ = *noub*, ou bien se combiner avec un ou plusieurs signes alphabétiques correspondant à chacune des articulations dont ils sont formés. Dans ce cas ils peuvent se placer :

« 1° Derrière tous les signes alphabétiques dont ils sont l'équivalent syllabique, 〰〜🦅▯ = *notsem* « doux, agréable ; » ▯▯▯ = *as*, « flûte, roseau ; »

« 2° Entre deux des signes alphabétiques, 〰🦅 = *notsem* ; ▯▯▯ = *as*, ;

« 3° Devant tout ou partie des signes alphabétiques, 🦅 = *notsem* ; ▯▯ = *as*. »

Les mots écrits phonétiquement, dont l'écriture représente par conséquent le son, la prononciation, soit au moyen de lettres alphabétiques, soit au moyen de signes syllabiques, composent la plus grande partie de tout texte égyptien. Mais, de distance en distance, on y rencontre aussi des mots exprimés au moyen d'un signe idéographique. Ce mélange d'éléments de deux natures se retrouve, nous l'avons déjà dit, dans toutes les écritures d'origine figurative. Ce n'est pas, d'ailleurs, un fait aussi bizarre, aussi en dehors de nos habitudes qu'il peut le sembler tout d'abord. Nous aussi nous avons nos signes idéographiques, que nous employons souvent au milieu d'une phrase dont tous les autres mots sont écrits alphabétiquement. Tels sont nos signes algébriques (+ plus, — moins, etc.), tels sont surtout nos chiffres, qui pour toutes les nations européennes peignent l'idée des mêmes nombres, d'une manière absolument indépendante de toute lecture prononcée, car chaque nation les lit par un mot différent, qui est celui par lequel elle désigne le nombre.

Les signes idéographiques de l'écriture égyptienne sont *figuratifs* ou *symboliques*, distinction qui a une grande importance pour l'histoire de la formation progressive du système, mais qui n'en a aucune au point de vue pratique de la lecture. Au dernier point de vue, c'est une autre distinction qu'il faut établir.

Tantôt les idéogrammes représentent dans l'écriture une notion exprimée dans le langage par un mot plus ou moins long, et se lisent par ce mot; ainsi ▯ se lit *noutri* et signifie « Dieu »; ☥ se lit *ânkh* et signifie « vie. » Tantôt ils ne se prononcent pas et rentrent dans la classe des *déterminatifs*.

« On appelle déterminatifs, dit M. Maspero, les signes d'idée placés après l'expression phonétique d'un mot, de manière à figurer aux yeux par une image l'objet où l'idée dont les signes précédents nous donnent la valeur littérale. Le mot ⟨hiero⟩, « pain, » se compose de deux parties : la première, phonétique, est composée du syllabique ⟨hiero⟩ *aq* et de son complément phonétique *q* ; la seconde représente l'objet même, le pain, ⟨hiero⟩. Les déterminatifs sont de deux natures. Les uns ne conviennent qu'à un seul objet ou à une seule idée : ce sont les *déterminatifs spéciaux*. L'oreille, ⟨hiero⟩, est un déterminatif spécial, car elle ne s'emploie que dans des mots qui expriment l'idée d'« oreille : » ⟨hiero⟩ = *mestser*, ⟨hiero⟩ = *ânkh*, ⟨hiero⟩ = *den*. Les autres sont *génériques*, c'est-à-dire se placent après un grand nombre de racines qui n'ont que des rapports éloignés de sens les unes avec les autres. Ainsi, ⟨hiero⟩ détermine : 1° tous les mots qui marquent un acte matériel de la bouche, comme ⟨hiero⟩ = *âmi*, « manger, » ⟨hiero⟩ *soura*, « boire, » ⟨hiero⟩ = *ouaoua*, ⟨hiero⟩ = *kherou*, « crier, » ⟨hiero⟩ = *tsod*, « parler ; » 2° tous les mots qui marquent une idée abstraite, entraînant ou pouvant entraîner un acte matériel de la bouche, comme ⟨hiero⟩ = *khen*, « méditer, » ⟨hiero⟩ = *rekh*, « connaître, savoir, » ⟨hiero⟩ = *ap*, « juger. »

Le nombre des déterminatifs usités dans l'écriture égyptienne est considérable. Dans notre tableau C (p. 97) nous donnons la liste de ceux que l'on rencontre le plus fréquemment dans les textes, avec leur signification.

« Pour mieux faire comprendre le jeu des différents éléments dont se composait l'écriture égyptienne, je donnerai la transcription et l'analyse d'un passage emprunté à la grande stèle triomphale de Tahoutmès III.

« Le premier groupe, ⸱⸱, se lit *eï*; il est composé du syllabique ⸱ et de la lettre ⸱, et veut dire « aller. » ⸱ = *n-i*; *n* est l'indice du passé, et *i* (représenté idéographiquement de la façon consacrée quand c'est un dieu qui prend la parole) est le pronom de la première personne du singulier. ⸱ = *dou* est « donner, » ⸱ = *i* est encore une fois le pronom de la première personne : *dou-i*, « je donne, j'accorde. » ⸱ = *tata*, déterminé par ⸱, signifie « écraser, assommer; » ⸱ = *k* est le pronom de la seconde personne du masculin singulier; *tata-k*, « tu écrases. » Le signe ⸱, trois fois répété pour marquer le pluriel, se lit *our, oêr*, « grand, chef. » ⸱, déterminé par le signe des pays étrangers, ⸱, est le nom de la contrée kenânéenne de Tsahi : *oêr-ou Tsahi*, « les chefs du pays de Tsahi. » Tous ces mots réunis forment un premier membre de phrase : *eï-n-i dou-i tata-k oêr-ou Tsahi*, « je suis venu, j'accorde (que) tu écrases les chefs de Tsahi. » Dans le second membre de phrase se trouvent ⸱ = *sesch*, « jeter; » ⸱ = *set*, pronom de la troisième personne du pluriel; ⸱ = *kher*, » sous; » ⸱, signe idéographique se lisant *rat*, « les pieds; » ⸱ = *k*, « toi; » ⸱ = *khet*, littéralement « à la suite de, » locution adverbiale qui signifie ici « avec »; ⸱ = *set*, et répété trois fois pour le pluriel, *set-ou*, « les pays; » ⸱ = *sen*, pronom de la troisième personne du pluriel, dont les deux éléments alphabétiques, *s* et *n*, sont suivis des trois barres, ⸱ ⸱ ⸱, signe idéographique du pluriel. En réunissant toutes ces données on a le membre de phrase : *Sesch-i set kher ratek khet set-ou-sen*, « je jette eux sous (les) pieds de toi avec (les) pays d'eux [1]. »

---

[1] Maspero.

TABLEAUX DES SIGNES
LES PLUS USUELS
DE
L'ÉCRITURE HIÉROGLYPHIQUE ÉGYPTIENNE.

TABLEAU A.

SIGNES ALPHABÉTIQUES ORDINAIRES.

VALEUR.	D'UN USAGE TRÈS HABITUEL.	D'UN USAGE PLUS RARE.
Ă.		
A.		
Â.		
I.		
OU.		
F.		
B ou V.		
P.		
M.		
N.		

VALEUR.	D'UN USAGE TRÈS HABITUEL.	D'UN USAGE PLUS RARE.
R, L.		
H.		
'H.		
KH.		
SCH.		
S.		
K.		
Q.		
G.		
T.		
D.		
TS.		

TABLEAU B.

SIGNES SYLLABIQUES.

VALEUR.	SIGNES.	VALEUR.	SIGNES.
ĂA.		ÂN.	
ĂÂ.		ÂR.	
ĂB.		ÀSCH.	
ĂP.		ÂQ.	
ĂM.		ÂD.	
ĂN.		EI.	
ĂR.		OUA.	
ĂS.		OUÂ.	
ĂT.		OUAB.	
ĂD.		OUÂB.	
AS.		OUN.	
AD.		OUR.	
ÂA.		OUA'H.	
ÂB.		OUAS.	
ÂF.		OUATS.	
ÂM.		BA.	

94   LITTÉRATURE ET SCIENCES.

VALEUR.	SIGNES.	VALEUR.	SIGNES.
B'H.[1]		MN.	
BS.		MR.	
BT.		M'H.	
FA.		MS.	
FOU.		MT.	
FT, FNT.		NOU.	
PA.		NI.	
PR.		NB.	
P'H.		NF.	
PKH.		NM.	
PQ, PG.		NN.	
PD, PT.		NR.	
MĂ.		N'H.	
MA.		NS.	
MÂ.		NT.	
MI.		NTS.	
MOU.		RR.	

[1] Dans les syllabes que nous représentons de cette manière, la voyelle placée entre les deux articulations est variable.

L'ÉCRITURE.

VALEUR.	SIGNES.	VALEUR.	SIGNES.
R'H.		KHA.	
RS.		KHÂ.	
RD, RT.		KHOU.	
HB.		KHB.	
HN.		KHP. KHPR.	
'HA.		KHM.	
'HÂ.		KHN.	
'HOU.			
'HB.		KHR.	
'HP.		SA.	
'HM.		SOU.	
'HN.		SB.	
'HR.		SP.	
'H'H.		SM.	
'HS.		SN.	
'HQ.		SR.	
-'HT.		S'H.	
'HTS.		SK.	

VALEUR.	SIGNES.	VALEUR.	SIGNES.
ST.		TÄ.	
STM.		TA.	
STP.		TI.	
SCHA.		TP.	
SCHOU.		TM.	
SCHN.		TN.	
SCHF.		TR.	
SCHP.		TS.	
SCHR.		DOU.	
SCHS.		DB.	
KA.		DP.	
KB.		DM.	
KP.		DN.	
KM.		DD.	
KN.		TSA.	
KS.		TSR.	
GR.		TSD.	

TABLEAU C.

PRINCIPAUX DÉTERMINATIFS.

FIGURES.	SIGNIFICATION.	FIGURES.	SIGNIFICATION.
	Ciel, plafond.		Hauteur.
	Élever, supériorité.		Exaltation, joie.
	Nuit, obscurité.		Chef.
	Soleil, lumière ou absence de lumière.		Dignité.
	Divisions du temps.		Enfant.
	Pays montagneux, *par suite* pays étrangers.		Éducation.
	Circonscription de territoire.		Renouvellement.
	Ville, village.		Embaumement.
	Nome.		Rites, usages.
	Eau *et toutes les idées d'arrosage, de lavage, de purification, de soif qui s'y rattachent.*		Images, formes.
			Chevelure, poils.
	Feu, chaleur, flamme.		Noirceur.
	Homme.		Deuil.
	Femme.		Vue.
	Dieu, ancêtre, roi, *en un mot tout* personnage vénérable.		Veille.
	Actions de la bouche.		Science.
	Actions de la pensée.		Odorat.
	Repos, tranquillité, faiblesse.		Respiration.
	Adoration.		Joie, plaisir.
	Impiété, crime.		Tristesse.
	Ennemi.		Prison.

FIGURES.	SIGNIFICATION.	FIGURES.	SIGNIFICATION.
	Alimentation.		Chemin.
	Parole.		Marche.
	Matières terreuses.		Temps écoulé.
	District, ville.		Pierre.
	Toute action exigeant le déploiement d'une force.		Barque.
	Éloignement, écartement.		Navigation.
	Marche.		Voyage.
	Retour, recul.		Vent.
	Quadrupèdes.		Fraîcheur.
	Peau, objet en peau.		Écriture, livre.
	Membre.		Peinture.
	Oiseau, insecte, *tout* animal ailé.		Toute idée abstraite.
	Petitesse.		Écriture.
	Mal, impiété.		Peinture.
	Arbre.		Lien, attache.
	Bois.		Étoffe.
	Herbage.		Liquide de toute nature, *tel que* vin, lait, huile, parfum, *etc.*
	Plante *en général.*		Matière granuleuse, *telle que* blé, couleur, sable, *etc.*
	Édifice.		Embaumement.
			Compte, calcul.

Les hiéroglyphes, par leur essence même de dessin figuratif d'objets naturels, constituaient une écriture presque exclusivement monumentale. Aussi ne les rencontre-t-on guère que dans un emploi épigraphique, sur les monuments publics ou privés, bien qu'il y en ait une forme, dite linéaire, où le tracé des figures est simplifié, mais toujours entier et reconnaissable, qui s'emploie quelquefois dans les manuscrits sur papyrus, par exemple dans certains exemplaires du grand « Livre des Morts. » D'ordinaire, pour les usages de la vie courante, pour la transcription et la propagation des œuvres littéraires, on se servait d'une écriture cursive dérivée des hiéroglyphes, à laquelle les modernes ont donné le nom d'*hiératique*. Nous avons déjà parlé plus haut de cette tachygraphie, dont l'usage remonte aux plus anciens temps auxquels on puisse jusqu'ici remonter dans la civilisation égyptienne; nous avons donné (tome Ier, p. 316), des exemples de la manière dont le dessin des hiéroglyphes se transforme en s'abrégeant dans l'hiératique, et placé aussi sous les yeux du lecteur (tome Ier, p. 436 et 437) un texte de cette dernière écriture en regard de sa transcription en hiéroglyphes linéaires. Tandis que l'écriture hiéroglyphique se traçait indifféremment de droite à gauche et de gauche à droite, l'hiératique s'écrivait toujours de droite à gauche. Naturellement, pendant la longue suite des siècles de l'histoire égyptienne, l'écriture cursive ou hiératique subit des modifications considérables. Les fac-similés que nous avons extraits, dans notre volume précédent, de certains manuscrits auxquels nous faisions des emprunts considérables, représentent précisément les trois types principaux de cette écriture, sous les dynasties primitives (t. II, p. 88), sous le Moyen Empire, vers le temps de la xiie dynastie (tome II, p. 128), enfin à la plus belle époque de la xixe dynastie, sous le règne de Râ-mes-sou II (tome II, p. 254).

Ainsi que le lecteur le constatera facilement en comparant entre eux ces divers fac-similés, l'écriture égyptienne des livres avait été, pendant le cours des siècles, en perdant toujours de sa largeur et de sa longueur, en se restreignant, en s'abrégeant et en devenant plus cursive. Entre la xxie et la xxve dynastie, le système hiératique se simplifia pour la commodité des transactions commerciales. Les caractères s'abrégèrent encore, diminuèrent de nombre et de volume, et en vinrent à former une troisième sorte d'écriture, la populaire ou *démotique*, comme l'ont appelée les Grecs, employée à partir des règnes de Schabaka et de Taharqa dans les contrats, dans les registres de comptes, dans les correspondances privées et même dans quelques livres de littérature populaire ou romanesque. Nous avons donné plus haut (tome Ier, p. 439) le fac-similé d'un texte démotique, dans lequel on peut voir à quelles pattes de mouche s'était réduite alors l'écriture des anciens Égyptiens.

Il faut remarquer, du reste, qu'à partir de l'apparition de l'écriture démotique, sous les rois Éthiopiens de la xxve dynastie, jusqu'à la conversion de l'Égypte au christianisme, la différence de l'emploi des types graphiques chez les habitants de la vallée du Nil correspondit désormais à des différences de langage. L'ancien égyptien des siècles classiques de la xiie dynastie et des premières maisons royales du Nouvel Empire n'était plus désormais qu'une langue savante et littéraire, que l'on écrivait encore, que les lettrés parlaient peut-être quelquefois entre eux par affectation érudite, comme le latin dans nos pays au moyen âge et à la Renaissance, mais qui était complètement sortie de l'usage ordinaire de la vie[1]. Cette langue antique, on l'écrivait toujours alors en hiéroglyphes et en hiératique, et on continua de le faire jusque sous les empereurs romains, tant que persista la civilisation égyptienne et l'organisation de son sacerdoce. Ce qu'on écrivait en même temps avec les caractères démotiques, c'était un autre idiome, le parler universel et quotidien, le dialecte populaire, issu de la vieille langue classique, dégénérée et appauvrie sous certains rapports, enrichie sous d'autres de formes grammaticales nouvelles. Le langage des textes démotiques forme le chaînon intermédiaire entre l'ancien égyptien et le copte des âges chrétiens, dont il se rapproche beaucoup. Il est, du reste, à noter que, bien que l'écriture démotique serve à tracer un dialecte particulier et qu'on n'y reconnaisse plus le tracé d'aucune des images primitives, elle renferme encore le même mélange d'idéographisme et de phonétisme que les hiéroglyphes.

[1] Les principaux ouvrages à consulter sur l'ancienne langue égyptienne, sa grammaire, son vocabulaire et son système graphique, sont les suivants : Champollion, *Précis du système hiéroglyphique*, Paris, 1828 ; *Grammaire égyptienne*, Paris, 1836; *Dictionnaire égyptien*, Paris, 1841. — Lepsius, *Lettre à M. Rosellini sur le système hiéroglyphique*, Rome, 1837. — La grammaire, l'essai de dictionnaire et la chrestomathie placés par M. Birch dans le dernier volume de la traduction anglaise de Bunsen, *Egypt's place in universal history*. — Brugsch, *Hieroglyphisch-demotisches Wœrterbuch*, Leipzig, 1868; *Grammaire hiéroglyphique*, Leipzig, 1872. — E. de Rougé, *Chrestomathie égyptienne*, *Abrégé grammatical*, Paris, 1867-1875. — Maspero, *Des formes de la conjugaison en égyptien antique, en démotique et en copte*, Paris, 1871 ; *Étude sur le pronom égyptien*, dans le tome Ier des *Mémoires de la Société de linguistique de Paris*. — Lepage-Renouf, *Egyptian grammar*, Londres, 1875. — Pierret, *Vocabulaire hiéroglyphique*, Paris, 1875. — Le journal de linguistique et d'archéologie égyptienne de Berlin ; les *Mélanges d'archéologie égyptienne*, Paris, 1872-1878; et le *Recueil de travaux* publié par la librairie Vieweg.

Après avoir fait l'objet des travaux d'Akerblad et d'Young, qui avaient réalisé des progrès considérables dans leur déchiffrement, les textes démotiques, depuis que la clef des hiéroglyphes avait été trouvée, ont longtemps rebuté les égyptologues à cause de la difficulté de leur lecture et de l'aridité de la plupart de ces textes, qui consistent principalement en actes d'intérêt privé. L'étude n'en a été fondée d'une manière complètement scientifique que par M. Brugsch, qui a fait ce domaine complètement sien et y a déployé la plus merveilleuse sagacité. Sur le sujet du démotique, il a réellement tout créé, traduisant les textes avec une admirable sûreté, débrouillant les difficultés de la paléographie et donnant la grammaire de l'idiome, avec la définition de ses formes propres. Mais la matière était si ardue que pendant plus de vingt ans il n'y a eu ni disciples, ni émules. C'est seulement depuis un petit nombre d'années qu'un jeune savant français, M. Eugène Révillout, s'est mis à son tour à cette étude avec infiniment de zèle, de science et de bonheur, à la suite de M. Brugsch, et a été payé de ses peines par les plus heureuses découvertes, par l'éclaircissement d'une infinité de points essentiels du droit et de la constitution sociale de l'ancienne Égypte, sur lesquels on ne pouvait attendre de renseignements que des contrats privés[1].

§ 2. — LES LIVRES

La littérature égyptienne était nombreuse et célèbre; les auteurs classiques parlent fréquemment des livres de l'Égypte. Diodore de Sicile, en décrivant le monument de Thèbes, qu'il appelle le Tombeau d'Osymandyas, y mentionne une bibliothèque, sur la porte de laquelle était, dit-il, gravée l'inscription : « Médecine de l'âme. » Le Ramesséum de Qournah paraît correspondre assez exactement à l'édifice décrit sous un nom inexact par l'écrivain grec. Champollion y a retrouvé d'une manière positive la salle de la bibliothèque, placée sous la protection de Tahout, dieu des sciences et des arts, et de la déesse Safekh, dame des lettres. Dans un des tombeaux de Gizeh, un grand fonctionnaire des premiers temps de la VIe dynastie prend déjà le titre de « gouverneur de la maison des livres. »

---

[1] Les principaux ouvrages à consulter sur le démotique sont : E. de Rougé, *Lettre à M. de Saulcy sur l'écriture démotique*, Paris, 1849. — Brugsch, *Scriptura Ægyptiorum demotica*, Berlin, 1848; *Grammaire démotique*, Berlin, 1856. — E. Révillout, *Chrestomathie démotique*, Paris, 1878; *Nouvelle chrestomathie démotique*, Paris, 1878.

102 LITTÉRATURE ET SCIENCES

C'est sur papier de papyrus qu'étaient généralement exécutés les

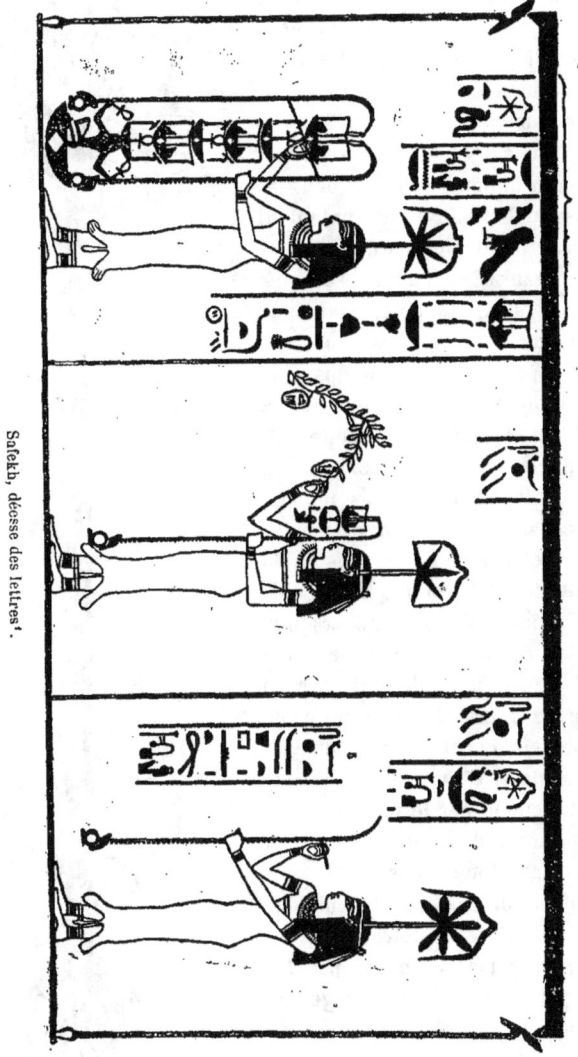

Safekh, déesse des lettres[1].

manuscrits égyptiens. Le papyrus, qui a laissé son nom au papier, est

[1] Représentations diverses, d'après Wilkinson.

une plante de la famille des cypéracées, qui croît dans les terrains noyés et élève jusqu'à dix ou douze pieds de hauteur ses tiges couronnées d'élégantes panicules en ombelles. Il ne pousse plus spontanément en Égypte, où il était singulièrement abondant aux temps antiques, surtout dans les marais du Delta. Ne se contentant pas de sa production naturelle, on y avait organisé sa culture sur une grande échelle, afin de satisfaire aux besoins de la consommation, qui étaient considérables. Au temps de la domination romaine, l'administration fiscale de l'Empire fit de cette culture un monopole gouvernemental et la concentra dans certains nomes, comme celui de Sébennytus; pour assurer ce monopole, les agents du fisc interdirent sévèrement de cultiver la précieuse plante ailleurs que dans les cantons qui y avaient été affectés, mais ils veillèrent avec un soin jaloux à faire arracher les pieds qui poussaient spontanément dans le reste du pays. C'est ainsi qu'ils parvinrent à supprimer le papyrus de la flore naturelle de l'Égypte, et que la plante disparut absolument de la contrée quand on cessa de la cultiver, vers le IXe siècle de notre ère, l'invention du papier de coton par les Arabes supplantant dans l'usage par cette nouvelle matière le papier de papyrus, plus coûteux et moins commode.

Les écrivains classiques, Pline en particulier, décrivent en détail la fa-

La plante du papyrus.

brication du papier de papyrus, telle qu'elle se pratiquait de leur temps. Les tiges de la plante, dépouillées de leur écorce, étaient découpées en minces lamelles dans la direction de leur longueur. On étendait ces lamelles juxtaposées sur une table de pierre bien unie ; ceci fait, on les recouvrait d'un second lit d'autres lamelles semblables, posées sur celles-ci à angles droits, qu'on y faisait adhérer au moyen d'une colle. L'opération était répétée jusqu'à ce qu'on fût parvenu, au moyen de la superposition de couches de ce genre, à donner au papier une épaisseur et une résistance suffisantes. On le mettait alors en presse, pour rendre l'adhésion des lamelles, placées les unes sur les autres et enchevêtrées, plus intime et plus parfaite, et ensuite on le faisait sécher au soleil. Il ne restait plus dès lors qu'à en polir la surface pour la rendre propre à recevoir l'écriture.

C'est là le procédé que l'on a de nos jours reconstitué, sur la description de Pline, en Sicile, où l'on fabrique, pour le vendre aux voyageurs à titre de curiosité, une petite quantité de papier avec les papyrus qui croissent dans le voisinage de Syracuse. Mais l'examen des manuscrits antiques sur papyrus parvenus jusqu'à nous montre que dans les temps pharaoniques on préférait donner aux lamelles tirées du papyrus une largeur plus grande que celle de la tige dans son travers, en procédant à un découpage circulaire continu, de la même nature que celui que les Chinois encore aujourd'hui pratiquent dans la moelle de l'*Aralis papyrifera*, en en faisant ce qu'on appelle improprement le « papier de riz. »

Une longue pratique avait fini par permettre aux Égyptiens d'arriver à une extrême perfection dans le collage des lamelles tirées du papyrus, qui constituait l'opération essentielle de sa transformation en papier. Grâce à ce collage, on parvenait à donner au papier ainsi fait une longueur indéfinie, qui n'avait de limite que l'étendue du texte qu'on voulait écrire sous forme d'un rouleau continu, où les pages succédaient aux pages sur le même côté du papier. Quant à sa hauteur, elle a varié suivant les qualités du papier et suivant les époques. Le papyrus du temps de l'Ancien Empire n'excède pas six pouces de haut ; il en est de même de celui de la XIIe dynastie ; sous la XVIIIe la hauteur moyenne est de treize pouces, sous la XIXe de neuf et de onze ; avec la XXe dynastie, la dimension augmente et les papyrus sont hauts de plus de quatorze pouces ; on revient à une hauteur de onze à douze sous les rois Saïtes et aux temps gréco-romains.

A toutes les époques, du reste, il y a eu plusieurs qualités de papyrus, qui variaient en hauteur, en souplesse et en blancheur. On constate de plus qu'avec le cours du temps la fabrication de ce papier s'était perfectionnée. Celui des dynasties primitives et du Moyen Empire est fort inférieur à celui du temps de la xviii° et de la xix° dynastie, et d'un ton notablement plus foncé. Le plus parfait, le plus souple et le plus consistant à la fois, et aussi le plus blanc, est celui qui date de l'époque de la xxvi° dynastie.

Le papier de papyrus a toujours été une matière coûteuse. On l'économisait donc autant qu'on pouvait, et on s'étudiait à le faire resservir plusieurs fois. Aussi les palimpsestes ont-ils été nombreux dans l'ancienne Égypte. Il arrivait souvent qu'on reprenait un ancien manuscrit et qu'on en effaçait l'écriture en le polissant à la pierre ponce pour lui faire recevoir un nouveau texte. On a retrouvé des papyrus qui avaient subi partiellement cette opération d'effaçage, tout en conservant encore une portion de ce qui y avait été écrit jadis[1]. D'autres fois, on prenait une feuille de papyrus sur un des côtés de laquelle on avait autrefois écrit, et sans prendre la peine d'effacer l'ancien texte, dont on ne tenait plus de compte, on se servait du côté resté blanc pour tracer un document d'une toute autre nature. C'est ce qu'on appelle un manuscrit *opisthographe*.

On chercha aussi des succédanés moins dispendieux au papyrus. Dans les âges primitifs de leur civilisation, avant d'avoir amené à un certain degré de perfection les procédés de confection de ce papier, dont l'usage se propagea ensuite dans tout le monde antique, les Égyptiens avaient employé fréquemment des rouleaux de peaux préparées à recevoir le dessin ou l'écriture. Ils continuèrent à faire de même aux plus belles époques de la monarchie des Pharaons. On a de ces temps quelques fragments écrits d'un très bon parchemin, mais ils sont fort rares. L'usage de cette matière par les écrivains semble être alors resté exceptionnel. En beaucoup de cas, au contraire, dans les administra-

---

[1] La première page du manuscrit des Maximes morales du prince Phtah-hotpou, représentée en fac-similé dans notre tome II, p. 88, a toute sa partie supérieure effacée de cette manière, à la pierre ponce, pour enlever le texte qu'elle contenait et auquel on n'a ensuite rien substitué. Dans le papyrus original, cet effaçage s'étend à plusieurs pages, que devait remplir primitivement quelque traité inséré entre celui de Phtah-hotpou et les apophthegmes de Kaqimna. Un des possesseurs du manuscrit aura voulu mettre à la place dans son volume quelque autre traité qui lui plaisait davantage. Et nous ne savons quelle circonstance l'aura empêché de mettre son projet complètement à exécution.

tions publiques, pour ce qui était notes à prendre, comptes à enregistrer provisoirement pour les copier ensuite sur les rouleaux de papyrus, on faisait usage de planchettes de bois bien planées et revêtues d'un vernis résistant à l'eau, sur lequel on pouvait tracer l'écriture et l'effacer ensuite par un lavage. Enfin l'on rencontre en grande quantité des tessons de poterie ou des éclats de pierre calcaire blanche écrits à l'encre, sur lesquels on lit un reçu de contributions, un congé de soldat, une courte lettre missive, un mémorandum d'une nature quelconque, quelquefois même le fragment d'un texte littéraire copié par un écolier,

[Scribe écrivant sur une tablette de bois].

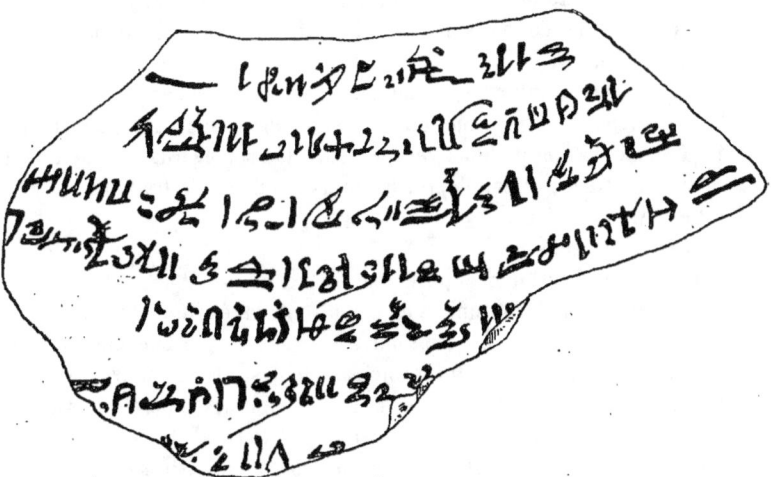

Tesson de poterie ou ostracon avec un mémorandum en écriture hiératique².

par un scribe à court de papier. Cette manière économique, mais incommode et encombrante, de suppléer au papier de papyrus ou au

---

¹ D'après Wilkinson. Sur la table basse (*a*) auprès de laquelle il est accroupi, le scribe a sa palette (*c*) et la molette (*b*) avec laquelle il broie avant de les délayer les bâtons de ses encres de différentes couleurs. Il appuie sur son genou droit la tablette de bois (*d*), sur laquelle il écrit avec un roseau taillé ou calame.

² Musée Britannique.

parchemin se continua pendant la période gréco-romaine. On a bon nombre de ces tessons inscrits, que l'on appelle *ostràca* d'après les Hellènes, qui portent des textes en grec ou en copte. Le grammairien alexandrin Apollônios, surnommé Dyscolos, qui vivait au temps des Antonins, écrivit, raconte-t-on, les manuscrits de ses ouvrages sur des tessons de poterie, à cause du prix trop élevé du papyrus.

L'encre des Égyptiens, comme celle des Grecs, consistait en une solution de gomme dans l'eau, colorée par un mélange de noir de fumée ou de minium, suivant qu'on la voulait noire ou rouge. Elle manquait donc tout à fait de fixité et ne pénétrait pas dans le papyrus. Quand elle était encore récente, il suffisait d'un lavage à l'eau pour l'enlever complètement. Quand elle était plus ancienne, on la faisait disparaître sans laisser de traces en la grattant et en polissant à nouveau le papyrus.

Tels étaient, au point de vue matériel, les livres de l'Égypte. Maintenant que nous les connaissons, il est bon de donner une certaine idée de leur contenu.

L'ancienne littérature égyptienne, autant que nous en possédons les débris originaux et que nous en parlent les écrivains classiques qui ont été à même d'avoir quelques renseignements à son égard, peut se diviser en trois grandes classes, d'après les matières dont elle traitait :

Les livres religieux,

Les traités scientifiques,

Les écrits historiques et purement littéraires.

Nous parlerons des premiers au chapitre de la religion, et nous donnerons alors quelques indications sur ceux que l'on possède encore. Les traités scientifiques portaient principalement sur la géométrie, l'astronomie et la médecine, auxquelles se liaient bien des superstitions astrologiques et magiques. Pour les livres d'histoire et de littérature, ils consistaient surtout en chroniques où étaient enregistrés les dits et les faits des anciens rois, avec le nombre des années de leur vie, la durée de leur règne et leur classement par dynastie; en poèmes du genre de celui de Pen-ta-our sur la bataille de Qadesch et les exploits de Râ-messou II[1], et en narrations officielles des princes sur les hauts faits de leurs guerres et leurs fondations pieuses, telle que celle que Râ-mes-sou III donne dans le grand Papyrus Harris; en correspondances littéraires des

---

[1] Voyez tome II, p. 253-260.

[1] Représentations diverses, d'après Wilkinson. Dans la figure 3 seule, le dieu a la tête humaine. Les figures 1, 2 et 5 lui donnent la tête d'ibis qui est celle qu'il revêt le plus habituellement sur les monuments de l'art. Dans les figures 2 et 3 sa tête est surmontée du croissant de la lune, astre auquel il présidait spécialement. Enfin la figure 4 le représente sous les traits d'un singe cynocéphale, animal qui lui était consacré comme l'ibis.

maîtres fameux avec leurs disciples, de la nature de celles auxquelles nous avons eu déjà l'occasion de faire de si nombreux emprunts; en manuels de philosophie et de morale pratique sous forme de collections de sentences, enfin en romans, contes et récits de pure imagination.

Les principaux livres religieux et ceux qui contenaient les éléments fondamentaux des sciences les plus essentielles à la civilisation avaient un caractère sacré, qui en faisait de véritables livres saints. On leur attribuait une origine révélée et on disait qu'ils avaient été composés par Tahout, le dieu à tête d'ibis, inventeur des lettres, maître de toute connaissance, auteur de toutes les inventions utiles, qui préside à la régularité du cours des choses et des mouvements célestes. Les Grecs, ayant assimilé Tahout à leur Hermès, appelèrent *Livres Hermétiques*, les écrits sacrés dont on le disait l'auteur.

Nous essaierons, en puisant nos données aux meilleures sources, d'indiquer l'état auquel en étaient parvenues celles des sciences que cultivaient spécialement les Égyptiens et ce que pouvaient contenir les livres qui en traitaient. Après quoi nous nous attacherons à donner une certaine idée de leurs écrits proprement littéraires, surtout de ceux dont nous n'avons pas encore eu l'occasion de parler, en particulier de leurs œuvres d'imagination.

§ 3. — ASTRONOMIE, MATHÉMATIQUES, ASTROLOGIE.

« Dès les premiers jours, dit M. Maspero, les astronomes égyptiens reconnurent qu'un certain nombre des astres qui brillaient au-dessus de leur tête paraissaient animés d'un mouvement de translation à travers les espaces, tandis que les autres demeuraient immobiles. Cette observation, répétée maintes et maintes fois, les conduisit à établir la distinction des étoiles voyageuses « qui ne reposent jamais » (*âkhimou-ourdou*) et des étoiles fixes « qui jamais ne bougent » (*âkhimou-sekou*). Ils comptèrent parmi les premières « Hor, guide des espaces mystérieux » *Har-tap-schetâou*), notre Jupiter, que son éclat fit mettre à la tête des planètes; « Hor, régénérateur d'en haut » (*Har-kâ-her*), Saturne, la plus éloignée des planètes que l'œil humain puisse apercevoir sans le secours des instruments; *Har-m-akhouti*, Mars, que sa couleur rougeâtre fit appeler aussi *Har-descher*, «le Hor rouge, » et dont le mouvement rétrograde en apparence à certains moments de l'année ne leur échappa point; *Sevek* ou Mercure; Vénus enfin, qui dans son rôle d'étoile du matin s'appelle *Doudou*, et *Bennou* peut-être dans son rôle d'étoile du

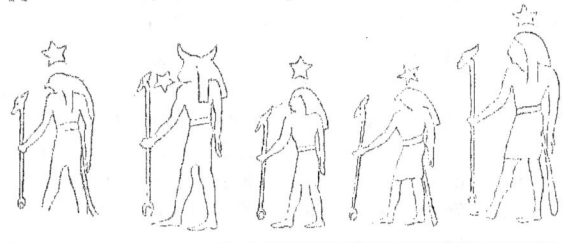

Les dieux des cinq planètes[1].

soir. Il semble même résulter de textes fort anciens qu'ils assimilaient la

Les diverses parties constitutives de l'univers, personnifiées emblématiquement et mythologiquement[2].

terre aux planètes et lui attribuaient un mouvement de translation analogue à celui de Mars ou de Jupiter.

[1] D'après le zodiaque de Dendérah.
[2] Peinture d'une caisse de momie.
Le dieu Seb, personnifiant la terre, est placé dans une position contournée qui indique le relief de la grande montagne cosmique regardée comme le pivot des mouvements sidéraux. Au-dessus de lui, les deux figures de femmes posées de manière à ce que leur corps forme comme un plafond plat, dont les jambes et les bras sont de chaque côté les supports, sont Pe-t, le ciel, et Noun-t, l'océan céleste. Les astres, parmi lesquels on distingue le soleil et la lune, circulent entre elles.

« Pour les astronomes égyptiens, comme pour l'écrivain du premier chapitre de la Genèse, le ciel est une masse liquide qui enserre la terre de toutes parts, et repose sur l'atmosphère comme sur un fondement solide. Aux jours de la création, quand le chaos se résolut en ses éléments, le dieu Schou souleva les eaux d'en haut et les répandit dans l'espace. C'est sur cet océan céleste, le Nou, que flottent les planètes et généralement tous les astres. Les monuments nous les montrent figurés par des génies à formes humaines ou animales et naviguant chacun dans sa barque à la suite d'Osiris.

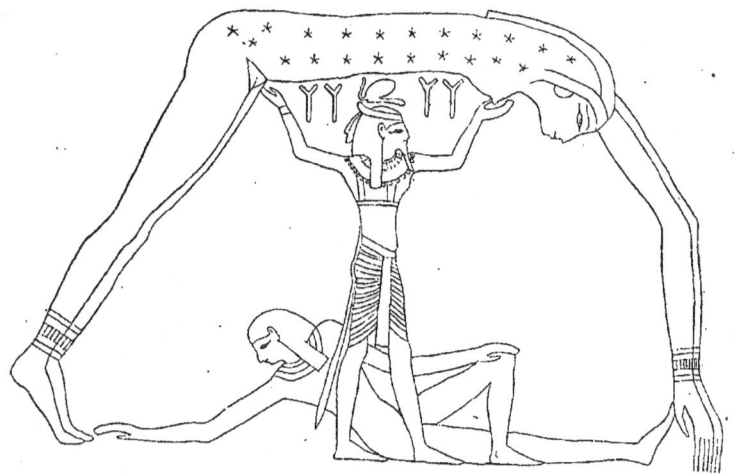

Le dieu Schou soulevant la déesse Nou-t (l'océan céleste) au corps étoilé, au-dessus du dieu Seb (la terre)[1].

« Une autre conception, aussi répandue que la première, présentait les étoiles fixes comme des lampes (*khâbesou*) suspendues à la voûte céleste et qu'une puissance divine allumait chaque soir pour éclairer les nuits de la terre.

« Au premier rang de ces astres-lampes on mettait les décans, simples étoiles en rapport avec les trente-six ou trente-sept décades dont se composait l'année égyptienne; Sopt ou Sothis, notre Sirius, saint à Isi; Sahou, notre Orion, consacré à Osiri et considéré par quelques-uns comme le séjour des âmes heureuses; les Pléiades, les Hyades, et beau-

[1] Peinture d'une caisse de momie, au Musée du Louvre.

coup d'autres dont les noms anciens n'ont pu encore être identifiés d'une manière certaine avec les noms modernes. Bref, toutes les étoiles qu'on peut apercevoir à l'œil nu avaient été relevées, enregistrées, cataloguées avec soin. Les observations de la Haute et de la Basse-Égypte, à Tentyris (Tanterer), Thinis (Teni), Memphis (Man-nofri), Héliopolis (On), signalaient leurs phases et dressaient chaque année des tables de leurs levers et de leurs couchers dont quelques débris sont arrivés jusqu'à nous.

« De tous ces astres, le mieux connu et le plus important était l'astre d'Isi, Sirius, que les Égyptiens nommaient Sopt, d'où les Grecs ont fait Sothis. Son lever héliaque, qui marquait le commencement de l'inondation, marquait aussi le commencement de l'année civile, si bien que tout le système chronologique du pays reposait sur lui. L'année primitive des

L'astre Sahou (Orion)[1].   Isi-Sopt (Sirius).

Égyptiens, ou du moins la première année que nous leur connaissions historiquement, se composait de douze mois de trente jours chaque, soit en tout 360 jours. Ces douze mois étaient partagés en trois saisons de quatre mois : la « saison du commencement » (schâ), qui répond au temps de l'inondation ; la « saison des semailles » (pre), qui répond à l'hiver ; la « saison des moissons » (schemou), qui répond à l'été. Chaque mois se composait de trois décades ; chaque jour et chaque nuit se divisait en douze heures, vingt-quatre heures en tout pour le nycthémère : si bien que midi répondait à la sixième heure du jour, et minuit à la sixième heure de la nuit.

« Ce système, pour simple qu'il parût, avait ses inconvénients qu'on ne tarda pas à reconnaître. Entre l'année des Égyptiens, telle qu'elle était alors, et l'année tropique, il y avait une différence de 5 jours 1/4 ; à

[1] D'après le zodiaque de Dendérah.

chaque douze mois qui s'écoulèrent, l'écart entre l'année égyptienne et l'année fixe augmenta de 5 jours 1/4, et par suite les saisons cessèrent de s'accorder avec les phases de la lune. Des observations nouvelles faites sur le cours du soleil décidèrent les astronomes à intercaler chaque année, entre le douzième mois et le premier jour de l'année suivante, cinq jours complémentaires qu'on nomma « les cinq jours en sus de l'année » ou « jours épagomènes. » L'époque de ce changement était si ancienne que nous ne saurions lui assigner aucune date et que les Égyptiens eux-mêmes l'avaient reportée jusque dans les temps mythiques antérieurs à l'avènement de Ména. « Rhéa (Nou-t) ayant eu un commerce secret avec Saturne (Seb), le Soleil (Râ), qui s'en aperçut, prononça contre elle un charme qui l'empêcha d'accoucher dans aucun mois

Table du lever des étoiles le 1er du mois de paophi, tirée du tombeau de Râ-mes-sou XI, à Thèbes[1].

et dans aucune année; mais Hermès (Tahout), qui avait de l'amour pour la déesse, joua aux dés avec la Lune et lui gagna la soixantième partie de chaque jour, dont il forma cinq jours qu'il ajouta aux 360 autres de l'année [2]. »

Dans ce système, l'année vague de 365 jours ne répond pas encore exactement à l'année astronomique de 365 jours 1/4. Il y eut donc tous les quatre ans un retard d'un jour sur cette année, si bien que pour 365×4 ou 1460 années astronomiques, on compta 1461 années civiles écoulées. Au bout de quatorze siècles et demi, l'accord, si longtemps

---

[1] D'après Lepsius. A chaque heure est indiqué le lever d'une étoile, dont la position est indiquée par le point où elle est représentée dans la série de carrés qui correspondent à autant de divisions de l'horizon.

[2] Plutarque.

rompu, était parfait de nouveau : le commencement de l'année coïncidait alors, et pour une fois seulement, avec celui de l'année astronomique ; le commencement de ces deux années coïncidait avec le lever héliaque au matin de Sirius-Sothis, et par suite avec le début de l'inondation. Aussi les prêtres célébrèrent-ils le lever de l'astre par des fêtes solennelles, dont l'origine devait remonter plus haut que les rois de la première dynastie, au temps des Schesou-Hor, et donnèrent à la période

Les douze heures du jour.

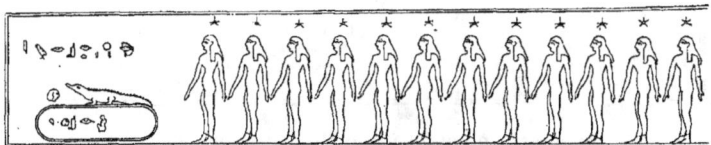

Les douze heures de la nuit[1].

de 1460-1461 ans qui ramenait cette coïncidence merveilleuse le nom de « période sothiaque. »

Le tableau suivant présente la série des mois et des jours épagomènes de l'année égyptienne vague de 365 jours, avec les appellations antiques des mois, les noms que les Coptes leur ont donnés, l'indication de la divinité protectrice de chacun, source du nom copte par une altération dont il est presque toujours facile de se rendre compte, enfin la coïncidence de son jour initial avec les dates de l'année julienne de 365 1/4 jours, à l'époque climatérique du renouvellement de la période sothiaque.

[1] Ces deux sujets sont empruntés aux peintures des tombeaux des rois, à Thèbes.

DÉSIGNATION ANTIQUE.	NOM COPTE.	DIVINITÉ PROTECTRICE.	JOUR INITIAL.
Saison *schâ* :			
Premier mois.	Thoth.	Tekhi-t.	29 août.
Deuxième mois.	Paophi.	Phtah.	29 septembre.
Troisième mois.	Athyr.	Hat-Hor.	28 octobre.
Quatrième mois.	Khoiak.	Kehak.	27 novembre.
Saison *pre* :			
Premier mois.	Tybi.	Khem.	27 décembre.
Deuxième mois.	Mekheir.	Rekh-our.	26 janvier.
Troisième mois.	Phamenoth.	Asekhnet.	25 février.
Quatrième mois	Pharmouthi.	Rannou-t [1].	27 mars.
Saison *schemou* :			
Premier mois.	Pakhons.	Khonsou.	26 avril.
Deuxième mois.	Payni.	Har-khont-khroud-ef.	26 mai.
Troisième mois.	Epiphi.	Ape-t.	25 juin.
Quatrième mois.	Mesori.	Har-m-akhouti.	25 juillet.
Jours épagomènes :			
Premier.		Naissance d'Osiri.	24 août.
Deuxième.		Naissance de Hor.	25 août.
Troisième.		Naissance de Set.	26 août.
Quatrième.		Naissance d'Isi.	27 août.
Cinquième.		Naissance de Neb-t-hâ (Nephthys)	28 août.

On n'a pas d'astronomie sans mathématiques, et nous savons, du reste, d'une manière positive que les Égyptiens avaient poussé assez loin certaines branches de cet ordre de sciences. Malheureusement nous ne possédons absolument rien de la littérature mathématique de l'Ancien Empire. Mais les monuments prouvent que dès le temps de la construction des pyramides la géométrie devait être avancée, sinon la géométrie théorique, au moins la géométrie pratique, celle qui sert à mesurer les surfaces et à calculer le volume des solides. Dès la création de l'agriculture égyptienne, la nécessité de répéter fréquemment les arpentages après l'inondation périodique, de mesurer les accroisse-

[1] La déesse Rannou-t reçoit quelquefois le surnom de Our-mou-t, « la grande-mère ; » Pharmouthi est une corruption de la forme antique Pa-Our-mou-t, comme Paophi de Pa-Phtah et Epiphi de Pa-Ape-t. La formation d'un certain nombre des noms populaires des mois, passés chez les Coptes, de l'appellation de la divinité protectrice précédée de l'article d'appartenance *pa*, est formellement attestée par la désignation de Pa-Khons appliquée au mois sur lequel présidait le dieu Khonsou. D'autres des noms coptes des mois dérivent, avec une très faible altération, de ceux des divinités protectrices purement et simplement, Athyr de Hat-Hor, Khoiak de Kehak, Thoth de Tekhi-t. Mekheir est probablement encore une corruption de Rekh-our. L'origine des autres appellations est plus douteuse. Il semble que dans Pha-menoth et Pa-yni les dieux protecteurs des mois ainsi nommés, Asekhnet (le même que Ap-herou) et Har-khont-khroud-ef, étaient désignés par des surnoms que précédait l'article possessif *pa*.

ments ou les diminutions de terrain résultant des déplacements du sol, avait conduit, nous dit l'antiquité d'un témoignage unanime, les Égyptiens à tourner leur attention vers les problèmes de la géométrie des surfaces. Et ils attribuaient la création de cette science, comme celle du calcul arithmétique, au dieu Tahout. Les architectes qui ont bâti les pyramides et les grands tombeaux de Saqqarah étaient nécessairement déjà des géomètres fort estimables. Nous n'avons plus rien des livres dans lesquels ils exposaient leurs doctrines. Le seul traité de géométrie égyptien qui soit parvenu jusqu'à nous est postérieur de 2,000 ans au moins à l'âge des pyramides, et nous fournit des données sur l'état de la science pour les temps relativement modernes de la xix° dynastie.

C'est un papyrus du Musée Britannique, que M. Eisenlohr a récemment publié [1]. Il contient un certain nombre de théorèmes de trigonométrie plane et de mesure des solides, puis une sorte de manuel du calculateur, où l'on a cru à tort retrouver la trace de procédés algébriques, tandis qu'ils sont tous purement arithmétiques [2]. Certaines des méthodes de calcul qui y sont employées semblent donner l'origine et partant l'explication de méthodes, de manières de voir qui nous semblent étranges aujourd'hui et qui avaient cours soit chez les Grecs, soit chez les Arabes et chez les premiers mathématiciens de l'Europe au moyen âge, disciples plus ou moins directs de ces derniers.

La numération égyptienne était décimale. Sa notation comprenait des chiffres pour représenter 1, 10, 100, 1000, 10000 et 100000, et on répétait autant de fois le chiffre de l'unité, de la dizaine, de la centaine, etc. que le nombre à exprimer en contenait. L'expression de 245578, par exemple, pourrait se traduire en $100000+100000+10000+10000$ $+10000+10000+1000+1000+1000+1000+1000+100+100+100$ $+100+100+10+10+10+10+10+10+10+1+1+1+1+1+1$ $+1+1$. Il y a donc là une notation analogue à celle des chiffres romains, qui (en ne tenant pas compte des chiffres particuliers pour 5 et 50, inusités des Égyptiens) exprimeraient le même nombre par CCC | ƆƆƆ CCC | ƆƆƆ CC | ƆƆ CC | ƆƆ CC | ƆƆ CC | ƆƆ MMMMMCCCCXXXXXXIIIIIIII. Mais cette notation compliquée et qui demandait trop de place pour

---

[1] *Ein mathematisches Handbuch der alten Ægypter* (Papyrus Rhind des British Museum), 1877.

[2] Voy. l'important travail de M. Léon Rodet, *Les prétendus problèmes d'algèbre du Manuel du calculateur égyptien*, publié dans le *Journal asiatique* de 1881.

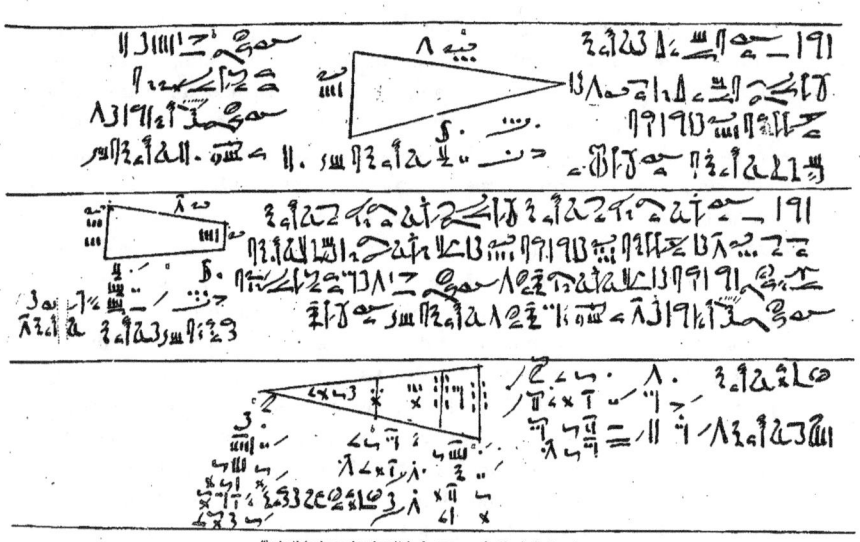

Trois théorèmes de géométrie du papyrus du Musée Britannique.

s'étaler reste exclusivement propre aux textes hiéroglyphiques. Dans l'usage des documents hiératiques et démotiques, elle se simplifie et s'abrège. On crée des signes spéciaux pour tous les nombres de la série des unités de 1 à 9, de la série des dizaines de 10 à 90, de celle des centaines de 100 à 900, etc. De cette façon la notation hiératique ou démotique du nombre 245578 serait à traduire par $200000+40000+5000+500+70+8$.

Pour noter les nombres fractionnaires, les Égyptiens n'admettaient que des fractions au numérateur 1. Ils étaient donc obligés, dès qu'ils avaient à exprimer autre chose qu'une fraction de ce genre, d'en établir toute une série successivement descendante. Ainsi pour eux $\frac{248}{1000}$ se représentaient par $\frac{1}{5}+\frac{1}{25}+\frac{1}{200}+\frac{1}{500}+\frac{1}{1000}$. C'est à l'imitation des Égyptiens que les Grecs, Diophante excepté, n'avaient de notation que pour les fractions dont le numérateur est l'unité, et que Héron d'Alexandrie transformait ses nombres fractionnaires en sommes de fractions simples au numérateur 1 [1].

Mais si les Égyptiens avaient des mathématiques assez avancées et une certaine somme d'astronomie scientifique, ils unissaient à ces notions réelles une confiance aveugle dans l'astrologie. Cette trompeuse superstition était comptée par eux au nombre des sciences. Les Grecs et les Romains ont qualifié de « jours égyptiens » la distinction des jours fastes et néfastes, d'après laquelle on devait faire ou ne pas faire telle ou telle chose à une certaine date de l'année. En effet, dans un papyrus du Musée Britannique on a reconnu les fragments d'un calendrier astrologique rédigé sous la XIX° dynastie, et contenant pour chaque jour l'indication des actes qu'on devait y accomplir ou dont on devait s'abstenir.

En général le caractère favorable ou funeste d'un jour déterminé dépendait d'une raison empruntée aux traditions mythologiques.

« Le 17 athyr d'une année si bien perdue dans les lointains du passé qu'on ne savait plus au juste combien de siècles s'étaient écoulés depuis, Set avait attiré près de lui son frère Osiri et l'avait tué en trahison au milieu d'un banquet, dit M. Maspero [2]. Chaque année, à pareil jour, la

---

[1] On faisait une exception pour $\frac{2}{3}$, qui était compté comme une fraction simple par les Égyptiens et par Héron.

[2] Dans l'introduction de son intéressant volume, *Les Contes populaires de l'Égypte ancienne*. Paris, 1882.

tragédie qui s'était accomplie autrefois dans le palais terrestre du dieu semblait se jouer de nouveau dans les profondeurs du ciel égyptien. Comme au même instant de la mort d'Osiri, la puissance du bien s'amoindrissait, la souveraineté du mal prévalait partout; la nature entière, abandonnée aux divinités de ténèbres, se retournait contre l'homme. Un dévot n'avait garde de rien faire ce jour-là : quoi qu'il se fût avisé d'entreprendre, ç'aurait échoué. Qui sortait au bord du fleuve, un crocodile l'assaillait comme le crocodile envoyé par Set avait assailli Osiri. Qui partait pour un voyage pouvait dire adieu pour jamais à sa famille et à sa maison; il était certain de ne plus revenir. Mieux valait s'enfermer chez soi, attendre, dans la crainte et dans l'inaction, que les heures de danger s'en fussent allées une à une, et que le soleil du jour suivant, à son lever, eût mis le mauvais en déroute. Le 9 khoiak, Tahout avait rencontré Set et remporté sur lui une grande victoire. Le 9 khoiak il y avait fête sur la terre parmi les hommes, fête dans le ciel parmi les dieux et sécurité de tout entreprendre. Les jours se succédaient, fastes ou néfastes, selon l'événement qu'ils avaient vu s'accomplir au temps des dynasties divines.

Le 4 tybi. — Bon, bon, bon [1]. — Quoi que tu voies en ce jour, c'est pour toi d'heureux présage. Qui naît ce jour-là meurt le plus âgé de tous les gens de sa maison ; il aura longue vie succédant à son père.

Le 5 tybi. — Mauvais, mauvais, mauvais. — C'est le jour où furent brûlés les chefs par la déesse Sekhet, qui réside dans la demeure blanche, lorsqu'ils sévirent, se transformèrent, vinrent. Gâteaux d'offrandes pour Schou, Phtah, Tahout; encens sur le feu pour Râ et les dieux de sa suite, pour Phtah, Tahout, Hou-Saou, en ce jour. Quoi que tu voies en ce jour, ce sera mauvais.

Le 6 tybi. — Bon, bon, bon. — Quoi que tu voies en ce jour, ce sera heureux.

Le 7 tybi. — Mauvais, mauvais, mauvais. — Ne t'unis pas aux femmes devant l'œil de Hor [2]. Le feu qui est dans ta maison, garde-toi de son atteinte.

Le 8 tybi. — Bon, bon, bon. — Quoi que tu voies de ton œil en ce jour, le cycle divin le rendra favorable. Consolidation des débris (du corps d'Osiri taillé en pièces par Set).

Le 9 tybi. — Bon, bon, bon. — Les dieux acclament la déesse du midi en ce jour. Présenter des gâteaux de fête et des pains frais qui réjouissent le cœur des dieux et des mânes.

Le 10 tybi. — Mauvais, mauvais, mauvais. — Ne fais pas un feu de joncs ce jour-là. Ce jour-là le feu sortit du dieu Sop-ho, dans le Delta [3].

[1] Les Égyptiens divisaient les douze heures du jour, depuis le lever du soleil jusqu'à son coucher, en trois sections de quatre heures chacune. Les trois épithètes que l'on trouve après chaque date au calendrier astrologique s'appliquent chacune à une des sections. Le plus souvent le présage valait pour le jour entier ; alors on trouve la note « bon, bon, bon ; » « hostile, hostile, hostile. » Mais il pouvait arriver que l'une des sections étant funeste, les deux autres fussent favorables. On rencontre alors la notation « bon, bon, hostile, » ou une notation analogue, répondant à la qualité des présages observés.

[2] Le soleil.

[3] Allusion à un épisode mythologique encore inconnu.

Le 11 tybi. — Mauvais, mauvais, mauvais. — N'approche pas de la flamme en ce jour. Râ l'a dirigée pour anéantir tous ses ennemis, et quiconque en approche en ce jour ne se portera plus bien tout le temps de sa vie.

« Tel officier de haut rang qui, le 13 de tybi, affrontait la dent d'un lion en toute assurance et fierté de courage, ou entrait dans la mêlée sans redouter la morsure des flèches syriennes, le 12 s'effrayait à la vue d'un rat, et, tremblant, détournait les yeux.

« Chaque jour avait ses influences, et les influences accumulées formaient à chaque homme un destin. Le destin naissait avec l'homme, grandissait avec lui, le guidait à travers sa jeunesse et son vieil âge, jetait, pour ainsi dire, la vie entière dans le moule immuable que les actions des dieux avaient préparé dès le commencement des temps. Le Pharaon était soumis au destin, soumis aussi les chefs des nations étrangères.

Les Hat-Hor assistant à l'accouchement de Cléopâtre[1].

Le destin suivait son homme jusqu'après la mort; il assistait avec la Fortune au jugement de l'âme, soit pour rendre au jury infernal compte exact des vertus ou des crimes, soit afin de préparer les conditions d'une nouvelle vie.

« Les traits sous lesquels on se figurait la destinée n'avaient rien de hideux. C'était une déesse, Hat-Hor, ou mieux sept jeunes et belles déesses, des Hat-Hor à la face rosée et aux oreilles de génisse, toujours gracieuses, toujours souriantes, qu'il s'agit d'annoncer le bonheur ou de prédire la misère. Comme les fées marraines du moyen âge, elles se pressaient autour du lit des accouchées et attendaient la venue de l'enfant pour l'enrichir ou le ruiner de leurs dons. Les bas-reliefs du temple de Louqsor et ceux d'un temple d'Esneh nous les montrent qui jouent le rôle de sages-femmes auprès de la reine Mout-em-ouat, femme de

---

[1] Bas-relief d'Esneh, d'après Champollion. Dans l'état actuel du monument il ne subsiste plus les figures que de cinq des sept déesses.

Tahout-mès IV et auprès de la fameuse Cléopâtre. Les unes soutiennent la jeune mère et la raniment par leurs incantations ; les autres reçoivent le nouveau-né, se le passent de main en main, lui prodiguent les premiers soins et lui présagent à l'envi toutes les félicités. Les romans les mettent plusieurs fois en scène...

« Les voir et les entendre au moment même où elles rendaient leurs arrêts était faveur réservée aux grands de ce monde. Les gens du commun n'étaient pas d'ordinaire dans leur confidence. Ils savaient seulement, par l'expérience de nombreuses générations, qu'elles départaient certaines morts aux hommes qui naissaient à de certains jours.

Le 4 paophi — Hostile, bon, bon. — Ne sors aucunement de ta maison en ce jour. — Quiconque naît en ce jour meurt de contagion en ce même jour.

Le 5 paophi. — Mauvais, mauvais, mauvais. — Ne sors aucunement de ta maison en ce jour ; ne t'approche pas des femmes. C'est un jour d'offrandes devant les dieux, et Monthou repose en ce jour. Quiconque naît en ce jour, mourra de l'amour.

Le 6 paophi. — Bon, bon, bon. — Jour heureux dans le ciel. — Quiconque naît ce jour-là mourra d'ivresse.

Le 7 paophi. — Mauvais, mauvais, mauvais. — Ne fais absolument rien en ce jour. — Quiconque naît ce jour-là mourra sur une terre étrangère.

Le 9 paophi. — Bon, bon, bon. — Allégresse des dieux ; les hommes sont en fête, car l'ennemi de Râ est à bas. — Quiconque naît ce jour-là mourra de vieillesse.

Le 23 paophi. — Bon, bon, mauvais. — Quiconque naît ce jour-là meurt par le crocodile.

Le 27 paophi. — Hostile, hostile, hostile. — Ne sors pas ce jour ; ne t'adonne à aucun travail manuel. Râ repose. Quiconque naît ce jour-là meurt par le serpent.

Le 29 paophi. — Bon, bon, bon. — Quiconque naît ce jour-là mourra dans la vénération de tous ses gens.

« Tous les mois n'étaient pas également favorables à cette sorte de présages. A naître en paophi, on avait huit chances sur trente de connaître, par le jour de la naissance, le genre de la mort Athyr, qui suivait immédiatement paophi, ne renfermait que trois jours fatidiques. »

Il est certain que l'idée des influences astrales avait autant de part que les dates attribuées par la légende à tel ou tel incident des histoires mythologiques, dans l'assignation d'un caractère favorable ou funeste aux différents jours de l'année et dans les présages qu'on en tirait pour la destinée de ceux qui naissaient à certains jours. Aussi les Égyptiens cultivaient-ils, comme nous verrons que le faisaient aussi les Chaldéens, l'art de dresser les horoscopes des naissances et d'en tirer des augures pour l'existence et la mort des gens qui étaient nés alors que les planètes et les étoiles fixes se trouvaient dans le ciel à telle ou telle position respective.

§ 4. — MÉDECINE

Ici encore, c'est chez M. Maspero que nous puisons nos renseignements.

« Pour nous figurer ce que pouvait être la médecine égyptienne, dit-il[1], nous n'en sommes pas réduits à de simples inductions. Outre un traité dont l'invention était attribuée au règne de Khoufou et dont le manuscrit, parvenu jusqu'à nous, est connu sous le nom de Papyrus Ebers,

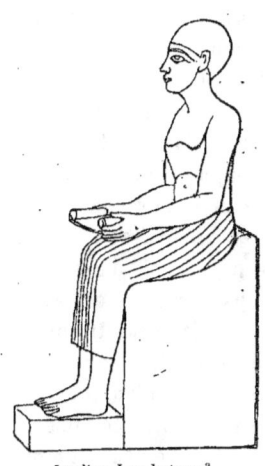

Le dieu I-m-hotpou[3].

nous possédons un livre qui est dit avoir été trouvé sous le roi Hesep-ti et complété sous le roi Send, de la IIᵉ dynastie. Le manuscrit qui nous l'a conservé[2] remonte seulement à la XIXᵉ dynastie; il est assez probable que l'ouvrage lui-même avait dû se modifier depuis les jours du roi Send au fur et à mesure que la science faisait des progrès. Tel qu'il nous est parvenu, il renferme un grand nombre de recettes qui remontaient à un temps immémorial. L'ancienneté de son origine le maintenait en grand honneur dans les écoles ; il faisait sans doute partie de cette bibliothèque médicale du temple d'I-m-hotpou, à Memphis, qui existait encore au temps des empereurs romains et fournissait des remèdes aux médecins grecs.

« L'Égypte est naturellement un pays fort sain. « Les Égyptiens, disait
« Hérodote, sont les mieux portants de tous les mortels. » Ils n'en étaient
que plus attentifs à soigner leur santé. « Chaque mois, trois jours de
« suite, ils provoquent des évacuations au moyen de vomitifs et de clys-
« tères, car ils pensent que toutes les maladies de l'homme viennent
« des aliments... La médecine chez eux est partagée : chaque médecin ne
« s'occupe que d'une seule espèce de maladie, et non de plusieurs. Les
« médecins en tous lieux abondent, les uns pour les yeux, les autres
« pour la tête, d'autres pour les dents, d'autres pour le ventre, d'autres

---

[1] Dans son *Histoire ancienne des peuples de l'Orient*.
[2] Il fait partie des collections de Berlin.
[3] Statuette de bronze du Musée du Louvre. I-m-hotpou était le dieu qui présidait à la médecine, les Grecs l'avaient assimilé comme tel à leur Asclêpios.

« pour les maux internes. » Il ne semble pas que cette division dont parle Hérodote ait été aussi absolue que l'historien a bien voulu le dire. Le même individu pouvait traiter toutes les maladies en général ; seulement, pour les maux d'yeux ou pour quelques autres affections, il y avait comme chez nous des spécialistes que l'on consultait de préférence aux praticiens ordinaires. Si leur nombre paraissait considérable à l'historien grec, cela tient à la constitution médicale d'un pays où les ophtalmies et les maladies intestinales, par exemple, sont encore aujourd'hui plus fréquentes que partout en Europe.

« La médecine théorique ne paraît pas avoir fait de grands progrès en Égypte, bien que les pratiques de la momification eussent dû fournir aux médecins l'occasion d'étudier à loisir l'intérieur du corps humain. Une sorte de crainte religieuse ne leur permettait pas plus qu'aux médecins chrétiens du moyen âge de mettre en pièces, dans un but de pure science, le cadavre qui devait reprendre vie un jour. Leur horreur pour quiconque rompait l'intégrité du corps humain était si grande, que l'embaumeur chargé de pratiquer les incisions réglementaires était l'objet de l'exécration universelle. Toutes les fois qu'il venait d'exercer son métier, les assistants le poursuivaient à coups de pierres et l'auraient assommé sur place s'il ne s'était enfui à toutes jambes. De plus, les règlements médicaux n'étaient pas de nature à encourager les recherches scientifiques. Les médecins devaient traiter le malade d'après les règles posées dans certains livres d'origine réputée divine. S'ils s'écartaient des prescriptions sacrées, c'était à leurs risques et périls ; en cas de mort du patient, ils étaient convaincus d'homicide volontaire et punis comme assassins.

« Le seul point que nous connaissions de leurs doctrines est la théorie des esprits vitaux. Le corps renfermait un certain nombre de vaisseaux qui charriaient des esprits vivifiants. « La tête a trente-deux vaisseaux
« qui amènent des souffles à son intérieur ; ils transmettent les souffles
« à toutes les parties du corps. Il y a deux vaisseaux aux seins qui condui-
« sent la chaleur au fondement... Il y a deux vaisseaux de l'occiput, deux
« du sinciput, deux à la nuque, deux aux paupières, deux aux narines,
« deux à l'oreille droite par lesquels entrent les souffles de la vie ; il y en
« a deux de l'oreille gauche par lesquels entrent les souffles[1]. » Les souffles dont il est question dans ce passage sont appelés ailleurs « les bons

---

[1] Il semble que ce soient les nerfs que les Égyptiens aient pris pour ces vaisseaux des souffles vitaux.

« souffles, les souffles délicieux du Nord. » Ils pénétraient dans les veines et les artères, se mêlaient au sang qui les entraînait par tout le corps, faisaient mouvoir l'animal et le portaient pour ainsi dire. Au moment de la mort, « ils se retirent avec l'âme, le sang se coagule, les veines et les « artères se vident et l'animal périt. »

« Les maladies dont il est question dans les papyrus médicaux ne sont pas toujours faciles à reconnaître. Ce sont, autant qu'on en peut juger, des varices ou des ulcères aux jambes, une sorte d'érisypèle, le « ver, » et enfin « la maladie divine mortelle, » le *divinus morbus* des Latins, l'épilepsie. Un traité développe quelques questions relatives à la conception et à l'accouchement. La diagnose est donnée dans plusieurs cas et permettrait peut-être à un médecin de reconnaître la nature de l'affection. Voici celle d'une sorte d'inflammation : « Lourdeur du ventre ; le col du cœur malade ; au cœur, inflammation, « battements accélérés. Les vêtements pèsent sur le malade ; beaucoup « de vêtements ne le réchauffent pas. Soifs nocturnes. Le goût pervers, « comme un homme qui a mangé des fruits de sycomore. Chairs amor-« ties comme celles d'un homme qui se trouve mal. S'il va à la selle, « son ventre est enflammé et refuse de s'exonérer. »

Esclave présentant un breuvage à son maître[1].

« Les médicaments indiqués sont de quatre sortes : pommades, potions, cataplasmes et clystères. Ils sont composés chacun d'un assez grand nombre de substances empruntées à tous les règnes de la nature. On y trouve citées plus de cinquante espèces de végétaux, depuis des herbes et des broussailles jusqu'à des arbres, tels que le cèdre dont la sciure et les copeaux passaient pour avoir des propriétés lénitives, le sycomore et maints autres dont nous ne comprenons pas les noms antiques. Viennent ensuite des substances minérales, le sulfate de cuivre, le sel, le nitre, la pierre memphite (*aner sopd*), qui, appliquée sur des parties malades ou lacérées, avait, dit-on, des vertus anesthésiques. La chair vive, le cœur, le foie, le fiel, le sang frais et desséché de divers animaux,

---

[1] Peinture d'un tombeau de Thèbes, d'après Wilkinson.

le poil et la corne de cerf, jouaient un grand rôle dans la confection de certains onguents souverains contre les inflammations. Les ingrédients constitutifs de chaque remède étaient pilés ensemble ; puis, bouillis et passés au linge, ils avaient d'ordinaire pour véhicule l'eau pure ; mais souvent on les mélangeait avec des liquides d'espèces variées, la bière (*haq*), la bière douce (*haq notsem*) ou tisane d'orge, le lait de vache et de chèvre, l'huile d'olive verte et l'huile d'olive épurée (*baq notsem*), ou même, comme dans la médecine de Molière, l'urine humaine ou animale. Le tout, sucré de miel, se prenait chaud matin et soir.

« Mais les maladies n'avaient pas toujours une origine naturelle. Elles étaient souvent produites par des esprits malfaisants qui entraient dans le corps de l'homme, et trahissaient leur présence par des

Préparation des remèdes et pilonnage des drogues dans des mortiers[1].

désordres plus ou moins graves. En traitant les effets extérieurs, on parvenait tout au plus à soulager le patient. Pour arriver à la guérison complète, il fallait supprimer la cause première de la maladie en éloignant par des prières l'esprit possesseur. Aussi une ordonnance de médecin se composait-elle de deux parties : d'une formule magique et d'une formule médicale. Voici une conjuration destinée à corroborer l'action d'un vomitif : « O démon qui loges dans le ventre d'un tel fils
« d'une telle, ô toi dont le père est nommé Celui qui abat les têtes, dont
« le nom est Mort, dont le nom est Mâle de la mort, dont le nom est
« Maudit pour l'éternité ! » Pour guérir le mal de tête, on n'avait qu'à dire : « Le devant de la tête est aux chacals divins, le derrière de la tête
« est un pourceau de Râ. Place-les sur un brasier ; quand l'humeur qui
« en sortira aura atteint le ciel, il en tombera une goutte de sang sur la

---

[1] Peinture d'un tombeau de Thèbes, d'après Wilkinson.

« terre. » Ces paroles devaient être répétées quatre fois. Si ce galimatias ne guérissait pas le malade, au moins le débarrassait-il des terreurs superstitieuses dont il était assailli. Le médecin, après avoir calmé de la sorte l'esprit du patient, pouvait essayer sur le corps l'efficacité des remèdes traditionnels. L'invocation magique passait pour anéantir la cause mystérieuse ; le traitement combattait les manifestations visibles du mal[1]. »

§ 5. — MAGIE.

En parlant des connaissances réelles des Égyptiens en fait d'astronomie j'ai été amené tout à l'heure à dire quelques mots de leurs superstitions astrologiques, ainsi que de la croyance qu'ils nourrissaient à l'existence de jours heureux et néfastes répartis dans le cours de l'année et exerçant une influence décisive sur la destinée des hommes. De même, l'emploi des opérations magiques, des incantations et des talismans dans la médecine des temps pharaoniques nous impose la nécessité de parler aussi avec quelque détail d'une autre superstition, qui tenait également une place capitale dans les préoccupations des Égyptiens et qu'ils croyaient une science réelle, la magie.

Les livres magiques tenaient une certaine place dans toutes les bibliothèques de l'ancienne Égypte, et parmi les papyrus que nous possédons il en est plusieurs qui traitent de cette matière. Mais ce sont surtout les contes et les romans qui nous font voir quelle importance on attachait à la magie. « On n'emploie pas communément chez nous, comme ressorts de romans, dit M. Maspero, les apparitions de divinités, les transformations de l'homme en bête, les animaux parlants, les opérations magiques. Ceux même qui croient le plus fermement aux miracles de ce genre, les considèrent comme un accident rare dans la vie moderne. Il n'en était pas de même en Égypte ; la sorcellerie y faisait partie de la vie courante, aussi bien que la guerre, le commerce, la littérature, les métiers qu'on exerçait, les divertissements qu'on prenait. Tout le monde n'avait pas vu les prodiges qu'elle opérait, mais tout le monde connaissait quelqu'un qui les avait vus s'accomplir, en avait profité ou en avait souffert. La magie était une science, et le magicien un savant des plus estimés. Les grands eux-mêmes, le prince

---

[1] Cet emploi médical des formules magiques est surtout indiqué dans le Papyrus Ebers. Voy. Ebers, *Papyrus Ebers, das Hermetische Buch ueber die Artzneimittel der alten Ægypter*.

Satni Khâ-m-Ouas et son frère, sont adeptes des sciences surnaturelles et déchiffreurs convaincus des grimoires mystiques. Un prince sorcier n'inspirerait chez nous qu'une estime médiocre ; en Égypte, la magie n'était pas incompatible avec la royauté, et les sorciers du Pharaon eurent souvent le Pharaon pour élève.

« Parmi les personnages des contes égyptiens, la plupart sont des sorciers amateurs ou de profession. Bitiou « enchante son cœur » et se l'arrache de la poitrine sans cesser de vivre, se transforme en bœuf et en arbre. Khâ-m-Ouas et son frère ont appris, par aventure, l'existence d'un livre que le dieu Tahout avait écrit de sa propre main, et qui était pourvu de propriétés merveilleuses. Ce livre se composait de deux formules, sans plus, mais quelles formules ! « Si tu récites la première, tu « charmeras le ciel, la terre, l'enfer, les monts, les eaux ; tu connaîtras « les oiseaux et les reptiles, tous tant qu'ils sont ; tu verras les poissons, « car la force divine de l'eau les fera monter à la surface. Si tu récites la « seconde formule, quand même tu serais dans la tombe, tu auras la « même forme que tu avais sur la terre ; tu verras aussi le soleil se levant « au ciel et son cycle de dieux, et la lune en la forme qu'elle a quand elle « paraît. » Satni Khâ-m-Ouas tenait à se procurer, outre l'ineffable douceur de voir à son gré le lever de la lune, la certitude de ne jamais perdre la forme qu'il avait sur terre. Le désir qu'il a de se procurer le livre merveilleux devient le principal ressort du roman. »

L'idée de toutes les formules magiques égyptiennes contre les fléaux de la vie, les maladies, les animaux malfaisants, est l'assimilation de celui qui les prononce aux dieux, assimilation que produit la vertu des paroles de l'enchantement et qui met l'homme à l'abri du danger. Aussi généralement la formule ne consiste pas dans une invocation à la puissance divine, mais dans le fait de proclamer qu'on est tel ou tel dieu, qu'on le devient par l'opération théurgique ; et quand l'homme qui répète l'incantation appelle à son secours quelques personnages du panthéon, c'est comme l'un d'eux, qui a droit à l'aide de ses compagnons de divinité. Ceci est très nettement établi dans les formules du célèbre papyrus magique Harris, objet des études de M. Chabas, manuscrit de l'époque de la XIXe dynastie, qui est peut-être un fragment du recueil de magie dont on attribuait la composition au dieu Tahout, le comptant ainsi dans la collection des livres hermétiques [1].

[1] Chabas, *Le Papyrus magique Harris*, Chalon-sur-Saône, 1860. D'autres textes magiques ont été traduits par M. Birch dans le tome VI des *Records of the past;* par M. Pleyte,

Voici une des incantations de ce papyrus, destinée à se mettre à l'abri des crocodiles :

> Ne sois point contre moi ! Je suis Ammon.
> Je suis An-hour, le bon gardien.
> Je suis le grand maître du glaive.
> Ne te dresse pas ! Je suis Monthou.
> N'essaie pas de surprendre ! Je suis Set.
> Ne porte pas tes deux bras contre moi ! Je suis Sotp.
> Ne m'atteins pas ! Je suis Séthou.
> Alors ceux qui sont dans l'eau ne sortent pas ;
> ceux qui sont sortis ne rentrent pas à l'eau ;
> et ceux qui restent à flotter sur les eaux
> sont comme des cadavres sur l'onde ;
> et leurs bouches se ferment,
> comme sont fermés les sept grandes arcanes,
> d'une clôture éternelle.

Dans cette autre, dirigée contre les différents animaux nuisibles, l'homme qui veut se mettre à l'abri de leurs atteintes invoque l'aide d'un dieu, mais à titre de dieu lui-même :

> Viens à moi, ô seigneur des dieux !
> Repousse loin de moi les lions venant de la terre,
> les crocodiles sortant du fleuve,
> la bouche de tous les reptiles mordants sortis de leurs trous
> Arrête, crocodile Mako, fils de Set !
> Ne vogue pas avec ta queue ;
> ne saisis pas de tes deux bras ;
> n'ouvre pas la gueule.
> Que l'eau devienne un feu ardent devant toi !
> La pique des trente-sept dieux est sur tes yeux ;
> l'arme des trente-sept dieux est sur ton œil ;
> tu es lié au grand croc de Râ ;
> tu es lié aux quatre piliers de bronze du midi,
> à l'avant de la barque de Râ.
> Arrête, crocodile Mako, fils de Set !
> Car je suis Ammon, le mari de sa mère.

Il en est de même de cette troisième formule, où c'est à Hor que s'identifie l'incantateur, en réclamant l'appui d'Isi et de Neb-t-ha Nephthys) contre tous les périls qui pourraient menacer un Éygptien dans une maison de campagne isolée :

dans ses *Études égyptologiques* et dans ses *Papyrus de Turin*, publiés en collaboration avec M. Rossi ; par M. Maspero, dans le *Recueil de travaux* de la librairie Vieweg. Il est aussi bon de consulter le *Græco-egyptian fragment on magic* publié par M. Goodwin dans le Recueil de la Société archéologique de Cambridge.

O toi que ramène la voix du gardien,
Hor a prononcé à voix basse l'invocation : « Campagne ! »
Cela dit, les animaux qui le menaçaient ont rétrogradé.
Qu'Isi, ma bonne mère, prononce pour moi l'invocation,
ainsi que Neb-t-ha, ma sœur !
Qu'elles demeurent dans l'arche de salut
à mon sud,
à mon nord,
à mon occident,
à mon orient,
Pour que soit scellée la gueule des lions et des hyènes,
la tête de tous les animaux à longue queue
qui se repaissent de chair et boivent le sang ;
pour les fasciner ;
pour leur enlever l'ouïe ;
pour me tenir dans l'obscurité ;
pour ne pas me mettre en lumière ;
pour me rendre invisible
à tout instant de la nuit !

Fréquemment c'est à Osiri que le personnage qui veut être défendu des mauvaises influences s'assimile. Il se représente, comme le dieu bienfaisant dont nous raconterons un peu plus loin l'histoire, en butte aux entreprises de Set, le dieu ennemi, et de son funeste cortège de maux ; et pour en conjurer l'action il rappelle les événements de la lutte épique dans laquelle, après avoir succombé, le principe de l'ordre et de la conservation de la vie, symbolisé par Osiri, avait définitivement triomphé. C'est ce que nous voyons, par exemple, dans cette incantation contre la morsure des serpents venimeux, inscrite sur un petit papyrus du Louvre, qui, roulé dans un étui, se portait comme talisman :

Il est comme Set, l'aspic,
le serpent malfaisant, dont le venin est brûlant.
Celui qui vient pour jouir de la lumière, qu'il soit caché !
Celui qui demeure dans Thèbes s'approche de toi,
cède, reste en ta demeure !
Je suis Isi, la veuve brisée de douleur.
Tu veux t'élever contre Osiri ;
il est couché au milieu des eaux,
où mangent les poissons, où boivent les oiseaux,
où les filets enlèvent leur prise,
tandis qu'Osiri est couché dans la souffrance.
O Toum, seigneur d'On,
ton cœur est satisfait et triomphant.
Ceux qui sont dans le tombeau sont en acclamations,
ceux qui sont dans le cercueil se livrent à l'allégresse,

lorsqu'ils voient le fils d'Osiri
renversant les ennemis de son père,
recevant la couronne blanche de son père Osiri
et atteignant les méchants.
Viens! relève-toi, Osiri-Sap,
car tes ennemis sont abattus.

Ce n'est pas seulement à l'homme que les paroles magiques peuvent communiquer la vertu divine; elles peuvent y faire même participer des animaux pour la protection de l'homme, comme elles font résider un pouvoir invincible dans un objet inanimé, enchanté comme talisman. Le papyrus magique Harris nous donne ainsi la formule qu'on prononçait sur un chien de garde, afin d'augmenter sa force par la puissance de l'enchantement :

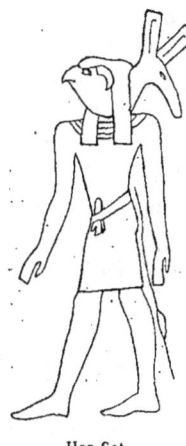

Hor-Set.

Debout! chien méchant!
Viens! que je te prescrive ce que tu as à faire aujourd'hui.
Tu étais attaché, te voilà délié.
C'est par Hor qu'il t'est prescrit de faire ceci :
Que ta face soit le ciel ouvert!
Que ta mâchoire soit impitoyable!
Que ta force immole comme le dieu Har-schafi!
Massacre comme la déesse Anata!
Que ta crinière présente des verges de fer!
Sois pour cela Hor et pour cela Set[1] !
Va au sud, au nord, à l'ouest, à l'est;
la campagne t'est livrée toute entière;
rien ne t'y arrêtera.
Ne dirige pas ta face contre moi ;
dirige-la contre les animaux sauvages.
Ne présente pas ta face sur mon chemin;
présente-la sur celui de l'étranger.
Je t'investis d'une vertu fascinatrice; enlève l'ouïe !
Car tu es le gardien courageux, redoutable.
Salut! Parole de salut!

Dans ces citations on voit se dessiner clairement deux faits signalés par les écrivains grecs, et qui donnaient à la magie égyptienne un caractère tout à fait à part. C'est d'abord l'absence de développement démonologique. Les Égyptiens n'admettaient que dans le monde des âmes un

[1] L'association panthéistique que nous avons ici entre Hor et Set, les deux antagonistes des grandes luttes de la nature, les personnifications du dualisme antithétique du bien et du mal dans le monde physique et le monde moral, s'exprime quelquefois plastiquement par la figure, que nous insérons dans notre texte, d'un dieu qui porte simultanément sur ses épaules la tête d'épervier de Hor et la tête d'oryctérope de Set. Le personnage complexe ainsi conçu réunit les deux faces opposées de la force divine.

certain nombre de génies en antagonisme, les uns parèdres et serviteurs d'Osiri, les autres formant le cortège de Set. Sur la terre, ce sont uniquement les fléaux naturels, les animaux nuisibles qui, avec des âmes de damnés revenant comme vampires, servent d'instruments à la puissance du dieu du mal. Les exorcismes magiques ne combattent pas des démons à proprement parler. De même, ce n'est pas sur des esprits favorables et inférieurs aux dieux que s'exerce le pouvoir des incantations propitiatoires. Il met au service de l'homme pour le protéger l'action des dieux eux-mêmes.

Quant au rapport que ces formules établissent entre l'homme et les dieux, il est aussi conçu d'une manière exclusivement propre aux doctrines égyptiennes. Chez les autres peuples, la puissance magique ne commande qu'aux esprits secondaires et n'a d'action coërcitive que sur les démons mauvais. A ceux-ci l'exorciste impose une volonté impérative quand il leur dit de se retirer ; mais envers les dieux, même dans les opérations de la magie, on ne s'adresse que par voie de prières et de supplications. En Égypte il en est autrement. Admettant que l'emploi de certaines formules sacramentelles élevait l'homme jusqu'aux dieux et parvenait à l'identifier à chacun d'eux, on avait dû, par une pente inévitable, être conduit à regarder ces formules comme renfermant un pouvoir qui s'imposait aux dieux, même les plus puissants, et leur commandait. Aussi les écrivains alexandrins nous disent-ils que les Égyptiens prétendaient contraindre les dieux, par leurs évocations et leurs formules magiques, d'obéir à leurs désirs et de se manifester à leurs yeux. Appelé par son nom véritable, le dieu ne pouvait résister à l'effet de l'évocation.

Le papyrus Harris fournit le texte d'une évocation de ce genre, qui ne s'adresse à rien moins qu'Ammon, le dieu suprême de Thèbes :

> Descends! descends! gauche du ciel,
> gauche de la terre!
> Ammon s'élève en roi, vie, santé, force;
> il a pris la couronne du monde entier.
> Ne ferme pas l'oreille.
> Les serpents à la marche oblique,
> qu'ils ferment leurs bouches.
> Et que tout reptile reste confondu dans la poussière
> par ta vaillance, ô Ammon.

Ceci devait se prononcer sur une amulette représentant « l'image d'Ammon à quatre têtes de bélier, peinte sur l'argile, foulant un crocodile aux pieds, et huit dieux qui l'adorent placés à sa droite et à sa gauche. » Dès lors la vertu du dieu lui-même était enfermée dans le talisman, et quel que fût l'arrêt du destin résultant du jour fatidique où avait eu lieu la naissance d'un homme, Ammon en personne était obligé de le défendre contre les périls des crocodiles et des reptiles tant qu'il restait en possession de ce moyen de protection surnaturelle.

Un des phylactères les plus employés et tenus pour les plus puissants consistait dans la représentation du dieu Hor enfant, nu, debout, la tête surmontée du masque hideux du dieu Bès, les pieds sur deux crocodiles, tenant dans ses mains des serpents, des scorpions, des lions, des gazelles, et quelquefois entouré des figures d'un certain nombre d'autres dieux. Une formule talismanique accompagnait cette représentation, qu'on exécutait en toute sorte de matière, et elle avait pour effet certain d'enchaîner Hor, ainsi que tous les dieux figurés avec lui, à l'obligation de couvrir la personne de celui qui s'armait du talisman contre les attaques des animaux féroces ou venimeux, ses propriétés contre les ravages

Figure talismanique d'Ammon[1].

---

[1] Cette figure, conçue dans un esprit analogue à celui de l'image dont nous relevons la prescription dans le papyrus Harris, est tracée sur une toile peinte du Musée du Louvre. Dans la représentation du dieu on s'est complu à accumuler une infinité de symboles divers, qui expriment sa nature complexe et lui donnent un caractère panthéistique universel. Ammon a ici le corps d'un scarabée, avec les jambes et la queue d'un lion, plus une seconde queue qui est celle du crocodile, ce qui exprime qu'il est à la fois lumière et ténèbres. Il est muni de trois paires d'ailes ouvertes et de quatre bras humains, dont l'un tient le fouet, emblème d'impulsion, et un autre à la fois deux glaives et un sceptre où se combinent les symboles de stabilité, d'éternité et de puissance. Sa tête humaine est inscrite dans le disque solaire, d'où sortent de chaque côté quatre têtes de serpent. Sa coiffure se compose du casque de guerre, surmonté de deux cornes horizontales de bélier, munies à leurs extrémités de disques solaires, et au-dessus de ces cornes les deux grandes pousses de palmier qui décorent toujours la coiffure d'Ammon, qui sont son attribut le plus caractéristique.

des troupeaux de gazelles venant du désert sur les terres cultivées[1].

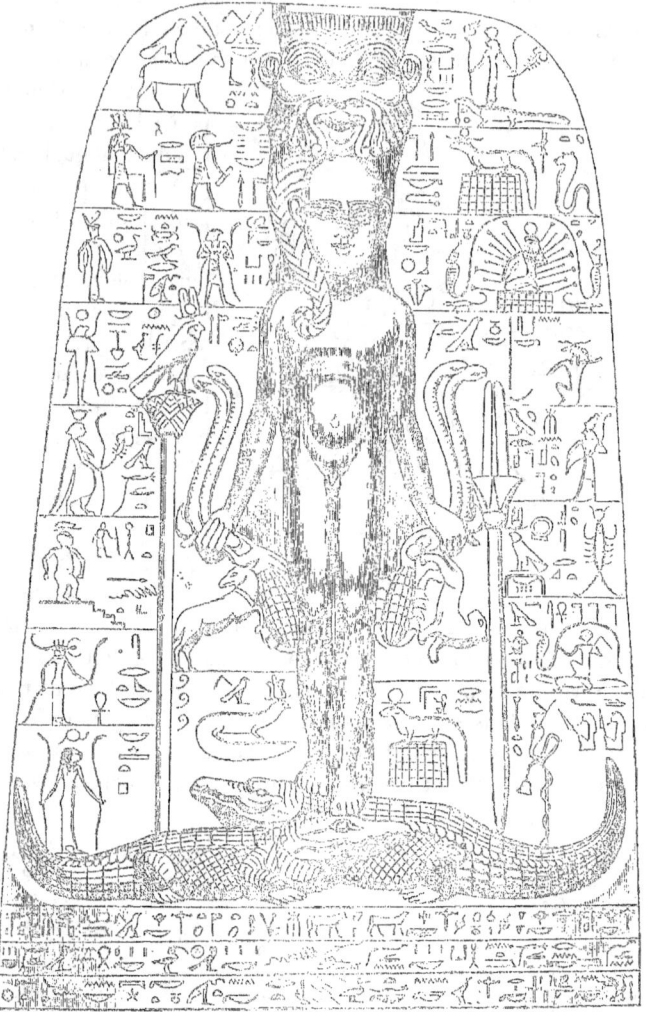

Le talisman de Hor sur les crocodiles[2].

Dans chaque talisman, la formule magique qui le consacrait enfer-

[1] Voy. Golenischeff, *Die Metternichstele*, Leipzig, 1877.
[2] L'exemplaire ici reproduit fait partie des collections du Musée Britannique.

mait ainsi quelque chose de la toute-puissance divine. Par leur vertu, l'homme mettait la main sur les dieux ; il les enrôlait à son service, les lançait ou les rappelait, les forçait à travailler et à combattre pour lui. Ce pouvoir formidable que le magicien croyait posséder, quelques-uns l'employaient à l'avancement de leur fortune ou à la satisfaction de leurs passions. La loi punissait de mort ceux qui abusaient de la sorte ; elle laissait en paix tous ceux qui exerçaient par leurs charmes une action inoffensive ou bienfaisante.

L'opinion tout égyptienne que j'indique persista jusqu'aux derniers temps de la religion pharaonique. Elle se trouve consignée dans les écrits de l'hiérogrammate Chérémon, qui avait composé sous les Ptolémées un traité sur la science sacrée des Égyptiens. « Non seulement, remarque M. Maury, on appelait le dieu par son nom, mais s'il refusait d'apparaître, on le menaçait. Ces formules de contrainte à l'égard des dieux ont été appelées par les Grecs Θεῶν ἀνάγκαι. » Porphyre, dans sa *Lettre à Anébon*, s'indigne d'une pareille prétention chez les magiciens égyptiens, d'une foi si aveugle dans la vertu des mots. « Je suis profondément troublé de l'idée de penser, écrit-il, que ceux que nous invoquons comme les plus puissants reçoivent des injonctions comme les plus faibles, et qu'exigeant de leurs serviteurs qu'ils pratiquent la justice, ils se montrent cependant disposés à faire eux-mêmes des choses injustes, lorsqu'ils en reçoivent le commandement, et tandis qu'ils n'exaucent pas les prières de ceux qui ne se seraient pas abstenus des plaisirs de Vénus, ils ne refusent pas de servir de guides à des hommes sans moralité, au premier venu, dans des voluptés illicites. »

Au reste, ce pouvoir des incantations magiques, qui forçait les dieux à obéir, devenait formidable pour celui même qui l'exerçait, s'il ne s'en rendait pas digne par sa pureté morale et sa science des choses religieuses. Le roman de Satni Khâ-m-Ouas, que nous analysons un peu plus loin, roule en grande partie sur les catastrophes surnaturelles qui assaillent celui qui, sans y être préparé par une initiation suffisante, se trouve en possession du livre de magie composé par le dieu Tahout.

On comprend qu'avec l'idée dont nous parlons, l'emploi des noms eût pris dans la magie et même dans la religion de l'Égypte une importance toute particulière. Les dieux égyptiens étaient essentiellement myrionymes, comme les Grecs ont qualifié Isi. Deux chapitres spéciaux du *Livre des Morts*, les 141ᵉ et 142ᵉ, ont pour objet d'instruire le défunt des nombreux noms d'Osiri comme secours tout-puissant dans son voyage infernal. « Non seulement, dit M. Birch, il est indiqué sur quelques monuments de la xii° dynastie qu'ils sont dédiés à certains dieux « sous tous leurs noms, » mais on trouve aussi des tables de noms du dieu Phtah, le démiurge, et du dieu Râ, le principe solaire, sur des monuments du règne de Râ-mes-sou II... La gnose ou la connaissance des noms divins, dans leur sens extérieur et dans leur sens ésotérique, était en fait le grand mystère religieux ou l'initiation chez les Égyptiens. »

Les formules du papyrus Harris sont remplies d'allusions à cette importance magique du nom des dieux :

> Moi, je suis l'élu des millions d'années,
> sorti du ciel inférieur,
> celui dont le nom n'est pas connu.
> Si l'on prononçait son nom sur la rive du fleuve,
> oui! il le consumerait.
> Si l'on prononçait son nom sur la terre,
> oui! il en ferait jaillir des étincelles.
> Je suis Schou, sous la figure de Râ,
> assis au milieu de l'œil de son père [1].
> Si ce qui est dans l'eau [2] ouvre la bouche
> où saisit de ses bras,
> je ferai tomber la terre dans le bassin de l'eau,
> mettant le sud à la place du nord
> dans le monde entier.

Et cette autre, qui contient une évocation formelle :

> Viens à moi, viens à moi!
> Ô toi qui est permanent pour les millions de millions d'années,
> ô Khnoum, fils unique,
> conçu hier, enfanté aujourd'hui!
> Celui qui connaît ton nom
> est celui qui a soixante-dix-sept yeux et soixante-dix-sept oreilles.
> Viens à moi! Que ma voix soit entendue
> comme fut entendue la voix de la grande oie Nakak [3], dans la nuit.
> Je suis Bah [4], le grand.

Nous trouverons également dans la magie chaldéenne la doctrine de l'efficacité du nom suprême et mystérieux des dieux. Mais elle paraît avoir un caractère fort différent sur les bords du Nil et sur ceux de l'Eu-

---

[1] Dans la symbolique égyptienne, c'est le disque du soleil.
[2] Les crocodiles ou les hippopotames.
[3] L'oie du dieu Sev, qui a pondu l'œuf de la terre; voy. la figure de la page suivante.
[4] Personnage assimilé à Hâpi, le dieu du Nil.

phrate. En Chaldée, comme dans toutes les religions de l'Asie antérieure, le nom mystérieux est regardé comme une véritable hypostase divine, qui a une existence personnelle et par suite une puissance propre sur les autres dieux, d'un rang moins élevé, comme sur la nature et le monde des esprits. La conception égyptienne est que c'est sur le dieu même auquel il appartient que le nom mystique exerce un pouvoir; appelé par ce nom, le dieu se voit obligé d'obéir. C'est pour cela qu'il demeure secret, de peur qu'on n'en abuse, et que les initiés seuls parviennent à le connaître.

Le dieu Sev, la tête surmontée de l'oie Nakak.

Dans la magie égytienne des bas temps, telle que l'exposent les Néoplatoniciens, « on regarda comme indispensable, dit M. Maury, lors même que le magicien ne comprenait pas la langue à laquelle le nom du dieu était emprunté, de conserver ce nom sous sa forme primitive, car un autre mot n'eût pas eu la même vertu. L'auteur du traité des *Mystères des Égyptiens*, attribué à Iamblique, prétend que les noms barbares, les noms tirés des idiomes des Égyptiens et des Assyriens, ont une vertu mystique et ineffable qui tient à la haute antiquité de ces langues, à l'origine divine et révélée de la théologie de ces peuples. » L'emploi de noms bizarres, inintelligibles au vulgaire, étrangers à la langue égyptienne et empruntés à d'autres idiomes ou composés de fantaisie, l'emploi de tels vocables à titre de noms mystérieux des dieux remonte, du reste, en Égypte à une date plus haute qu'on ne serait d'abord porté à le croire. Nous rencontrons des noms de ce genre, dont aucun n'est égyptien, désignant Set et Osiri, dans l'imprécation magique de nature funéraire qui se lit sur un papyrus du Louvre, daté du règne de Râ-messou II.

  O Oualbpaga! ô Kemmara! ô Kamalo!
  ô Karkhenmou! ô Aamâgaâ!
  Les Ouana! les Remou!
  Les Outhoun, ennemis du Soleil!
  Ceci est pour commander à ceux qui sont parmi vous tous,
  les adversaires.

Il est mort par violence, l'assassin de son frère [1] ;
il a versé son âme au crocodile.
Pas un pour le plaindre.
Mais il amène son âme au tribunal de la double justice,
par-devant Mamouremoukahabou [2]
et les seigneurs absolus qui sont avec lui [3].
Celui-ci répond à son ennemie :
« O lion, face noire,
yeux sanglants, venin en bouche,
destructeur de son propre nom,
. . . .
la faculté de mordre n'est pas encore enlevée à ceux-ci. »

Ailleurs il est question de noms magiques de même nature empruntés à l'idiome des Anou de Nubie et des nègres du Pount africain.

La magie égyptienne prétendait exercer son action par delà la mort, et ses formules avaient même pris place officiellement dans la liturgie funéraire. « On peut dire d'une manière générale, remarque M. Maspero, que les Égyptiens ne mouraient pas au sens où nous mourons. Dans leurs idées, le souffle de vie, dont les tissus s'étaient imprégnés au moment de la naissance, ne disparaissait pas soudain avec les derniers battements du cœur : il persistait jusqu'à la complète décomposition. Combien obscure et inconsciente que fût cette vie du cadavre, il fallait éviter de la laisser éteindre. Les procédés de la momification fixaient la forme et la pétrifiaient, pour ainsi dire; ceux de la magie et de la religion devaient y maintenir une sorte d'humanité latente, toujours susceptible de se développer un jour et de se manifester. Aussi l'embaumeur était-il un magicien et un prêtre en même temps qu'un chirurgien. Tout en macérant les chairs et en roulant les bandelettes, il récitait des oraisons, accomplissait des rites mystérieux, consacrait des amulettes souveraines. Chaque membre recevait de lui, tour à tour, l'huile qui rend incorruptible et les prières qui alimentent le ferment de vie. Un disque de carton doré, chargé de légendes mystiques et placé sous la tête, y entretenait un restant de chaleur animale [4]. Le scarabée de pierre dure, cerclé d'or, remplaçait le cœur dans la poitrine et en gardait la place intacte jusqu'au jour où il reviendrait la chercher.

[1] Set.
[2] Osiri.
[3] Les quarante-deux assesseurs du tribunal d'Osiri.
[4] C'est ce qu'on appelle l'*hypocéphale*. Le livre sacré de la secte des Mormons est l'hypocéphale d'une momie égyptienne, transporté en Amérique et acheté par le prophète Joë Smith.

Des brins d'herbe, des feuilles sèches, des rouleaux de papyrus, de mignonnes figurines en terre émaillée, perdues dans l'épaisseur des bandages, des bracelets, des anneaux, des plaques constellées d'hiéroglyphes, les mille petits objets qui encombrent aujourd'hui les vitrines de nos musées, couvraient et protégeaient le tronc, les bras et les jambes comme les pièces d'une armure magique. L'âme, de son côté, n'arrivait pas sans défense à la vie d'outre-tombe. Les chapitres du *Livre des morts* et des autres écrits théologiques, dont on déposait un exemplaire dans chaque cercueil, étaient pour elle autant de charmes qui lui ouvraient les chemins des sphères infernales et en écartaient les dangers. Si, au temps qu'elle était encore dans la chair, elle avait eu soin de les apprendre par avance, cela n'en valait que mieux. Si la pauvreté, l'ignorance, la paresse, l'impuissance à croire ou quelque autre raison l'avait empêchée de recevoir l'instruction nécessaire à sa sûreté, même après la mort, un parent ou un ami charitable pouvait lui servir d'instructeur. C'en était assez de réciter chaque prière auprès de la momie ou sur les amulettes pour que la connaissance en passât par je ne sais quelle subtile opération, à l'âme désincarnée.

Hypocéphale en cartonnage[1].

Scarabée funéraire en pierre dure[2].

« C'était le sort commun; quelques-uns y échappaient par prestige et art magique. Les personnages que Satni trouva réunis dans la tombe

---

[1] Musée du Louvre. Parmi les représentations divines et symboliques qui sont retracées sur cet objet, on remarquera celle d'Ammon-Râ à quatre têtes de bélier, tel que le papyrus Harris prescrit de retracer son image sur certains talismans. (Plus haut, p. 131.) Le dieu est adoré par huit singes cynocéphales, placés quatre par quatre à sa droite et à sa gauche.

[2] Sur les élytres et le corselet du scarabée très soigné que nous reproduisons ici, l'on a gravé la figure de l'oiseau Vennou, consacré à Osiri, dont nous aurons l'occasion d'expliquer plus loin le symbolisme. C'est celui dont les Grecs ont fait le phénix.

de Nofri-ké-Phtah n'ont du mort que le costume et l'apparence. Ce sont des momies si l'on veut ; le sang ne coule plus dans leurs veines, leurs membres ont été roidis par l'emmaillottement funéraire, leurs chairs sont saturées et durcies des parfums de l'embaumement, leur crâne est vide. Pourtant ils pensent, ils parlent, ils se meuvent, ils agissent comme s'ils vivaient, je suis presque tenté de dire qu'ils vivent ; le livre de Tahout est en eux et les porte. Mme de Sévigné écrivait d'un traité de Nicole qu'« elle voudrait bien en faire un bouillon et l'avaler. » Aujourd'hui encore, un moyen employé en Égypte pour se débarrasser d'une maladie consiste à écrire certains versets du Qoran à l'intérieur d'un bol de terre cuite ou sur des morceaux de papier, à verser de l'eau et à l'agiter jusqu'à ce que l'écriture ait été complètement diluée ; le patient boit avec l'eau les propriétés bienfaisantes des mots dissous. Nofri-ké-Phtah avait copié les formules du livre magique de Tahout sur du papyrus vierge, les avait dissoutes dans de l'eau, puis avalé sans sourciller le breuvage. Le voilà désormais indestructible. La mort, en le frappant, peut changer les conditions de son existence ; elle n'atteint pas son existence même. Il mande dans sa tombe les momies ranimées de sa femme et de son fils, leur infuse les vertus du livre et reprend avec elles la vie de famille un instant interrompue par les formalités de l'embaumement. Vienne l'occasion, il peut entrer et sortir à son gré, reparaître au jour et revêtir toutes les formes qu'il lui convient revêtir. »

Un certain nombre des chapitres du *Livre des Morts* ont formellement le caractère d'exorcismes et de formules magiques ; quelques-uns sont accompagnés de clauses exécutoires prescrivant la confection de certains talismans destinés à préserver le mort dans les hasards de son existence d'outre-tombe, et précisant qu'ils devaient être récités sur ces talismans pour les enchanter et leur donner leur vertu. Il n'y a réellement aucune différence essentielle entre ces chapitres du grand livre hermétique sur le sort des hommes dans l'autre vie, et certaines formules magiques tracées sur des feuillets de papyrus que l'on trouve quelquefois attachés aux momies dans l'intention d'en faire des phylactères. Ce sont des textes tout à fait de même nature, dont seulement les uns ont été admis dans le recueil des écritures divines et de la liturgie officielle des morts, tandis que les autres, composés peut-être plus tardivement, n'y ont pas trouvé place[1]. Il faut, du reste, remarquer

---

[1] Il en est quelques-uns que l'on trouve placés, à titre de chapitres supplémentaires, à la suite de certains exemplaires du *Livre des Morts*.

que les incantations et les exorcismes adoptés dans le *Livre des Morts* ont trait à la protection du défunt dans son pèlerinage souterrain, tandis que les formules magiques indépendantes et auxquelles on n'avait pas fait le même honneur, sont destinées surtout à mettre à l'abri des bêtes malfaisantes et des chances possibles de destruction la momie même, déposée dans l'hypogée et dont la préservation importait tant au destin de l'âme. Elles tendent aussi à empêcher que le corps, pendant que l'âme en est séparée, ne devienne la proie de l'esprit de quelque méchant qui y pénètre, l'anime et le fasse relever à l'état de vampire. Car, dans la croyance des Égyptiens, les esprits possesseurs et les spectres qui effrayaient les vivants étaient des âmes de damnés revenant sur la terre avant d'être soumis à l'anéantissement de la « seconde mort. »

Voici une formule de ce genre traduite par M. Chabas :

O brebis, fils de brebis ! agneau, fils de brebis,
qui tettes le lait de ta mère la brebis,
ne permets pas que le défunt soit mordu
par aucun serpent mâle ou femelle,
par aucun scorpion, par aucun reptile ;
ne permets pas que le venin maîtrise ses membres !
Qu'il ne soit pénétré par aucun mort
ni aucune morte !
Que l'ombre d'aucun esprit ne le hante !
Que la bouche du serpent Am-kahou-f
n'ait pas de pouvoir sur lui !
Lui, il est la brebis.
O toi qui entres, n'entre dans aucun des membres du défunt !
O toi qui étends, ne l'étends pas avec toi !
O toi qui enlaces, ne t'enlace pas à lui !
Ne permets pas que le hantent les influences
d'aucun serpent mâle ou femelle,
d'aucun scorpion, d'aucun reptile,
d'aucun mort, d'aucune morte.
O toi qui entres, n'entre pas en lui !
O toi qui respires, ne lui souffle pas
ce qu'il y a dans les ténèbres !
Que ton ombre ne le hante pas
lorsque le soleil se couche et n'est pas encore levé.
J'ai prononcé les paroles sur les herbes sacrées placées à tous les coins de la maison ; puis j'ai aspergé la maison tout entière avec les herbes sacrées et la bière, au soir et au lever du soleil.
Celui qui est étendu restera étendu à sa place.

§ 6. — RECUEILS DE PRÉCEPTES ET DE MAXIMES MORALES

D'une partie des ouvrages proprement littéraires des bibliothèques de l'ancienne Égypte, listes royales, chroniques, épopées héroïques à la gloire des rois, correspondances entre les scribes fameux et leurs disciples, nous avons donné dans le cours du livre précédent et dans celui-ci assez d'échantillons pour n'être pas obligé d'y revenir de nouveau. Il n'en est pas de même des recueils de sagesse gnomique analogues aux proverbes que la Bible place sous le nom du roi Schélomoh (Salomon). C'était, dans l'Égypte pharaonique, la forme consacrée pour l'enseignement de la morale pratique, et les traités de ce genre tenaient une place considérable dans sa littérature.

J'ai déjà parlé plus haut (tome II, p. 88 et suiv.) des deux qui remontent jusqu'à l'âge des pyramides, le livre de morale du prince Phtahhotpou, composé sous l'avant-dernier roi de la ve dynastie, Assa Dad-ké-Râ, et les maximes de Kaqimma, attribuées au temps de Snéfrou, de la IIIe dynastie. J'en ai même fait un certain nombre d'extraits, de manière à présenter au lecteur quelque idée de ces deux livres, les plus anciens que l'Égypte nous ait légués, les plus anciens qui subsistent au monde.

Plusieurs milliers d'années plus tard, car c'est ainsi que l'on compte souvent avec l'immense durée de la civilisation égyptienne, nous avons dans le même genre les maximes du scribe Ani, adressées à son fils Khons-hotpou pour son instruction. C'est un papyrus du musée de Boulaq qui les a conservées, et nous en devons la traduction la plus avancée à M. Chabas[1]. Elles sont d'une morale très haute et très pure, et il est impossible de ne pas constater sous ce rapport en elles un grand progrès sur l'esprit terre-à-terre qui inspirait les préceptes de Phtahhotpou.

L'homme, suivant Ani, doit avoir toujours présente la pensée de la mort et de l'instabilité des choses terrestres : « Il n'est pas d'homme immuable en aucune chose ; telle est la réponse de la mort. Aie l'œil sur ta vie. » C'est, en effet, cette pensée constante qui doit le plus sûrement lui inspirer le bien : « Rappelle-toi ce qui a été. Place devant toi, comme voie à suivre, une conduite toujours juste. Tu seras considéré comme t'étant préparé une sépulture convenable dans la vallée funéraire qui demain cachera ton corps. Que cela soit devant toi dans toutes les choses que

[1] Il l'a publié, avec un ample commentaire, dans son recueil intitulé *L'Égyptologie*.

tu as à décider. De même que les vieillards très âgés, tu te coucheras au milieu d'eux. Il n'y a pas de rémission, même pour celui qui se conduit bien ; il est aussi disposé de lui. De même à toi viendra ton messager de mort pour t'enlever : oui ! il se trouve déjà prêt. Les discours ne te serviront de rien, car il vient, il se tient prêt. Ne dis pas : « Je suis encore « un enfant, moi, que tu enlèves. » Tu ne sais pas comment tu mourras. La mort vient, elle va au-devant du nourrisson, de celui qui est au sein de sa mère, comme de celui qui a accompli sa vieillesse. Vois ! je te dis des choses salutaires, que tu méditeras dans ton cœur avant d'agir ; tu y trouveras le bonheur, et tout mal sera écarté de toi. »

« Donne-toi à la divinité, garde-toi constamment pour la divinité, et que demain soit comme aujourd'hui ! Que ton œil considère les actes de la divinité ; c'est elle qui frappe celui qui est frappé. » La piété envers les dieux est la première des vertus ; le scribe Ani revient à plusieurs reprises à la charge pour la recommander à son fils. Il n'insiste guère moins sur le respect de la vieillesse et de l'autorité hiérarchique : « Ne reste pas assis tandis qu'un autre se tient debout, s'il est plus âgé que toi, ou s'il est ton supérieur par la fonction qu'il exerce[1]. — Que la réponse du vieillard qui s'appuie sur un bâton réprime ta hardiesse, de crainte que tu ne t'exposes à l'indignation par tes discours. » Où il devient d'une véritable éloquence, c'est quand il parle du respect et de l'amour filial que l'on doit à sa mère : « C'est moi qui t'ai donné ta mère, mais c'est elle qui t'a porté, et en te portant elle a eu bien des peines à souffrir, et elle ne s'en est pas déchargée sur moi. Tu es né après les mois de la grossesse, et elle t'a porté comme un véritable joug, sa mamelle dans ta bouche pendant trois années. Tu as pris de la force, et la répugnance de tes malpropretés ne l'a pas dégoûtée jusqu'à lui faire dire : « Oh ! que « fais-je ? » Tu fus mis à l'école ; tandis que l'on t'instruisait dans les écritures, elle était chaque jour assidue auprès de ton maître, t'apportant le pain et la boisson de sa maison. Tu es arrivé à l'âge adulte ; tu t'es marié, tu as pris un ménage. Ne perds jamais de vue l'enfantement douloureux que tu as coûté à ta mère, ni tous les soins salutaires qu'elle a pris de toi. Ne fais pas qu'elle ait à se plaindre de toi, de crainte qu'elle n'élève les mains vers la divinité et que celle-ci n'écoute sa plainte. »

Ani est un scribe ; comme tous ceux de ses confrères dont nous avons déjà cité les paroles, il vante en termes magnifiques à son fils l'excel-

[1] Voy. plus haut, p. 61, ce qu'Hérodote dit de l'attitude des jeunes Égyptiens à l'égard des vieillards.

lence et la dignité de sa profession, qu'il place au-dessus de toutes les autres. Il le met en garde contre l'oisiveté, qui ruine inévitablement la plus belle situation. Il lui recommande chaudement l'étude de la science et la fréquentation des livres des sages. « Si l'on vient te demander tes avis, consulte les livres. »

Ani condamne sévèrement les vices grossiers qui dégradent comme la gourmandise : « Ne sois pas glouton pour remplir ton ventre à ne plus pouvoir tenir ferme. C'est pour un autre bonheur que je t'ai donné l'existence. » Voici maintenant pour l'ivrognerie : « Ne t'échauffe pas dans la maison où l'on boit la liqueur enivrante ; évite toute parole révélatrice du fait du prochain qui sortirait de ta bouche et que tu ne saurais pas avoir dite. Tu tombes d'ivresse, les membres brisés ; personne ne te tend la main. Tes compagnons boivent ; ils se lèvent et disent :

Individus rapportés ivres-morts après un banquet[1].

« Ote-toi de là, homme qui as bu : » On vient te chercher pour parler affaires ; on te trouve gisant à terre, semblable à un petit enfant. »

C'est surtout la femme dont il faut éviter les pièges : « Ne suis point les femmes ; ne leur laisse pas prendre ton cœur. » La fréquentation des femmes galantes est une perdition, et l'on ne sait pas jusqu'où elle peut conduire : « Garde-toi de la femme du dehors, inconnue dans sa ville. Ne la fréquente pas ; elle est semblable à toutes ses pareilles ; n'aies pas de commerce avec elle. C'est une eau profonde, et les détours en sont inconnus. Une femme dont le mari est éloigné te remet un billet, t'appelle chaque jour ; s'il n'y a pas de témoins, elle se tient debout, jetant son filet, et cela peut devenir un crime digne de mort quand le bruit s'en répand, même lorsqu'elle n'a pas accompli son dessein en réalité. L'homme commet toute sorte de crimes pour cela seul. » Pour se prémunir contre ces dangers, Ani recommande le mariage : « Marie-toi avec une femme jeune ; ton fils fera de même à

[1] Peinture d'un tombeau de Béni-Hassan.

ton exemple. » Autant il a flétri la femme de mœurs légères, autant il vante la femme sage et prudente, et il recommande au mari de la traiter avec égards et douceur. « Ne sois pas rude pour ta femme dans la maison, quand tu sais qu'elle est en bon ordre. Ne lui dis pas : « Où est cela ? apporte-le nous ! » car elle l'a mis à sa place convenable. Car ton œil l'a vu et tu as gardé le silence en reconnaissant son mérite. Plein de joie, mets ta main dans la sienne. Il y a beaucoup de gens qui ne savent pas comment l'homme se plaît à mettre le malheur dans sa maison, et en réalité ne trouve pas la manière de la conduire. Toute direction de la tenue d'une maison gît dans la douceur patiente de l'homme. »

Ani méprise, du reste, « celui qui a le cœur sans énergie » et qui ne sait pas commander. « La discipline dans la maison, c'est la vie ; use de la réprimande et tu t'en trouveras bien. » Cependant, s'il importe de savoir réprimander ses serviteurs, il faut les traiter avec douceur, avoir soin d'eux, n'être avec eux ni dur ni injuste. Mêlant les préceptes d'économie pratique à ceux de morale, il prêche une sage administration de fortune. « Que ta main ne soit pas prodigue pour l'inconnu ; il vient à toi pour ta ruine. Si tu mets tes biens à la portée de tes enfants, le captateur viendra de nouveau vers toi. Thésaurise pour toi-même, et tous tes parents s'empresseront au-devant de toi. » Il recommande cependant la générosité, mais bien entendue ; et il élève à la hauteur d'un précepte essentiel la charité envers les pauvres. « Ne mange pas le pain en présence d'un assistant resté debout sans que ta main s'étende pour lui offrir du pain. A-t-on jamais vu qu'il n'y ait pas riche et pauvre ? Mais le pain demeure à celui qui agit fraternellement. »

L'homme doit être avant tout pacifique. « Parle avec douceur à qui a parlé brutalement; c'est le remède qui calmera son cœur. » On doit éviter avec soin les querelles et les procès, ménager ses voisins, surveiller ses relations et ne pas se lier à la légère, pratiquer envers tous les devoirs de la politesse. Il faut traiter avec égards l'hôte que l'on reçoit, avec déférence celui qui vous admet dans sa maison. Surtout il importe d'être toujours discret et de ne pas chercher à pénétrer ce qui se passe chez autrui. « N'observe pas de ta maison l'acte d'autrui. Si ton œil a vu et que tu aies gardé le silence, ne le fais pas raconter au dehors par un autre. » Veiller soigneusement sur ses paroles est une règle de conduite fondamentale : « Ne fais pas connaître ta pensée à l'homme de mauvaise langue pour lui donner l'occasion d'abuser de sa bouche. Elle circule vite, la révélation sortie de ta bouche. En la répétant, tu crées des animosités. La chute de l'homme est sur sa langue ; prends garde de te procurer la ruine. — Garde-toi de toute occasion de blesser par tes paroles ; ne te fais pas redouter. Chez l'homme le bavardage est condamnable ; ce ne sera pas une ressource au jour à venir. Tiens-toi éloigné de l'homme de contestation ; ne t'en fais pas une compagnie. — Il ne recueille pas le bien, celui qui parle mal. — Cherche à garder le silence. »

« En ne se pressant pas pour arriver, le bon marcheur arrive. » Il faut donc toujours rester calme et de sang-froid, prévoir qu'on aura à prendre le « chemin du retour » et par suite, en toute chose, « partir dans la voie licite. » Mais la meilleure condition d'une vie heureuse est de savoir se contenter de son sort et ne point porter envie à autrui. « Tu t'es fait un enclos bien arrosé ; tu as entouré de haies tes terres de labour ; tu as planté des sycomores en cercle, bien ordonnés, dans toute l'étendue de ta résidence ; tu remplis tes mains de toutes les fleurs que ton œil aperçoit. On se fatigue pourtant de tout cela. Heureux qui ne le délaisse pas ! Ne place pas ta satisfaction dans les choses d'autrui ; ne compte pas sur le bien d'autrui ; il ne montera pas dans ta demeure. »

Un papyrus démotique du Louvre a encore fourni à M. Pierret un petit recueil d'apophthegmes moraux, dont quelques-uns sont fort remarquables. L'auteur inconnu de ces maximes est aussi préoccupé qu'Ani du danger des mauvaises relations. « Ne fais pas ton compagnon d'un méchant homme. — N'agis pas d'après les conseils d'un sot. — Ne te promène pas avec un insensé, ne t'arrête pas à écouter ses paroles. » Mais s'il recommande d'éviter les fréquentations fâcheuses, il défend avec non moins d'énergie d'exercer sur les autres une mauvaise influence. « Ne pervertis pas le cœur de ton camarade, s'il est pur. » Il dit au père : « Ne laisse pas ton fils se lier avec une femme mariée. » A la mère : « Qu'il n'y ait pas dans le cœur d'une mère d'entrée pour l'amertume. » Surtout ses préceptes se recommandent par un très beau sentiment de respect et de ménagement pour les faibles. « Ne maltraite pas un inférieur ; respecte les supérieurs. — Ne maltraite pas ta femme, dont la force est moindre que la tienne ; qu'elle trouve en toi son protecteur. — Ne fais pas souffrir un enfant, à cause de sa faiblesse ; prête-lui aide. — Ne te fais pas un divertissement de te jouer de ceux qui dépendent de toi. » Dans une dernière il arrive à une bien grande hauteur : « Ne sauve jamais ta vie aux dépens de celle d'autrui. »

Ces débris d'une branche de littérature dont nous ne connaissons que

peu de chose, mais dont nous entrevoyons du moins l'importance et
le développement, sont de nature à nous inspirer une idée très belle et
très favorable de ce qu'était la morale des Égyptiens, et justifie les éloges
que toute l'antiquité et que la Bible elle-même ont faits de la sagesse de
ce peuple. Pour achever d'en connaître l'esprit et la délicatesse, il faut
recourir au 125° chapitre du *Livre des Morts*. On y représente l'âme du
défunt, à la fin de ses épreuves dans le monde inférieur, comparaissant
dans la salle de la double Justice ou de la Vérité et de la Justice, par
devant le tribunal où siège Osiri, le dieu des morts, entouré des quarante-deux assesseurs divins qui l'assistent, comme un jury suprême,
dans sa mission de juge des âmes. C'est là que doit être prononcée la
sentence solennelle qui réglera définitivement son sort dans l'autre vie,
qui la fera entrer dans la béatitude ou dans la damnation. Il lui faut y
établir qu'elle est pure, qu'elle n'a pas commis d'actions mauvaises,
qu'aucun péché grave ne la souille. Elle y prononce donc son apologie,
et, s'adressant successivement à chacun des quarante-deux jurés, elle
se déclare innocente de la faute, du vice, du crime à la répression
duquel il est préposé. Nous avons ainsi, dans cette justification que
Champollion a appelée « la confession négative, » tout le code de la
conscience égyptienne, tel qu'il était sanctionné par la religion. Et par
bien des côtés il surpasse ce que nous rencontrons chez tout autre
peuple de l'antiquité profane.

« Je n'ai pas blasphémé, dit le mort. — Je n'ai pas trompé. — Je n'ai
pas volé. — Je n'ai pas menti en justice. — Je n'ai pas commis de
fraudes contre les hommes. — Je n'ai pas tourmenté de veuve. — Je
n'ai pas fait exécuter à un chef de travailleurs plus de travaux qu'il
n'en pouvait faire. — Je n'ai excité aucun trouble. — Je n'ai fait pleurer personne. — Je n'ai affamé personne. — Je n'ai pas été paresseux.
— Je n'ai pas été négligent. — Je ne me suis pas enivré. — Je n'ai pas
fait de commandements injustes. — Je n'ai pas eu une curiosité indiscrète. — Je n'ai pas laissé aller ma bouche au bavardage. — Je n'ai
frappé personne. — Je n'ai pas tué. — Je n'ai pas ordonné de meurtre
par trahison. — Je n'ai causé de crainte à personne. — Je n'ai pas
médit d'autrui. — Je n'ai pas rongé mon cœur d'envie. — Je n'ai pas
intenté de fausses accusations. — Je n'ai pas retiré le lait de la bouche
des nourrissons. — Je n'ai pas pratiqué d'avortement. — Je n'ai pas
desservi l'esclave auprès de son maître. — Je n'ai pas fait de mal à mon
esclave en abusant de ma supériorité avec lui. »

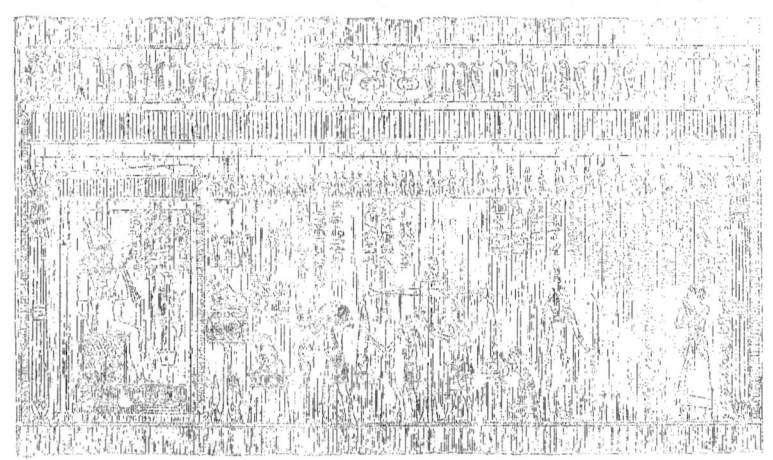

Le jugement de l'âme au tribunal d'Osiris.

A côté de ces préceptes généraux, l'apologie du mort au tribunal d'Osiri nous montre des prescriptions de police et d'ordre public, que l'intérêt commun avait fait élever en Égypte au rang des devoirs qui engagent la conscience. Ainsi le mort se disculpe d'avoir intercepté les canaux d'irrigation et d'avoir jamais entravé la distribution des eaux du fleuve dans la campagne; il déclare qu'il n'a pas endommagé les pierres qui servent à amarrer les barques au rivage. La vente à fausse mesure et à faux poids constitue deux péchés spéciaux, ainsi que le déplacement des bornes des fonds de terre. Viennent aussi les fautes contre la religion, dont quelques-unes nous paraissent bizarres, surtout quand on les trouve au même rang que les véritables atteintes à la morale. Le mort n'a pas altéré les prières, il n'y a introduit aucune interpolation; il n'a pas porté atteinte aux propriétés sacrées, en s'emparant des troupeaux ou en pêchant les poissons divins dans leurs lacs; il n'a pas volé les offrandes sur l'autel; il n'a pas troublé les processions; enfin il n'a pas souillé de ses excréments les flots sacrés du Nil.

Le mort ne se borne pas, du reste, devant le tribunal d'Osiri à la dénégation du mal; il parle de ce qu'il a fait de bien dans sa vie. Il énumère les œuvres de miséricorde qu'il a accomplies et qui étaient d'obligation. Ici nous trouvons un accent d'amour et de charité universelle qu'on s'étonne de rencontrer dans une aussi ancienne civilisation, fondé sur une base aussi fragile que celle de la religion égyptienne, et qui est déjà presque chrétien. « J'ai fait aux dieux les offrandes qui leur étaient dues. Je me suis concilié la divinité par mon amour. J'ai donné à manger à celui qui avait faim; j'ai donné à boire à celui qui avait soif; j'ai vêtu celui qui était nu; j'ai donné une barque à celui qui était arrêté dans sa route. »

§ 7. — CONTES ET ROMANS.

« La découverte, en 1852, d'une sorte de nouvelle égyptienne, analogue aux récits des Mille et une Nuits, fut une surprise réelle pour la plupart des savants de l'Europe. On s'attendait bien à trouver dans les papyrus des hymnes à la divinité, des poèmes historiques, des écrits de magie ou de science, des lettres d'affaires, une littérature sérieuse et solennelle, mais des contes? Les hauts personnages dont les momies reposent dans nos musées avaient un renom de gravité si bien établi, que personne au monde n'avait jusqu'alors osé les soupçonner d'avoir lu ou composé des romans, au temps où ils n'étaient encore momies qu'en espérance. Le conte existait pourtant ; il avait appartenu à un prince, à un enfant de roi qui fut roi lui-même, à Séti II, fils de Mi-n-Phtah, petit-fils de Râ-mes-sou II. Une dame anglaise de passage à Paris, Mme Élisabeth d'Orbiney, avait remis au vicomte Emmanuel de Rougé un papyrus qu'elle avait acheté en Italie et dont elle désirait connaître le contenu. » Ce papyrus, qui fait aujourd'hui partie des collections du Musée Britannique, renfermait le récit de pure imagination connu dans la science sous le nom de « Conte des deux frères. »

« Pendant douze ans, le manuscrit étudié par E. de Rougé demeura comme un monument unique. Mille reliques du passé reparurent successivement au jour, mais rien qui ressemblât à un roman. En 1864, le hasard des fouilles fit découvrir, en pleines ruines de Thèbes, à Deïr-el-Medineh, et dans la tombe d'un moine copte, un coffre de bois qui contenait, avec le cartulaire d'un couvent voisin, des manuscrits de nature moins édifiante, les recommandations morales du scribe Ani à son fils Khons-hotpou, des prières pour les douze heures de la nuit, et un conte fantastique plus étrange encore que le Conte des deux frères. Le héros s'appelle Satni Khâ-m-Ouas, fils d'un roi de Memphis ; il s'agite au milieu d'une bande de momies parlantes, de sorcières, de magiciens, d'êtres ambigus, dont on se demande s'ils sont morts ou vivants. Ce qu'un roman de mœurs païennes venait faire dans la tombe d'un moine, j'imagine qu'il sera toujours malaisé de le savoir exactement. On conjecture que le possesseur des papyrus a dû être un des derniers Égyptiens qui aient entendu quelque chose aux anciennes écritures ; lui mort, on aurait enterré près de lui des manuscrits que personne ne comprenait plus, et sous lesquels de dévots confrères flairaient sans doute un piège du démon. Quoi qu'il en soit, le roman était là, incomplet au début, mais assez bien conservé partout ailleurs pour qu'un savant accoutumé au démotique le déchiffrât sans trop de difficulté [1]. » C'est à M. Brugsch qu'en a été due la première traduction, à laquelle les études postérieures de M. Maspero et de M. Revillout ont ajouté quelque chose, mais n'ont rien modifié d'essentiel.

Depuis lors cette littérature romanesque de l'ancienne Égypte s'est

---

[1] Maspero.

enrichie de la découverte de quelques contes nouveaux, plus ou moins mutilés, qui ont été signalés et traduits par différents égyptologues. Tout récemment, M. Maspero a réuni dans un intéressant petit volume[1] tous les débris que l'on en possède.

« L'examen des contes égyptiens, dit ce savant, soulève diverses questions plus ou moins difficiles à résoudre. Sont-ils originaires du pays même, ou l'Égypte les a-t-elle empruntés à des peuples voisins qui les connaissaient avant elle ? Je ne prétends pas indiquer tout ce que le Conte des deux frères, par exemple, a de commun avec des récits recueillis ailleurs, un peu partout; mais prenez-en quelques traits au hasard et vous serez étonnés de voir à quel point la donnée et le détail en ressemblent à certaines données et à certains détails qu'on retrouve dans la littérature populaire d'autres nations.

« Il se résout à première vue en deux contes différents. Au début c'est l'histoire de deux frères, l'un marié, l'autre célibataire, qui vivent dans la même maison et s'occupent aux mêmes travaux. » Le premier s'appelle Anopou, comme un des dieux du panthéon égyptien, l'autre Bitiou, nom qui, sous la forme Bytis, apparaît comme celui d'un roi antérieur à Ména dans certains récits légendaires recueillis par les Grecs. « La femme d'Anopou s'éprend de Bitiou et veut profiter de l'absence de son mari pour satisfaire brutalement un accès de passion subite. Il refuse avec indignation; elle l'accuse de viol et manœuvre si adroitement que son mari, saisi de fureur, se décide à tuer son frère en trahison. Celui-ci, prévenu par les bœufs qu'il conduisait, se sauve, échappe à la poursuite, grâce à la protection du Soleil, se mutile et se disculpe, mais refuse de revenir à la maison commune et s'exile au Val de l'Acacia. Le frère aîné, désespéré, rentre chez lui, met à mort la calomniatrice, puis « demeure en deuil de son petit frère. »

« Jusqu'à présent le merveilleux ne tient pas trop de place dans l'action; sauf quelques discours prononcés par les bœufs, et l'apparition miraculeuse d'une eau remplie de crocodiles entre les deux frères, au plus chaud de la poursuite, le narrateur ne s'est guère servi que de faits empruntés à la vie courante. L'autre conte n'est que prodiges d'un bout à l'autre. Bitiou s'est retiré au Val de l'Acacia pour vivre seul, et a déposé son cœur dans une fleur de l'arbre. C'est une mesure de pré-

---

[1] *Contes populaires de l'ancienne Égypte*, Paris, 1881.

caution des plus naturelles : on enchante son cœur, on le place en lieu sûr, au sommet d'un arbre ; tant qu'il y restera intact, aucune force ne prévaudra contre le personnage auquel il appartient. Cependant les dieux, descendus en visite sur la terre, ont pitié de la solitude de Bitiou et lui fabriquent une belle femme. Il en tombe amoureux fou, lui confie le secret de sa vie, et lui recommande de ne pas quitter la maison, car le fleuve qui passe à travers la vallée s'éprendrait d'elle et ne manquerait pas de vouloir l'enlever. Cette confidence faite, il part pour la chasse, et naturellement la fille des dieux s'empresse d'agir au rebours des prescriptions de son mari ; le fleuve la poursuit et s'emparerait d'elle si le cèdre, qui joue, on ne sait trop comment, le rôle de protecteur, ne la sauvait en livrant une boucle de sa chevelure. La boucle, charriée jus-

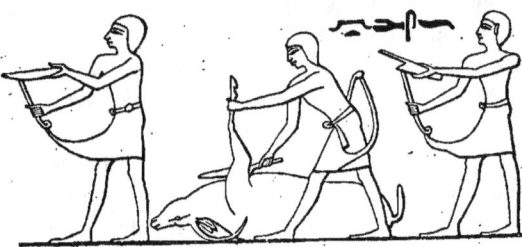

Bouchers abattant et dépeçant un animal[1].

qu'en Égypte, est remise au Pharaon, et le Pharaon, conseillé par ses magiciens, envoie des troupes à la recherche. La force échoue une première fois ; à la seconde tentative, la trahison réussit. Le Pharaon coupe l'acacia, et la chute de l'arbre produit la mort immédiate de Bitiou. Trois années durant il reste inanimé ; mais la quatrième il ressuscite avec l'aide de son frère, et songe à tirer vengeance du mal qu'on lui a fait. C'est désormais entre l'épouse infidèle et le mari outragé une lutte implacable. Bitiou se change en taureau et dévoile l'indignité de la fille des dieux ; la fille des dieux obtient qu'on égorge le taureau. Du sang naissent deux perséas magnifiques qui trouvent une voix pour reprocher à la fille des dieux sa double perfidie ; la fille des dieux obtient qu'on abatte les deux perséas, qu'on en façonne des planches, et, pour être certaine de sa vengeance, veut assister à l'opération. Un copeau, envolé sous l'herminette des menuisiers, lui entre dans la bouche ; elle l'avale,

[1] Bas-relief d'un tombeau de l'Ancien Empire, voisin des Pyramides, d'après Wilkinson.

conçoit, met au monde un fils qui devient roi d'Égypte après la mort du Pharaon. Ce fils n'est que l'incarnation de Bitiou; à peine monté sur le trône, il rassemble les conseillers de la couronne, leur expose ses griefs, et condamne celle qui, après avoir été sa femme, est devenue sa mère.

L'arbre perséa, d'après les monuments.

« Ces deux histoires sont complètement indépendantes l'une de l'autre, et auraient pu fournir la matière de deux récits différents. La fantaisie populaire les a réunies bout à bout; c'est une liberté qu'elle s'accorde souvent, et cela d'après cet axiome que la plus longue histoire est toujours la meilleure. La soudure entre les deux récits est assez grossière : les Égyptiens n'ont pas déployé un grand effort d'imagination pour l'opérer. Avant de s'exiler, Bitiou a déclaré à son frère qu'un malheur lui arriverait bientôt, et a décrit les prodiges qui doivent annoncer un événement fâcheux. Au moment où l'acacia tombe, les prodiges prédits s'accomplissent; Anopou se met en marche et part à la recherche du cœur de son frère. Le service rendu en cette circonstance compense la tentative de meurtre dont il s'était rendu coupable dans le premier conte.

« La tradition grecque, elle aussi, avait ses romans où le héros est tué ou menacé de mort pour avoir dédaigné l'amour coupable d'une femme, Hippolyte, Pélée, Phinée. Bellérophon, fils de Glaucos, « à qui les dieux donnèrent la beauté et une aimable vigueur, » avait résisté aux avances de la divine Anteia, et celle-ci, furieuse, s'adressa au roi Proitos : « Meurs, Proitos, ou tue Bellérophon, car il a voulu s'unir d'amour avec moi, qui n'ai point voulu. » Proitos, n'osant point tuer le héros, l'envoya en Lycie, où il dut combattre la Chimère. La tradition hébraïque nous donne un récit analogue au récit égyptien, dans l'histoire de Yôseph et de la femme de Potiphar. La comparaison avec le Conte des deux frères en est si naturelle que Rougé l'avait faite dès 1852. Ebers a remarqué avec justesse qu'après tout, l'idée de la séduction tentée par la femme adultère, de ses craintes en se voyant repoussée, de la vengeance qu'elle essaie de tirer en accusant celui qu'elle n'a pu corrompre, est assez naturelle pour qu'elle se soit présentée indépendamment, et sur plusieurs points du globe, à l'esprit des conteurs populaires. Il n'est pas nécessaire de reconnaître dans le début de l'histoire de Yôseph en Égypte une forme du récit dont le papyrus d'Orbiney nous a conservé la version courante à Thèbes, vers la fin de la xix° dynastie.

« Peut-être faut-il traiter avec la même réserve un conte emprunté aux Mille et une Nuits, et qui paraît d'abord n'être qu'une variante du nôtre. La donnée primitive y est aggravée et dédoublée d'une manière singulière; au lieu d'une belle-sœur qui s'offre à son beau-frère, ce sont deux belles-mères qui essaient de débaucher les fils de leur mari commun. Le prince Qamar-el-zéman avait eu Amdjâd de la princesse Badour et Açâd de la princesse 'Haïât-en-néfoûs. Amdjâd et Açâd étaient si beaux, si bien faits, que, dès l'enfance, ils inspirèrent aux deux sultanes une tendresse incroyable. Les années s'écoulent; ce qui paraissait n'être qu'affection maternelle se change en passion violente. Au lieu de combattre leur ardeur criminelle, Badour et 'Haïât-en-néfoûs se concertent et déclarent leur amour par lettres en beau style. Repoussées avec mépris, elles craignent une dénonciation. A l'exemple de la femme d'Anopou, elles prétendent qu'on a voulu leur faire violence, pleurent, crient et se couchent ensemble dans un même lit, comme si la résistance avait épuisé leurs forces. Le lendemain matin, Qamar-el-zéman, revenu de la chasse, les trouve abîmées dans la douleur et leur demande la cause de leur chagrin. On devine la réponse : « Seigneur, le chagrin qui nous accable est de telle nature que nous ne pouvons plus supporter la lumière du jour, après l'outrage dont les deux princes vos enfants se sont rendus coupables à notre égard. Ils ont eu, pendant votre absence, l'audace d'attaquer notre honneur. » Colère du père, sentence de mort portée contre les fils; le vieil émir chargé de l'exécuter ne l'exécute point, sans quoi il n'y aurait plus de conte. Qamar-el-zéman ne tarde pas à reconnaître l'innocence d'Amdjâd et d'Açâd; cependant, au lieu de tuer ses deux femmes, comme Anopou avait fait de la sienne, il se contente de les emprisonner pour le restant de leurs jours. C'est la donnée du Conte des deux frères, mais adaptée aux habitudes du harem et aux besoins de la polygamie musulmane. A se modifier de la sorte, elle n'a gagné ni en intérêt, ni en moralité.

« Les versions du second conte sont à la fois et plus nombreuses et plus curieuses [1]. On les retrouve partout : en France, en Italie, dans les différentes parties de l'Allemagne, en Hongrie, en Russie et dans les pays slaves, chez les Roumains, dans le Péloponnèse, en Asie Mineure, en Abyssinie, dans l'Inde. En Allemagne, le correspondant de Bitiou est un berger, possesseur d'une épée invincible. Une princesse lui dérobe son talisman; il est vaincu, tué, mis en morceaux, puis rendu à la vie par des enchanteurs qui lui donnent la faculté de « revêtir toutes les formes qui lui plairont. » Il se change en cheval, est vendu au roi ennemi, et reconnu par la princesse, qui recommande qu'on lui coupe la tête. Il intéresse à son sort la cuisinière du château : « Quand on me tranchera la tête, trois gouttes de mon sang sauteront sur ton tablier; tu les enterreras pour l'amour de moi. » Le lendemain, un superbe cerisier avait poussé à l'endroit même où avaient été enterrées les trois gouttes de sang. La princesse fait abattre le cerisier; mais la cuisinière a ramassé trois copeaux et les a jetés dans l'étang de la princesse, où ils se transforment en autant de canards d'or. La princesse en tue deux à coups de flèches et s'empare du troisième. A la nuit, elle l'enferme dans sa chambre; le canard reprend l'épée magique et disparaît. En Russie, Bitiou s'appelle Ivan, fils de Germain le sacristain. Il trouve dans un buisson une épée magique dont il s'empare, puis va guerroyer contre les Turcs qui avaient envahi le pays d'Arinar, en tue 80,000, 100,000, et reçoit pour ses exploits la main de Cléopâtre, fille du roi. Son beau-père meurt, le voilà roi à son tour; mais sa femme le trahit, livre son épée aux Turcs, et, quand Ivan désarmé a péri dans la bataille, s'abandonne au Sultan comme la fille des dieux au Pharaon. Cependant, Germain le sacristain, averti par un flot de sang qui jaillit au milieu de l'écurie, part et retrouve le cadavre. « Si tu veux le ranimer, dit son cheval, ouvre mon ventre, arrache mes entrailles, frotte le mort de mon sang, puis, quand les corbeaux viendront me dévorer, prends-en un et oblige-le à t'apporter l'eau merveilleuse de vie. » Ivan ressuscite et renvoie son père : « Retourne à la maison; moi, je me charge de régler mon compte avec l'ennemi. » En chemin, il rencontre un paysan : « Je vais me changer pour toi en un cheval merveilleux, avec une crinière d'or; tu le conduiras devant le palais du Sultan. »

---

[1] Elles ont été réunies et discutées par M. Emmanuel Cosquin, dans un article publié en 1879 dans la *Revue des questions historiques*.

Quand le Sultan vit le cheval, il l'acheta, le mit dans son écurie et ne cessa plus d'aller le visiter. « Pourquoi, seigneur, lui dit Cléopâtre, es-tu toujours aux écuries ? — J'ai acheté un cheval qui a une crinière d'or. — Ce n'est pas un cheval, c'est Ivan, le fils du sacristain; commande qu'on le tue. » Du sang du cheval naît un bœuf au pelage d'or : Cléopâtre le fait tuer. De la tête du taureau naît un pommier aux pommes d'or : Cléopâtre le fait abattre. Le premier copeau se métamorphose en un canard magnifique. Le sultan ordonne qu'on lui donne la chasse et se jette lui-même à l'eau pour l'attraper. Le canard s'échappe vers l'autre rive, reprend sa figure d'Ivan, mais avec des

Dame égyptienne à sa toilette, se faisant parfumer les cheveux par ses suivantes[1].

habits de sultan, jette sur un bûcher Cléopâtre et son amant, puis règne à leur place.

« Voilà bien, à plus de trois mille ans d'intervalle, les grandes lignes de la version égyptienne. Si l'on voulait se donner la peine d'examiner un à un les détails, on en retrouverait certainement d'analogues. La boucle de cheveux enivre le Pharaon de son parfum; dans un récit breton, la mèche de cheveux lumineuse de la princesse de Tréménéazour rend amoureux le roi de Paris. Bitiou place son cœur sur la fleur de l'acacia; dans le *Pantchatantra*, un singe raconte qu'il ne quitte jamais la forêt où il habite sans y laisser son cœur caché dans le creux d'un arbre. Anopou est averti de la mort de Bitiou par du vin et de la bière qui se troublent; dans divers contes européens,

[1] Peinture d'un tombeau de Thèbes, d'après Wilkinson.

un frère partant en voyage annonce à son frère que le jour où l'eau d'une certaine fiole se troublera, c'est que lui sera mort. Et ce n'est pas seulement la littérature populaire qui possède l'équivalent des aventures de Bitiou; les religions de la Grèce et de l'Asie occidentale renferment des mythes qu'on peut leur comparer presque point par point. Pour ne citer que le mythe phrygien, Atys dédaigne l'amour de la déesse Cybèle, comme Bitiou l'amour de la femme d'Anopou; il se mutile comme Bitiou; de même que Bitiou en vient de changement en changement à n'être plus qu'un perséa, Atys est transformé en pin. D'autres ont fait ou feront mieux que moi les rapprochements et les comparaisons nécessaires; j'en ai dit assez pour montrer que les deux récits, dont est sorti le conte égyptien, se retrouvent ailleurs qu'en Égypte, et en d'autres temps qu'aux époques pharaoniques.

« Est-ce une raison suffisante à déclarer qu'ils ne sont pas ou sont originaires de l'Égypte? Un seul point me paraît hors de doute pour le moment : la version égyptienne est de beaucoup la plus vieille que nous ayons. Elle nous est parvenue, en effet, dans un manuscrit du xiv° siècle avant notre ère, c'est-à-dire nombre d'années avant le moment où nous commençons à reconnaître la trace des autres. Si le peuple égyptien a emprunté ou transmis au dehors les données qu'elle contient, l'opération a dû s'accomplir à une époque plus ancienne encore. Qui peut dire aujourd'hui comment et par qui elle s'est faite? »

Bien plus exclusivement égyptien est le roman de Satni Khâ-m-Ouas, dont la copie parvenue jusqu'à nous ne remonte pas au delà du temps des Ptolémées, et dont la rédaction même ne saurait être antérieure aux dernières dynasties, puisqu'il est écrit en démotique. Ici la littérature populaire des autres nations ne nous offre rien d'analogue. La conception fondamentale du récit n'a pu naître qu'en Égypte, au milieu des mœurs et des croyances propres à cette contrée. Tout le merveilleux en est absolument indigène des bords du Nil, et les combinaisons bizarres qui s'y déploient ne devaient germer que dans des imaginations égyptiennes.

Satni Khâ-m-Ouas est un prince royal, fils du roi Ousor-mâ-Râ, qui a sa résidence à Man-nofri. C'est un fervent adepte des sciences occultes, qui se vante d'avoir approfondi tous les secrets de la magie. Un jour il apprend que la puissance surnaturelle qu'il a acquise ainsi par de longues et pénibles études n'est rien à côté de celle que conférerait la possession d'un livre qui contient deux formules seulement, mais les deux formules suprêmes composées et écrites de la main du dieu Tahout lui-même. Ce livre est caché dans la tombe de Nofri-ké-Phtah, fils d'un roi antique du nom de Mer-khoper-Phtah[1], au sein de la nécropole memphite. Après trois jours de recherches consacrées à lire les épitaphes de la nécropole, Satni découvre le tombeau de Nofri-ké-Phtah, en fait ouvrir la porte et y descend pour s'emparer du livre merveilleux.

L'intérieur de l'hypogée de Nofri-ké-Phtah est un lieu de prestiges. Il est éclairé comme en plein soleil par la lumière qui émane du livre de Tahout. Le mort qu'on y a déposé n'est pas seul ; de même que, bien que momifié, il a su, par vertu magique, reprendre le mouvement, la parole et toutes les actions de la vie dans l'intérieur de sa demeure funéraire, il a appelé à lui et fait résider à ses côtés les ombres de sa femme et de son fils, dont les corps reposent bien loin de là, dans la nécropole de Qoubti, et il mène avec eux la vie de famille.

Satni ne s'effraie pas du spectacle de toutes ces choses extraordinaires ; il s'avance résolûment pour prendre le livre. Mais l'ombre d'Ahouri, la femme de Nofri-ké-Phtah, lui barre le passage, et pour le détourner de s'emparer de l'écrit mystérieux de Tahout, lui raconte tous les malheurs que la possession de ce livre malgré la volonté des dieux a attirés sur eux dans la vie terrestre.

Elle aussi est fille du roi Mer-khoper-Phtah. Éprise de son frère, elle lui a été mariée, comme le permettaient les lois de l'Égypte, et de leur union est né un fils, Mer-ho-nofri. Nofri-ké-Phtah, son mari, avait la passion de la magie et en recherchait partout les écrits. Un jour il apprend, par un vieux prêtre du temple de Phtah, à Man-nofri, l'existence du manuscrit contenant les deux formules du dieu Tahout, lequel est caché dans un coffre au fond du Nil devant la ville de Qoubti. Nofri-ké-Phtah se rend aussitôt dans cette ville et y fabrique une barque, avec ses rameurs sculptés en bois, qu'il anime par une opération magique, sûr ainsi d'avoir des collaborateurs discrets, qui n'iront pas raconter partout ce qu'il a fait, révéler le trésor dont il s'est rendu maître. Un nouveau sortilège ouvre les eaux du fleuve et montre à découvert l'endroit où repose le coffre contenant le livre. « Lorsque

---

[1] Ce nom est jusqu'ici inconnu à l'histoire réelle.

Nofri-ké-Phtah eut reconnu un fourmillement de scorpions et de toute sorte de reptiles autour du lieu où se trouvait le livre, et lorsqu'il eut reconnu un serpent éternel enroulé autour du coffre lui-même, il récita

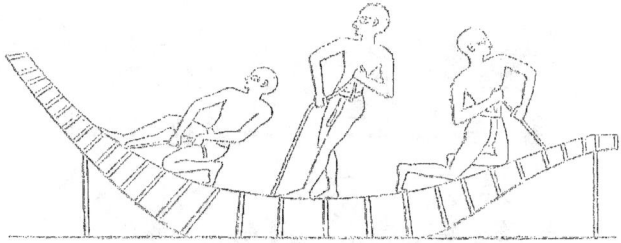

Fabrication d'une barque[1].

un écrit sur le fourmillement de serpents, de scorpions et de reptiles qui était autour du coffre, et les fit disparaître. Il récita un écrit sur le serpent éternel, le combattit et le tua; mais le serpent revint à la vie et reprit sa forme de nouveau. Il combattit le serpent une seconde fois

Barque avec ses rameurs, modèle provenant du tombeau de la reine Aah-Hotpou.

et le tua, mais le serpent revint encore à la vie. Il combattit le serpent une troisième fois, le coupa en deux morceaux et mit du sable entre les morceaux; le serpent ne reprit pas sa forme d'auparavant. Nofri-ké-Phtah alla au lieu où était le coffre, et reconnut qu'il était de fer. Il l'ouvrit et vit un coffre de bronze. Il l'ouvrit et vit un coffre en bois de palmier. Il l'ouvrit et vit un coffre d'ivoire et d'ébène. Il l'ouvrit

[1] Bas-relief d'un tombeau des dynasties primitives, voisin des Pyramides, d'après Wilkinson.

et vit un coffre d'argent. Il l'ouvrit et vit un coffre d'or. Il l'ouvrit et connut que le livre était dedans. Il porta l'écrit en question à bord de sa barque avec le coffret d'or, et lut une formule de l'écrit qui y

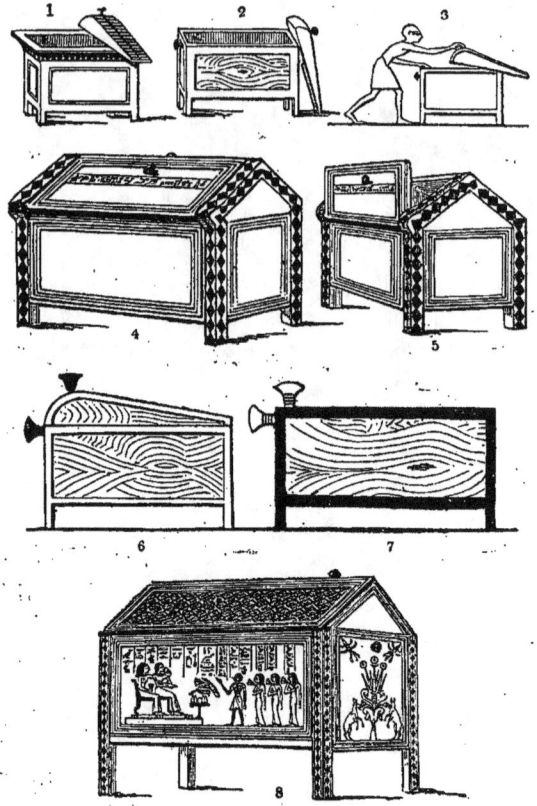

Coffres égyptiens [1].

était; il enchanta le ciel, la terre, l'enfer, les montagnes, les eaux; il reconnut les oiseaux du ciel, les poissons de l'eau, les animaux de la montagne, tous tant qu'ils sont. Il récita l'autre formule de l'écrit, et il vit le soleil qui montait au ciel avec son cycle de dieux, la lune se

---

[1] Types divers d'après les originaux (1, 2, 4, 5 et 8) et d'après les représentations monumentales (3, 6 et 7). Ces figures sont empruntées à Wilkinson.

levant, les étoiles en leur forme; il vit les poissons de l'eau, car il y avait une force divine sur eux. »

Maître du merveilleux talisman, Nofri-ké-Phtah rejoint sa femme et son fils à Qoubti et reprend avec eux la route de Man-nofri. Mais le dieu Tahout est irrité contre lui parce qu'il a dérobé son écrit, qui devait rester caché à tous les mortels. Il porte plainte auprès du dieu Râ, et celui-ci lui livre les personnes du ravisseur et de sa famille. Presque au départ, Ahouri et son fils tombent de la barque qui les emmène et se noient dans le fleuve. Nofri-ké-Phtah est impuissant à les ressusciter; il les ensevelit à Qoubti et son art magique ne peut que communiquer à leurs ombres une vie factice dans la demeure souterraine qu'ils doivent désormais habiter. Il reprend seul la route de Man-nofri, et bientôt, saisi de désespoir, il se décide à se suicider, après s'être infusé par une boisson magique la vertu de la formule qui lui assure le privilège d'aller et de venir, d'agir et de vivre dans la tombe, même après avoir été momifié. Il se jette dans le Nil et s'y noie; on repêche son corps, on le transporte à Man-nofri et on l'y ensevelit avec les plus grands honneurs, le livre de Tahout attaché sur sa poitrine.

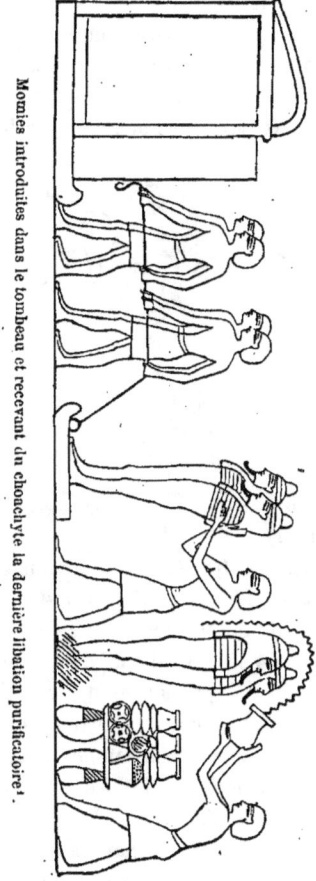

Momies introduites dans le tombeau et recevant du choachyte la dernière libation purificatoire[1].

Tel est le récit d'Ahouri, qui ne parvient pas à effrayer par là Satni Khâ-m-Ouas et à le détourner de son projet. Nofri-ké-Phtah lui-même prend la parole et propose au prince de jouer aux échecs la possession du livre dont il veut s'emparer. Ils jouent six parties, Satni les perd toutes, et comme gagnant, la momie de Nofri-ké-Phtah l'emprisonne

---

[1] Peinture d'un tombeau de Thèbes, d'après Wilkinson.

dans l'échiquier, de telle manière qu'il ne peut plus bouger. Satni appelle alors son frère An-hat-hor-raou à grands cris et lui demande d'aller chercher les talismans du dieu Phtah pour rompre l'enchantement dont il est victime et le délivrer. Les talismans apportés, Satni, rendu à la liberté, se jette sur le livre de Tahout, s'en saisit par violence et l'emporte. Les ténèbres succèdent à la lumière dans la tombe désormais privée de ce trésor miraculeux. Ahouri se met à pleurer, mais Nofri-ké-Phtah lui dit : « Ne te désole pas. Je lui ferai rapporter le livre, une fourche et un bâton à la main et un brasier allumé sur la tête. »

Courtisane en robe transparente jouant du théorbe.

Cependant le roi Ousor-mâ-Râ a vainement cherché à décider son fils Satni Khâ-m-Ouas à rapporter le livre magique dans le tombeau où il l'a pris, pour éviter les malheurs que sa possession ne tardera pas à attirer sur lui. « Satni n'était nullement disposé à se séparer du livre, et il le lisait par devant tout le monde. »

A quelque temps de là ce prince fit la rencontre d'une femme dont l'admirable beauté éveilla en lui des désirs irrésistibles. Il lia conversation avec sa suivante et apprit que cette femme se nommait Tabouboui, fille du prophète de la déesse Bast. Satni Khâ-m-Ouas chargea la servante d'offrir à sa maîtresse dix outens d'or pour se livrer à lui. Tabouboui écouta les propositions du prince et lui donna un rendez-vous dans sa maison, située parmi les dépendances du temple de la ville de Pa-Bast. Là, dévoilant successivement ses beautés par une gradation savante, sur laquelle le roman insiste avec complaisance, pour exaspérer les désirs de Satni, elle l'amena à lui faire d'abord donation de ses biens, puis à donner l'ordre d'égorger ses propres enfants, dont les chairs furent données en repas aux chats sacrés de la déesse Bast. C'est seulement après qu'elle consentit à s'abandonner à la passion de Satni.

En s'éveillant, Satni se trouva nu, couché dans un four. Devant lui se tenait Nofri-ké-Phtah, qui avait pris l'apparence d'un roi dans l'appareil du triomphe, foulant ses ennemis sous ses sandales[1], et qui

---

[1] Comparez la figure du roi Hor-em-heb dans le bas-relief reproduit au tome II, p. 217.

riait de la confusion du prince, dupé par sa puissance magique. Car tout ce qui s'était passé, la séduction de Satni par Tabouboui, le meurtre de ses enfants ordonné par lui-même, n'avait été qu'un prestige, une hallucination trompeuse, destinée à faire tomber le prince dans un piège. Devenu impur et criminel en pensée, sinon en fait, il avait perdu par là tout le pouvoir surnaturel qu'il devait à la possession du livre de Tahout. Mais ses enfants vivaient et l'attendaient à Man-nofri.

Satni s'y rend et se présente devant le roi son père, qui lui reproche sa désobéissance et lui ordonne de rapporter le livre volé dans la tombe de Nofri-ké-Phtah, en tenant, en signe d'amende honorable, un bâton et une fourche dans sa main et un brasier allumé sur sa tête. La lumière surnaturelle rentre dans l'hypogée avec l'écrit de Tahout. Mais Nofri-ké-Phtah ne se contente pas de cette expiation. Il impose encore à Satni d'aller chercher à Qoubti les tombes d'Ahouri et de Mer-ho-nofri et d'en rapporter les momies dans sa sépulture, pour qu'il ait avec lui leurs corps et non plus seulement leurs ombres. C'est ce qui est exécuté et le roi fait alors sceller soigneusement l'entrée du tombeau de Nofri-ké-Phtah, pour que nul ne soit plus tenté d'aller y chercher le livre magique dont l'enlèvement imprudent a causé de si fâcheux résultats.

Ce qui donne un intérêt particulier à ce roman si étrange, c'est que les noms qui y figurent sont positivement historiques. Ousor-mâ-Râ est le prénom de Râ-mes-sou II, Sésostris, et parmi les fils de ce prince nous avons vu qu'il y en avait eu un qui portait le nom de Khâ-m-Ouas et qui, pendant un temps régent à Man-nofri, avait laissé la réputation d'un adepte de la magie[1]. Le fait que nous constatons pour le roman de Satni Khâ-m-Ouas est loin d'être isolé.

« L'instinct qui porte les conteurs à choisir partout comme héros des rois ou des seigneurs de haut rang, dit M. Maspero, s'associait en Égypte à un sentiment patriotique très vif. Un homme de Memphis, né au pied du temple de Phtah et grandi, pour ainsi dire, à l'ombre des Pyramides, était familier avecMéna et Khoufou. Les bas-reliefs et les peintures étalaient leurs portraits à ses yeux; les inscriptions énuméraient leurs titres et célébraient les gloires de leurs règnes. Sans remonter aussi loin que Memphis dans le passé de l'Égypte,

---

[1] Voy. plus haut, tome II, p. 280.

Thèbes n'était pas moins riche en monuments. Sur la rive droite comme sur la rive gauche du Nil, à Karnak et à Louqsor comme à Qournah et à Médinet-Abou, les murailles parlaient de grandes victoires remportées sur de grandes nations, de guerres toujours heureuses, d'expéditions lointaines au delà des mers. Quand le conteur mettait des rois en scène, l'image qu'il évoquait n'était pas seulement celle d'un mannequin superbe, affublé d'oripeaux souverains ; son auditoire et lui-même songeaient aussitôt à ces princes toujours vainqueurs, dont la figure et la mémoire vivaient encore au milieu d'eux. Il ne suffisait pas d'avancer que le héros était un monarque et de l'appeler Pharaon ; il fallait dire de quel Pharaon glorieux on parlait, si c'était Pharaon Râ-mes-sou ou Pharaon Khoufou, un constructeur de pyramides ou un conquérant des dynasties guerrières. La vérité en souffrait souvent. Si familiers qu'ils fussent avec les rois monumentaux, les Égyptiens, qui n'avaient pas fait de leurs annales une étude spéciale, étaient assez portés à corrompre le nom des rois ou à brouiller les époques... Tous ces noms d'autrefois prêtaient au récit un air de vraisemblance qu'il n'aurait pas eu sans cela ; une aventure merveilleuse mise au compte de Sésostris devenait plus probable qu'elle n'aurait été si on l'avait rapportée simplement de quelque personnage inconnu.

« Il s'établit ainsi, à côté de l'histoire réelle, une histoire populaire parfois bouffonne, toujours amusante. De même qu'on eut dans l'Europe du moyen âge le cycle de Charlemagne où le caractère de Charlemagne ne fut guère respecté, on eut en Égypte des cycles de Râ-mes-sou II, des cycles de Tahout-mès III, des cycles de Khoufou, où la personne de Râ-mes-sou, de Tahout-mès, de Khoufou se modifia au point de devenir méconnaissable. La plupart sont perdus, et les rares fragments qui en subsistent n'ont pas toujours été appréciés à leur juste valeur. » Tels sont deux que nous avons eu déjà l'occasion de citer à propos des règnes auxquels on les rapportait, le récit de la querelle du roi Soqnoun-Râ Ta-aâ et du Pasteur Apapi (tome II, p. 156), et celui du stratagème employé par le général Tahouti pour prendre Iapou (t. II, p. 197).

« Si les égyptologues modernes ont pu se tromper à ces récits, à plus forte raison les anciens ont dû être pris à des histoires analogues. Les interprètes, les prêtres de basse classe, qui guidaient les étrangers, connaissaient assez bien ce qu'était l'édifice qu'ils montraient, qui l'avait fondé, qui agrandi, et quelle partie portait le cartouche de chaque souverain ; mais, dès qu'on les poussait sur le détail, ils restaient à court et ne savaient plus que débiter des contes populaires. Les Grecs eurent affaire avec ces gens-là, et il n'y a qu'à lire le second livre d'Hérodote pour voir comment ils furent renseignés sur le passé de l'Égypte. Quelques-uns des on-dit qu'il a recueillis renferment un ensemble de faits plus ou moins altérés, l'histoire de la xxvi° dynastie, par exemple, ou, pour les temps anciens, celle de Râ-mes-sou II ou Sésostris. La plupart des récits antérieurs à l'avènement de Psaméthik Ier sont de véritables romans, où la réalité n'a aucune part. Le conte de Rhampsinitos et des voleurs de ses trésors se trouve ailleurs qu'en Égypte. La vie légendaire des rois constructeurs de pyramides n'a rien de commun avec la vie réelle de ces rois. L'aventure de Phéron, qui ne peut recouvrer la vue qu'en se lavant les yeux avec l'urine d'une femme fidèle à son mari, et qui ne parvient à en trouver qu'une seule par toute l'Égypte (encore ce n'est pas la sienne), est une sorte de pièce satirique à l'adresse des femmes. La rencontre de Protée avec Hélène et Ménélas passera sans peine pour l'adaptation égyptienne d'un récit grec. On pouvait se demander jadis si les guides avaient tiré ces fables de leur propre fonds ou s'ils les avaient empruntées aux indigènes ; la découverte des romans égyptiens a prouvé que, là comme ailleurs, les exégètes ont manqué d'imagination. Ils se sont bornés à répéter les fables qui avaient cours dans le peuple, et la tâche leur était d'autant plus facile que la plupart des héros de romans portaient des noms ou des titres authentiques. Aussi les dynasties d'Hérodote et de Diodore sont-elles un mélange de noms réels : Ménès, Sabacon, Chéops, Chéphrên, Mycérinos ; de prénoms royaux : Moiris, *Mi-Râ*, « l'aimé de Râ ; » de sobriquets populaires : *Sesous-Râ*, Sésostris ; de titres : Phéro, Prouti, dont on a fait des noms propres ; et de mots formés d'éléments contradictoires, comme Rhampsinitos, où paraît, à côté du nom thébain de Râ-mes-sou, le titre saïte *Si-Nit*, « fils de Nit. »

« La passion du roman historique n'a pas disparu en Égypte avec les dynasties indigènes. Déjà, sous les Ptolémées, Nakht-neb-f (Nectanébo), le dernier roi de race égyptienne, était devenu le centre d'un cycle important. On en avait fait un magicien habile, un grand constructeur de talismans ; on le donna pour père à Alexandre le Macédonien. Poussons même au delà de l'époque romaine ; il n'y a pas besoin de feuilleter bien longtemps les écrivains arabes pour y retrouver, attribuées à des sultans d'Égypte, les aventures des Pharaons. Que l'historien pris à ces fables soit latin, grec ou arabe, on se figure aisément ce que devient la chronologie au milieu de toutes ces manifestations de la fantaisie populaire. Hérodote, et, à son exemple, presque tous les écrivains anciens et modernes jusqu'à nos jours, ont placé Mœris, Sésostris, Rhampsinitos avant les rois constructeurs de pyramides. Le nom de Sésostris et de Rhampsinitos est un souvenir de la XIX° et de la XX° dynastie; celui des rois constructeurs de pyramides, Chéops, Chéphrên, Mycérinos, Asychis, nous reporte à la IV° dynastie. La façon cavalière dont les rédacteurs de contes égyptiens ont traité la succession des règnes, nous montre comment il se fait qu'Hérodote ait commis pareille erreur.

« Le guide qui montrait le temple de Phtah et les pyramides de Gizeh connaissait sans doute une histoire où l'on exposait comme quoi, à un Râ-mes-sou Si-Nit, le plus riche des rois, avait succédé Khoufou, le plus impie des hommes. Il la conta à Hérodote, comme il dut la conter à beaucoup d'autres, et le bon Hérodote l'inséra dans son livre. Comme Chéops, Chéphrên et Mycérinos forment un groupe bien circonscrit, que d'ailleurs, leurs pyramides s'élevant au même endroit, les guides n'avaient aucune raison de rompre à leurs dépens l'ordre de succession, la transposition une fois faite pour Chéops, il devenait nécessaire de déplacer avec lui Chéphrên, Mycérinos et le prince qu'on nommait Asychis. Aujourd'hui que nous pouvons contrôler le témoignage du voyageur grec par le témoignage des monuments, peu nous importe qu'il se soit laissé tromper. Il n'écrivait pas une histoire d'Égypte. Même bien instruit, il n'aurait pas donné au livre de son histoire universelle qui traitait de l'Égypte plus de développements qu'il ne lui en a donnés. Toutes les dynasties auraient dû tenir en quelques pages, et il ne nous eût rien appris que ne nous apprennent aujourd'hui les textes originaux. En revanche, nous y aurions perdu la plupart de ces récits étranges, et souvent bouffons, qu'il nous a si joliment racontés, sur la foi de ses guides. Phéron ne nous serait pas connu, ni Protée, ni Rhampsinitos. Je crois que ç'aurait été grand dommage. Les monuments nous disent, ou nous diront un jour, ce que firent les Khoufou, les Râ-mes-sou, les Tahoutmès du monde réel. Hérodote nous apprend ce qu'on disait d'eux dans les rues de Memphis. Toute la partie de son second livre, que remplissent leurs aventures, est pour nous mieux qu'un chapitre d'histoire, c'est un chapitre d'histoire littéraire. Les romans qu'on y trouve sont égyptiens au même titre que les romans conservés par les papyrus. Sans doute, il vaudrait mieux les avoir dans la langue d'origine, mais le vêtement grec qu'ils ont reçu n'est pas assez lourd pour les déguiser. Même modifiés dans le détail, ils ont encore tous les traits essentiels de leur physionomie primitive. »

Signalons encore, parmi les œuvres de la littérature romanesque égyptienne dont les débris sont parvenus jusqu'à nous, comme un des plus intéressants et des mieux conservés, le « Conte du prince prédestiné, » dont la découverte est due à M. Goodwin.

Un roi d'Égypte se désolait de n'avoir pas d'enfant mâle. Enfin les dieux accordèrent un fils à ses prières. Mais quand vint le jour de sa naissance, les sept Hat-Hor étant venues fixer son destin, elles annoncèrent qu'il devait mourir de la dent d'un serpent, d'un crocodile ou d'un chien. Épouvanté de cette prédestination, le roi fit élever son fils dans l'intérieur du palais, sans permettre qu'il en sortît et surtout en prenant les plus grandes précautions pour qu'il n'eût jamais l'occasion de voir aucun des trois animaux dont la morsure devait lui être fatale. Un jour cependant il aperçut un chien et tomba dans un tel désespoir de n'avoir pas de compagnon semblable, qu'on finit par céder à ses larmes et par lui donner un tout petit chien, qui venait à peine de naître, espérant que l'animal, qui aurait grandi à ses côtés, s'attacherait à lui au point de lui devenir une sûre défense et de ne pouvoir lui faire courir aucun des dangers annoncés d'avance par les organes de la destinée.

Cependant le prince grandit, arrive à l'âge d'homme et ne peut pas supporter plus longtemps la réclusion à laquelle le condamne la prudence de son père. « Pourquoi être comme les fainéants ? dit-il. Puisque je suis fatalement prédestiné à l'un de trois sorts funestes, pourquoi ne pas me laisser agir à ma volonté ? Que la divinité fasse ensuite comme elle voudra ! » Il fait tant que le roi son père se décide à lui rendre la liberté et à le laisser aller chercher aventure du côté de la Syrie.

Il s'en va donc devant lui, chassant à son caprice et se divertissant, jusqu'à ce qu'il arrive au pays de Naharina. Le roi de cette contrée avait une fille unique, qu'il avait enfermée dans une tour dont les fenêtres étaient à soixante-dix coudées au-dessus du sol. Il avait promis de la donner à celui qui, par art magique, parviendrait à s'élever jusqu'à elle. Le prince égyptien, en arrivant à la cour de ce monarque, dissimule son illustre origine et se donne pour un simple aventurier, fils d'un officier de chars de guerre. Il se présente à l'épreuve, pour laquelle rivalisaient tous les princes de Syrie. Grâce à la puissance d'une conjuration magique irrésistible, il distance ses rivaux et parvient à s'envoler jusqu'à la fenêtre de la princesse, avec laquelle il passe la nuit.

Celle-ci somme alors son père de tenir la promesse qu'il a faite et de la marier au séduisant aventurier d'Égypte. Après quelques hésitations, le roi de Naharina y consent, et le mariage a lieu. Le fils du roi d'Égypte révèle alors à sa femme sa véritable naissance et les trois formes de trépas dont le menace le destin. Elle le supplie en vain de laisser tuer son chien, qui lui deviendra sûrement fatal, il s'y refuse et ne veut pas se séparer de ce fidèle compagnon.

A quelque temps de là, un serpent se glisse dans la chambre du prince; la princesse l'aperçoit et le tue, délivrant son époux de ce danger. Un crocodile sort du fleuve voisin de la capitale du Naharina et entre dans la ville. On charge un géant de veiller sur tous ses mouvements, et un jour que le monstre allait se jeter sur le prince, il le préserve de ses atteintes.

Ici s'arrête ce qui est parvenu jusqu'à nous du conte. La fin manque, mais on peut la restituer facilement. Comme nul n'évite sa destinée, après avoir échappé au serpent et au crocodile, c'est de son chien favori que le prince devait recevoir la mort.

Dans un papyrus du musée de l'Ermitage à Saint-Pétersbourg, écrit sous la XIIe dynastie, un habile égyptologue russe, M. Golenischeff, a découvert encore un curieux récit qui rappelle ceux des aventures de Sindbad le marin dans les Mille et une Nuits. C'est la narration du prétendu voyage d'un marinier envoyé par le roi d'Égypte aux mines du haut Nil, avec une grande barque montée par cent cinquante hommes. Il a franchi les cataractes, dépassé le pays des Ouaoua et remonté tant et tant le cours du fleuve qu'il a fini par déboucher dans la mer. Là une tempête a englouti le navire, fait périr tous les matelots, et lui-même il a été jeté seul et nu par les flots sur le rivage d'une des îles bienheureuses où résident les ombres des morts. Cette île était gardée par un serpent gigantesque et merveilleux, muni d'une grande barbe à la façon de celle qu'on donnait aux dieux et marchant sur deux jambes à la manière des hommes, tel, en un mot, que l'imagination des Égyptiens se représentait ceux qu'elle plaçait à la garde des portes de la région infernale.

Quand il s'est trouvé en présence de cet être surnaturel, le naufragé a été d'abord épouvanté ; il a cru sa dernière heure venue. Mais le serpent s'est montré bon prince. Il a accepté gracieusement les hommages de l'Égyptien prosterné devant lui ; puis il l'a interrogé sur sa naissance et le but de son voyage, en lui disant de ne pas mentir surtout, car il savait tout de science divine. Le naufragé lui a répondu avec modestie et sincérité, et le serpent s'en est montré satisfait. Il lui a annoncé qu'il resterait quatre mois dans l'île, où aucune bonne chose ne lui manquerait, puis qu'au bout de ce temps un navire passerait à portée, qu'il pourrait y monter et retourner en Égypte ; l'île alors devait s'abîmer dans les flots. Au bout des quatre mois, en effet, un vaisseau a passé à peu de distance de l'île et son équipage a aperçu les signaux que le naufragé lui faisait de la rive. On est venu à terre pour le chercher. Au moment de partir, il a été prendre congé du serpent divin, et celui-ci, en lui augurant un heureux retour, lui a fait présent d'une riche cargaison des plus précieux aromates. Puis, aussitôt que le navire a eu mis à la voile, l'île merveilleuse a disparu aux regards.

Un des serpents gardien des enfers[1].

M. Maspero a pensé que ce récit tranchait d'une manière définitivement affirmative la question, que nous avons laissée plus haut en suspens, de savoir si les Égyptiens de la haute antiquité pharaonique ont été par eux-mêmes habituellement des marins, si c'était par eux ou par des étrangers, tels que les Phéniciens, qu'étaient montées les flottes qui, sur la mer Rouge, partaient de la côte d'Égypte pour aller naviguer jusqu'au pays de Pount. D'après lui, l'auteur, contemporain du Moyen-Empire, du conte qui se lit dans le papyrus de Saint-Pétersbourg, croyait à une communication entre le haut Nil et l'Océan Indien, et c'est dans cette mer qu'il plaçait l'île merveilleuse où le naufragé s'était trouvé transporté. Tout ceci ne me semble point résulter du contexte du récit. Le navigateur égyptien n'est point à proprement parler un marin d'eau salée ; c'est un

---

[1] Vignette du *Livre des Morts*.

marinier du Nil, qui est parti pour remonter le fleuve aussi haut qu'il pourrait. S'il a, au terme de sa navigation fluviale, débouché dans la mer, rien n'indique qu'il s'y attendît d'avance. Ce qui me paraît, au contraire, la conclusion impliquée par ce conte, c'est que, dès le temps de la xii⁰ dynastie, qui les avait vu porter leurs armes jusque fort avant dans l'Éthiopie, les Égyptiens avaient eu, par les rapports des indigènes de cette contrée, des notions d'une certaine précision sur l'existence des grands lacs de l'Afrique équatoriale, d'où descend le Nil. L'étendue de ces lacs devait les faire regarder comme de véritables mers. C'est à l'ouest de la vallée du Nil qu'ils se prolongeaient ; et c'est sûrement dans l'Occident, et non pas vers l'Orient comme le pays de Pount, qu'on devait se représenter la situation d'une des îles bienheureuses habitées par les ombres des défunts.

CHAPITRE III

RELIGION

§ 1. — UNITÉ DIVINE ET MULTIPLICITÉ DES DIEUX.

Hérodote, en visitant l'Égypte, fut frappé de l'extrême dévotion de ses habitants; aussi nous les représente-t-il comme les plus religieux des hommes, et surpassant tous les autres peuples par le culte qu'ils rendent aux dieux. En effet, sans parler de ces pompes sacrées dont la majesté frappait vivement les étrangers, de ces fêtes magnifiques où l'on portait processionnellement les naos ou arches des divinités et les barques qui leur étaient consacrées [1], fêtes innom-

---

[1] Pour donner aux lecteurs une idée des grandes pompes religieuses du culte égyptien, dont les écrivains classiques nous dépeignent quelques-unes dans leurs récits, nous insérons ici, dans une planche hors texte, la copie réduite des grands bas-reliefs retraçant la procession de la fête du dieu Khem, Min ou Amsi, l'Ammon générateur, à Thèbes, bas-reliefs qui se déploient sur les murailles du temple de Médinet-Abou. Nous avons dû en couper le développement en deux registres pour le faire tenir sur notre planche. Ces sculptures, d'une puissante tournure et d'une composition grandiose, qui ne présentent pas moins de deux cents figures, datent du règne de Râ-mes-sou III. Elles offrent plusieurs scènes successives.
En commençant par le registre supérieur, sur la gauche du spectateur, nous y voyons d'abord le roi assis sur un trône magnifique, dans un palanquin recouvert d'un dais en forme de naos, que portent sur leurs épaules ses fils et ses grands officiers. Des officiers de premier rang, de la classe des flabellifères et des ptérophores, précédant la litière royale, ouvrent la marche au son de la musique, mêlés à des prêtres qui chantent des hymnes et encensent le monarque comme un dieu. A la suite s'avancent d'autres officiers, des soldats en armes et des hommes portant l'escalier qui servira au roi à descendre de son palanquin quand on l'aura posé à terre.
Une seconde scène montre le roi, le casque en tête, versant une libation et brûlant de l'encens devant la statue du dieu, debout sous son naos. La dernière partie du registre supérieur, sur la droite, fait voir le roi, coiffé de la couronne rouge de la Basse-Égypte, qui marche devant la statue divine, dressée sur un palanquin que portent de nombreux prêtres, cachés en partie par la draperie qui en descend jusqu'à terre. A la suite de cette litière du dieu, d'autres prêtres soutiennent sur leurs épaules un autel portatif chargé de ses symboles et une sorte de coffre qui doit contenir les objets mystérieux.
Dans la partie gauche du registre inférieur, le roi debout, en costume de gala, la tête surmontée du skhent complet, assiste à la cérémonie du lâchement des oiseaux qui doivent aller annoncer aux quatre vents du ciel sa prise de possession de la couronne. Une longue pro-

brables dont le calendrier était souvent inscrit à l'entrée des temples, sans rappeler ces vastes sanctuaires où les bas-reliefs, les peintures, les décorations, étaient répandus à profusion, l'on se trouvait sans cesse, sur les bords du Nil, en présence d'une pensée religieuse. Tout en Égypte portait l'empreinte de la religion. L'écriture était si remplie de symboles sacrés et d'allusions aux mythes divins, qu'en dehors de la religion égyptienne l'emploi en devenait pour ainsi dire impossible. Les lettres et les sciences n'étaient que des branches de la théologie. Les arts ne travaillaient guère qu'en vue du culte et pour la glorification des dieux ou des rois divinisés. Les prescriptions religieuses étaient si multipliées, si itératives, qu'il n'était pas possible d'exercer une profession, de pourvoir même à sa nourriture et à ses premiers besoins sans avoir constamment présentes à la mémoire les règles établies par les prêtres. Chaque province avait ses dieux spéciaux, ses rites particuliers, ses animaux sacrés. Il semble même que l'élément sacerdotal ait présidé dans le principe à la distribution du pays en nomes, et que ç'aient été à l'origine des districts religieux.

La religion chrétienne n'a pas craint de se révéler à tous, et, malgré la profondeur de ses dogmes, elle a su se rendre accessible aux grands et aux petits, aux ignorants et aux savants, parce qu'elle est la vérité éternelle qui s'adresse au genre humain tout entier. Mais il n'en était pas de même des fausses religions de l'antiquité. Ce qu'il y eut de plus élevé, de plus philosophique en elles resta toujours enfermé dans le sanctuaire, pour l'honneur et le profit des prêtres et d'un certain nombre d'initiés. En Égypte, comme partout dans le paganisme, il y avait en réalité deux religions, l'une à l'usage

---

cession de prêtres se dirige vers lui. Les premiers portent les images des ancêtres de la maison royale, ceux qui viennent ensuite les ustensiles du culte, d'autres des enseignes divines fort variées. La procession se termine par le taureau blanc auquel on rendait le culte comme à l'image vivante, à l'incarnation terrestre de l'Ammon générateur. Un prêtre encense l'animal sacré, un autre tient un rouleau ouvert où sont inscrites les leçons qu'il récite; auprès de ce dernier se tient l'épouse principale du roi, jouant le rôle de prêtresse du dieu.

Enfin, dans la dernière scène, sur la droite du registre inférieur, Râ-mes-sou III, le casque en tête, coupe avec une faucille de bronze la première gerbe de la récolte, qu'un prêtre rassemble avec ses mains. Devant le roi, les images des ancêtres ont été déposées à terre, et le taureau blanc, maintenant arrêté, a près de lui un prêtre qui continue à réciter des leçons liturgiques, ainsi que la reine, qui encore ici fait l'office de ministre de l'animal dieu.

La fête ainsi représentée avait lieu à Thèbes, le 1er du mois de pachons.

des classes populaires, qui n'était que la forme extérieure de la doctrine ésotérique et présentait un monstrueux assemblage des plus grossières superstitions; l'autre, connue seulement de ceux qui avaient approfondi la science religieuse, renfermait des dogmes plus relevés et formait une sorte de théologie savante, au fond de laquelle se trouvait la grande idée de l'unité de Dieu, sinon un véritable *monothéisme*, à tout le moins un *hénothéisme* parfaitement caractérisé.

Au commencement, nous disent les théologiens qui ont rédigé le xviie chapitre du « Livre des Morts, » si capital pour la connaissance des doctrines les plus relevées qui prédominèrent dans le sacerdoce aux plus belles époques de la civilisation égyptienne, au commencement était le Nou, l'Océan primordial, dans les profondeurs infinies duquel flottaient confondus les germes des choses. De toute éternité, Dieu s'engendra lui-même au sein de cette masse liquide encore sans forme et sans usage. L'affirmation de cette unité fondamentale de l'être divin se lit, exprimée en termes formels et d'une grande énergie, dans des textes qui remontent jusqu'à l'Ancien Empire. Il est « le Un unique, celui qui existe par essence, le seul qui vive en substance, le seul générateur dans le ciel et sur la terre qui ne soit pas engendré... Il est le seul Dieu vivant en vérité, celui qui s'engendre lui-même, celui qui existe depuis le commencement, qui a tout fait et n'a point été fait. » Aussi jusqu'aux plus anciennes époques où nous puissions remonter par les monuments, voyons-nous fréquemment, surtout chez les écrivains qui traitent de religion ou de morale, parler de « Dieu » et non plus des « dieux. »

« Ce Dieu des Égyptiens, dit M. Maspero [1], était un être unique, parfait, doué d'une science et d'une intelligence certaines, incompréhensible à ce point qu'on ne peut dire en quoi il est incompréhensible. Toujours égal, toujours immuable dans son immuable perfection, toujours présent au passé comme à l'avenir, il remplit l'univers sans qu'image au monde puisse donner même une faible idée de son immensité. On le sent partout, on ne le saisit nulle part.

« Unique en essence, il n'est pas unique en personne. Il est père par cela seul qu'il est, et la puissance de sa nature est telle qu'il engendre éternellement sans jamais s'affaiblir ou s'épuiser. Il n'a pas besoin de sortir de lui-même pour devenir fécond; il trouve en son

---

[1] Dans son *Histoire ancienne des peuples de l'Orient*.

propre sein la matière de son enfantement perpétuel. Seul, par la plénitude de son être, il conçoit son fruit, et comme en lui la conception ne saurait être distinguée de l'enfantement, de toute éternité il produit en lui-même un autre lui-même. Il est donc à la fois le père, la mère et le fils de Dieu. Engendrées de Dieu, enfantées de Dieu, sans sortir de Dieu, ces trois personnes sont Dieu en Dieu, et, loin de diviser l'unité de la nature divine, concourent toutes trois à son infinie perfection.

« Ce Dieu triple et un a tous les attributs de Dieu, l'immensité, l'éternité, l'indépendance, la volonté toute-puissante, la bonté sans limites. Il développe éternellement ces qualités souveraines, ou plutôt, pour me servir d'une expression chère aux écoles religieuses de l'ancienne Égypte, « il crée ses propres membres, qui sont les dieux » et s'associent à son action bienfaisante. Chacun de ces dieux secondaires, considéré comme identique au Dieu un, peut former un type nouveau d'où émanent à leur tour, et par le même procédé, d'autres types inférieurs. De trinités en trinités, de personnifications en personnifications, on en arrive bientôt à ce nombre vraiment incroyable de divinités aux formes parfois grotesques et souvent monstrueuses, qui descendent par degrés presque insensibles de l'ordre le plus élevé aux derniers étages de la nature. Néanmoins, les noms variés, les formes innombrables que le vulgaire est tenté d'attribuer à autant d'êtres distincts et indépendants, n'étaient pour l'adorateur éclairé que des noms et des formes d'un même être. « Le Dieu, quand il en vient à la génération et qu'il amène à la lumière la force latente des choses cachées, dit Iamblique, s'appelle Ammon; quand il est l'esprit qui résume en soi toutes les intelligences, I-m-hotpou; quand il est celui qui accomplit toutes choses avec art et vérité, Phtah; enfin, quand il est le dieu bon et bienfaisant, Osiri. »

« Aussi bien Ammon, I-m-hotpou, Phtah, Osiri, n'étaient pas adorés indifféremment par tout le pays. Chacun des nomes de l'Égypte primitive, de même qu'il avait sa dynastie nationale, avait son dieu national qui était une des formes et portait un des noms du Dieu unique. Formes et noms du Dieu unique s'étaient partagés la vallée du Nil en autant de domaines qu'il y avait de nomes et avaient constitué à côté de la féodalité politique une sorte de féodalité divine. Toum régnait souverainement sur On (Héliopolis); Téni et plus tard Aboud étaient sous l'autorité immédiate d'Osiri; Ammon possédait T-Ape (Thèbes), et Phtah vint dans les temps historiques s'établir à Man-nofri. Chacun de ces dieux, identique en substance au dieu des autres nomes, reconnaissait de bonne grâce cette identité fondamentale. Ammon, de Thèbes, donnait l'hospitalité dans son temple à Min ou Khem de Qoubti, à Toum d'On, à Phtah de Man-nofri qui, de leur côté, lui faisaient place auprès d'eux dans leurs propres sanctuaires. L'habitude de réunir dans une même adoration les formes différentes de la divinité amenait perpétuellement leur fusion en une seule et même personne. Sevek, du nome du haut du pays, associé à Râ, se changeait en Sevek-Râ; Phtah se confondait avec Sokari, sous le nom de Phtah-Sokari; et celui-ci, rapproché d'Osiri, devenait Phtah-Sokar-Osiri. Tous les types divins se pénétraient réciproquement et s'absorbaient dans le Dieu suprême. Leur division, même poussée à l'infini, ne rompait en aucune manière l'unité primitive de la substance divine. On pouvait multiplier à volonté les noms et les formes de Dieu; on ne multipliait pas Dieu. »

C'est ainsi que M. Pierret, qui a poussé plus loin qu'aucun autre égyptologue le développement de ce point de vue et s'est efforcé, avec autant de science que de talent, d'y montrer le point de départ originel de toute la religion égyptienne, a pu dire, en forçant quelque peu les termes : « Ce qui distingue cette religion des autres religions de l'antiquité, ce qui lui constitue un caractère absolument original, c'est que, polythéiste en apparence, elle était essentiellement monothéiste. » Les différents dieux que représentent les monuments ne sont pas pour ce savant des dieux, mais des symboles. « Leur forme même nous démontre qu'il n'y faut point voir des êtres réels. Un dieu représenté avec une tête d'oiseau ou de quadrupède ne peut avoir qu'un caractère allégorique, de même que le lion à tête humaine appelé sphinx n'a jamais passé pour un animal réel. Tout cela n'est que de l'hiéroglyphisme. Les divers personnages du panthéon représentent les rôles divins, les fonctions du Dieu suprême, du Dieu unique et caché, qui conserve sous chacune de ces formes son identité et la plénitude de ses attributs. »

Il y a beaucoup de vrai dans cette manière de voir, et surtout je crois que l'on peut affirmer qu'à une certaine époque du développement culminant de leurs spéculations, les théologiens sacerdotaux de l'Égypte ont professé une telle conception de la religion dont ils étaient les ministres. Mais il est bien difficile d'admettre que dans la réalité de son évolution historique cette religion ait découlé d'un monothéisme formel, conçu dès l'origine d'une manière consciente, et formé les cadres de son panthéon d'une manière systématiquement aussi régulière et aussi savante. Il me semble que la théorie du savant conservateur du Musée égyptien du Louvre ne tient pas assez de compte de certains faits qui ont dû exercer une influence puissante sur les premières phases de formation du système religieux des Égyptiens, qu'il prend pour le point de départ ce qui a été dans la réalité un progrès de la pensée métaphysique et théologique. Mais ce n'est pas encore ici le lieu d'examiner ce problème de la genèse de la religion égyptienne. Nous y viendrons un peu plus loin, après en avoir exposé le système dans son complet épanouissement, et nous verrons alors comment on est parvenu à concilier deux faits contradictoires, qui tous les deux sont incontestables dans cette religion, une aspiration singulièrement élevée vers l'idée de l'unité divine, qui remonte à une époque extrêmement ancienne, et un polythéisme parfaitement réel, legs des phases primordiales par lesquelles avait passé dans sa formation la société égyptienne.

§ 2. — LE DIEU SOLEIL.

L'esprit des Égyptiens était avant tout préoccupé du sort qui attend l'homme dans l'autre vie. Cette existence future, ils croyaient en apercevoir dans mille phénomènes naturels les images et les symboles; mais elle leur paraissait plus particulièrement annoncée par le cours quotidien du soleil. Cet astre leur semblait reproduire chaque jour dans la marche qu'il accomplit les transformations réservées à l'âme humaine. Pour un peuple ignorant de la véritable nature des corps célestes, une telle conception n'avait, du reste, rien d'étrange. Le soleil, ou, comme disaient les Égyptiens, Râ, passe alternativement du séjour des ténèbres ou de la mort dans le séjour de la lumière ou de la vie. Ses feux bienfaisants font naître et entretiennent l'existence; le soleil joue donc, par rapport à l'univers, le rôle de générateur, de père; il engendre la vie, mais il n'a point été engendré; existant par lui-même, il est à lui-même son propre générateur. Ce symbolisme une fois accepté, il s'accusa de plus en plus, et l'imagination des Égyptiens chercha dans la succession des phénomènes solaires l'indication des phases diverses de l'existence humaine. Chaque point de la course de l'astre lumineux fut regardé comme correspondant aux différentes étapes de son existence.

Râ ne s'offrait pas d'ailleurs seulement comme le prototype céleste de l'homme qui naît, vit et meurt pour renaître encore; ainsi que les autres

Râ Har-m-akhouti, le Soleil dans les deux horizons, représentations diverses.

peuples païens de l'antiquité, il était considéré comme une divinité, et une divinité de premier ordre, parce qu'il est le plus éclatant, le plus

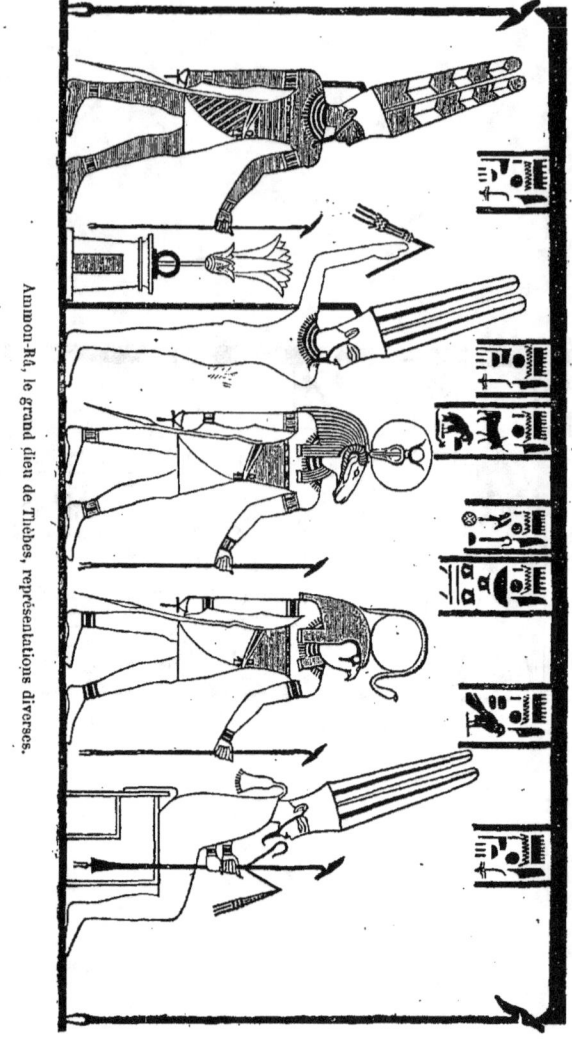

Ammon-Râ, le grand dieu de Thèbes, représentations diverses.

grand des astres, celui dont l'action bienfaisante vivifie le monde. Tantôt il était, pour les docteurs égyptiens, la créature la plus brillante du

Tout-Puissant, comme le corps vivant sous lequel se manifestait le Dieu suprême ou son œil droit, éternellement ouvert au ciel. Tantôt, et plus souvent encore, il était Dieu lui-même, revêtu de la plénitude de ses attributs souverains. « Hommage à toi, momie qui se rajeunit ou renaît perpétuellement, lui dit l'hymne gravé sur une stèle du musée de Berlin, être qui s'enfante lui-même chaque jour ! Hommage à toi, qui luis dans le Nou, pour vivifier tout ce qu'il a créé, qui as fait le ciel et environné de mystère son horizon ! Hommage à toi, Râ, qui, apparaissant à son heure, lances des rayons de vie pour les êtres intelligents ! Hommage à toi, qui as fait les dieux dans leur totalité, Dieu qui se cache et dont on ne connaît point l'image ! Hommage à toi, quand tu circules au firmament, les dieux qui t'accompagnent poussent des cris de joie ! » L'assimilation et parfois l'identité complète du Dieu suprême et du soleil une fois admise, l'assimilation et l'identité complète des formes de Dieu avec Râ devint toute naturelle. Ammon, Osiri, Hor, Phtah lui-même furent tantôt considérés comme « l'âme vivante de Râ, » tantôt comme Râ lui-même. La conception théologique des Égyptiens ne s'arrêta pas là ; elle subdivisa pour ainsi dire le soleil en plusieurs divinités.

Le dieu Atoum.

Envisagé dans ses diverses stations, sous ses divers aspects, il devint un dieu différent, ayant son nom particulier, ses attributs, son culte ; c'est du reste un trait que la mythologie égyptienne a en commun avec presque toutes les autres mythologies. Ainsi le soleil dans son existence nocturne, avant son lever, est Toum ou Atoum ; Har-m-akhouti, « Hor dans les deux horizons, » au double moment de son lever et de son coucher ; Har-pa-khrad à son lever ; Râ, An-hour et Hor quand il brille au méridien ; Khopra quand il fait naître et entretient la vie ; Nofri-Toum à son coucher ; Osiri pendant la nuit, lorsqu'il s'est enfoncé dans les ténèbres et traverse les régions du ciel inférieur. L'obscurité précédant le jour, Atoum fut considéré comme né avant Râ et sorti d'abord seul de l'abîme ou du chaos.

L'anthropomorphisme, c'est-à-dire la conception des dieux sous figure humaine, s'infiltra dans ces données sabéistes, et les Égyptiens se repré-

Le dieu Nofri-Toum, types divers.

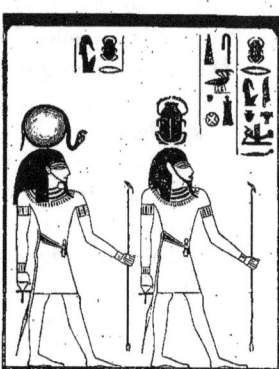
Le dieu Khopra.

sentèrent la génération des dieux comme s'étant opérée par des voies identiques à la génération humaine. Voilà pourquoi ils transportèrent dans leur théogonie les idées qu'ils se faisaient sur le rôle respectif des sexes dans cet acte mystérieux de la nature. Diodore de Sicile dit que, dans l'opinion des Égyptiens, le père est l'unique auteur de l'enfant, la mère ne fait que lui donner la nourriture et la demeure. C'est aussi ce rôle qui était assigné dans la théogonie au principe féminin, personnifié

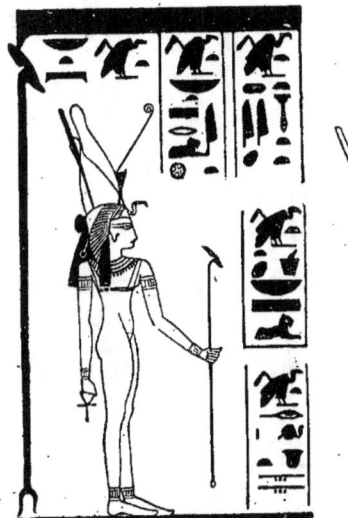

La déesse Mout.

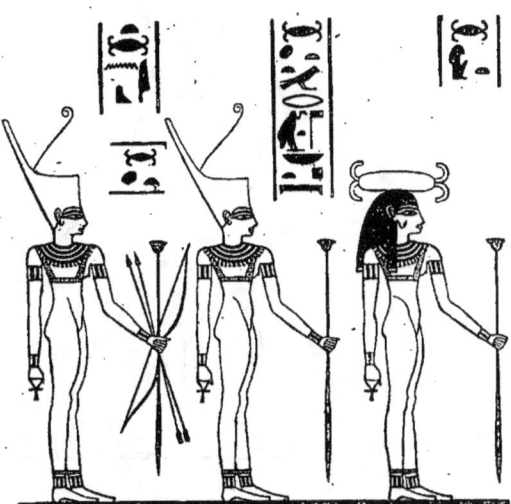

La déesse Nit, représentations diverses[1].

à Thèbes dans la déesse Mout, à Saï dans la déesse Nit, mère du Soleil. Ce principe ne représentait que la matière purement inerte, que le milieu sans vie au sein duquel la génération divine s'était opérée. Aussi, pour emprunter le langage mystique des prêtres égyptiens, la mère génératrice des dieux était-elle une création de Khnoum, individualisation du souffle divin qui anime la matière, symbolisé par le bélier. Khnoum est, en effet, la divinité animant la matière et lui donnant la vie; c'est le premier des démiurges ou créateurs. On voit par là que, d'après la doctrine de l'Égypte, la matière inerte, réceptacle de la vie, identifiée au principe

[1] La couronne rouge de la Basse-Égypte lui est attribuée, comme déesse de Saï. La navette est son symbole, et surmonte sa tête dans une de ces représentations.

femelle, n'était pas coéternelle à Dieu, mais créée de son souffle. L'assimilation du cours du Soleil à la génération se complique dès lors d'un symbolisme nouveau. L'hémisphère inférieur, où l'astre descend après son coucher, était personnifié par la déesse Hat-Hor. Celle-ci était conséquemment donnée comme la mère de Râ ; on admettait qu'elle avait porté dans son sein le père des êtres, et la vache lui fut attribuée pour symbole. Les Grecs, plus tard, s'imaginèrent y reconnaître leur Aphrodite. Adoré comme sortant des flancs de cette vache divine, le Soleil

Le dieu Khnoum formant l'œuf de l'univers sur le tour à potier.

prenait le nom de Hor; on le figurait comme un enfant s'élevant au-dessus des eaux sur une fleur de lotus (voy. la figure, p. 184). A son entrée dans le monde, il était reçu par cette même vache, déifiée sous le nom de Noubt, « la dorée. »

Certaines autres déesses sont des personnifications de la lumière du dieu Soleil, des rayons par lesquels il exerce son action sur l'univers. Telles sont Sekhet, Menhit, Ourt-hektou, Tefnout[1], Bast. Ces déesses forment dans le panthéon égyptien un groupe à part, très nettement déterminé. On leur donne pour attribut caractéristique comme une tête de

[1] Voy. plus haut, tome Ier, p. 79, la représentation de la déesse Tefnout.

lionne ou de chatte, qui surmonte leurs épaules humaines. Leur culte était particulièrement développé dans la région du Delta, et elles ten-

La déesse Hat-Hor, représentations diverses.

daient à se confondre dans une certaine mesure, comme, du reste, Hat-Hor elle-même avec les grandes déesses des religions asiatiques.

La navigation étant en Égypte le mode de transport habituel — car le Nil constituait, comme nous l'avons déjà dit, la grande artère de communication — c'est dans une barque que l'on se représentait le Soleil opérant sa course diurne au plus haut du ciel et sa course nocturne sur la terre.

« Le voici qui se dégage lentement des étreintes de la nuit, dit avec une véritable poésie, inspirée des sources religieuses égyptiennes, M. Maspero. Il ne fait qu'apparaître « à l'horizon oriental du ciel, » et déjà « les rayons vivants de ses yeux pénètrent, animent, fortifient tous les êtres. » Debout dans la cabine de sa barque sacrée, « la bonne barque des millions d'années, » enveloppé dans les replis du serpent Mehen qui est l'emblème de son cours, il glisse lentement sur le courant éternel des eaux célestes, guidé et suivi par cette armée de dieux secondaires dont les peintures nous montrent les formes bizarres. Hor, debout à l'avant, sonde l'horizon du regard et signale l'ennemi qu'il se tient prêt à percer de sa lance; un autre Hor tient le

Hor-pa-khrad ou Hor enfant sur le lotus.

Les déesses léontocéphales Sekhet et Menaï.

La déesse Bast, à tête de chatte, statuettes de bronze.

gouvernail. Les Akhimou-Ourdou, ceux qui jamais ne se reposent, et les Akhimou-Sekou, ceux qui jamais ne bougent[1], armés de longues rames, manœuvrent la barque et la maintiennent au fil de l'eau; ils se recrutent sans cesse parmi les âmes pures, et les rois des deux Égyptes eux-mêmes tiennent à honneur d'en faire partie. »

La barque du Dieu Râ.

Tu l'élèves bienfaisant, Ammon-Râ-Harmakhouti[2];
tu t'éveilles véridique, Ammon-Râ, seigneur des deux horizons!
O bienfaisant, resplendissant, flamboyant!
Ils rament tes nautoniers, les Akhimou-Ourdou;
ils te font avancer, tes nautoniers, les Akhimou-Sekou.
Tu sors, tu montes, tu culmines en bienfaiteur,
guidant ta barque sur laquelle tu croises,
par l'ordre souverain de ta mère Nout[3], chaque jour,
tu parcours le ciel d'en haut, et tes ennemis sont abattus.
Tu tournes ta face vers l'occident de la terre et du ciel.
Éprouvés sont tes os, souples tes membres,
vivantes les chairs, gonflées de sève tes veines,
ton âme s'épanouit.
On adore ta Majesté Sainte, on la suit sur le chemin des ténèbres.
Tu entends l'appel de ceux qui t'accompagnent derrière ta cabine,
les exclamations des nautoniers dont le cœur est content
parce que le Seigneur du ciel a comblé de joie les chefs du ciel inférieur,
les allégresses des dieux et des hommes qui poussent des exclamations
et s'agenouillent devant le Soleil sur son pavois,
par l'ordre souverain de ta mère Nout.
Les cœurs sont contents parce que Râ a renversé ses ennemis.
Le ciel est en allégresse, la terre est en joie,
les dieux et les hommes sont en fête,
afin de rendre gloire à Râ-Harmakhouti,
lorsqu'ils le voient se lever dans sa barque
et qu'il a renversé ses ennemis à son heure.
La cabine est en sûreté, car le serpent Mehen est à sa place,
et l'uræus a détruit les ennemis.

[1] Nous avons vu plus haut (dans ce volume, p. 109) que ces deux noms étaient donnés astronomiquement aux planètes et aux étoiles fixes.
[2] C'est encore à M. Maspero que nous empruntons la traduction de ce bel hymne.
[3] La voûte céleste personnifiée.

Avance sur ta mère Nout, seigneur de l'éternité!
Après avoir récité pour toi les charmes de l'enfantement,
elles se relèvent, Isi et Ncht-hat,
lorsque tu sors du sein de ta mère Nout.
Lève-toi, Râ-Harmakhouti!
Ton lever luit comme un rayonnement,
comme ta parole de vérité contre tes adversaires.
Fais ouvrir ta cabine!
Repousse le méchant en son heure,
afin qu'il n'avance pas, l'espace d'un moment!
Tu as anéanti la valeur de l'impie;
l'adversaire de Râ tombe dans le feu de la désolation,
lorsqu'il attaque en ses heures.
Les enfants de la rébellion n'ont plus de force;
Râ prévaut contre ses adversaires.
Les obstinés de cœur tombent sous tes coups;
tu fais vomir à l'impie ce qu'il avait dévoré.
Lève-toi, Râ, dans l'intérieur de ta cabine!
Fort est Râ; faible l'impie!
Haut est Râ; foulé l'impie!
Vivant est Râ; mort l'impie!
Grand est Râ; petit l'impie!
Rassasié est Râ; affamé l'impie!
Abreuvé est Râ; altéré l'impie!
Lumineux est Râ; obscur l'impie!
Bon est Râ; mauvais l'impie!
Puissant est Râ; impuissant l'impie!
Râ existe; Apap[1] est anéanti!

O Râ, donne toute vie au Pharaon!
Donne des pains à son ventre, de l'eau à son gosier,
des parfums à sa chevelure.
O bienfaisant comme Râ, Har-m-akhouti,
navigue avec lui par ordre souverain!
Ceux qui sont dans ta barque sont en exaltation;
troublés, confondus sont les impies.
Un bruit de joie est dans le lieu grand;
la cabine de la barque est en exaltation.
Ils poussent des exclamations dans la barque des millions d'années les
[nautoniers de Râ;
leur cœur est joyeux quand ils voient Râ.
Les dieux sont en exaltation.
Le grand cycle divin est comblé de joie en rendant gloire à la grande
[barque sacrée;
des réjouissances se font dans la chapelle mystérieuse.

---

[1] Le grand serpent du mal et des ténèbres, dont nous parlerons un peu plus loin.

O, lève-toi, Ammon-Râ-Harmakhouti, qui se crée lui-même!
Tes deux sœurs[1] se tiennent à l'orient;
elles sont accueillies, elles sont portées vers la barque,
cette barque de toute procréation.
Râ, qui a émis tous les biens,
viens, Râ qui se crée lui-même!
Fais que le Pharaon reçoive les offrandes qui se font dans Ha-benben[2],
sur les autels du Dieu dont le nom est secret.

Honneur à toi, vieillard qui se manifeste en son heure,
seigneur aux faces nombreuses,
uræus qui produit les rayons destructeurs des ténèbres!
Tous les chemins sont remplis de rayons.
C'est à toi que les cynocéphales donnent les offrandes qui sont dans
[leurs mains,
à toi qu'ils adressent leurs chants, dansant pour toi,
faisant pour toi leurs incantations et leurs prières.

Les singes cynocéphales adorant Râ dans sa barque[3].

Ils sont appelés dans le ciel et sur la terre;
ils sont conduits à tes gracieux levers;
ils t'ouvrent les portes de l'horizon occidental du ciel;
ils font aller Râ dans la paix,
dans l'exaltation de ta mère Nout.
Ton âme examine ceux qui sont dans le ciel inférieur,
et les âmes sont dans le ravissement matin et soir.
Car tu fais le fléau qui tue et tu adoucis la souffrance d'Osiri,
tu donnes les souffles à qui est dans la vallée funèbre.

Tu as illuminé la terre plongée dans les ténèbres;
tu adoucis la douleur d'Osiri.
Ceux qui sont goûtent le souffle de la vie;
ils poussent des exclamations vers toi,
ils s'agenouillent devant cette forme qui est la tienne, de Seigneur des
[formes.
Ils rendent honneur à ta force
dans cette figure bienfaisante qui est la tienne, de Dieu matin.
Les dieux tendent leurs bras vers toi,
lorsqu'ils sont enfantés par ta mère Nout.
Viens vers le Pharaon, donne-lui ses mérites dans le ciel,

[1] Isi et Nebt-hat.
[2] « La demeure du phénix, » le grand temple d'On ou Héliopolis.
[3] Vignette du *Livre des Morts*.

sa puissance sur la terre,
ô Râ! qui a réjoui le ciel,
ô Râ! qui a frappé la terre d'une crainte respectueuse.
ô bienfaisant Râ-Harmakhouti!
Tu as soulevé le ciel d'en haut pour élever ton âme;
tu as voilé le ciel inférieur pour y cacher tes formes funéraires.
Tu as élevé le ciel d'en haut à la longueur de tes bras,
tu as élargi la terre par l'écartement de tes enjambées.
Tu as réjoui le ciel d'en haut par la grandeur de ton âme;
la terre te craint, grâce à l'oracle de ta statue.
Épervier saint à l'aile fulgurante,
phénix aux multiples couleurs;
grand lion qui se défend soi-même
et qui ouvre les voies de la barque Sekti[1],
ton rugissement abat tes adversaires,
tandis que tu fais avancer ta grande barque.
Les hommes t'invoquent, les dieux te craignent;
tu as abattu les ennemis sur leurs faces.
Coureur qu'on ne peut atteindre au matin de ses naissances,
élevé plus que les dieux et les hommes,
lève-toi pour nous,
nous ne connaissons pas ton image;
apparais à notre face,
nous ne connaissons pas ton corps!
O bienfaisant Râ-Harmakhouti!
Tu te rues en mâle.
Taureau la nuit, chef en plein jour,
beau disque bleu[2],
roi du ciel, souverain sur la terre,
grande image dans les deux horizons du ciel,
Râ, créateur des êtres,
Totounen[3], vérificateur des êtres intelligents,
que le fils du Soleil, le Pharaon,
soit vénéré pour les mérites;
qu'il soit adoré quand tu te lèves bienfaisant
à l'horizon oriental du ciel.
C'est lui qui dirige ta course,
qui renverse tes ennemis devant toi,
qui repousse tous tes adversaires,
qui examine pour toi *l'outsâ*[4] en son lieu.

Le dieu passe, enveloppé de cette lumière éblouissante qui ne permet pas à l'œil humain de sonder les profondeurs de son être.

[1] Un des noms de la barque du Soleil.
[2] On donnait cette couleur au disque du soleil nocturne, plongé dans les ténèbres, lorsque le dieu est Atoum.
[3] C'est un des noms de Phtah.
[4] L'*outsâ* est l'œil de Dieu; son œil droit est le soleil et son œil gauche la lune.

O dieu qui t'es ouvert les voies [1],
ô toi qui as percé à travers les murailles !
O dieu qui se lève en qualité de soleil !
Être qui devient sous la forme de Khopra,
dans le double horizon !
Tu as éveillé ceux qui te font parcourir les chemins du ciel ;
tu t'approches du Grand Chef
pour faire le plan du temps durant le cours de l'éternité.
Enfant qui nais chaque jour,
vieillard enfermé dans les bornes du temps !
Vieillard qui parcoures l'éternité !
Si immobile qu'il ouvre toutes ses faces,
si élevé qu'on ne peut l'atteindre !
Seigneur de la demeure mystérieuse où il se tient caché,
être caché dont on ne connaît point l'image !
Seigneur des années, qui donne la vie à qui il lui a plu !
. . . .
Tu es venu, tu as ouvert les chemins,
tu as parcouru les voies de l'éternité.

C'est ainsi, au milieu des acclamations et des prières, que le dieu Soleil poursuit sa marche radieuse, jusqu'au moment où, poussé toujours par le courant irrésistible, il plonge à l'occident et disparaît pour un temps dans la nuit du ciel inférieur.

Dans les idées cosmographiques des Égyptiens, les eaux éternelles, après avoir formé la voûte des cieux, tombaient vers l'occident en large cascade et s'engouffraient dans les entrailles de la terre par le Ro-Pega ou Ro-Pegart, « la Bouche de la fente, » que l'on plaçait à l'ouest d'Aboud et dont cette ville possédait une image artificielle, objet d'une profonde vénération, auprès de laquelle on se plaisait à se faire ensevelir. C'est par cette ouverture que la barque du Soleil, toujours portée sur les eaux du firmament et entraînée dans leur chute, pénétrait dans le monde inférieur avec son cortège de dieux lumineux. Pendant douze heures la barque divine parcourait sous terre de longs corridors sombres, où des génies, les uns hostiles, les autres bienveillants, tantôt s'efforçaient de l'arrêter, tantôt l'aidaient à vaincre les dangers du voyage. De distance en distance, une porte, défendue par un serpent gigantesque, s'ouvrait devant elle et lui ouvrait l'accès d'une salle immense, remplie de flamme et de fumée, de monstres aux formes hideuses et de bourreaux qui tourmentaient les damnés. Puis les couloirs recommençaient, toujours étroits et obscurs, et la course au milieu des ténèbres, et les

---

[1] C'est encore à M. Maspero que nous empruntons la traduction de cet autre hymne.

luttes contre les génies malfaisants, et l'accueil joyeux des dieux propices. La description minutieuse de cette course souterraine du Soleil nocturne, telle qu'on se la représentait, était donnée dans un livre religieux spécial, le « Livre de savoir ce qu'il y a dans l'hémisphère inférieur, » dont le texte, conservé sur des papyrus, sur des sarcophages et sur les parois de quelques tombeaux, comme ceux des rois de Thèbes, peut être aujourd'hui presque entièrement reconstitué. Cet écrit donnait, heure par heure, avec figures explicatives, les épisodes de la marche du Soleil, le nom des salles parcourues, des génies et des dieux rencontrés, la peinture du supplice des damnés et les discours des personnages mystiques qui accueillent le Soleil. La barque du dieu était

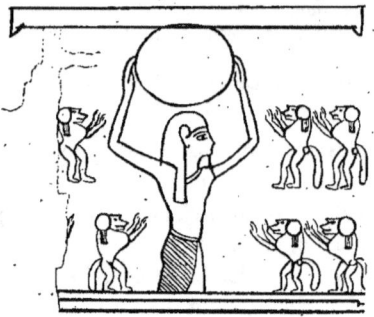
Le dieu Schou soulevant le soleil, lors de la création [1].

Le dieu Schou soulevant le soleil [2].

censée s'enfoncer toujours plus profondément jusqu'à minuit. A partir de cette heure, au contraire, elle commençait à remonter vers la surface de la terre. Au matin, le Soleil avait atteint l'extrême limite de la contrée ténébreuse et sortait à l'orient, dans le pays de Boqit, c'est-à-dire « de l'accouchement, » pour éclairer un nouveau jour.

Aux jours du commencement, l'action de Râ, s'étendant sur le chaos primordial, le débrouilla sans effort. Il dit à l'astre solaire : « Viens à moi, » et le soleil, venant à lui, commença de briller. Par son ordre, le dieu Schou, le lumineux, aplanit la terre et sépara les eaux en deux masses. L'une, répandue à la surface du sol, produisit les fleuves et les mers ; l'autre, suspendue dans les airs, forme la voûte du ciel, les « eaux

[1] Vignette du *Livre des Morts*.
[2] Figurine en terre émaillée.

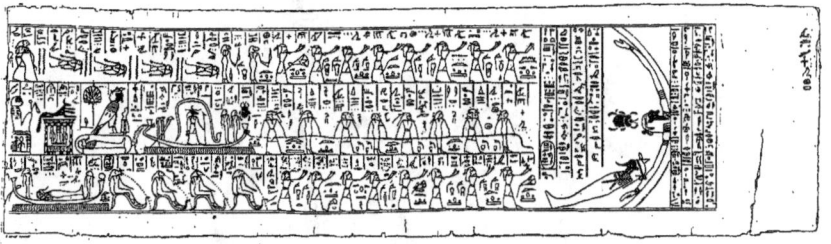

Fragment du « Livre de ce qu'il y a dans l'hémisphère inférieur[1]. »

[1] D'après un papyrus du Louvre. Ce fragment a trait à la dernière heure de la nuit, où le dieu Soleil, symbolisé dans son état nocturne et infernal par la momie, va opérer sur lui-même la transformation et le rajeunissement, exprimé par l'emblème du scarabée, qui lui permettra, après avoir été comme mort pendant la nuit, de renaître plus brillant à l'Orient.

d'en haut, » sur laquelle les astres et les dieux, entraînés par un courant éternel, se mirent à flotter[1]. « Mais en établissant les lois qui règlent l'harmonie du monde, l'ordonnateur universel avait par cela même soulevé contre lui les forces malfaisantes de la nature. Leur chef, que les monuments représentent sous la figure d'un long serpent sinueux, Apap, essaya d'anéantir l'œuvre divine; la bataille s'engagea entre les dieux lumineux, fécondants, et les « fils de la rébellion, » ennemis de la lumière et de la vie. Terminée, comme de juste, à l'avantage du pre-

Hor combattant le serpent Apap.

mier, elle n'amena pas de résultats décisifs. Tant que durera le monde, les monstres seront vaincus, affaiblis, mais non détruits. Sans cesse en révolte contre le pouvoir qui les accable, ils menacent sans cesse l'ordre de la nature. Afin de résister à leur action destructive, Dieu doit, pour ainsi dire, créer chaque jour à nouveau le monde[2]. »

L'office de combattre et de vaincre le grand serpent Refrof ou Apap appartient tout spécialement à Hor, qui personnifie le soleil levant. Sous la forme de Hor-Themâ, il perce de sa lance le reptile, en qui sont alors représentées les vapeurs crépusculaires que l'astre naissant dissipe de

---

[1] Voy. plus haut, dans ce volume, p. 111, la représentation du dieu Schou soulevant la déesse Nout, personnification de l'océan céleste.
[2] Maspero.

ses feux. C'est la donnée première, la forme la plus antique de la lutte des dieux de la lumière et du bien contre les puissances des ténèbres et du mal ; et elle a toujours gardé une place importante dans la mythologie. Mais plus tard le principe hostile et ténébreux fut surtout personnifié par le dieu Set, qui paraît avoir été primitivement un Soleil terrible, envisagé dans les effets desséchants et destructeurs de ses rayons, et aussi un dieu spécialement adoré par les populations du Delta, car on l'opposait, comme maître de cette contrée, à Hor, souverain des pays du sud. Set devint alors l'antagoniste d'Osiri, vainqueur un moment de ce dieu bienfaisant, mais vaincu à son tour par son fils Hor. De jour en jour il prit davantage la physionomie d'un dieu du mal, d'une personnification de tout ce qu'il y a d'hostile et de mauvais dans la nature. On ne l'envisageait plus guère que comme une sorte de démon d'une puissance formidable, et on n'avait plus pour lui que des malédictions à l'époque où les Grecs entrèrent en contact avec les Égyptiens et assimilèrent Set au Typhon de leur propre mythologie. Mais il n'en avait pas été toujours de même. Plus on remonte haut, moins on voit un caractère de réprobation attaché au personnage de Set. Même au temps de la xviiie, de la xixe et de la xxe dynastie, quoique le mythe qui en faisait le grand adversaire du bienfaisant Osiri fût déjà depuis longtemps formé et populaire, Set n'avait point pour cela cessé de recevoir une part dans les adorations publiques. Il y avait des endroits où il était le grand dieu local; on l'invoquait comme président, plus qu'aucun autre personnage du panthéon, à la force guerrière et destructive; on le considérait aussi comme le dieu du désert, qui menace constamment le sol fertile de l'Égypte des vagues brûlantes de ses sables, comme celui de la mer salée qui engloutit les eaux douces et fécondantes du Nil. Certains rois, comme Séti, se mettaient par leur nom même sous la protection spéciale de ce dieu. On l'associait quelquefois dans une combinaison syncrétique à son adversaire bienfaisant Hor[1], et on représentait les deux dieux réunis pour soutenir la couronne du roi, comme les maîtres de la Haute et de la Basse-Égypte. Ce qui n'empê-

Le dieu Set.

---

[1] Voy. le Hor-Set dont la représentation est donnée plus haut, dans ce volume, p. 130.

chait pas, du reste, que bien fréquemment le sculpteur qui venait d'exécuter la figure de ce dieu terrible et redouté dans les bas-reliefs d'un temple ou dans le cartouche contenant le nom du roi, la mutilait lui-même d'un coup de masse avant de terminer son œuvre, afin qu'elle ne lui portât pas malheur, exactement de même de nos « ymai-

Hor et Set associés pour soutenir la double couronne sur la tête du roi Râ-mes-sou II[1].

giers » du moyen âge ont souvent cassé la tête du diable qu'ils venaient de sculpter, se persuadant avec naïveté qu'ils le rendaient ainsi impuissant à leur nuire.

Set fut identifié au Soutekh que les Pasteurs et les Khéta tenaient pour leur dieu suprême. Il le fut aussi au Ba'al des populations kénânéennes et araméennes. Aussi ce fut dans son cycle que furent classées

---

Bas-relief de Thèbes.

Le dieu d'origine asiatique Bes.

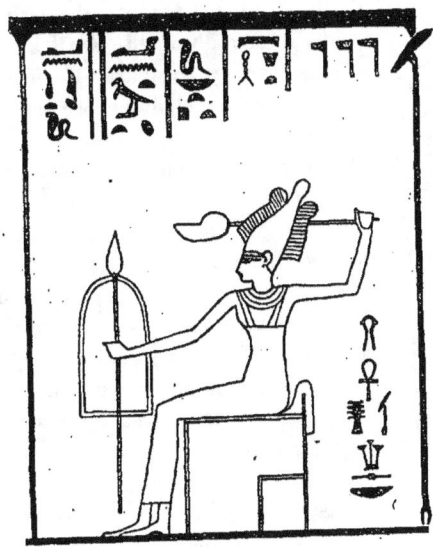

La déesse guerrière Anta.

La déesse Anouqt.

par la religion officielle les divinités asiatiques dont le culte, ainsi que nous l'avons déjà raconté (tome II, p. 265), s'introduisit sur les bords du

Le dieu Reschpou.

Nil vers le temps de la xix⁰ dynastie et y acquit momentanément une certaine popularité, Reschpou (Rescheph), Bes (Bousch), Âstart ('Aschtharth), Anta ('Anath), Qedescht, Kent, Ânouqt ('Onqath). On les mit aussi en rapport étroit avec Hat-Hor, que l'on rapprochait encore de la déesse kénânéenne 'Aschtarth, la 'Athar des Araméens et des Arabes, et dont on faisait quelquefois une reine des Asiatiques. Reschpou, dont les représentations sont assez multipliées, était invoqué comme un dieu de la vaillance guerrière. Âstart était aussi une reine des batailles; à qui l'on avait donné la tête d'une lionne de Sekhet et des autres déesses du même groupe.

La déesse Âstart.

Les pouvoirs malfaisants vaincus et contenus, l'œuvre du Dieu suprême, spécialement personnifié dans le Soleil, n'était pas encore complète.

Il a créé le sol, l'argent et l'or;
le lapis vrai à son bon plaisir[1].
Il fait les herbages pour les bestiaux,
les plantes dont se nourrissent les humains.
Il fait vivant le poisson dans le fleuve,
les oiseaux dans le ciel,
donnant le souffle à ceux qui sont dans un œuf.
Il vivifie les reptiles,
fait ce dont vivent les oiseaux ;
reptiles et oiseaux sont égaux à ses yeux.
Il donne des provisions au rat dans son trou,
et nourrit l'oiseau sur la branche.
Sois béni pour tout cela,
Un unique, multiple de bras.

C'est de ses deux yeux que sont sortis les hommes, « troupeau de Râ, » divisés entre les quatre races dont nous avons déjà parlé plus haut, en les comparant à celles qu'admet l'ethnographie de la Genèse (tome I⁹ʳ, p. 110) et en indiquant les auteurs différents que l'on attribuait à leur formation (tome I⁹ʳ, p. 21).

« Salut à toi! disent-ils tous,
louange à toi parce que tu demeures parmi nous !
Prosternations devant toi, parce que tu nous as créés ! »
Tu es béni de toutes créatures;
tu as des adorateurs en toute région,
au plus haut des cieux, dans toute la largeur de la terre,
au plus profond des mers.
Les dieux s'inclinent devant ta sainteté;
les âmes exaltent qui les a créées.
Elles se réjouissent de se présenter devant leur générateur,
elles te disent : « Va en paix,
père des pères de tous les dieux,
qui as suspendu le ciel, étendu la terre.
Créateur des êtres, formateur des choses,
roi souverain, vie, santé, force, chef des dieux,
nous adorons tes esprits, parce que tu nous as faits;
nous te faisons des offrandes, parce que tu nous as donné naissance ;
nous te bénissons, parce que tu demeures parmi nous. »

---

[1] Nous empruntons ces fragments de l'hymne à Ammon-Râ comme soleil et dieu suprême, contenu dans un des papyrus du Musée de Boulaq, à la belle traduction qu'en a donnée M. Grébaut.

§ 3. — LES DIEUX RÉGNANT SUR LA TERRE. — OSIRI.

« Au sortir des mains du créateur, l'homme ne connaissait encore aucun des arts nécessaires à la vie ; il n'avait même pas de langage et en était réduit à imiter le cri des animaux. Dieu descendit sur la terre et se manifesta aux humains sous différentes formes, dont la succession fut enregistrée dans les dynasties divines. Le nom de ces formes ou plutôt de ces dieux varia selon les temps et les lieux[1]. » A Memphis, Phtah prenait la tête de la liste ; à Thèbes c'était Ammon ; à Héliopolis, Atoum. Venaient ensuite Râ, qui paraît bien avoir été le premier des monarques divins dans la conception primitive, puis Schou, Sev, Osiri Oun-nofri, Set et Hor[2]. Le règne de cette dynastie divine était regardé par les Égyptiens comme un âge d'or auquel ils ne songeaient jamais sans envie. Pour dire d'une chose qu'elle était supérieure à tout ce qu'on pouvait imaginer, ils affirmaient qu'on n'en avait pas vu la pareille depuis les jours du dieu Râ. »

« Osiri était le plus populaire des dieux-rois. Son mythe n'est qu'une des formes sous lesquelles on se plaisait à se représenter la lutte du bien et du mal, du dieu ordonnateur contre le désordre du chaos. Osiri, l'être bon par excellence (Oun-nofri), est en guerre perpétuelle contre Set le maudit ; Osiri, dieu solaire et forme infernale de Râ, est l'ennemi éternel de Set, le dieu des ténèbres et de la nuit. Après sa disparition à l'ouest du ciel, « le roi du jour, souverain de la nuit, qui avance sans station ni relâche, » Râ, n'arrêtait point sa course. Il allait, comme nous l'avons dit tout à l'heure, « sur la voie mystérieuse de la région d'occident, » à travers les ténèbres de l'enfer, que nul vivant n'a jamais pénétrées, » et voyageait pendant douze heures pour regagner l'orient et reparaître à la lumière. Cette naissance et cette mort journalière du soleil, indéfiniment répétées, avaient suggéré aux Égyptiens le mythe d'Osiri. Comme tous les dieux, Os-iri est le soleil : sous la figure de Râ, il brille au ciel pendant les douze heures du jour ; sous la forme d'Os-iri, Oun-nofri, il régit la terre. Mais, de même que Râ est chaque soir attaqué et vaincu par la nuit qui semble l'engloutir à jamais, Osiri est trahi par Set, qui le met en pièces et disperse ses membres pour l'empêcher de reparaître.

---

[1] Maspero.
[2] Manéthon donnait aux noms de la dynastie divine, telle qu'on l'admettait à Memphis, les formes hellénisées : Héphaistos, Hélios, Sôs, Cronos, Osiris, Typhôn, Hôros.

LES DIEUX RÉGNANT SUR LA TERRE. — OSIRI

Malgré cette éclipse momentanée, ni Osiri ni Râ ne sont morts. Osiri

Phtah, le grand dieu de Memphis, représentations diverses.

Khent-Ament, l'Osiri infernal, soleil de nuit, renaît, comme le soleil au matin, sous le nom de Har-pa-khrad, Hor enfant, l'Harpocrate des Grecs.

Le dieu Osiri Oun-nofri, représentations diverses [1].

[1] Les deux plumes d'autruche, qui accompagnent d'ordinaire la coiffure d'Osiri, symbolisent les deux déesses associées à sa légende, Isi et Nebt-hat. Dans une des représentations que nous donnons ici, le dieu a la tête de l'oiseau Vennou, le phénix des Grecs. Une autre confond la figure d'Osiri avec l'emblème de stabilité désigné vulgairement et inexactement sous le nom de *nilomètre*.

Har-pa-khrad, qui est Osiri, lutte contre Set et le bat comme le soleil levant dissipe les ombres de la nuit; il venge son père, mais sans anéantir son ennemi. Cette lutte, qui recommence chaque jour et symbolisait la vie divine, sert aussi de symbole à la vie humaine. La vie n'était pas, en effet, confinée à cette terre. L'être qui naissait à notre monde avait déjà vécu et devait vivre ailleurs; les moments de son existence terrestre n'é-

Le dieu Hor, fils d'Isi[1].

taient qu'un des stages, un des devenirs (*khopraou*) d'une existence dont il ne connaissait ni le commencement ni la fin. Chacun des stages de cette existence, et partant la vie humaine, répondait à un jour de la vie du soleil et d'Osiri. La naissance de l'homme était le lever du soleil à l'orient; sa mort, la disparition du soleil à l'occident du ciel. Une fois mort, l'homme devenait Osiri et s'enfonçait dans la nuit jusqu'au moment où il renaissait à une autre vie comme Hor-Osiri à une autre journée[2]. »

Toute une légende d'un caractère épique se forma sur ces données

[1] On lui donne une tête d'épervier, c'est son mode de figuration le plus habituel. On le représente aussi sous la forme d'un épervier.
[2] Maspero.

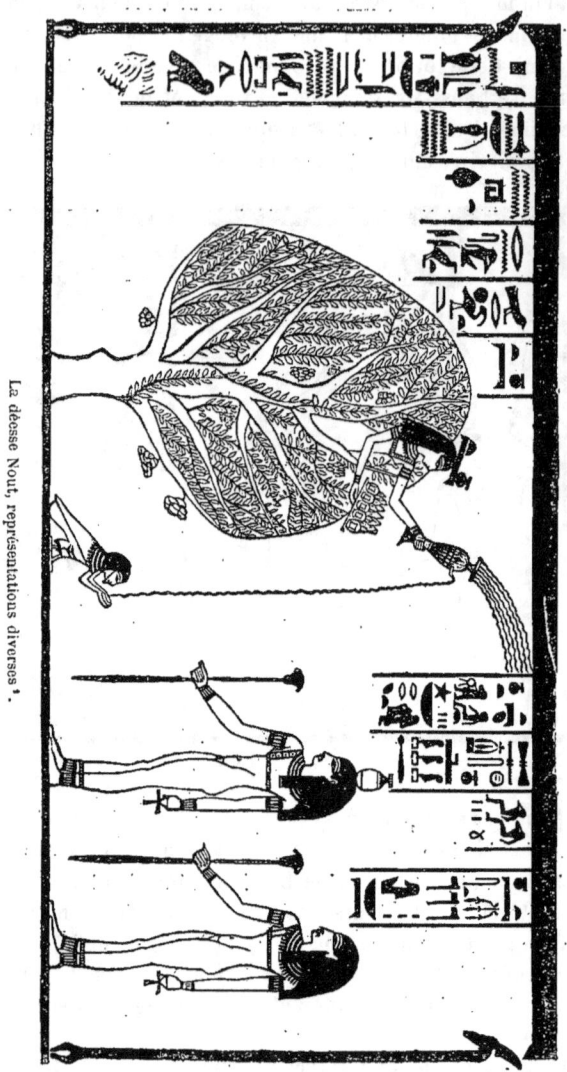

La déesse Nout, représentations diverses[1].

[1] Dans la figure 2, la déesse a sur la tête le vase plein d'eau qui est à la fois son symbole et l'expression hiéroglyphique de son nom. Dans la figure 3, assise au milieu des branches de l'arbre céleste du perséa, elle présente à l'âme bienheureuse, figurée par l'épervier à tête humaine, les fruits d'immortalité et lui verse les eaux du rafraîchissement divin.

théologiques; on lui donna la terre pour théâtre et chacune des villes de la vallée du Nil prétendit avoir vu un des épisodes du drame. On raconta qu'Osiri et Set étaient frères, nés tous les deux de Sev[1], personnification de la terre, et de la déesse Nout, la voûte céleste. Ils avaient épousé leurs deux sœurs, Isi et Nebt-hat (la Nephtys des Grecs). Osiri, l'aîné des frères, avait d'abord régné sur l'Égypte, sur laquelle il avait répandu tous les bienfaits de la civilisation. Mais Set, jaloux d'Osiri et voulant usurper sa couronne, avait assassiné traîtreusement son frère dans un banquet, avait coupé son corps en morceaux et enfermé ceux-ci dans un coffre, qu'il avait jeté à la mer. Isi, instruite de l'assassinat, avait longtemps recherché les débris du corps de son mari, les avait recueillis, rassemblés et par ses baisers et ses larmes les avait si bien réchauffés que ce cadavre inanimé l'avait rendue mère d'un fils, Hor, qui n'était que lui-même réincarné. Hor avait grandi sous la double protection d'Isi et de Nebt-hat, qui, bien que femme du meurtrier, s'était associée aux recherches et au deuil de sa sœur. Parvenu enfin à la plénitude de sa force, le jeune dieu avait tiré vengeance de la mort de son père sur la personne de Set, lequel régnait en Égypte depuis la mort d'Osiri, en commettant tous les excès et tous les crimes. La mort d'Osiri, la douleur d'Isi, la défaite finale de Set, tout cela avait fourni à la légende mythique et à ses variantes un thème inépuisable de créations qui rappellent ce que l'on trouve dans diverses religions de l'Asie antérieure, notamment l'histoire de Cybèle et d'Atys, celle de Ba'alth et de Tammouz ou d'Aphrodite et d'Adonis.

Isi allaitant son fils Hor.

Aussi certaines des variantes du mythe osirien avaient-elles été combinées de manière à établir un lien entre le culte de l'Égypte et celui de la Syrie. On racontait que le coffre qui contenait les restes du corps dépecé d'Osiris, jeté à la mer aux embouchures du Nil, avait été porté par les flots jusque sur le rivage de la Phénicie, à Gebal ou Byblos. Là un tamarisc avait miraculeusement poussé en une seule nuit, enveloppant dans son tronc le coffre du dieu. Frappé de la miraculeuse crois-

---

[1] Voyez plus haut dans ce volume, p. 136, la figure du dieu Sev.

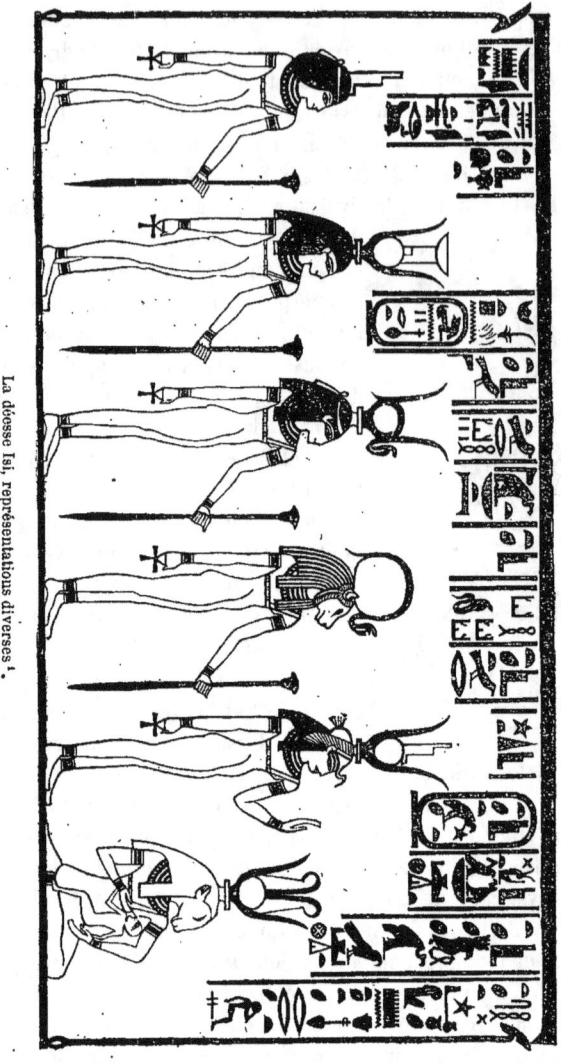

La déesse Isi, représentations diverses[1].

[1] Le trône que la déesse porte sur sa tête dans les figures 1 et 5 — dans cette dernière au-dessus du disque solaire placé entre deux cornes de vache — est le signe qui sert à orthographier son nom dans l'écriture hiéroglyphique. La figure 4 lui donne une tête de lionne ; la figure 6, où elle allaite son fils Hor, une tête de vache.
Ce n'est plus Isi, mais Nebt-hat, que représente la figure 2.

sance de cet arbre, le roi de Gebal, Melqarth (Plutarque hellénise son nom en Malcandre), l'avait fait couper et en avait fait la colonne centrale qui soutenait le plafond d'une des salles de son palais. Isi, dans ses courses vagabondes, était venue en Phénicie et avait reconnu que la colonne de Gebal recélait dans ses flancs le cadavre d'Osiri. Alors elle s'était offerte pour être la nourrice de l'enfant de Melqarth, et tandis qu'elle allaitait son nourrisson de jour, la nuit elle se changeait en oiseau pour voleter autour de la colonne en poussant des lamentations sur son veuvage. L'éducation de l'enfant achevée, et avec une nourrice divine, elle l'avait été en peu de temps, Isi avait demandé la colonne pour son salaire, l'avait ouverte et en avait tiré le corps de son époux.

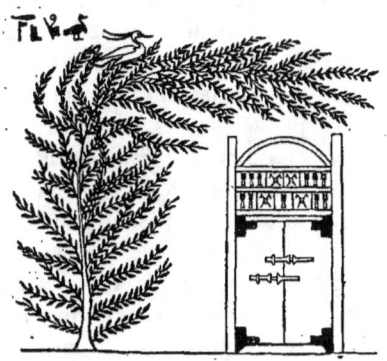

Le tamarisc et le coffre qui renferme le corps d'Osiri [1].

Nous montrerons un peu plus loin de quelle importance ce mythe osirien fut dans le développement des idées des Égyptiens sur l'autre vie et sur les destinées qui y attendaient l'âme après la mort.

§ 4. — TRIADES ET ENNÉADES DIVERSES.

Dans ce rapide exposé des doctrines essentielles et fondamentales de la religion de l'antique Égypte[2], nous n'avons esquissé que les plus grands

---

[1] Bas-relief de Thèbes, d'après Wilkinson.
L'inscription qui accompagne l'oiseau Vennou, perché sur les branches du tamarisc, le désigne comme « l'âme d'Osiri. »

[2] Sur la religion et les dieux de l'Égypte, voyez principalement : Champollion, *Panthéon égyptien*, Paris, 1823 et années suivantes, in-4°. — S. Birch, *Gallery of egyptian antiquities from the Britich Museum*, Londres, 1844. — E. de Rougé, *Notice des monuments égyptiens du Musée du Louvre*, 4° édition, Paris 1873; *Mémoire sur la statuette naophore du Musée du Vatican*, Paris, 1851. — A. Mariette, *Mémoire sur la représentation de la mère d'Apis*, Paris, 1856. — Chabas, *Hymne à Osiris traduit et expliqué*, Paris, 1857. — Robiou, *Croyances de l'Égypte à l'époque des Pyramides*, Paris, 1870; *Les doctrines religieuses de l'ancienne Égypte d'après les travaux récents*, Paris, 1878. — Maspero, *Histoire ancienne des peuples de l'Orient*, chapitre Ier. — Wilkinson, *Manners and customs of ancient Egyptians*, nouvelle édition, Londres, 1878, tome III, avec les additions de M. Birch. — Pierret, *Dictionnaire d'archéologie égyptienne*, Paris, 1875 ; *Essai sur la*

traits, nous n'avons indiqué que les personnages principaux du panthéon, que la théologie considérait comme formé par la subdivision de l'unité du premier principe, unité dont la notion régnait au fond des sanctuaires ; car on s'y efforçait de trouver des combinaisons plus ou moins ingénieuses pour la concilier avec le fait du polythéisme. Nous ne saurions entrer ici dans l'énumération des personnages secondaires de l'Olympe pharaonique ; leur nombre la rendrait beaucoup trop longue. En effet, ces dieux, que les penseurs religieux considéraient comme n'étant que des attributs, des qualités ou des modalités du seul être absolu et éternel, mais auxquels on avait fini par attribuer une existence propre et personnelle, pouvaient être indéfiniment multipliés, et certes la superstition populaire ne s'en était pas fait faute. Souvent beaucoup de ces personnages procèdent de la même conception et peuvent être ramenés à une même figure ; lorsqu'on les étudie de près, leur diversité extérieure s'efface, on les voit se confondre les uns avec les autres, et on arrive rapidement à cette conclusion que la mythologie égyptienne et tout le peuple de ses dieux se réduisent à un très petit nombre d'éléments, qui vont en se diversifiant à l'infini dans leur expression extérieure. Mais dans la religion populaire et visible, dans celle que les cérémonies extérieures des temples étalaient aux yeux du public, tous ces êtres divins se présentaient comme absolument distincts ; le peuple les tenait pour tels ; les prêtres seuls et ceux qu'ils avaient instruits dans les secrets des choses religieuses savaient à quoi s'en tenir sur le fond des doctrines.

Nous devons aussi laisser de côté, sans y insister longuement, certains dieux qui sortent du caractère solaire prédominant d'une manière générale dans le panthéon égyptien, par exemple toute la série des personnifications lunaires auxquelles on attribue un caractère mâle. Ces dieux, qui se rattachent, non plus à l'œil droit, mais à l'œil gauche du Dieu unique et suprême, sont principalement Khonsou, l'un des souverains de Thèbes, Aah et surtout Tahout, le dieu à tête d'ibis[1], qui partout figure dans les cycles divins avec son rôle particulier de scribe de l'assemblée des immortels, et qui était le premier des dieux à Sesoun ou Khmounou, l'Hermopolis des écrivains classiques, dans l'Égypte moyenne. Les Grecs en ont fait un Hermès. C'est le dieu des sciences, des lettres, celui à qui

---

mythologia égyptienne, Paris, 1879 ; *Le panthéon égyptien*, Paris, 1881. — Lepage-Renouf, *Lectures on the origin and growth of religion as illustrated by the religion of ancient Egyptians*, Londres, 1880.

[1] Voyez plus haut, dans ce volume, p. 108, les représentations du dieu Tahout.

l'on attribue la composition des livres sacrés. En tant que lune, il est le mensurateur du temps et celui qui veille sur la régularité des mouvements sidéraux.

Dans le culte extérieur et public, les divinités, indéfiniment multipliées, se groupaient toujours par triades ou séries de trois, qui plaçaient sous les yeux du peuple l'image du mystère de la génération divine, sous les traits d'une famille constituée comme celles des hommes

Le dieu Khonsou [1].

et composée d'un père, d'une mère et d'un fils. Ces groupes, ces familles divines qui reproduisaient sous une forme matérielle et tangible la conception fondamentale de la doctrine mystérieuse, étaient censées s'enfanter successivement les unes les autres et formaient ainsi comme une chaîne d'émanations descendant de la divinité suprême, se rapprochant à chaque degré davantage de la terre et finissant par arriver presque au niveau de l'humanité.

Ici la politique était intervenue directement et d'une manière fort habile dans l'organisation du culte public. Chaque triade était adorée

[1] Les figures 1 et 3 le représentent sous sa forme de Nofri-hotpou, la figure 2 sous celle de « Conseiller dans Thèbes. »

dans le sanctuaire d'une des villes capitales des nomes ; il n'y avait pas deux villes qui adorassent la même triade. Or, le rang que tenait dans l'échelle des émanations le groupe divin adoré dans le temple était en raison directe de l'importance politique et administrative de la ville.

Le triade suprême des dieux de Thèbes ; Ammon, Mout et Khonsou[1].

C'est à peine si l'on pourrait citer deux ou trois exceptions, qui tiennent à ce que des villes fort considérables à l'époque reculée où le culte officiel avait été organisé, étaient avec le temps déchues de leur importance, sans que leur culte eût perdu son rang hiérarchique. Mais il faut ici tenir également compte de ce fait que si le rang de la ville a très souvent déterminé le choix de la triade qu'on y adorait, d'après son rang dans

[1] Bas-relief de Karnak.

l'échelle théogonique, par contre il est arrivé aussi que la fortune historique de la ville a grandi singulièrement l'importance attribuée à son dieu.

La triade suprême, sous le Moyen et surtout le Nouvel Empire, était celle de Thèbes, composée d'Ammon-Râ, le plus grand dieu du culte officiel de l'Égypte à partir du moment où la xii° dynastie eut établi la capitale du pays d'où elle tirait son origine, de Mout, la mère divine par excellence, et de Khonsou, fils d'Ammon, mais aussi transformation d'Ammon lui-même, car dans ces groupes divins le fils est toujours identique à son père. Ammon, du reste, est sans contredit la forme la plus élevée et la plus spiritualiste sous laquelle le sacerdoce égyptien ait présenté la divinité aux adorations de la foule dans ses sanctuaires. C'est le dieu invisible et insondable ; son nom signifie « le caché, » et en effet il est le ressort mystérieux qui crée, conserve et gouverne le monde.

Phtah sous la forme d'embryon[2].

Le dieu père dans la triade de Memphis était Phtah[1], le démiurge, personnification de l'énergie créatrice, seigneur de justice, ouvrier et ordonnateur des mondes, auteur de l'univers visible, mais dont les attributs expriment une confusion absolue entre le créateur et la créature, entre l'auteur de l'ordre des choses et la matière informe. C'est ainsi qu'on le représentait comme un nain grotesque et monstrueux ou mieux comme un fœtus encore imparfaitement développé, tel qu'il est dans le ventre de sa mère. Son épouse était Sekhet, la déesse à tête de lionne, vengeresse des crimes, dans laquelle on reconnaissait quelquefois une forme de Mout. Le culte de la vieille capitale des dynasties primitives donnait Râ pour fils à ce couple divin.

Monthou, à tête d'épervier, était la forme terrible et guerrière du Soleil, dont les rayons frappent comme des flèches et sont quelquefois mortels. On l'adorait spécialement à On-rès ou Hermonthis, avec la déesse Râtaoui, son épouse, et leur fils Har-pa-Râ (Hor Soleil), nouvel exemple de l'identité du dieu père et du dieu fils.

Citons encore, parmi les triades locales que l'on connaît par les monuments :

---

[1] Voy. plus haut, dans ce volume, p. 199, les représentations de Phtah.

[2] Figurine en terre émaillée. Sur la tête du dieu est placé le scarabée, emblème de création et de transformation.

A Thèbes, comme triade secondaire, Ammon Khem, Amont et Har-ka;

Aux Cataractes, Khnoum, Sa et Ânouqt;

A Teb ou Apollonopolis, Har-houd, Hat-Hor et Har-samt-taoui;

A Sni ou Latopolis, Khnoum, Nebaout et Haq-kéou;

A Noubti ou Ombos, Sevek-Râ, Hat-Hor et Khonsou; puis, comme seconde triade, Har-ouer, Sent-nofrit et P-neb-taoui.

De toutes ces triades, celle qui était la plus rapprochée de l'humanité dans le culte extérieur, bien que sa conception, comme nous l'avons vu, fût une des plus hautes, était celle d'Osiri, d'Isi et de Hor, objet d'un culte universel dans toutes les parties de l'Égypte, mais ayant son plus auguste sanctuaire dans Aboud, la ville qui lui était spécialement consacrée, comme le fut plus tard aussi l'île de Philæ.

Hor enfant entre les déesses Isi et Nebt-hat [1].

Quelquefois les groupes ternaires ne reproduisaient plus la famille humaine et étaient composés de trois dieux mâles. Tel était le caractère de l'association de Râ, Phtah et Hâpi (le Nil) et de celle de Ammon-Râ, Râ et Sevek. Les rois divinisés de leur vivant ont été introduits dans les groupes de ce genre. Râ-mes-sou II est le synthroné d'Osiri et de Phtah quand il reçoit les adorations de son beau-père, le prince de Khéta (plus haut, tome II, p. 263); avec Râ et Atoum il constitue la trinité des grands dieux de sa ville de Pa-Râmessou-aâ-nakhtou. Dans un bas relief de Khennou (Silsilis), son fils Mi-n-Phtah l'adore en compagnie d'Osiri et d'Isi, auprès desquels il se substitue à Hor en tant que Dieu fils. A Isamboul nous l'avons vu (plus haut, dans ce volume, p. 25), se rendre un culte à lui-même comme au fils du dieu Râ et la déesse Tefnout. Aux temps ptolémaïques, la dégradation de la religion par cette apothéose des rois de leur vivant en vient à ce point que dans le temple d'Hermonthis on présente aux adorations, en tant qu'une nouvelle triade divine, manifestée sur la terre, Jules César, la fameuse Cléopâtre et le petit Ptolémée César ou Césarion, fruit de leur commerce doublement adultère.

Le nombre trois étant essentiellement mystique et sacré, les groupes ternaires de dieux se multipliaient à leur tour par trois, la triade deve-

[1] Amulette de terre émaillée.

naît une ennéade. C'est ce qu'on appelait un *paoût noutriou*, « un cycle de dieux. » Cette ennéade, dont chaque personne pouvait se décomposer en un nombre infini de formes secondaires, était devenue l'expression favorite pour représenter la divinité dans son unité multiple, telle que l'avaient conçue les écoles sacerdotales. On l'employait donc souvent comme désignation collective de l'ensemble des dieux, résumé sous cette forme doublement ternaire.

§ 5. — LE CULTE DES ANIMAUX.

Le symbolisme était l'essence même du génie de la nation égyptienne et de sa religion. L'abus de cette tendance produisit la plus grossière et la plus monstrueuse aberration du culte extérieur et populaire du pays

Le poisson oxyrhynque, animal sacré de Hat-Hor [1].

de Kêmi-t. Pour symboliser les attributs, les qualités et la nature des diverses divinités de leur panthéon, les prêtres égyptiens avaient eu recours aux êtres du règne animal. Le taureau, la vache, le bélier, le chat, le singe, le crocodile, l'hippopotame, l'épervier, l'ibis, le scarabée, etc., étaient les emblèmes chacun d'un ou de plusieurs personnages divins. On représentait le dieu sous la figure de cet animal, ou, plus souvent encore, par un accouplement étrange et particulier à l'Égypte, on lui en donnait la tête sur un corps humain. Mais les habitants des bords du Nil, éloignés de l'idolâtrie des autres nations païennes par un instinct de leur nature, tout en multipliant les représentations de leurs dieux, disaient qu'en réalité « on ne taille point un dieu dans la pierre, dans les

---

[1] Bronze du Musée du Louvre.
Comme personnifiant la déesse elle-même, le poisson sacré porte sur la tête sa coiffure, composée du disque solaire entre deux cornes de vache; voy. plus haut, dans ce volume, p. 183, les représentations de la déesse sous forme humaine.

statues sur lesquelles on pose la double couronne ; on ne le voit pas ; on ne sait pas le lieu où il est. » Ils avaient préféré porter leurs hommages à des images vivantes des dieux plutôt qu'à des images inertes de pierre ou de métal ; et ces images vivantes, ils les avaient trouvées dans les animaux, qu'ils avaient choisis pour emblèmes de l'idée exprimée dans la conception de chaque dieu. De là le culte des animaux sacrés, qui paraissait si étrange et si ridicule aux Grecs et aux Romains.

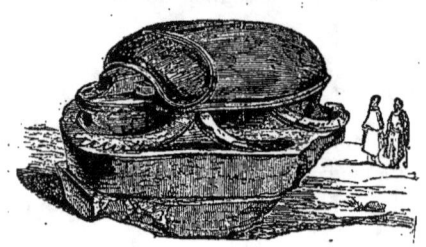

Image colossale d'un scarabée, en granit noir [1].

Quelques-uns, en se fondant sur les théories préconçues de certaines écoles plus ou moins philosophiques sur des phases successives d'évolution de la religion, qui auraient été invariablement les mêmes chez tous les peuples, ont cru reconnaître dans ce culte des animaux sacrés chez les Égyptiens le vestige d'un fétichisme remontant à un état encore sauvage. Il y a à cette manière de voir un obstacle absolu. C'est que la tradition nationale des Égyptiens affirmait qu'un tel culte, bien loin d'avoir un caractère primitif, ne s'était établi que par une combinaison voulue, à une date déterminée dans les temps historiques. Les historiens du pays avaient soin de noter que l'adoration des animaux divins les plus vénérés de l'Égypte, de ceux qui, ainsi que nous le verrons tout à l'heure, étaient considérés comme de véritables incarnations des dieux sur la terre, ne remontait ni au temps semi-mythique des Schesou-Hor, ni à celui de la première dynastie. Il avait été constitué par Ka-kéou, le second roi de la IIᵉ dynastie (plus haut, tome II, p. 59). Ce n'était donc pas un fait primordial remontant aux origines mêmes de la société égyptienne, avant qu'elle ne fût sortie des langes d'un état rudimentaire ; c'était la conséquence logique d'un développement déjà trop raffiné de l'esprit de symbolisme.

Chaque nome avait son animal sacré, dont quelques-uns étaient adorés par tout le pays, comme le scarabée de Phtah, l'ibis et le singe cynocéphale de Tahout, l'épervier de Hor, le chacal d'Anopou (Anubis). D'autres, vénérés dans un nome, étaient proscrits ailleurs. Les gens de Abou

[1] D'après Wilkinson. Ce monument est aujourd'hui conservé au Musée Britannique.

(Éléphantine) tuaient le crocodile et lui faisaient la chasse avec acharnement. Au contraire, les prêtres de Thèbes et ceux de Sched (Crocodilopolis), dans le Fayoum, vénéraient avec effroi le redoutable saurien et, nous dit Hérodote, « en choisissaient un beau qu'ils nourrissaient, après lui avoir appris à manger dans la main. Ils lui mettaient aux oreilles des anneaux d'or ou de terre émaillée, et des bracelets aux pattes de devant. » Strabon raconte sa visite au crocodile sacré : « Notre hôte prit des gâteaux, du poisson grillé et une boisson préparée avec du miel, puis alla vers le lac avec nous. La bête était couchée sur le bord. Les prêtres vinrent auprès d'elle, deux d'entre eux lui ouvrirent la gueule, un troisième

Chatte et ses petits, animal sacré de la déesse Bast [1].

y fourra d'abord les gâteaux, ensuite le poisson frit et finit par le breuvage. Sur quoi le crocodile se mit à l'eau et s'alla poser sur l'autre rive. Un nouvel étranger étant survenu avec pareille offrande, les prêtres la prirent, firent le tour du lac, et après avoir atteint le crocodile lui donnèrent l'offrande de la même manière. » Chaque animal sacré était ainsi nourri avec beaucoup de soin, et selon ses goûts, dans le temple du dieu auquel il était consacré, et, après sa mort, il était embaumé. Il n'était pas rare de voir un riche particulier dépenser par dévotion tout ou partie de son bien à lui faire de splendides funérailles. Ce n'était, d'ailleurs, qu'un individu de chaque espèce que l'on adoptait ainsi comme représentation vivante du dieu dans le temple, où il était entretenu aux frais de l'État et servi par les plus grands personnages. Mais l'espèce entière était sacrée dans le nome où un de ces individus était ainsi adoré; c'eût été un sacrilège horrible que d'y molester un animal de cette

---

[1] Bronze du Musée du Louvre. Voy. plus haut, dans ce volume, p. 184, la représentation de la déesse Bast en femme à tête de chat.

espèce, et tous avaient droit à l'embaumement. Il y avait des catacombes d'animaux sacrés dont chacune renfermait une espèce particulière. Les chats, après avoir été embaumés, étaient transportés des autres villes d'Égypte à Pa-Bast (Bubastis), les éperviers à Pa-Ouats (Bouto), les ibis à Sesoun ou Khmounou (Hermopolis).

L'ibis, animal sacré de Tahout[1].

Je le répète, dans la conception première et pour ceux qui connaissaient le fond de la religion, ces animaux sacrés n'étaient que des simulacres vivants des divinités; mais la superstition populaire en faisait des dieux réels, et leur culte était peut-être la partie de la religion à laquelle le peuple était le plus invinciblement attaché. « Si, dit Hérodote, on tue quelqu'un de ces animaux de dessein prémédité, on est puni de mort; si on l'a fait involontairement, on paie l'amende qu'il plaît aux prêtres d'imposer; mais si on tue un ibis ou un épervier, même sans le vouloir, on ne peut éviter le dernier supplice. » Un soldat romain, sous les Ptolémées, ayant tué par hasard un chat sacré dans les rues d'Alexandrie, fut massacré par le peuple en furie, malgré l'intervention du roi et le nom si redoutable de Rome. Un récit fortement légendaire prétend aussi que lorsque le Perse Kambouziya envahit l'Égypte, il fit placer en avant de son armée une rangée d'animaux sacrés, et que les Égyptiens se laissèrent mettre en déroute pour ne pas diriger sur eux leurs traits (tome II, p. 422).

Les plus célèbres des animaux sacrés, ceux que l'on considérait, non plus comme des images, de simples simulacres, mais comme de véritables incarnations de la divinité, étaient le taureau Our-mer, appelé des Grecs Mnévis (de *mna*, « bétail »), et l'oiseau Vennou, le phénix, à On (Héliopolis), le bélier (les Grecs disent le bouc) Ba-neb-Dad à Pa-Ba-neb-Dad (Mendès), le taureau Pacis ou Bacis (on ne connaît de son nom que la forme hellénisée) à On-rès (Hermonthis), enfin le taureau Hapi (Apis) à Man-nofri (Memphis). Le bélier Ba-neb-Dad était « l'âme d'Osiri, » le bœuf Our-mer « l'âme de Râ; » le taureau Pacis était aussi appelé Ounnofri, ce qui indique qu'on voyait en lui une incarnation d'Osiri, auquel

---

[1] Bronze du Louvre.

appartient ce nom. Au dire des Grecs, le phénix arrivait tous les cinq cents ans de l'ouest et s'abattait dans le temple de Râ à Héliopolis. Quelques-uns prétendaient qu'il apportait avec lui le corps de son père enveloppé de myrrhe. D'autres disaient qu'il venait se faire brûler lui-même sur un bûcher de myrrhe et de bois odorants, pour renaître de ses cendres et repartir à tire-d'aile vers sa patrie d'orient. En fait le Vennou était une espèce de vanneau à la tête ornée de deux longues plumes flottantes. Il passait pour être encore une incarnation de « l'âme d'Osiris (voy. un peu plus haut, dans ce volume, la vignette de la page 205. »

Le taureau divin de Memphis, Hapi, avait fini par devenir aux yeux de tous les Égyptiens l'expression la plus complète de la divinité sous la forme animale. On le tenait pour « la seconde vie de Phtah, » pour une incarnation permanente de ce grand dieu de la religion memphite. Hapi, disaient

Le taureau Hapi d'après les stèles du Sérapéum.

Le taureau Hapi, statuette de bronze.

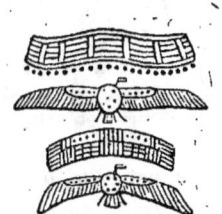

Les marques du dos du taureau Hapi, exprimées symboliquement[1].

les prêtres, naissait d'une vache miraculeusement fécondée par un éclair descendu du ciel, demeurée vierge après son enfantement, et qui ne devait plus être mère une seconde fois. Il devait être noir avec un triangle blanc sur le front, une marque formée par un épi de poils sur le dos, que l'on comparait à un vautour aux ailes éployées, le ventre et les pattes blanches, une espèce de bourrelet ou de nœud de chair en forme de scarabée sur la langue; les poils de sa queue étaient doubles.

[1] Ce sont celles qu'on voit sur le bronze reproduit dans la vignette précédente.

« Le scarabée, le vautour et toutes celles des autres marques qui tenaient à la présence et à la disposition relative des épis, dit Auguste Mariette, n'existaient pas réellement. Les prêtres, initiés aux mystère de Hapi, les connaissaient sans doute seuls et savaient y voir les symboles exigés de l'animal divin, à peu près comme les astronomes reconnaissent dans certaines dispositions d'étoiles les linéaments d'un dragon, d'une lyre et d'une ourse. » Hapi vivait à Memphis dans une chapelle attenante au grand temple de Phtah et y recevait de ses prêtres les honneurs divins. Une vaste cour, entourée de portiques somptueux, lui servait de promenoir, et c'est là qu'on le montrait aux dévots qui venaient l'adorer. Il rendait des oracles aux particuliers qui le consultaient et pouvait remplir d'une faveur prophétique les enfants qui l'approchaient.

Le dieu Osir-Hapi, représentation égyptienne.

Quand le taureau-dieu venait à mourir, l'Égypte entière était en deuil, et partout on se livrait à de solennelles lamentations. Dès qu'il se manifestait de nouveau, chacun se parait de ses plus riches habits, et on se livrait aux plus grandes réjouissances. Mais chaque Hapi ne devait vivre qu'un nombre d'années déterminé par les lois religieuses, et au bout de ce temps, s'il n'était pas mort de mort naturelle, on le tuait, sauf à en porter le deuil. Au terme de vingt-cinq ans après sa naissance, les prêtres le noyaient dans une fontaine consacrée au Soleil. Cette règle, en vigueur à l'époque gréco-romaine, n'existait pas encore, du reste, ou n'était pas vigoureusement appliquée dans les temps pharaoniques, car deux Hapi contemporains de la XXII° dynastie vécurent plus de vingt-six ans. Il y a des raisons de croire que c'est sous la XXVI° dynastie qu'elle fut définitivement établie.

Hapi mort devenait l'objet d'un nouveau culte. Par le seul fait de son trépas, il se trouvait assimilé à Osiri, le dieu des régions infernales, et recevait le nom d'Osir-Hapi, d'où les Grecs ont fait Sérapis. D'une importance fort secondaire, et surtout exclusivement limitée à Memphis, sous la monarchie pharaonique, le culte d'Osir-Hapi ou Sérapis prit tout à coup un développement et un rôle capital au temps des Ptolémées.

Changeant complètement de nature et de physionomie par suite de l'assimilation du dieu égyptien à un dieu Sérapis ou Sarapis, d'une origine toute différente, qui était honoré dans la ville hellénique de Sinope, sur le Pont-Euxin, il devint un culte mixte, dont la politique des Lagides fit un point de contact entre les deux populations grecque et égyptienne.

Les taureaux Hapi du temps des dynasties primitives paraissent avoir été ensevelis dans les souterrains situés sous la grande pyramide à étages de Saqqarah (plus haut, tome II, p. 61), au centre de la nécropole memphite. Plus tard, chaque taureau eut sa tombe séparée dans la portion du champ funéraire de Ka-kam (Cochomê des Grecs, Saqqarah d'aujourd'hui), que les Hellènes appelèrent le Sérapêion et les Romains le Sérapéum. Elle se composait d'un édicule orné de bas-reliefs, sous lequel on pratiquait une chambre souterraine carrée à plafond plat. Vers le milieu du règne de Râ-mes-sou II, on abandonna le système des tombes séparées pour en revenir à celui du cimetière commun. On creusa dans la roche vive une galerie d'une centaine de mètres de longueur, sur chaque côté de laquelle ont été successivement percées quatorze chambres assez grossières. Plus tard le nombre des galeries et des chambres s'accrut à mesure que le besoin s'en fit sentir par la mort de nouveaux taureaux divins. La momie de Hapi une fois mise en place dans le grand sarcophage monolithe que renfermait sa chambre funèbre, on murait l'entrée de celle-ci ; mais les visiteurs dévots avaient l'habitude de déposer contre le mur qui barrait l'entrée du caveau ou contre les parties voisines du rocher une stèle portant leur nom et une prière à Hapi mort ou Osir-Hapi. Un petit temple consacré au dieu, et renfermant son image sous sa forme de taureau, fut construit au-dessus de l'entrée de la catacombe sépulcrale. A l'époque des Ptolémées, on établit à partir du flanc est du Sérapêion égyptien, du lieu de repos de Osir-Hapi, un long dromos, une avenue pavée que bordaient 136 sphinx et qui conduisait au Sérapêion grec, au temple du Sérapis de Sinope, identifié à son homonyme égyptien. Toutes les villes importantes eurent également leur Sérapêion, et celui d'Alexandrie fut particulièrement fameux.

Le culte de Hapi vivant et mort, institué sous la IIe dynastie, dura jusqu'aux derniers jours de la civilisation et de la religion de l'Égypte.

Le Sérapis grec, d'après les médailles d'Alexandrie.

Mais après l'interdiction des cérémonies du paganisme sous Théodose, après la dispersion des prêtres qui desservaient le sanctuaire funèbre de l'animal divin, les tombes furent violées, puis abandonnées, et le désert s'en empara; ses sables les ensevelirent sans en laisser plus de traces extérieures. C'est seulement en 1851 qu'Auguste Mariette les

Une des chambres funéraires de Hapi dans les souterrains du Sérapéum.

retrouva sous leur linceul et les rendit au jour, après plus de quatorze siècles d'oubli.

Les détails qu'on vient de lire montrent ce qu'était en réalité, à son âge le plus brillant et le plus philosophique, la religion du peuple égyptien: un mélange bizarre et presque inextricable de quelques vérités sublimes avec des conceptions métaphysiques et cosmogoniques souvent désordonnées et toujours grandioses, une morale épurée, un culte abject et des superstitions populaires de la dernière grossièreté.

« Les sanctuaires des temples sont ombragés par des voiles tissus d'or, dit Clément d'Alexandrie. Mais si vous avancez vers le fond de l'édifice et que vous cherchiez le simulacre, un prêtre se présente d'un air grave

Temple funéraire de Hapi et tombes de Sérapéion de Memphis.

en chantant un hymne en langue égyptienne; il soulève un peu le voile, comme pour vous montrer le dieu. Que voyez-vous alors? Un chat, un crocodile, un serpent ou quelque autre animal dangereux. Le dieu des égyptiens paraît!... C'est une bête immonde, se vautrant sur un tapis de pourpre. »

§ 6. — GENÈSE ET DÉVELOPPEMENT DE LA RELIGION ÉGYPTIENNE

Il est presque généralement admis dans l'école égyptologique contemporaine, en grande partie par l'influence des travaux d'Emmanuel de Rougé, que dans la religion des rives du Nil le polythéisme exubérant qui a fini par la caractériser extérieurement découle, par une corruption due à l'exagération de l'esprit de symbolisme, d'un monothéisme primordial et absolu. C'est la thèse dont M. Pierret, ainsi que nous l'avons déjà dit, s'est fait le défenseur le plus habile et le plus convaincu. Quelques arguments sérieux qu'on ait fait valoir en sa faveur, avec quelque talent qu'elle ait été présentée et soutenue, cette théorie souffre de grandes difficultés. Elle procède au rebours de ce qu'a été l'évolution logique et rationnelle de la conception religieuse chez les autres peuples de l'antiquité; et, à juger d'après les apparences, l'effort si remarquable que nous offrent les doctrines mystiques des grandes écoles sacerdotales de l'Égypte pour ramener la variété infinie des dieux du culte extérieur à une unité divine supérieure, semble plutôt le résultat d'un puissant travail de pensée philosophique arrivant à réconcilier par la méthode syncrétique un polythéisme extérieur avec la notion, conçue ensuite et par un notable progrès, d'une sorte de monothéisme fondamental. Il faudrait des preuves positives et formelles pour définitivement accepter le contraire, et jusqu'à présent ces preuves n'existent pas.

Aussi, après M. Lepage-Renouf, qui avait déjà élevé des doutes à son égard, M. Maspero, qui admettait d'abord la doctrine prédominante parmi les égyptologues[1], la combat aujourd'hui et propose[2] d'y substituer, au sujet de la genèse et du développement de la religion égyptienne, une théorie nouvelle, qui me paraît plus exacte et mieux fondée.

Le savant écrivain commence par insister avec raison sur ce qu'ont encore d'incomplet nos connaissances sur la religion de l'Égypte et sur les doctrines entre lesquelles s'y partageaient les grandes écoles sacerdotales. « Chaque fois que j'entends parler de la religion égyptienne, je suis tenté de demander de quelle religion égyptienne il s'agit. Est-ce de la religion égyptienne de la IV⁰ dynastie ou de la religion

---
[1] Dans son *Histoire ancienne des peuples de l'Orient*.
[2] Dans un intéressant article publié en 1880 par la *Revue de l'histoire des religions*.

égyptienne de l'époque ptolémaïque ? Est-ce de la religion populaire ou de la religion sacerdotale ? de la religion telle qu'on l'enseignait à l'école d'Héliopolis ou de la religion telle que la concevaient les membres de la faculté de théologie de Thèbes ? Entre le premier tombeau memphite portant le cartouche d'un roi de la IIIe dynastie et les dernières pierres sculptées à Esneh sous l'empereur Philippe l'Arabe, il y a 5,000 ans d'intervalle. Sans compter l'invasion des Pasteurs, la domination éthiopienne et assyrienne, la conquête persane et la conquête grecque, et les mille révolutions de sa vie politique, l'Égypte a passé, pendant ces 5,000 ans, par maintes vicissitudes de vie morale et intellectuelle. Le chapitre XVIIe du *Livre des morts*, qui paraît contenir l'exposition du système du monde tel qu'on l'entendait à On au temps des premières dynasties, nous est connu par plusieurs exemplaires de la XIe et de la XIIe dynasties. Chacun des versets qui le composent était déjà interprété de trois ou quatre manières différentes, si différentes que, suivant les écoles, le démiurge devenait le feu solaire, Râ-Schou, ou bien l'eau primordiale, Nou ; quinze siècles plus tard, le nombre des interprétations avait augmenté. Si l'on considère le rôle que jouent les dieux dans les rares textes religieux de l'Ancien et du Moyen Empire, et celui que jouent les mêmes dieux sur les monuments postérieurs, on remarquera des divergences notables. Le temps, en s'écoulant, avait modifié l'idée qu'on se faisait de l'univers et des forces qui le régissent...

« Ammon, dieu de Thèbes, nous est connu par les ruines de Thèbes, et ces ruines sont assez considérables pour qu'en les étudiant de près on puisse reconstituer avec certitude l'histoire du culte d'Ammon, dieu thébain, à partir de la XVIIIe dynastie. Mais Phtah, dieu de Memphis, quels documents avons-nous pour rétablir son culte ? Memphis est détruite entièrement, et ses cimetières renferment surtout, comme il était juste, des allusions aux dieux des morts, Osiri, Anopou, Sokari. Il nous reste, pour savoir ce que Memphis adorait dans Phtah, le témoignage des prêtres thébains, qui avaient adopté Phtah en le subordonnant à leur dieu Ammon, et ne voyaient en lui qu'une forme associée à Ammon. Les textes latins qui assimilent Zeus à Jupiter suffiraient-ils à nous faire comprendre l'idée que les Grecs se faisaient de Zeus, l'assembleur de nuages ? Saï est détruite ; que savons-nous directement sur la Nit de Saï ? Hâ-khnen-sou est détruite ; que savons-nous de Har-schefi ? Aboud est détruite ; que savons-nous de An-hour ? Que savons-nous de Har-ouer, de Set, de l'Osiri du Delta, de l'Osiri de Saout ? Il y a plus ;

le temple d'Esneh est presque intact, mais inédit ; que savons-nous de Sevek ? Les monuments thébains, le *Livre des Morts,* les Rituels de l'embaumement et de l'enterrement contiennent des allusions à tous ces dieux ; les papyrus thébains nous ont conservé des hymnes à Phtah, Anopou, Schou, An-hour, où des prêtres thébains chantent les louanges et la grandeur de ces dieux ; je préférerais, pour notre instruction, des documents memphites sur Phtah, thinites sur Schou, lycopolites sur Anopou. »

M. Maspero pense que, pour se rendre un compte plus exact des origines et du développement historique de la religion de l'Egypte, il faut avant tout s'attacher à établir un lien entre les phases de ce développement et celles des annales primitives de l'Égypte ; que l'unité religieuse du pays, dans la mesure où il l'a atteinte, est sortie, comme son unité politique, d'un morcellement originaire, et que, dans la formation du polythéisme égyptien, il importe de faire une large part à la diversité des religions locales, qu'on s'est efforcé ensuite de fondre en un seul ensemble. Le système, monothéiste à la base et si richement polythéiste dans sa forme extérieure, que nous étudions dans les monuments que nous possédons et que l'on peut parvenir à restituer en grande partie, ainsi que j'ai essayé de le faire, est celui qui a régné à partir de la xviii° dynastie, quand le sacerdoce thébain eut pris une véritable direction théologique sur toute l'Égypte. Pour la manière dont il s'était formé graduellement, voici ce que conjecture M. Maspero, dont les idées me paraissent offrir de grandes probabilités d'exactitude.

« Les dieux égyptiens se répartissent dans trois groupes d'origine différente, répondant à autant de conceptions différentes de la divinité : les dieux des morts, les dieux élémentaires, les dieux solaires. Les dieux des morts sont Sokari, Osiri et Isi, peut-être Har-pa-khrad, Anopou, Nebt-hat. Les dieux élémentaires représentent la terre, Sev, le ciel, Nout, l'eau primordiale, Nou, le Nil, Hapi, et probablement aussi des dieux comme Sevek, Set, Har-ouer, Phtah, etc., dont nous ne connaissons le culte et l'histoire que par allusions. Parmi les dieux solaires je classerai Râ, Schou, An-hour, Ammon, etc. Les dieux qui composaient ces trois groupes sont, à l'époque historique, les représentants du polythéisme par lequel a débuté la religion égyptienne à l'époque préhistorique. Un certain nombre de leurs noms ne sont, à proprement parler, que des doublures politiques et géographiques les uns des autres.

Sokari, par exemple, était le nom du dieu des morts en certains endroits, comme Osiri en certains autres, et ne différait probablement d'Osiri que par des nuances plus ou moins sensibles ; où l'on adorait le Soleil sous le nom de Râ, il est vraisemblable qu'on ne l'adora pas d'abord sous le nom de Schou. En tous cas, les trois groupes avaient chacun des facultés et des attributions bien tranchées ; ils se complétaient l'un l'autre, mais ne se confondaient pas encore l'un dans l'autre. »

Cependant la tendance au monothéisme, ou tout au moins à l'hénothéisme, était comme innée dans le génie des Égyptiens ; elle s'y développa de très bonne heure, dès que l'on commença à spéculer dans les écoles sacerdotales sur la métaphysique et la théodicée. « Les plus anciens monuments que nous ayons, ceux de la IIIe et de la IVe dynastie, à côté des personnes divines, mentionnent souvent « Dieu, le Dieu un, le Dieu unique. » Il semble bien que chacune des personnes, Phtah, Râ, etc., soit encore indépendante de ses voisines, car on ne trouve pas de ces noms comme Sevek-Râ, où un dieu, résultant de la fusion de deux autres dieux, prend leurs deux noms pour s'en faire un. Seul, le dieu des morts, Osiri, est devenu assez populaire pour qu'on l'ait identifié aux autres dieux des morts : à Memphis il est Sokar-Osiri, même Phtah-Sokar-Osiri. On dirait que le monothéisme est alors avant tout un monothéisme géographique ; l'habitant de Memphis, qui est arrivé à la conception du Dieu unique, donne à ce Dieu les noms que ses ancêtres donnaient à leurs différents dieux nationaux, mais ce Dieu n'est pas encore le dieu de Saï ou d'On, par exemple. Râ, dieu un à Héliopolis, n'est pas le même que Phtah, dieu un à Memphis, et peut être adoré à côté de lui sans s'absorber en lui. Le dieu unique n'est que le dieu du nome ou de la ville, qui n'exclut pas l'existence du dieu unique de la ville ou du nome voisins.

« L'unité de pouvoir politique qui, malgré l'organisation féodale du pays, s'était imposée depuis Ména, entraîna l'unité de conception religieuse. Les écoles de théologie établies à Saï, à On, à Man-nofri, à Aboud, à T-Ape, formèrent, probablement sans avoir conscience de leur œuvre, une sorte de syncrétisme, où l'on fit entrer, de gré ou de force, presque toutes les conceptions existantes à la surface du sol. Le dévot de Man-nofri égaré à On, ou le dévot d'On en voyage à Man-nofri, puis les théologiens des deux villes, reconnurent que le dieu un de l'une et le dieu un de l'autre présentaient, après tout, plus de traits communs que de dissemblances, et les identifièrent l'un à l'autre, sauf réserves.

Il semble que cette tendance à rapprocher les dieux devint plus forte avec l'avènement des dynasties thébaines. Ammon, identifié à Râ, devint Ammon-Râ, et par l'autorité des monarques thébains tout puissants, Ammon-Râ ne fut pas seulement un dieu propre à Thèbes et à Héliopolis, par exemple ; il devint un dieu égyptien qui eut des temples à Memphis et ailleurs. Le patriotisme local empêcha Memphis et les autres cités d'abandonner leurs dieux pour prendre Ammon ; mais on adora à Memphis, sous le nom de Phtah, le dieu qu'on adorait à Thèbes sous le nom d'Ammon-Râ, et on en fit le Dieu unique. Les dieux des morts et les dieux élémentaires furent presque tous identifiés au Soleil, pour se fondre dans l'unité divine. Osiri fut le soleil de nuit, le soleil mort, comme Râ était le soleil vivant, le soleil diurne. Quelques-uns pourtant résistèrent à l'absorption ; Sev, Nout, ne devinrent jamais Sev-Râ, Nout-Râ-t. On s'en débarrassa en faisant d'eux le père et la mère des dieux solaires, c'est-à-dire, puisque dans la divinité le père et la mère ne sont qu'un avec le fils, des dieux-soleils qui avaient existé avant que le monde fût sorti du chaos et qu'il y eût un soleil matériel circulant à travers l'espace. Ces identifications ne se firent pas sans difficulté. Le principe de la triade, père, mère, fils, qui avait prévalu avec la prédominance des dieux solaires, gêna quelquefois les théologiens. Ainsi le dieu des morts, entrant dans une triade solaire, prit un fils, Hor, qu'il n'avait probablement pas au début, mais sans perdre son cortège ancien des dieux secondaires Nebt-hat et Anopou. On se tira d'affaire en donnant ces deux divinités à une triade antagoniste, celle de Set ; mais sans leur enlever leur rôle primitif, et l'on eut deux semblants de triade, — Osiri, Isi, Hor — Set, Nebt-hat, Anopou — qui, réellement, se décomposent en deux groupes, dont l'un se réduit à Set seul, et dont l'autre renferme Osiri, Isi, Hor, Nebt-hat, Anopou. Ici, du moins, il y a une apparence de régularité ; dans bien des endroits les contradictions sont flagrantes... Le monothéisme égyptien n'est que la résultante d'un polythéisme antérieur. Il n'a jamais su débarrasser l'unité de son dieu des éléments complexes et contradictoires dont il s'était servi pour le former.

« Et même ce monothéisme n'était point conçu partout de la même façon. Les hérésies, les guerres religieuses paraissent ne pas avoir été inconnues à l'ancienne Égypte ; ce qu'une école admettait comme étant l'essence de la divinité bonne, l'autre y reconnaissait l'essence de la divinité mauvaise... Ce qui était feu en un endroit était eau en un autre. Ici, ou à certaines époques, Set est un dieu bon au même titre qu'Osiri ; là et à d'autres époques, c'est le mal incarné. »

La conception religieuse essayant de concilier une doctrine d'unité divine avec le polythéisme légué par les âges antérieurs, qui régnait presque universellement parmi ceux qui se préoccupaient de théologie à l'époque culminante de l'influence du sacerdoce thébain et qui ne manquait, ainsi qu'on l'a vu, ni d'élévation ni de grandeur, s'altéra graduellement et se perdit dans le cours des siècles de décadence de la monarchie égyptienne. Elle fut comme étouffée par l'importance toujours croissante de la végétation des mythes en action et par la façon plus grossière dont on tendait à les prendre au pied de la lettre comme des histoires réelles. « Dans les textes d'époque grecque et romaine, l'idée si haute de la divinité que s'étaient faite les théologiens de la période thébaine perce encore par instants ; on rencontre encore maints lambeaux de phrases, maintes épithètes qui prouvent que le principe donné à la religion n'était pas oublié. Mais le plus souvent ce n'est pas avec le Dieu infini et insaisissable des anciens jours que nous avons affaire, c'est avec un dieu de chair et d'os, qui vit sur la terre et s'est abaissé à n'être plus qu'un homme et qu'un roi. Ce n'est plus ce dieu dont on ne connaît ni la forme ni la substance : c'est Khnoum à Snî, Hat-Hor à Tantarer ; c'est Har-m-akhouti, patron de Deb, roi de la dynastie divine. Il a une cour, des ministres, une armée, une flotte. Son fils aîné, Har-Houd, prince de Kousch et héritier présomptif de la couronne, commande les troupes ; le premier ministre Tahout, dieu de son métier et inventeur des lettres, connaît sa géographie et sa rhétorique sur le bout du doigt ; il est d'ailleurs historiographe de la cour et se trouve chargé, par décret royal, du soin d'enregistrer les victoires de son seigneur et de trouver pour elles des noms sonores.

« Quand le dieu fait la guerre à son voisin Set, il n'emploie pas contre l'ennemi les armes célestes dont on pourrait supposer qu'il dispose à son gré. Il se met en expédition avec ses archers et ses chars, descend le Nil sur sa barque, comme aurait pu le faire le dernier venu des Pharaons, ordonne des marches et des contre-marches savantes, livre des batailles rangées, soumet des villes, jusqu'au moment où l'Égypte entière se prosterne devant lui et reconnaît son autorité. C'est qu'en fait les Égyptiens du temps des Ptolémées au Dieu unique d'autrefois avaient substitué des dieux-rois, sur la légende desquels leur fantaisie a brodé maints détails. Que ces détails soient le plus souvent d'origine égyptienne et n'aient pas été empruntés aux nations étrangères, rien de mieux, le fait est certain. Toute cette végétation parasite de mythes et de traditions, qui est venue se greffer sur l'ancien mythe et l'a presque étouffé, est un produit authentique du sol national. Mais qu'on puisse légitimement s'appuyer sur ces élucubrations des bas âges pour reconstituer le système religieux des premiers Pharaons, c'est là ce que je n'admets à aucun prix. Nous devons nous borner à étudier, dans les textes d'époque ptolémaïque, la mythologie d'époque ptolémaïque et rien de plus[1]. »

§ 7. — LES DOCTRINES SUR L'AUTRE VIE.

Je l'ai dit tout à l'heure, la grande, la première préoccupation de l'esprit des Égyptiens a été le problème de l'existence qui attend l'homme après le trépas. Ils ne se résignaient pas à mourir tout entiers et attendaient d'une foi ferme et invincible une autre vie au delà de la tombe. Cette préoccupation, je l'ai montré, avait exercé une influence considérable sur la détermination du caractère spécialement solaire de leur religion. Une fois la course du soleil regardée comme le type de l'existence dans le monde infernal, la doctrine de l'autre vie chez les Égyptiens n'eut plus pour se constituer qu'à reproduire le même symbolisme.

L'oiseau Vennou.

L'homme ne descend dans la tombe que pour ressusciter ; après sa résurrection il reprendra une vie nouvelle à côté ou dans le sein de l'astre lumineux. L'âme est immortelle comme Râ, et elle accomplit le même pèlerinage. Aussi voit-on sur certains couvercles de sarcophages l'âme figurée par un épervier à tête humaine tenant dans ses serres les deux anneaux de l'éternité, et au-dessus, comme emblème de la vie nouvelle réservée au défunt, le Soleil levant assisté dans son cours par les déesses Isi et Nebt-hat. Cela explique pourquoi la période solaire symbolisée par l'oiseau Vennou, que les Grecs, avons-nous dit, appelèrent le phénix, fut l'image du cycle de la vie humaine ; l'oiseau mystérieux était censé accompagner l'homme durant sa course dans le monde inférieur. Le mort ressuscitait après ce pèlerinage infernal ; l'âme devait rentrer dans le corps afin de lui rendre le mouvement et la vie, ou, pour parler le langage de la mythologie égyptienne, le défunt arrivait finalement à la

---

[1] Maspero, *Histoire ancienne des peuples de l'Orient.*

barque du Soleil, il y était reçu par Râ et devait briller de l'éclat qu'il lui empruntait. Les tombeaux, les cercueils de momies abondent en peintures qui retracent les diverses scènes de cette existence invisible. Une des vignettes du *Livre des Morts* représente la momie couchée sur un lit funèbre, et l'âme ou l'épervier à tête humaine volant vers elle et lui apportant la croix ansée, emblème de vie.

Cette doctrine, qui avait peut-être été importée d'Asie en Égypte, remonte à une extrême antiquité; elle conduisait nécessairement à inspirer un grand respect pour les restes des morts, puisqu'ils devaient un jour être rappelés à la vie, et elle a été l'origine de l'usage d'embaumer

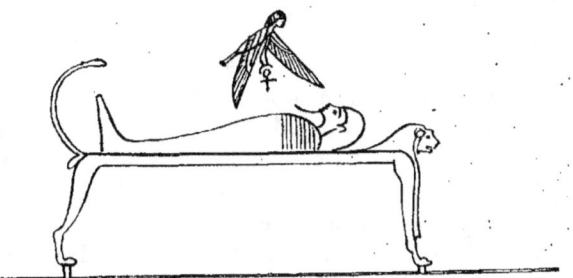

L'âme du défunt venant se réunir à son corps[1].

les cadavres. Les Égyptiens tenaient à conserver intact et à protéger contre toute destruction ce corps destiné à jouir d'une existence plus parfaite. Ils s'imaginaient d'ailleurs qu'ainsi entourées d'enveloppes les momies n'étaient pas privées de toute espèce de vie, et le *Livre des Morts* nous montre que le défunt était supposé se servir encore de ses organes et de ses membres; mais afin de mieux assurer la conservation de la chaleur vitale, on recourait, ainsi que nous l'avons déjà dit, à l'emploi de formules mystiques prononcées au moment des funérailles, à de certaines amulettes que l'on plaçait sur la momie. En général, la plupart des cérémonies funéraires, les enveloppes diverses des momies, les sujets peints soit à l'intérieur, soit à l'extrémité des cercueils, ont trait aux diverses phases de la résurrection, telles que la cessation de la raideur cadavérique, le fonctionnement nouveau des organes, le retour de l'âme.

La croyance à l'immortalité ne s'est jamais séparée de l'idée d'une

---

[1] Vignette du *Livre des morts*.

rémunération future des actions humaines, et c'est ce qu'on observe en particulier dans l'ancienne Égypte. Quoique tous les corps descendissent dans le monde infernal, dans le *Kher-ti-noutri*, comme on l'appelait, ils n'étaient pas néanmoins tous assurés de la résurrection.

D'après la doctrine des Égyptiens, l'homme, pendant sa vie terrestre, se compose surtout d'intelligence (*khou*) et de corps (*khat*). Par la première il tient à Dieu; par l'autre il se rattache à la matière, participe à sa faiblesse et à ses imperfections. Dans le principe, la parcelle d'intelligence qui fait son être, revêtue d'une lumière subtile (d'où son nom de *khou*, « la lumineuse, ») est libre de parcourir les mondes, d'agir sur les éléments, de les ordonner et de les féconder suivant qu'il lui semble expédient. Mais en entrant dans sa prison de chair, à la naissance ou à la conception de l'homme, elle dépouille son vêtement de flamme dont le seul contact suffisait à détruire les éléments grossiers dont nous sommes pétris, et se glisse dans une substance moins excellente, bien que divine encore. Cette substance est ce qu'on appelle l'âme (*ba*); elle reçoit l'intelligence et la tient couverte d'un voile qui en affaiblit l'éclat. Mais, trop pure elle-même pour se marier directement avec la matière, elle emploie à la transmission de ses ordres et à l'accomplissement de ses volontés un agent inférieur qui est l'esprit ou le souffle (*nifou*). Seul, en raison de son imperfection, l'esprit peut se répandre dans le corps sans l'anéantir ou le blesser; il pénètre les veines, gonfle les artères, se mêle au sang, remplit et porte pour ainsi dire l'animal entier. L'âme, d'ailleurs, n'est pas directement enfermée dans le corps matériel et terrestre. Elle revêt pour y pénétrer un corps subtil et comme aérien, qu'on se représente sous la forme d'une sorte de reproduction du corps matériel, qui grandit et se développe avec lui, enfant s'il s'agit d'un enfant, femme s'il s'agit d'une femme, homme s'il s'agit d'un homme. C'est ce qu'on appelait le *ka*, dont M. Lepage-Renouf et M. Maspero ont parfaitement déterminé la conception. M. Maspero le rend en français par « le double; » on pourrait aussi bien dire l' « ombre » ou le « corps subtil; » c'est l'εἴδωλον des Grecs. L'âme (*ba*) est donc l'enveloppe de l'intelligence (*khou*) le double ou corps subtil (*ka*), l'enveloppe de l'âme, le corps matériel (*khat*), l'enveloppe du corps subtil; toutes ces parties, d'origine et de vertus différentes, se tiennent entre elles par un lien invisible qui dure autant que la vie, et leur assemblage fait l'homme.

« Le corps, l'esprit, l'âme lui sont communs avec les bêtes. Mais les bêtes, dénuées de raison, vivent à l'aveugle, bonnes ou mauvaises

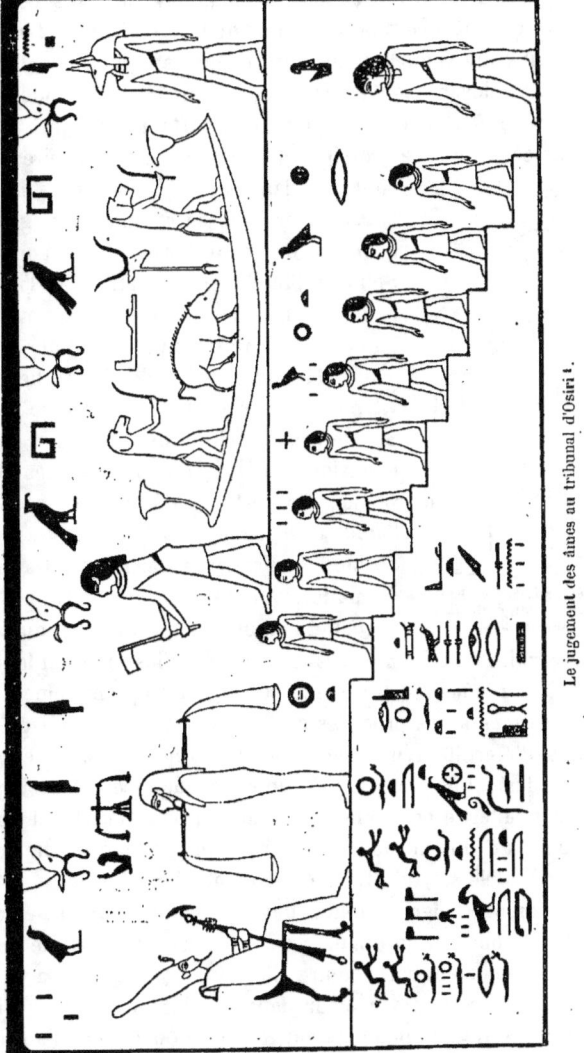

Le jugement des âmes au tribunal d'Osiri [1].

par instinct ou par aventure, non par règle certaine; leur âme, enfoncée

[1] Peinture d'une des tombes royales de Thèbes. Voy. plus haut, dans ce volume, p. 147, la représentation de la même scène, tirée d'un papyrus du *Livre des morts*.

dans la matière, ne voit rien au delà. L'homme a de plus qu'elles l'intelligence dont les directions le maintiennent dans la voie droite et lui apprennent à faire la distinction du bien et du mal. L'intelligence entrée dans une âme humaine essaie de l'arracher à la tyrannie du corps et de l'élever jusqu'à soi; mais, comme elle est dépouillée de son vêtement de feu, elle n'est plus assez forte pour mettre à néant les passions et les désirs grossiers que la chair nous inspire. Le corps, contrarié dans ses inclinations, s'insurge, les mauvais instincts se réveillent, la guerre s'engage et se prolonge avec des chances variées. Souvent l'intelligence, trahie par l'âme qui ne peut pas ou ne veut pas rompre ses attachements au monde, se retire du combat pour n'y plus revenir; l'homme, privé de l'étincelle divine, ne vit plus que par machine et s'abaisse à la brute. Souvent aussi, à force de patience et de courage, elle triomphe; les passions dominées deviennent vertus, les vertus s'affermissent et s'exaltent; l'âme, dégagée de ses liens, aspire au bien et devine les splendeurs éternelles à travers le voile de matière qui obscurcit sa vue [1]. »

La Dévorante des Enfers, monstre chargé de la punition des méchants.

Quand la mort survient, l'esprit qui animait le corps se retire dans l'âme, le sang se coagule, les veines et les artères se vident; le corps laissé à lui-même se résoudrait promptement en molécules informes si les procédés de l'embaumement ne lui prêtaient un semblant d'éternité. L'intelligence délivrée reprend son enveloppe lumineuse et devient démon (*khou*). L'âme, abandonnée de l'intelligence qui la guidait, allégée en même temps du corps matériel qui l'aggravait, reste unie au double ou corps subtil, qui se dégage du corps plus grossier modelé sur lui. L'âme comparaît devant le tribunal où Osiri-Khont-Ament, siège entouré des quarante-deux assesseurs, qui composent son jury infernal. Sa conscience, ou, comme disaient les Égyptiens, son cœur parle contre elle; le témoignage de sa vie l'accable ou l'absout. On pèse son cœur dans un des plateaux de l'infaillible balance de vérité que manœuvrent Hor et Anôpou; dans l'autre, l'image de la Justice lui fait contrepoids. Tahout, en greffier incorruptible,

[1] Maspero.

enregistre le résultat de cette psychostasie ou pèsement de l'âme. Suivant que ses actions ont été trouvées lourdes ou légères, le jury infernal rend sa sentence, que l'intelligence est chargée d'exécuter. Elle rentre dans l'âme convaincue de fautes irrémissibles, non plus nue et sans force, mais armée du feu divin, lui rappelle ses conseils méprisés, ses prières tournées en dérision, la flagelle du fouet de ses péchés, et la livre aux tempêtes et aux tourbillons des éléments conjurés. Ballottée entre ciel et terre, sans jamais échapper aux malédictions qui la lient, l'âme damnée cherche un corps humain pour s'y loger, et, dès qu'elle l'a trouvé, elle le torture, l'accable de maladies, le précipite au meurtre et à la folie. Elle devient la proie du monstre

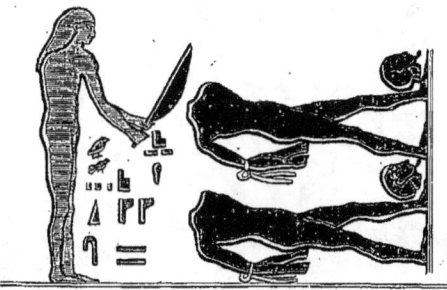

Damnés décapités dans les enfers [1].

infernal à tête d'hippopotame que l'on voit presque toujours assister au jugement de l'âme, dans les scènes qui le représentent. Elle est décapitée par Hor ou par Smou, une des formes de Set, sur le *nemma* ou échafaud infernal. Lorsqu'après des siècles elle touche enfin au terme de ses souffrances, c'est pour subir « la seconde mort » et tomber dans le néant. Car l'anéantissement de l'être était tenu par les Égyptiens pour le sort réservé aux méchants, pour leur suprême châtiment.

Quant à l'âme juste, purifiée de ses péchés véniels par un feu que gardaient quatre génies à faces de singe, elle entrait dans le plérome ou la béatitude; devenue la compagne d'Osiri Oun-nofri, l'être bon par excellence, elle était nourrie par lui de mets délicieux. Toutefois le juste lui-même, parce qu'en sa qualité d'homme il avait été nécessairement pécheur, n'arrivait pas à la béatitude finale sans avoir tra-

[1] Peinture d'une des tombes royales de Thèbes.

versé bien des épreuves. Son âme, en descendant dans le Kher-ti-noutri, se voyait obligée de franchir quinze pylones ou portiques gardés par des génies armés de glaives ; elle n'y pouvait passer qu'en prouvant ses bonnes actions et sa science des choses divines. Elle s'élançait ainsi à travers les espaces inconnus que la mort venait d'ouvrir à son vol, guidée par l'intelligence et soutenue par l'espoir certain de la félicité

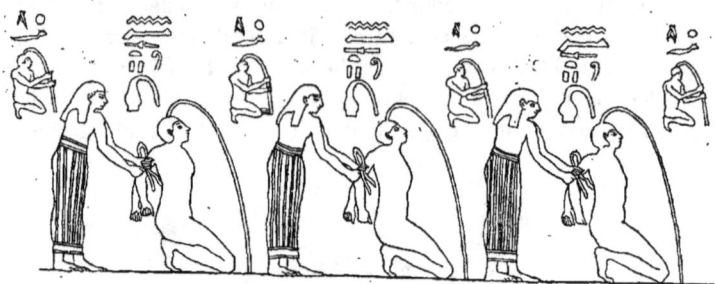

Supplices des damnés[1].

finale. Sa science s'était accrue, ses pouvoirs s'étaient agrandis, elle était libre de prendre toutes les formes qu'il lui plaisait de revêtir. Mais le mal se dressait devant elle sous mille figures hideuses et tentait de l'arrêter par ses menaces et ses épouvantements. Elle avait à soutenir contre des monstres, des animaux fantastiques, de terribles combats, et ne triomphait qu'en s'armant de formules sacramentelles, d'exorcismes, qui remplissent onze chapitres du *Livre des Morts*. L'une de ces bêtes, acharnée à la perte de l'âme, véritable démon,

---

[1] Peintures des tombes royales de Thèbes.

était le grand serpent Refrof ou Apap, l'ennemi du Soleil. Entre autres moyens singuliers auxquels l'ombre du défunt avait recours pour conjurer ces fantômes diaboliques, était celui d'assimiler chacun de ses membres à ceux des divers dieux et de diviniser ainsi en quelque sorte sa substance.

Le Soleil, personnifié dans Osiri, fournissait, on le voit, le thème de toute la métempsycose égyptienne. Du dieu qui anime et entretient la vie, il était devenu le dieu rémunérateur et sauveur. On en vint même à regarder Osiri comme accompagnant le mort dans son pèlerinage infernal, comme prenant l'homme à sa descente dans le Kher-ti-noutri et le

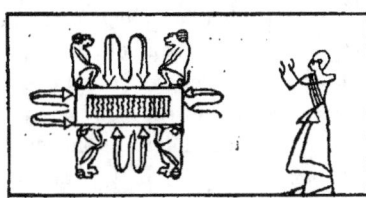

Le lac de feu où l'on se purifie des péchés véniels[1].

Une des portes des enfers, avec ses gardiens[2].

conduisant à la lumière éternelle. Ressuscité le premier d'entre les morts, il faisait ressusciter les justes à leur tour, après les avoir aidés à triompher de toutes les épreuves. Le mort finissait par s'identifier complètement avec Osiri, à se fondre pour ainsi dire, dans sa substance, au point de perdre toute personnalité ; aussi, dès le moment de son trépas, tout défunt était-il appelé « l'Osiri un tel. »

« La félicité parfaite promise aux élus, remarque M. Maspero, tout le monde ne l'espérait point. Le doute avait envahi certaines âmes à qui la mort apparaissait comme une nécessité terrible, et les régions d'outre-vie comme un pays de silence où tout n'est que deuil et tristesse. « O mon frère, ô mon ami, ô mon mari, dit une femme défunte dans sa stèle funéraire[3], ne cesse pas de boire, de manger, de vider la coupe de la joie, d'aimer et de célébrer des fêtes ; suis toujours ton désir et ne laisse

---

[1] Vignette du *Livre des Morts*.
[2] *Ibid.*
[3] Il est à remarquer que cette stèle appartient à l'époque des Ptolémées, qu'elle est, par conséquent, d'un temps où l'épicuréisme chez les Grecs et le saducéisme chez les Juifs, tous les deux largement représentés dans la population d'Alexandrie, soutenaient les mêmes doctrines de scepticisme à l'égard de la vie future.

jamais entrer le chagrin en ton cœur, si longtemps que tu es sur la terre! Car l'Ament[1] est le pays du lourd sommeil et des ténèbres, une demeure de deuil pour ceux qui y restent. Ils dorment dans leurs formes incorporelles; ils ne s'éveillent pas pour voir leurs frères; ils ne reconnaissent plus père et mère; leur cœur ne s'émeut plus vers leur femme ni vers leurs enfants. Un chacun se rassasie de l'eau de vie; moi seule ai soif. L'eau vient à qui demeure sur la terre; où je suis, l'eau même me donne soif. Je ne sais plus où je suis depuis que j'entrai dans ce pays; je pleure après l'eau qui jaillit là haut. Je pleure après la brise au bord du courant du fleuve, afin qu'elle rafraîchisse mon cœur en son chagrin. Car ici demeure le dieu dont le nom est *Toute mort*. Il appelle tout le monde à lui et tout le monde vient se soumettre, tremblant devant sa colère. Peu lui importent et les dieux et les hommes; grands et petits sont égaux pour lui. Un chacun tremble de le prier, car il n'écoute pas. Personne ne vient le louer, car il n'est pas bienveillant pour qui l'adore. Il ne regarde aucune offrande qu'on lui tend.

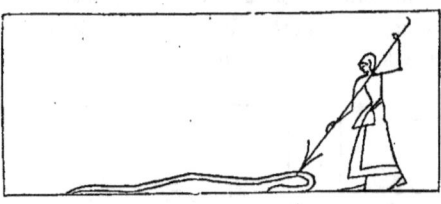

Combat du mort dans les enfers contre le grand serpent Refrof[2].

« Mais, ce désespoir, si naturel à l'homme, était sinon rare, du moins rarement exprimé en Égypte. Afin de mériter les hautes destinées que leur promettait la religion et d'éviter la mort d'outre-tombe, les Égyptiens avaient rédigé de bonne heure un code de morale pratique dont les articles se retrouvent plus ou moins développés sur les monuments de toutes les époques. Un grand fonctionnaire contemporain des rois de la Ve dynastie disait déjà : « Ayant vu les choses, je suis sorti de ce lieu (le monde) où j'ai dit la vérité, où j'ai fait la justice. Soyez bons pour moi, vous qui viendrez après, rendez témoignage à votre ancêtre : C'est le bien qu'il a fait; puissions-nous agir de même en ce monde! Qu'ainsi parlent ceux qui viendront après. Jamais je n'ai soulevé de plaintes; jamais je n'ai tué. O Seigneur du ciel, puissant, maître universel! Je suis celui qui a passé en paix pratiquant le dévouement, aimant son père,

---

[1] L'Occident, séjour du Soleil couché et des morts.
[2] Vignette du *Livre des Morts*.

aimant sa mère, dévoué à quiconque était avec lui, la joie de ses frères, l'amour de ses serviteurs, qui n'a jamais soulevé de plaintes. » « Je suis venu des choses, dit un autre, je suis sorti du monde, enseveli dans ce tombeau. J'ai dit la vérité, amie de Dieu, chaque jour. Jamais je n'ai dit de calomnie contre homme au monde par devant la majesté de mon Seigneur. »

Ce code de morale, auquel la doctrine religieuse donnait la sanction de la béatitude ou de la damnation dans l'autre vie, nous l'avons déjà lu tout au long dans le cxxv° chapitre du *Livre des Morts*[1], et nous en avons admiré l'élévation. Quand le mort, dans la stèle funèbre de son tombeau, vante les bonnes actions de sa vie, il ne s'adresse pas seulement à la postérité pour se glorifier; avant tout c'est son apologie devant le tribunal d'Osiri qu'il prononce dans cette page de pierre. « Moi, dit sur une stèle du Louvre un gouverneur du nom de Ouas ou de Thèbes, sous la xii° dynastie, j'ai été le bâton du vieillard, la nourrice de l'enfant, l'avocat du misérable, la salle qui a tenu au chaud quiconque a eu froid dans la Thébaïde, le pain des abattus, dont jamais il n'y eut manque au pays du midi, la protection contre les barbares. » Sur une autre stèle du même musée, un autre grand personnage du même temps, le prince En-t-ef, conte qu'il a « détourné le bras des violents, lancé la force brutale contre qui lançait la force brutale, montré de la hauteur aux hautains, abattu l'épaule de qui levait l'épaule, » mais que, en revanche, il était « un homme unique, sage, garni de science, sain d'esprit en vérité, connaissant le sot du savant, distinguant les habiles et tournant le dos à l'ignorant,... le père du misérable, la mère de qui n'avait pas de mère, la terreur du cruel, le protecteur du déshérité, le défenseur de celui qui était opprimé dans ses biens par un plus fort que lui, le mari de la veuve, la salle d'asile de l'orphelin. » Tout ceci n'est guère modeste, et l'on peut conclure de là que si les Égyptiens avaient une haute morale et la crainte du péché, ils ne connaissaient pas beaucoup ce sentiment salutaire d'humilité qui fait que le plus juste s'avoue pécheur. Et celui qui justifiait ainsi sa conduite devant le dieu des morts, en ayant soin que les vivants pussent lire le plaidoyer dans lequel il parlait de ses vertus, tenait à ce qu'on fût bien convaincu qu'il ne se targuait pas de mérites imaginaires. « Ce sont là, dit encore un d'eux dans l'inscription d'une stèle du Louvre, ce sont là mes qualités, celles dont je porte témoignage,

[1] Plus haut dans ce volume, p. 145.

et il n'y a point de vanterie en elles. Ce sont là mes mérites, ceux que j'ai vraiment, et il n'y a point de fiction en eux. Ce n'est point l'arrangement de paroles d'un homme qui cherche à éblouir par des mensonges bariolés. Mais, certes, c'est ce que j'ai fait... C'est mon cœur qui m'a fait faire tout cela en me guidant. » Naturellement on n'est pas obligé de croire sur parole ceux qui, après tant de siècles écoulés, nous disent encore d'eux-mêmes de si belles choses. Le dicton moderne, « menteur comme une épitaphe, » aurait été de mise en Égypte, et peut-être le trouverons-nous parmi les proverbes contenus dans quelque papyrus. Mais menteuses ou non, les épitaphes égyptiennes ont cela de bon que, en nous énumérant les vertus supposées des morts, elles nous font connaître les vertus qu'on exigeait des vivants.

§ 8. — LES RITES DES FUNÉRAILLES.

Aussi bien que leur théologie, la doctrine des Égyptiens sur l'autre vie a dû traverser toutes les phases d'un développement historique progressif, dans lequel elle a été toujours en s'élevant et en s'épurant. La complication même de la théorie définitive sur les diverses parties de ce qui, dans l'homme, survit au trépas, porte en elle la marque d'un développement de ce genre. Cette théorie ne saurait être une conception primitive ; on y sent la trace d'une série d'efforts successifs de la pensée religieuse et philosophique, où la notion qu'on se faisait de l'âme s'est graduellement spiritualisée, mais en conservant la trace des conceptions moins relevées d'âges antérieurs. « L'Égyptien, a très bien dit M. Maspero, est créateur par nature ; il a inventé les arts, les sciences, l'écriture, les dogmes de sa religion, une civilisation complète et d'un type original. Mais il semble que le travail de découverte l'ait épuisé prématurément et qu'il soit devenu, avant le temps, incapable de perfectionner ce qu'il avait eu l'heureuse fortune de découvrir. Son art n'a pas su se débarrasser des contraintes que lui avaient imposées l'inhabileté des premiers artistes et l'imperfection des premiers outils. Son écriture, d'abord idéographique, puis alphabétique, ne sut pas se débarrasser des signes d'idées et de syllabes qui en compliquaient le mécanisme. Sa religion s'éleva jusqu'à la conception du Dieu unique, immatériel, insaisissable, et ne sut pas se débarrasser du polythéisme, ni de l'adoration de l'homme et des animaux. Après avoir considéré l'âme comme une matière à peine plus fine que la matière du corps, on la spiritualisa et on l'identifia à l'intelligence divine dans ce qu'elle avait de plus pur ; mais on ne sut pas se débarrasser des âmes grossières qu'avaient imaginées les ancêtres, et l'on garda jusqu'au bout la croyance en l'homme complexe. »

La croyance première à une survie après la mort s'est bornée bien évidemment pendant longtemps à la conception du *ka*, du double ou de l'ombre du mort, continuant à vivre dans le tombeau, à côté du corps momifié, d'une vie mystérieuse et semblable à celle de la terre, en attendant la résurrection, le retour à la vie terrestre, dont l'espérance devait exister dès lors. C'est sur cette donnée que repose tout le système des tombes de l'Ancien Empire, de leur disposition, de leur ornementation, des seules prières qu'on y lise écrites et dont l'usage s'est perpétué jusqu'au dernier jour de l'Égypte, mais en s'associant ensuite à d'autres invocations qui marquent le souci des destinées d'une âme plus spirituelle.

« Les inscriptions nous apprennent qu'une des parties du tombeau, parfois le tombeau entier, s'appelait « la maison du *ka*, du double. » Dans les endroits où on l'a rencontrée intacte, c'est une pièce basse, un couloir étroit et long, muré et ne communiquant avec le monde extérieur que par une petite ouverture carrée, ménagée dans la maçonnerie à hauteur d'homme. Derrière le mur, les statues du mort, parfois en nombre considérable. La présence de ces statues s'explique sans peine. Le corps qui, pendant la durée de l'existence terrestre, avait servi de support au *ka*, momifié maintenant et défiguré, quelque soin qu'on eût mis à l'embaumer, ne rappelait plus que de loin la forme du vivant. Il était, d'ailleurs, unique et facile à détruire; on pouvait le brûler, le démembrer, en disperser les morceaux. Lui disparu, que serait devenu le *ka*? Il s'appuyait sur les statues. Les statues étaient plus solides, et rien n'empêchait de les fabriquer en la quantité qu'on voulait. Un seul corps était une seule chance de durée pour le *ka*; vingt statues représentaient vingt chances. De là ce nombre vraiment étonnant de statues qu'on rencontre quelquefois dans une seule tombe. La piété des parents multipliait les images du mort, et, par suite, les supports, les corps impérissables du *ka*, lui assurant presque par cela seul l'immortalité.

« Le double, ainsi soutenu, vivait une vie matérielle dont les conditions nous sont connues dès à présent. Il recevait le culte des parents, avait des prêtres qu'on payait pour lui offrir des sacrifices, possédait des esclaves, des bestiaux, des terres chargées de fournir à son entretien. C'était comme un grand seigneur qui séjournait en pays étranger et administrait son bien par l'intermédiaire d'intendants attitrés. La formule ordinaire des stèles, celle qu'on lit sur toutes sans exception, nous apprend comment il se nourrissait. Elle est ainsi conçue :

Provisions de toute nature accumulées devant le mort comme offrandes funéraires[1].

« Offrande à Osiri (ou à tel autre dieu) pour qu'il donne des provisions en pains, liquides, bœufs, oies, en lait, en vin, en bière, en vêtements, en parfums, en toutes les choses bonnes et pures dont subsiste le dieu, au *ka* de défunt N. fils de N. » Les peintures ou les sculptures qui ornent la plupart des stèles, illustrent fort clairement les termes de l'inscription. Dans le cintre, le mort suivi de sa famille, présente au

[1] Peinture d'un tombeau de Thèbes, au Musée Britannique.

dieu les objets de l'offrande; dans la partie inférieure, au-dessous de l'inscription, le mort reçoit les offrandes de sa famille. On donnait au dieu les provisions que le dieu devait fournir au double. Le double des pains, des liquides, de la viande, passait dans l'autre monde et y nourrissait le double de l'homme. Et même il n'y avait pas besoin que l'offrande fût réelle pour être effective; le premier venu, répétant en l'honneur du mort la formule de l'offrande, procurait par cela seul au *ka* la possession de tous les objets dont il récitait l'énumération. Aussi beaucoup d'Égyptiens faisaient-ils graver, à côté du texte ordinaire, un appel à tous ceux que la fortune amènerait devant leur tombeau. « O vous qui subsistez sur cette terre, simples particuliers, prêtres, scribes, officiants qui entrez dans cette chapelle funéraire, si vous aimez la vie et que vous ignoriez la mort, si vous voulez être dans la faveur des dieux de vos villes et ne pas goûter les terreurs de l'autre monde, mais être ensevelis dans vos tombeaux et léguer vos dignités à vos enfants, soit qu'étant scribe vous lisiez vous-même les paroles inscrites sur cette stèle, soit que vous en écoutiez la lecture, dites : Offrande à tel dieu, pour qu'il donne des milliers de pains, des milliers de vases de liquides, des milliers de bœufs, des milliers d'oies, des milliers de vêtements, des milliers de choses bonnes et pures au *ka* du défunt N. » La statue servait de corps au double; la stèle lui offrait des moyens d'existence [1]. »

Les bas-reliefs et les peintures qui décoraient les parois de la chambre funéraire étaient inspirés par les mêmes idées. « Le double du mort, enfermé dans son tombeau, se voyait sur la muraille allant à la chasse, et il allait à la chasse, mangeant et buvant avec sa femme, et il mangeait et buvait avec sa femme, traversant sain et sauf avec la barque des dieux les horribles régions de l'enfer, et il traversait sain et sauf les horribles régions de l'enfer. Le labourage, la moisson, la grangée des parois étaient pour lui labourage, moisson et grangée réels. De même que les figurines funéraires déposées dans sa tombe exécutaient pour lui les travaux des champs sous l'influence d'un chapitre magique et s'en allaient, comme dans la ballade de Gœthe le pilon de l'apprenti magicien, puiser de l'eau ou transporter les grains, les ouvriers de toute sorte peints sur les murailles fabriquaient des souliers et cuisinaient pour le défunt, le menaient à la chasse dans le désert ou

---

[1] Maspero, *Conférence sur l'histoire des âmes dans l'Égypte ancienne*, Paris, 1879.

à la pêche dans les fourrés de papyrus. Après tout, ce monde de vassaux plaqué sur le mur était aussi réel que le *ka* ou double dont il dépendait; la peinture d'un serviteur était bien ce qu'il fallait à l'ombre d'un maître. L'Égyptien croyait, en remplissant sa tombe de figures, qu'il s'assurait au delà de la vie terrestre la réalité de tous les objets et de toutes les scènes représentés; c'était là ce qui l'encourageait à construire son tombeau de son vivant[1]. »

Même aux époques postérieures, alors que les doctrines hautes et raffinées dont nous avons l'exposition dans le *Livre des Morts* se furent complètement développées, les anciennes idées sur le *ka* persistèrent, en se conciliant avec les nouvelles doctrines, et elles continuèrent à inspirer la plupart de ces rites funèbres qui tenaient tant de place dans la vie de l'ancienne Égypte, que les Grecs et les Romains ont signalés comme sa grande originalité, et sur lesquels il est impossible de ne pas insister en retraçant le tableau de ses mœurs et de sa civilisation. La mort n'était pas pour les Égyptiens la destruction de la vie, c'était un simple changement de condition. On mourait comme on se mariait, et, pas plus que le mariage, l'ensevelissement n'interrompait l'existence de l'individu. « La joie d'Ammon est dans ton cœur, dit un morceau poétique adressé à un défunt[2], il te donne une vieillesse excellente et tu traverses la vie en joie jusqu'à ce que tu atteignes à la béatitude. Ta lèvre est saine, tes membres sont verts, ton œil aperçoit bien loin. Tu te pares de fin lin et tu montes sur ton char à deux chevaux, une canne d'or à la main, un fouet avec toi, et guidant ton attelage d'étalons syriens. Des esclaves nègres courent devant toi, exécutant ce que tu veux faire. Tu montes sur ta barque de cèdre, élevée à la proue et à la poupe, et tu arrives à ta demeure excellente que tu t'es faite à toi-même. Ta bouche se remplit de vin, de bière, de pain, de viande, de gâteaux; des bœufs sont sacrifiés, des amphores de vin sont ouvertes, on entonne devant toi de doux chants. Ton parfumeur en chef t'oint d'essences; ton directeur des irrigations est là avec des guirlandes; ton intendant des champs te présente des oies; ton pêcheur te présente des poissons. Tes vaisseaux qui vont en Syrie sont chargés de toute sorte de bonnes choses; tes étables sont pleines de vaches; tes femmes esclaves sont florissantes. Tu es stable, et ton ennemi est renversé; ce qu'on dit contre toi n'existe point;

---

[1] Maspero, *Études sur quelques peintures et sur quelques textes relatifs aux funérailles*, Paris, 1880.
[2] J'en emprunte encore la traduction à M. Maspero.

mais tu entres en présence du cycle des dieux et tu en sors véridique. » A lire un tel morceau avec nos idées modernes, on ne saurait guère décider s'il s'y agit d'un vivant ou d'un mort. C'est que l'homme que ses amis accompagnaient au tombeau n'était dans leurs idées, à bien parler, ni vivant ni mort. Il avait subi une métamorphose qui le rendait impropre à l'existence terrestre et le forçait à laisser pour jamais sa maison d'ici-bas. Le dernier battement de son cœur avait marqué l'instant où il était sorti du milieu des vivants pour aller suivre ailleurs le cours de ses destinées.

Le tombeau devint la maison éternelle de l'âme, comme il avait été d'abord celle de l'ombre ou du double. On admit, au moins dans la croyance populaire, que l'âme, enveloppée du *ka* qui lui faisait un corps subtil, revenait souvent, au cours de ses longues pérégrinations infernales et des épreuves qui les marquaient, se reposer dans la demeure funéraire et y reprendre des forces en se nourrissant des offrandes qu'on y déposait à intervalles réguliers, en buvant l'eau sainte du Nil.

Dès qu'un Égyptien était mort, le premier soin de sa famille était de livrer son corps aux embaumeurs, qui allaient le transformer en momie et par les préparations qu'ils lui faisaient subir assurer sa conservation jusqu'à l'heure où il ressusciterait. Sous les premières dynasties les procédés de l'embaumement étaient encore très imparfaits; les corps que l'on rencontre dans les tombes de cet âge sont presque toujours réduits à l'état de squelettes, à tel point que pour beaucoup d'entre eux on se demande s'ils ont jamais subi une momification. Du temps du Nouvel Empire, au contraire, ils avaient atteint leur complète perfection, et ils étaient déjà ce qu'ils restèrent sous les Grecs et les Romains. Ces procédés variaient, du reste, et étaient plus ou moins soignés, plus ou moins coûteux suivant la dépense que voulaient faire les familles.

Dans les embaumements de première classe, qu'Hérodote et Diodore de Sicile nous décrivent avec une grande exactitude, on commençait par extraire le cerveau du crâne au moyen d'un crochet de bronze introduit par les narines, et on injectait par la même voie l'intérieur de la tête d'un mélange d'aromates et de substances résineuses. Un scribe chirurgien venait ensuite et dessinait sur le flanc le tracé d'une incision, qu'un opérateur spécial, appelé des Grecs le paraschiste, ouvrait avec un couteau de pierre. Aussitôt son travail achevé, le paraschiste s'enfuyait et les assistants feignaient de le poursuivre à coups de pierres, comme ayant violé l'intégrité du cadavre. Par l'ouverture ainsi pratiquée dans le ventre, les embaumeurs retiraient les viscères. Ils

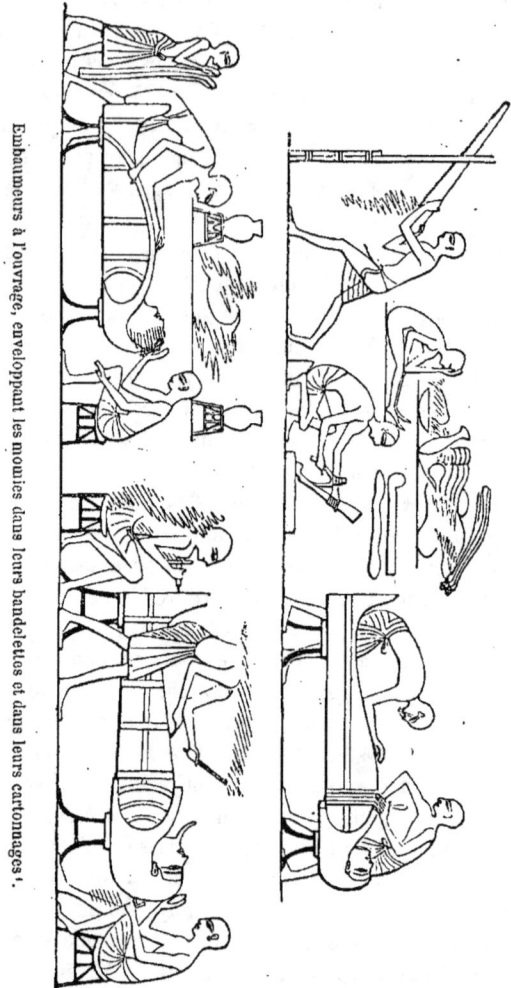

Embaumeurs à l'ouvrage, enveloppant les momies dans leurs bandelettes et dans leurs cartonnages[1].

saupoudraient d'aromates en poudre l'intérieur de la cavité de l'abdomen, puis déposaient le corps dans un bain de natron, où ils le laissaient plus

[1] Peinture d'un tombeau de Thèbes, d'après Wilkinson.

de quarante jours. Une fois bien pénétré de ce sel qui desséchait les chairs en leur conservant leurs formes, le cadavre était enduit de résines odorantes, comme celle du cèdre, dans les embaumements les plus luxueux, d'asphalte dans ceux qui étaient un peu moins soignés et coûteux. Les momies préparées de la première manière ont une couleur olivâtre ; leur peau est aussi élastique que si elle avait été tannée. Celles qui ont été passées à l'asphalte ont la peau noire, luisante et cassante. Dans les embaumements de seconde catégorie, les viscères, après avoir été préparés séparément, étaient réintroduits dans le ventre avant la momification définitive. Quand on procédait avec le plus grand luxe, on les déposait à part, empâtés dans de l'asphalte, dans quatre

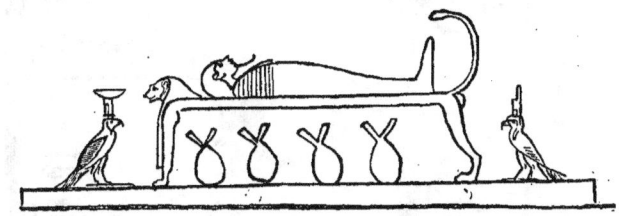

La momie couchée sur le lit funèbre, sous lequel sont placés quatre paquets contenant ses viscères embaumés[1].

vases de terre-cuite peinte, de pierre ou d'albâtre, surmontés des têtes de quatre génies infernaux, compagnons d'Osiri Khont-Ament, à la garde desquels on les confiait jusqu'à la résurrection. Ce sont ces vases que l'on a pris l'habitude de désigner sous le nom tout à fait impropre de « canopes. » L'estomac et le gros intestin étaient placés dans le vase décoré de la tête humaine de Amset, le petit intestin dans celui qui avait la tête de cynocéphale de Hapi, les poumons et le cœur dans celui qui avait la tête de chacal de Touaout-mout-f, enfin le foie et le fiel dans le vase que surmontait la tête d'épervier de Qebah-senou-f.

Un procédé plus sommaire et moins coûteux consistait, au lieu d'ouvrir le ventre et d'en retirer les viscères, à injecter ceux-ci d'huile de cèdre avec une seringue. Après quoi, le corps était déposé dans le bain de natron et ensuite enduit d'asphalte. Enfin les cadavres du commun passaient simplement par l'immersion dans le natron et étaient ensuite séchés au soleil. C'était là l'embaumement des pauvres.

[1] Vignette du *Livre des Morts*.
Les deux éperviers, placés à la tête et aux pieds du lit funèbre, portent sur leurs têtes les coiffures des deux déesses Isi et Nebt-hat.

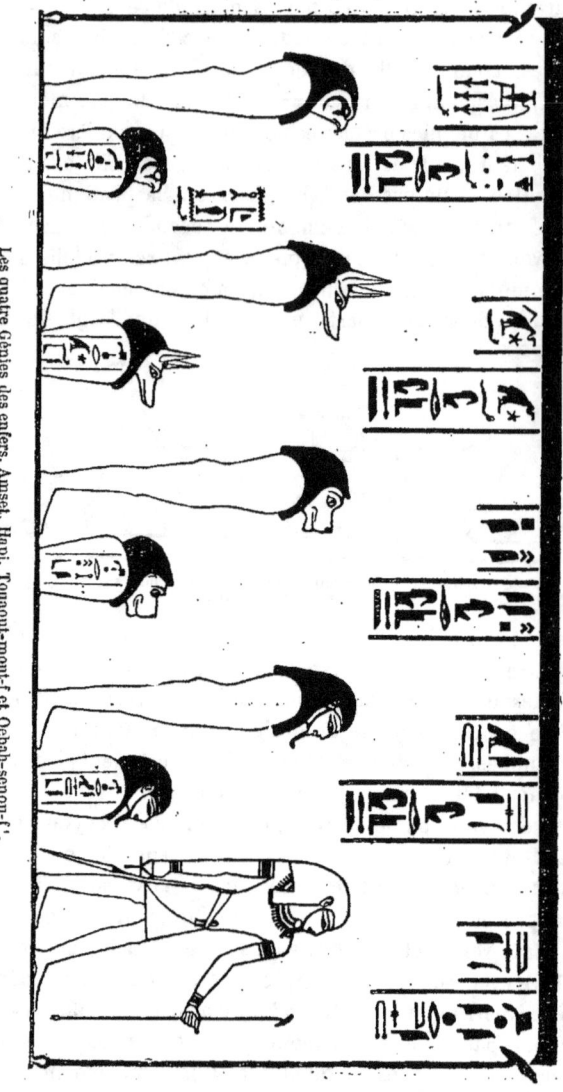

Les quatre Génies des enfers, Amset, Hapi, Touaout-mout-f et Qebah-senou-f[1].

[1] Une de ces deux séries de figures représente les têtes des quatre Génies placées sur les vases canopiques.

La momie une fois préparée par l'une ou l'autre des méthodes qui viennent d'être indiquées, sa préservation désormais assurée, on l'enveloppait d'un suaire de lin et on l'emmaillottait de nombreuses bandelettes, dans lesquelles on enfermait, à des places déterminées, des amulettes préservateurs qui devaient protéger l'âme du mort pendant les vicissitudes de son voyage dans l'autre monde. Pour les pauvres on se bornait là. Les momies, simplement enveloppées dans leurs bandelettes, étaient munies d'une étiquette de bois portant le nom du mort qu'on suspendait à leur col et déposées dans des catacombes banales, où on les trouve empilées les unes sur les autres. Pour les riches,

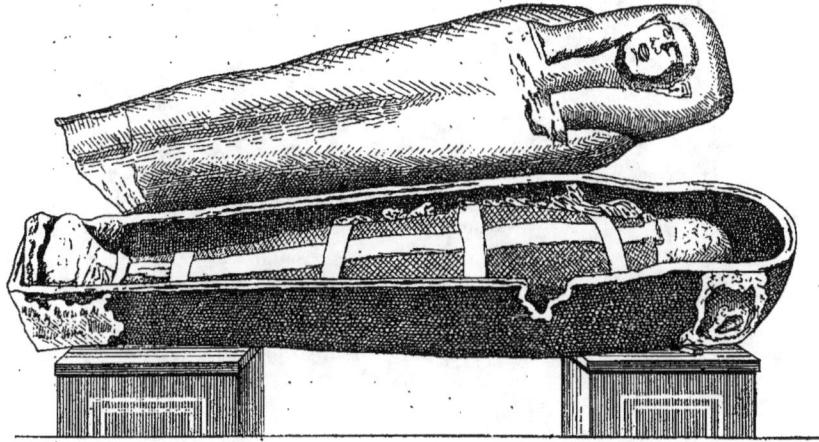

Momie enveloppée dans ses bandelettes et placée dans son cartonnage ouvert.

elle était étroitement emprisonnée dans des cartonnages peints et dorés, munis d'un masque humain, et enfermée ensuite dans une caisse de bois reproduisant les formes du cartonnage ou bien dans un sarcophage de bois ou de pierre.

Sous l'Ancien Empire, le sarcophage est de granit, de basalte ou de calcaire compact, rectangulaire, avec une ornementation d'architecture qui lui donne l'apparence d'un petit édifice. Dedans est un cercueil de bois à visage humain, formé de plusieurs pièces, rattachées entre elles par des chevilles. Sous la xie dynastie les cercueils en forme de momie sont faits d'un seul tronc d'arbre et souvent enveloppés de grandes ailes aux plumes peintes de diverses couleurs. Ceux de quelques-uns des rois de la famille des En-t-ef son entièrement dorés. On les enferme dans un sarcophage de bois rectangulaire, à couvercle plat, décoré extérieurement de fleurs peintes et ayant sur leurs parois intérieures la représen-

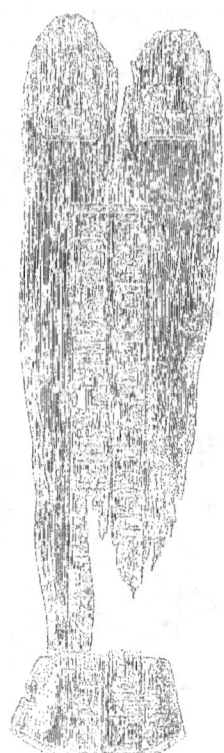

Débris du cercueil de bois du roi Men-kô-Râ (ive dynastie)[1].

tation de la garde-robe du défunt ou la copie, disposée en colonnes verticales, de certains chapitres du *Livre des morts*. Ces sarcophages cessent d'être usités pendant le cours de la xiie dynastie, mais les cercueils en momie deviennent de plus en plus soignés. De la xviie à la xxe dynastie, on emploie à Memphis des sarcophages de pierre en forme de momie qui portent seulement l'image de la déesse Nout sur la poitrine, et sur la gaine inférieure deux bandes d'hiéroglyphes, l'une horizontale et l'autre verticale, se croisant en T. Les cercueils thébains de la même époque sont de bois, décorés de peintures en petit nombre représentant les divinités infernales, les quatre génies de l'Ament, un vautour aux ailes déployées sur la poitrine, enfin sur la gaine les mêmes bandes d'hiéroglyphes que sur les sarcophages de pierre memphites. Le masque de la face est rouge ou doré. Les caisses de momies peintes en jaune avec une profusion de scènes mystiques et d'ornements, et des peintures soigneusement exécutées à l'intérieur représentent une mode qui débute sous la xxie dynastie, époque où elle est surtout développée. De la xxiie à la xxvie dynastie nous trouvons en abondance des cercueils noirs à la face colorée en rouge, avec des sujets et des hiéroglyphes en

blanc ou en jaune, et des cercueils blancs aux peintures de couleurs variées. Du temps de la domination éthiopienne, la momie a généralement trois enveloppes, l'extérieure peinte en blanc avec des hiéroglyphes verts, les intérieures avec le masque peint en rouge ou doré. Les sarcophages memphites de la xxvie dynastie et de l'époque des dynasties nationales qui, un peu plus tard, s'élèvent en antagonisme

[1] Musée Britannique.

contre les Perses, sont des cuves en granit ou en basalte, de forme rectangulaire, à couvercle plat ou bombé, couvertes de scènes nombreuses, exécutées avec une finesse de camée et généralement empruntées au « Livre de qui est dans l'hémisphère inférieur; » ceux en forme de momies se continuent aussi, mais sont alors singulièrement larges et trapus. Enfin le sarcophage thébain des âges grecs et romains est de bois, couvert de peintures, parmi lesquelles on observe souvent la représentation du zodiaque, tracée à l'intérieur; leur forme est celle d'un coffre rectangulaire à couvercle bombé.

Un ouvrage spécial, dont nous ne possédons jusqu'à présent que deux manuscrits incomplets, nous fait connaître les prières et les actes que les prêtres devaient accomplir pendant que les taricheutes, comme disaient les Grecs, transformaient le cadavre en momie. On l'a nommé le « Rituel de l'embaumement. » Pendant les travaux de la momification, d'autres ouvriers de différents métiers étaient occupés à préparer le mobilier de la demeure funéraire. « Les chambres du tombeau recevaient des meubles analogues à ceux dont on se servait pendant la vie, chaises, tables, lits, chevets, et aussi des objets de nature spé-

Sarcophage en forme de momie de la xxvie dynastie

ciale, cercueils, sarcophages, coffres à statuettes, statues de pierre ou de bois. C'était donc toute une maison qu'il s'agissait de monter, souvent avec luxe. Comme le vivant, la momie demandait du linge de corps, des étoffes, des ustensiles de toilette, des provisions de bouche. Les pauvres ne recevaient que le strict nécessaire, quelques haillons pour envelopper leurs membres, et de menus objets sans valeur; on fabriquait à l'usage des riches, et dans la maison même qui leur avait appartenu, tout ce qui formait le trousseau d'un mort de qualité. Une partie des scènes de la vie civile qu'on voit représentées sur les parois des hypogées ont trait à cette fabrication... La maison du défunt meublée, il fallait armer le défunt lui-même et lui fournir les moyens de se défendre contre les périls de l'autre monde. Les hypogées de Thèbes nous ont rendu des armes de toute espèce et jusqu'à des chars entiers... Mais le char ne suffisait pas à qui voulait aller bien loin. La barque était nécessaire en Égypte, plus nécessaire encore dans l'autre monde ; le firmament formait comme une sorte de Nil céleste, sur lequel naviguaient les dieux[1]. » On préparait donc des modèles de barques, avec leur gréement complet et leurs matelots, qui devaient être aussi déposées dans la chambre funèbre, auprès du sarcophage[2].

Tous ces préparatifs remplissaient les soixante-dix jours pendant lesquels les embaumeurs conservaient le cadavre, jours que la famille du défunt passait dans le deuil et dans la retraite. Au bout de ce temps, la momie était rapportée à sa maison et remise aux mains de ses parents. Quelques jours se passaient encore, durant lesquels le mort était exposé dans la principale pièce de la maison terrestre, entouré de lamentations continuelles. Le moment fixé pour l'enterrement définitif arrivait enfin, près de trois mois après la mort. On célébrait pour les pauvres une cérémonie sommaire et hâtive ; les riches s'en allaient en grande pompe rejoindre la « demeure éternelle » qu'ils s'étaient creusée dans la montagne à l'ouest du fleuve, ou construite sur le plateau qui la couronne, à la lisière du désert.

On ne possède aucune représentation de cette cérémonie remontant à l'Ancien ou au Moyen Empire ; mais, dans un des papyrus du musée de Berlin, un écrivain de la XIIe dynastie la décrit telle qu'elle avait lieu de son temps. « Tu as songé, dit-il, au jour des funérailles. Tu es arrivé à l'état de béatitude ; tu as passé la nuit dans les huiles de l'embaumement ; on t'a donné les bandelettes par les soins de la déesse Taït[3]. On a suivi ton convoi au jour de l'enterrement, gaîne dorée, masque peint en bleu, un baldaquin par-dessus toi, fait en bois de *masgat*[4]. Des bœufs te traînent, des pleureurs sont devant toi, et on prononce des plaintes ; des femmes sont accroupies à la porte de ton tombeau, et elles t'adressent des appels... On immole des victimes à la bouche de ton puits funéraire, et tes stèles sont dressées en pierre blanche parmi celles des enfants royaux. »

Pour la période du Nouvel Empire, à partir de la XVIIIe dynastie, les

---

[1] Maspero.
[2] Voy. plus haut, dans ce volume, p. 158, celle que l'on a découverte dans le tombeau de la reine Aah-hotpou.
[3] La déesse des étoffes.
[4] Sorte de bois précieux encore indéterminé.

LES RITES DES FUNÉRAILLES

peintures de plusieurs hypogées de Thèbes, richement accompagnées d'inscriptions explicatives, nous font assister à tous les détails des funérailles les plus somptueuses, telles qu'elles se pratiquaient dans cette cité. M. Maspero y a consacré une étude des plus complètes et des plus intéressantes [2].

En tête du convoi marchaient des esclaves chargés d'offrandes et portant les pièces du mobilier funéraire, le lit, les chaises, les guéridons, les coffrets, les amulettes, puis un chœur de pleureurs et de pleureuses à gages, dont on avait loué les services pour la circonstance, puis le prêtre officiant et la momie couchée sur un traîneau tiré par des bœufs, puis, derrière la momie, la famille et les amis en costume d'apparat; le reste des pleureuses fermait la marche. Tous ceux qui suivaient le cortège exprimaient leur deuil par des manifestations exubérantes. « Ils froissaient ou déchiraient leurs vêtements avec des gestes désordonnés, se battaient à deux mains le front et la poitrine, se couvraient les cheveux et la face de poussière et de boue. Leurs voix tantôt s'élevaient isolées, tantôt se confondaient dans une plainte commune,

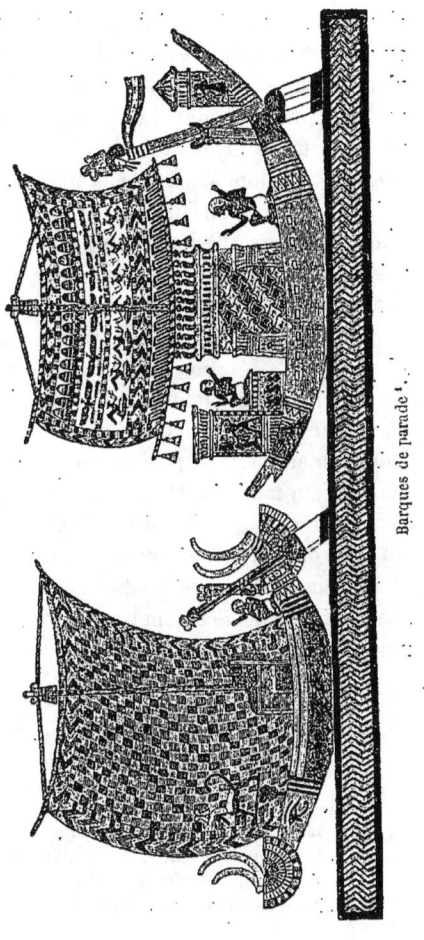

Barques de parade [1].

---

[1] Peinture du tombeau de Râ-mes-sou III, à Thèbes.
[2] *Études égyptiennes*, t. I, fasc. 2 : *Étude sur quelques peintures et quelques textes relatifs aux funérailles.*

et formaient un concert de lamentations dont l'éclat couvrait par intervalles la cantilène monotone du prêtre officiant. Aux cris inarticulés, aux appels, aux sanglots, se mêlaient l'éloge des vertus du mort, des allusions à ses goûts et à ses actions, aux charges qu'il avait remplies, aux honneurs qu'il avait obtenus, des réflexions sur l'incertitude de la vie humaine, des plaintes sur les dangers de la vie d'outre-tombe, refrain mélancolique que chaque génération de l'Égypte ancienne répéta sur la génération précédente, en attendant que la génération suivante l'entonnât sur elle à son tour [1]. »

Le convoi s'avançait ainsi par les rues de la ville et descendait jusqu'au bord du fleuve. Là une flottile de barques peintes attendait. Elle recevait le cortège et le transportait sur la rive occidentale du Nil, où le tombeau ouvrait sa porte béante pour recevoir le mort. Cette traversée du fleuve était prise comme une image symbolique de la navigation jusqu'à Aboud, où la dévotion aurait voulu que le défunt fût conduit pour reposer auprès de la tombe d'Osiri et de « l'Escalier du dieu grand, » simulacre du gouffre par lequel le Soleil descendait chaque soir dans l'hémisphère inférieur. Quelques-uns poussaient la piété jusqu'à faire réellement porter leur momie à Aboud. Le plus souvent on se bornait à y envoyer une stèle votive, destinée à recommander le mort aux prières des fidèles, et on le déposait lui-même dans un hypogée de la nécropole de sa ville. Une peinture, dans le tombeau du prêtre Nofri-hotpou, à Thèbes, place dans la bouche de la femme du défunt cette lamentation touchante, au moment de l'embarquement :

> Reste, demeure à ta place,
> ne t'éloigne pas du lieu où tu es !
> Mais, hélas ! tu t'en vas vers la barque de rivière.
> O matelots, ne vous pressez pas, laissez-le !
> Vous, vous reviendrez dans vos maisons ;
> mais lui va au pays d'éternité.
> O barque osirienne, tu as fait ta traversée,
> toi que suit le messager du ver du tombeau,
> et tu es venue pour enlever celui qui m'abandonne !

Et les pleureuses reprennent en chœur :

> Allons, allons à l'Occident,
> la terre de la double Justice !

[1] Maspero.

Peintures d'hypogées thébains représentant la cérémonie des funérailles.

> En paix, en paix, à l'Occident,
> ô louable, va en paix!
> S'il plaît au Dieu, quand viendra le jour de l'éternité,
> nous te verrons;
> car voici que tu vas vers la terre qui mêle les hommes.

Le Nil une fois traversé, le convoi se reformait et gagnait, dans la même ordonnance que sur l'autre rive, l'entrée du tombeau. Arrivée à ce terme de son voyage, la momie du défunt était dressée debout, le dos à l'hypogée, la face aux assistants, comme le maître d'une maison neuve que ses amis ont accompagné jusqu'à la porte, et qui se retourne un moment sur le seuil, pour les congédier avant d'entrer chez lui.

Là éclatait une nouvelle explosion de douleur. Dans le tombeau de Nofri-hotpou, sa femme s'écrie encore à ce moment :

> Je suis ta sœur Mérit-Râ,
> ô grand, ne me quitte pas!
> Ton dessein, mon bon père,
> si c'est vraiment que je m'éloigne de toi,
> comment peut-il se faire?
> Si je m'en vais, tu seras seul.
> Y a-t-il quelqu'un qui demeure avec toi?
> Et toi qui aimais à t'entretenir avec moi,
> tu te tais, tu ne parles plus.

Et le chœur des pleureuses hurle de toutes ses forces :

> Plaintes! plaintes!
> Faites, faites, faites,
> faites les lamentations sans cesse,
> aussi haut que vous pouvez!
> O voyageur excellent, qui vas vers la terre d'éternité,
> tu as été enlevé violemment!
> O toi qui avais beaucoup de gens,
> te voici dans la terre qui aime la solitude!
> Toi qui aimais à ouvrir tes jambes pour marcher,
> enchaîné, lié, emmailloté!
> Toi qui avais beaucoup de fines étoffes, et qui aimais la parure,
> couché dans les vêtements d'hiver!
> Celle qui te pleure
> est devenue comme privée de mère;
> le sein voilé, elle a fait lamentation et mené deuil,
> elle se roule autour de ta couche funèbre.

Nous reproduisons ici, dans une planche hors texte, sous le numéro 1, la peinture d'un tombeau thébain, qui montre l'arrivée du cortège funèbre à l'entrée de l'hypogée et là cérémonie qu'on y accomplissait. On y voit d'abord sur la gauche le traîneau qui amène la momie, devant laquelle un prêtre *sam* brûle de l'encens. Une seconde scène, qui succède à celle-ci sur la droite, laisse voir l'entrée du tombeau, creusé dans le flanc de la montagne, auprès de laquelle a été plantée la stèle funéraire. Anôpou, à tête de chacal, qui veille à la conservation des restes de tous les morts comme il a veillé à la conservation de ceux d'Osiri, dresse la momie, le dos tourné au tombeau. La veuve désolée du mort embrasse les genoux de sa momie, devant laquelle on a accumulé les offrandes. Quatre prêtres officient auprès de la momie : l'un récite les prières inscrites sur le rouleau de papyrus qu'il tient ouvert dans ses mains ; un autre, un *sam*, élève l'encensoir pour en faire monter la fumée vers le ciel ; un troisième verse la libation purificatoire d'eau du Nil par-dessus la tête du défunt ; le quatrième, armé de l'instrument symbolique appelé *nou*, en touche successivement les yeux, la bouche, les jambes et les autres parties de la momie, en récitant les paroles sacramentelles qui auront pour effet de lui rendre l'usage de ses organes dans sa nouvelle vie, tout momie qu'il est devenu. Ces formules sont enregistrées dans le *Rituel des funérailles* que vient de traduire un jeune égyptologue italien, M. Schiaparelli [1]. Deux groupes d'hommes et de femmes assistent à la cérémonie en se couvrant les cheveux de poussière.

Voici maintenant (dans la même planche, sous le numéro 2), la peinture du tombeau du prêtre Kinbou et de sa femme, la pallacide d'Ammon, Isi. Elle retrace la même scène, avec variantes. Les momies du mari et de la femme sont dressées à la porte du sépulcre ; leurs trois filles les embrassent et pleurent sur elles. Les provisions destinées à les nourrir dans le tombeau forment à terre un amas énorme, et tous les amulettes protecteurs qui seront placés autour des défunts pour leur servir de défense, sont posés sur une table. Tenant à la main de grandes palmes, les six fils de Kinbou et son frère, prêtres comme lui, officient avec deux autres ministres du culte.

Les derniers rites accomplis à l'entrée du tombeau, la momie y était placée avec tous les objets apportés par le cortège, et la porte fermée avec soin. Alors tous les parents et les amis venus pour les funérailles s'asseyaient aux tables d'un banquet servi sur l'esplanade qui précédait

[1] *Il libro dei funerali*, Turin, 1882.

l'accès de l'hypogée. Le siège d'honneur y restait vide et réservé pour l'ombre du mort, qui était censée prendre part, invisible, à ce dernier repas de fête avec les siens. On y donnait, d'ailleurs, toutes les allures d'une réjouissance. Comme aux plus brillantes fêtes des vivants, des danseuses l'égayaient par leurs ballets, des musiciens et des musiciennes par leurs chants marié au son des instruments.

Ce qu'étaient les chants dans cette circonstance, nous pouvons nous en faire une idée par ceux que les peintures du tombeau du prêtre Nofrihotpou placent dans la bouche de deux harpistes. Le premier s'adresse au défunt comme s'il était encore vivant, et l'invite à se réjouir au banquet, ainsi qu'à tous ceux qu'on lui offrira encore dans sa tombe.

> L'immobilité du chef,
> c'est elle, en vérité, qui est le destin excellent.
> Les corps se produisent pour passer depuis le temps de Dieu,
> et les générations jeunes viennent en leur place.
> Râ se lève au matin,
> Toum se couche au pays du soir ;
> les mâles engendrent,
> les femelles conçoivent,
> tous les nez goûtent l'air au matin de leur naissance,
> jusqu'au jour où ils sont à leur place.
> Fais un heureux jour,
> Nofri-hotpou, prêtre aux mains pures !

> Qu'il y ait toujours des parfums et des essences pour tes narines,
> des guirlandes et des fleurs pour les épaules
> et pour la gorge de ta sœur chérie,
> qui est assise auprès de toi !
> Qu'il y ait du chant et de la musique devant toi,
> et, négligeant tous les maux, ne songe qu'aux plaisirs,
> jusqu'à ce que vienne le jour
> où il faut aborder à la terre qui aime le silence,
> sans que cesse de battre le cœur du fils qui vous aime !
> Fais un heureux jour,
> Nofri-hotpou, prêtre aux mains pures !

> J'ai entendu tout ce qui arrive aux ancêtres.
> Leurs murs sont détruits, leur place n'est plus ;
> ils sont comme qui n'aurait jamais été depuis le temps de Dieu.
> Tes murs à toi sont fermes,
> tu as planté des arbres autour de ton bassin,
> ton âme reste sous eux et boit de son eau.
> Suis ton cœur aussi longtemps que tu es sur la terre.
> Donne du pain à qui n'a pas de domaine,

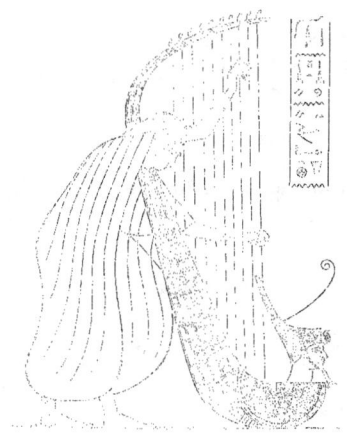

Joueurs de harpe.

afin de gagner une bonne renommée à tout jamais.

. . . .

La fortune vient en sa saison,
le destin compte ses jours.
Fais un heureux jour,
Nofri-hotpou, prêtre aux mains pures !

En contraste, le chant de l'autre harpiste est tout mystique et mythologique. Il célèbre la béatitude des élus, et l'entrée du défunt dans cet état glorieux.

O formes sages, o cycles des dieux,
qui écoutez et qui louez le prêtre Nofri-hotpou
lorsqu'il accourt prendre place parmi les formes,
rendu sage comme un dieu vivant à toujours,
rendu grand comme un prince ;
et vous qui vous produirez dans la mémoire de la postérité,
quand vous viendrez pour lire ces chants des tombeaux,
vous direz : « La grandeur sur la terre, qu'est-ce ?
L'anéantissement du tombeau, pourquoi ? »
C'est être fait à l'image de celui qui est l'éternité,
le juste qui ne trompe pas et qui a horreur du désordre,
celui qu'on ne songe pas à attaquer quand il entre en cette terre
et contre qui personne ne se révolte,
en qui reposent toutes nos générations,
depuis le temps où votre race a existé pour la première fois
jusqu'au moment où elle est devenue multitude de multitudes,
allant tous ensemble.
Car au lieu de demeurer en la terre d'Égypte,
il n'y en a pas un qui n'en soit sorti,
et tous, quand ils sont sur cette terre,
au moment qu'ils s'éveillent à la vie, il leur est dit :
« Va, prospère sain et sauf,
afin d'atteindre à la tombe,
frappant tes mains en cadence,
songeant toujours en ton cœur
au jour où l'on doit se coucher sur le lit funéraire,
te réjouissant au fond du cœur
de préparer ta sépulture. »

. . . .

O prêtre, la destruction dont on parle,
c'est s'unir aux maîtres de l'éternité ;
c'est que ton nom soit stable à jamais.
Ton dieu, que tu as suivi pendant ta vie,
te glorifie dans la tombe.
Quand tu entres pour rendre tes devoirs
devant les maîtres de l'éternité,

ils sont prêts à recevoir ton âme,
à protéger ta forme,
ils te présentent ton âme sur tes deux mains,
ils purifient ta grâce,
ils donnent des rations perpétuelles à ta forme,
ton dieu a pour toi des provisions,
et ils te disent :
« Sois en paix, ô prophète !
Celui qui nous a glorifiés, c'est le prophète d'Ammon,
Nofri-hotpou, fils du sage Ammon-em-Apet. »
O prêtre, j'entends les louanges qu'on te prodigue,
chez les maîtres de l'éternité.
La parole de ta bouche a fait avancer la barque divine.

. . . .

Tu circules autour des murs,
suivant l'éclat du dieu rajeuni [1],
et l'éclat de son buste s'est dressé là.

. . . .

Ta présence auprès des dieux est heureuse,
on se rappelle ta perfection,
par ce que toi qui entre dans On,
connaissant le mystère qui s'y trouve,
tu es le célébrant Nofri-hotpou, cher à Ammon.
O prêtre, quand on mène ton âme à sa demeure,
quand passe ton convoi funèbre,
Anopou te presse dans ses deux bras,
les deux sœurs divines [2] te joignent,
on te purifie de nouveau.
On t'attribue des pierres précieuses vraies,
des émaux divins en leur forme funéraire,
par les deux mains du dieu Manou [3],
des étoffes fabriquées par la déesse Taït.
Les enfants de Hor sont tes amulettes ;
les deux pleureuses accroupies pour toi au dehors
pleurent et se lamentent sur ton nom,
parce que c'est toi qui, étant sur terre,
as glorifié ton maître Ammon.
O prêtre Nofri-hotpou, ton souvenir est dans On,
ton corps dans Thèbes,
tu ne saurais passer jamais ;
ton nom ne sera pas détruit,
parce qu'en vérité tu es dans la Grande demeure,
parce que tu es celui dont les deux yeux entrent dans la grande salle,
l'accompli et le parfait dans ses grandes formes,

---

[1] Le Soleil à son lever.
[2] Isi et Nebt-hat, les deux sœurs d'Osiri, auquel le mort est assimilé.
[3] Le dieu du soir et de l'Occident, où vont les morts.

celui qui parcourt les périodes de l'éternité,
et dont les années se renouvellent sans cesse,
parce que tu es celui qu'on a élevé
et rendu bon au point où tu l'es,
o louable Nofri-hotpou.

Le banquet de famille devant la porte du tombeau terminait la cérémonie funèbre. Après qu'il était fini, chacun se dispersait, pour se réunir de nouveau dans les fêtes d'anniversaire qui, à intervalle fixe, ramenaient la famille et les amis auprès de la sépulture des morts qui leur étaient chers.

§ 9. — LE LIVRE DES MORTS ET LES AUTRES ÉCRITS ANALOGUES.

Dans le cercueil de chaque momie riche et soignée, à partir de la xviiie dynastie, on rencontre une copie plus ou moins complète, suivant la fortune du défunt et le prix que sa famille avait pu y mettre, d'un grand livre sacré, d'un développement fort considérable, qui contient une suite de prières destinées à protéger le défunt dans ses épreuves de l'autre vie et à lui assurer d'en sortir vainqueur, pour parvenir finalement à la béatitude. Les différents chapitres de ce livre formaient autant de leçons liturgiques, qui se récitaient par les prêtres pendant la cérémonie des funérailles, pendant la préparation des amulettes que l'on déposait avec le mort dans son tombeau et que ces prières consacraient, à qui elles donnaient leur vertu, enfin lors des rites commémoratifs qui avaient lieu plus tard auprès du tombeau. C'est le livre que Champollion nomma le *Rituel funéraire*, désignation à laquelle on a substitué depuis, à l'exemple de M. Lepsius, celle plus vague de *Livre des morts*, en réservant le titre de *Rituel* aux livres qui, comme celui de l'embaumement et celui des funérailles, prescrivent minutieusement, dans l'ordre où on les accomplissait, tous les actes d'une cérémonie déterminée, avec les paroles sacramentelles que le prêtre officiant devait prononcer en son propre nom pendant chacun de ces actes. Les leçons qu'on tirait du *Livre des Morts* au cours des cérémonies sont, au contraire, toujours placées dans la bouche du défunt, qui est censé les prononcer aux diverses étapes de son pèlerinage infernal ; on les récitait auprès de sa momie pour les lui apprendre et lui donner la possibilité de les répéter. Le titre original du livre, celui que lui donnaient les Égyptiens, et qu'il porte en tête, était « Livre de la sortie (ou de la manifestation) au jour, » le moment de la mort étant considéré comme celui où l'âme de l'homme entrait dans la véritable lumière, celle de l'autre vie.

C'est le texte le plus important et le plus étendu que l'ancienne Égypte nous ait légué, le seul de ses grands livres sacrés dont on attribuait la composition au dieu Tahout, de ses « Livres Hermétiques, » comme disaient les Grecs, qui ait été préservé jusqu'à notre époque. C'est aussi le texte le plus multiplié, car plus des trois quarts des papyrus que renferment nos musées offrent des copies, intégrales ou partielles de ce livre, dont beaucoup de chapitres se lisent, en outre, tracés sur des figurines funéraires, des scarabées, des bandelettes de toile employées dans l'embaumement des cercueils de momies, ou sur les murailles de tombeaux de la dernière partie du Nouvel Empire. Cette multitude de copies ne rend pas jusqu'ici le texte du livre plus certain. Écrites généralement très vite, dans des officines qui avaient toujours un grand nombre d'exemplaires à en livrer au public, qui ne pouvaient point, par conséquent, n'employer que de bons copistes et où l'on n'avait pas le temps de reviser assez soigneusement leur travail, les copies en fourmillent de fautes, que l'on ne pourra corriger que par une soigneuse collation comparative de tous les exemplaires connus. On a déjà pu constater ce fait que les copies hiéroglyphiques sont généralement très inférieures aux copies hiératiques. Ainsi l'exemplaire du Musée de Turin, l'un des plus complets que l'on connaisse, que M. Lepsius a publié en fac-similé [1] et d'après lequel on a pris l'habitude de numéroter les chapitres du livre, est singulièrement fautif; l'exemplaire hiératique du Louvre, édité par Emmanuel de Rougé [2], offre dans bien des endroits des leçons plus correctes. En dehors de ces fautes de copie, les différents exemplaires présentent entre eux de nombreuses variantes, et même souvent dans un même exemplaire le copiste a enregistré pour un même passage, à la suite l'une de l'autre, plusieurs de ces variantes. M. Birch a donné, il y a plus de trente ans, une traduction intégrale du Livre des Morts d'après l'exemplaire de Turin [3], et ce travail, extrêmement remarquable pour sa date, demeure

---

[1] *Das Todtenbuch der Ægypter,* Leipzig, 1842, gr. in-4.

[2] *Rituel funéraire des anciens Égyptiens, texte hiératique publié d'après le papyrus du Louvre,* Paris, 1860, in-folio.

[3] Dans le tome V de la traduction anglaise de l'ouvrage de Bunsen, *Egypt's place in universal history.*

encore généralement exact. Il y a pourtant beaucoup à y corriger dans le détail, à la suite des immenses progrès réalisés depuis trente ans par la science. Aussi la traduction complète du *Livre des Morts* serait à reprendre aujourd'hui, et nul travail n'aurait plus d'importance. Mais tous les égyptologues ont reculé devant la difficulté et l'étendue de la tâche ; on s'est borné jusqu'à présent à donner des versions rectifiées de certains chapitres isolés [1]. Il est vrai qu'avant d'entreprendre une nouvelle traduction, il est indispensable d'être en possession d'un texte critique, établi dans des conditions vraiment scientifiques par la comparaison du plus grand nombre possible d'exemplaires. C'est l'œuvre dont M. Edouard Naville a été chargé par le Congrès international des Orientalistes, et qu'il poursuit depuis plusieurs années avec une persévérance au-dessus de tout éloge. Il y a lieu d'espérer qu'une partie de son travail verra bientôt le jour.

Il existe, du reste, du *Livre des Morts* deux recensions successives, assez différentes pour que, dans l'édition critique que prépare M. Naville, le texte doive en être établi séparément. La plus étendue est aussi la plus récente ; c'est elle que représentent les manuscrits publiés par M. Lepsius et Emmanuel de Rougé, comme aussi l'exemplaire hiéroglyphique de la Bibliothèque Nationale qui a été donné en fac-similé dans la grande *Description de l'Égypte* et celui du Musée de Leyde, édité par M. Leemans. Elle ne date que de la xxvi° dynastie, et c'est au moment de l'établissement officiel de son texte que le livre complet a été inscrit sur les parois de certaines tombes thébaines, comme celles des prêtres Bok-en-ran-f et Pet-Amon-em-Apet. La recension antérieure était moins développée ; elle laissait de côté un grand nombre de chapitres qui ont été admis dans la dernière ; mais, en revanche, elle en contenait quelques-uns qui ont été plus tard exclus du texte autorisé, nous ne savons trop pour quelle raison. Cette première recension paraît dater de la xviii° dynastie. Dans les textes jusqu'à présent publiés elle est représentée par le papyrus de Soutimès, conservé à la Bibliothèque Nationale, qu'ont édité MM. Guieysse et Lefébure.

L'existence de ces deux recensions différentes se comprend parfaitement quand on se rend compte de la nature même du livre et du mode

---

[1] M. Pierret, conservateur du Musée égyptien du Louvre, se prépare à donner au public une traduction complète du *Livre des Morts* dans sa dernière recension. Cette traduction aura pour base le texte des papyrus de notre musée national.

de sa formation. Ce n'est pas un ouvrage suivi d'un bout à l'autre, qui présente un caractère d'unité et qui ait été écrit en une seule fois, avec l'intention d'en faire un tout se déduisant logiquement d'après un plan inflexible. C'est une collection artificielle d'hymnes, de prières, de morceaux de natures diverses, qui ne se tiennent aucunement entre eux et qui ont eu manifestement une origine indépendante les uns des autres. Certains chapitres ont certainement constitué d'abord des livres complets en eux-mêmes, absolument distincts, et il en est même auxquels on a laissé dans leur titre la désignation de « Livre, » au lieu de celle de « Chapitre. » Ces morceaux, de plus, ne sont ni de même date, ni de même source. Il en est d'extrêmement anciens ; il en est d'autres qui paraissent, au contraire, relativement récents. On aurait de la peine à déterminer les provenances précises de chacun d'entre eux ; mais il est dès à présent incontestable que ces provenances sont fort diverses. Déjà plusieurs chapitres ont pu être notés avec certitude comme ayant pris naissance dans l'école sacerdotale d'On ou Héliopolis, certains autres dans celle d'Aboud. On conçoit donc facilement qu'à des époques différentes, sous des influences diverses, la collection ait pu, dans la façon dont le sacerdoce l'a constituée, dans le choix des morceaux, dans l'ordre qu'on leur a attribué, varier d'une manière considérable.

Certains des chapitres compris au *Livre des Morts* sont indiqués comme ayant été découverts miraculeusement sous des rois des dynasties primitives, par exemple sous Hesep-ti de la 1re et Men-ké-Rà de la ive. Mais on est en droit de ne pas attacher une croyance implicite à ces récits légendaires, d'autant plus que nous ne possédons jusqu'à ce jour de copie d'aucun texte de l'ouvrage, écrite sous l'Ancien Empire. C'est seulement avec la xie et la xiie dynastie que nous commençons à relever un certain nombre des plus importants chapitres du *Livre des morts* inscrits sur des sarcophages de bois[1]. Encore s'y présentent-ils isolément. Jusqu'ici nous n'avons pas de trace de leur collection, de leur réunion en un livre unique avant la xviiie dynastie.

La plupart des égyptologues admettent aujourd'hui que la réunion des morceaux, originairement indépendants, qui constituent le *Livre des Morts*, a été faite au hasard, sans plan méthodique, et qu'il n'y a pas à chercher une intention calculée dans leur succession, dans

---

[1] Ils ont été réunis en une collection spéciale par M. Lepsius : *Ælteste Texte des Todtenbuchs*, Berlin, 1867.

l'ordre qui leur a été assigné. Plusieurs d'entre eux en citent même comme preuve que le jugement de l'âme au tribunal d'Osiri n'y arrive qu'au cxxv° chapitre, après bien des aventures qui devaient être considérées comme y succédant, après que l'âme a déjà atteint certaines conditions d'une véritable béatitude, comme la faculté de revêtir toutes les formes qu'il lui plaît et l'existence dans les champs bienheureux d'Aarou. J'ai bien de la peine à admettre cette manière de voir. Sans doute, dans le classement donné aux chapitres du livre, soit dans la recension de la xviii° dynastie, soit dans celle de la xxvi°, il y a bien des irrégularités, des choses illogiques et que nous ne comprenons pas complètement, bien des endroits où l'on semble revenir en arrière ou bien anticiper sur l'ordre des faits. Mais malgré ces irrégularités, inévitables dans un ouvrage composé de pièces et de morceaux, il me semble que dans la succession donnée aux chapitres, dans l'ordonnance qui en résulte pour les étapes de la destinée de l'âme au delà de la tombe, auxquelles se rapporte chacun d'eux, il y a une conception voulue et suivie, le développement d'une manière de se représenter l'enchaînement des phases d'une histoire des épreuves, des traverses et aussi des bonheurs de l'âme juste dans l'autre monde, depuis l'heure où elle se sépare du corps jusqu'au moment où elle arrive devant le juge divin dont la sentence la fera entrer dans la béatitude suprême et définitive. Il y a eu, en effet, certainement au moins un temps où l'on a considéré le jugement au tribunal d'Osiri comme ne suivant pas immédiatement la mort, comme venant, au contraire, après de longues vicissitudes de l'âme dans le monde infernal, et la sentence qui y était rendue comme ne dépendant pas seulement des vertus et des péchés de l'homme dans son existence terrestre, mais aussi de sa conduite dans l'autre vie.

C'est ce qui résulte d'une façon positive d'un bien étrange document que nous a conservé un papyrus du Musée de Leyde. Il s'agit d'une sommation juridique en forme légale, qu'un mari adresse à l'âme de sa femme, morte depuis trois ans. Il prétend que depuis lors elle revient constamment le tourmenter par méchanceté, et pour montrer quelle est son ingratitude il rappelle tout le bien qu'il lui a fait tant qu'elle a été vivante. Il la somme donc en bonne et due forme, dans les règles prescrites par la loi entre vivants, de cesser des persécutions que rien ne justifie, sous peine d'avoir à répondre de sa conduite devant le jury infernal. Au cas où la morte ne tiendrait aucun compte de cet avis préalable, la cause sera évoquée plus tard et plaidée devant le tribunal d'Osiri, quand elle y viendra pour être jugée; le papyrus servira de pièce à conviction et alors « on distinguera le vrai du faux. » Pour envoyer la sommation à son adresse, le mari avait dû prendre l'un des moyens employés par les Égyptiens à transmettre des nouvelles des vivants dans l'autre monde. Il l'avait lue sans doute dans le tombeau, puis attachée à une statue représentant sa femme. La femme ne pouvait manquer de recevoir ainsi l'adjuration, comme elle recevait sa part des repas funéraires et la vertu des prières qui assuraient la félicité de sa vie d'outre-tombe.

On pourra juger, du reste, de la valeur du point de vue auquel j'envisage la succession des chapitres du *Livre des Morts* par une rapide analyse de cet ouvrage, tel qu'il est disposé dans la recension de la xxvi° dynastie.

Le livre s'ouvre par une grande scène dialoguée qui se passe au moment même de la mort, lorsque l'âme vient de se séparer du corps. Le mort, s'adressant à la divinité infernale, énumère tous ses titres à sa faveur et lui demande de l'admettre dans son empire. Le chœur des âmes glorifiées intervient, comme dans la tragédie grecque, et appuie la prière du défunt. Le prêtre sur la terre prend à son tour la parole et joint sa voix pour implorer aussi la clémence divine. Enfin Osiri, le dieu des régions inférieures, répond au mort : « Ne crains rien en m'adressant la prière pour l'éternelle durée de ton âme, pour que j'ordonne que tu franchisses le seuil. » Rassurée par cette parole divine, l'âme du défunt pénètre dans le Kher-ti-noutri, la demeure des défunts, et recommence ses invocations.

Après le début grandiose que je viens d'indiquer, suivent quelques petits chapitres, beaucoup moins importants, relatifs aussi à la mort et aux premières cérémonies des funérailles. Enfin l'âme du défunt a franchi les portes du Kher-ti-noutri; il pénètre dans cette région infernale, et, à son entrée, il est ébloui de l'éclat du Soleil, qui se manifeste à lui pour la première fois dans l'hémisphère inférieur. Il entonne un hymne de louanges au Soleil, sous forme d'invocations et de litanies entremêlées [1].

Après cet hymne, une grande vignette, représentant l'adoration et

[1] Chap. XV. Traduit et commenté par M. E. Lefébure, *Hymnes au Soleil composant le XVe chapitre du Rituel funéraire égyptien.*

la glorification du Soleil, à la fois dans le ciel, sur la terre et dans les enfers, indique la fin de la première partie du livre, qui en est comme l'introduction. Originairement elle formait un tout indépendant, et il semble que c'était alors à elle qu'appartenait exclusivement le titre de *Livre de la sortie au jour*, étendu ensuite à tout le recueil. La seconde partie va nous retracer les diverses péripéties des migrations de l'âme dans l'hémisphère inférieur.

« Les Égyptiens, dit Horapollon dans ses *Hiéroglyphiques*, appellent la science *sbo*, ce qui veut dire plénitude de nourriture. » Ce passage renferme certainement une allusion aux idées religieuses sur la destinée des morts. La science et la nourriture sont, en effet, identifiées à chaque instant dans le *Livre des Morts*. La science des choses religieuses est cette nourriture mystique que l'âme doit emporter avec elle et qui doit la soutenir dans ses pérégrinations et dans ses traverses. L'âme qui n'aura pas assez de science ne parviendra pas au terme de son voyage et sera repoussée au tribunal d'Osiri. Il faut donc, avant qu'elle commence son voyage, la munir d'une provision de cette nourriture divine. C'est à cela qu'est destiné le long chapitre qui ouvre la seconde partie[1]. Il est accompagné d'une grande vignette, qui

[1] Chap. XVII. Traduit par Emmanuel de Rougé dans ses *Études sur le Rituel funéraire*, publiées en 1860 dans la *Revue archéologique*.

Vignette terminant la première partie du *Livre des Morts*.

représente une série de figures mythologiques et des symboles les plus augustes de la religion égyptienne. Le texte consiste en invocations de la plus extrême antiquité, qui portent dans leur rédaction l'empreinte des doctrines propres à l'école sacerdotale d'On, à la forme spéciale sous laquelle elle envisageait la religion et la cosmogonie. En voici quelques échantillons :

I. O Râ, dans ton œuf,
   rayonnant dans ton disque,
   brillant à l'horizon,
   nageant au-dessus du firmament d'acier,
   naviguant au-dessus des piliers de Schou,
   toi qui n'as pas de second parmi les dieux,
   qui produis les vents par les flammes de ta bouche
   et illumines le monde par tes splendeurs,
   sauve le défunt de ce dieu
   dont la nature est un mystère
   et dont les sourcils sont comme les bras de la balance
   dans la nuit où Aaouit fut pesée.

II. O Seigneur de la Grande demeure [1],
   suprême roi des dieux,
   sauve l'Osiri de ce dieu
   qui a la face d'un dogue
   et les sourcils d'un homme,
   et qui se nourrit des maudits.

III. O Seigneur de la victoire dans les deux mondes,
   sauve l'Osiri de ce dieu
   qui saisit les âmes,
   dévore les cœurs,
   et se nourrit de carcasses.

IV. O Dieu-Scarabée dans ta barque,
   dont la substance se produit elle-même,
   sauve l'Osiri de ces gardiens
   à qui le Seigneur des esprits a commis de veiller sur ses ennemis
   et aux regards de qui nul n'échappe.
   Que je ne tombe pas sous leur glaive,
   que je n'aille pas à leur billot!
   que je ne reste pas dans leurs demeures !
   que je ne sois pas étendu sur leur lit de torture !
   que je ne tombe pas dans leurs filets !
   Que ne m'atteigne pas
   celui que les dieux abhorrent [2] !

[1] La Grande demeure est l'univers, dans lequel la terre est la Salle de Seb, le ciel la Salle de Nout et le monde inférieur la Salle de la double Justice.

[2] Ces invocations constituent évidemment les plus anciennes prières pour les morts que l'on connaisse en Égypte.

Chacune des expressions de ces invocations antiques, destinées à mettre le mort à l'abri des épouvantements des enfers, chacune des allusions mythologiques qu'elles renferment en si grand nombre, est accompagnée d'une explication mystique, souvent de deux ou trois différentes suivant l'esprit des diverses écoles d'un bien lointain passé, car ces variantes, enregistrées les unes après les autres, se remarquent déjà dans les copies du chapitre qui datent de la xie dynastie. Le mort, auprès de la momie de qui on le récitait, ne devenait pas seulement maître de formules à l'action toute-puissante ; il était initié à tous les secrets doctrinaux du sens de ces doctrines et possédait ainsi la science des choses divines. Au commencement du chapitre, texte commenté et explications sont assez clairs ; nous avons là toute une esquisse de cosmogonie et de théogonie ; mais à mesure que l'on avance, on s'élève dans une région plus haute et plus obscure ; à la fin du chapitre, le fil se perd pour nous presque complètement, et, comme il arrive souvent en pareil cas chez beaucoup de peuples, l'explication finit par devenir bien plus difficile à comprendre que le symbole et la phrase expliqués.

Le défunt adorant les dieux du Chemin des morts [1].

Suit le groupe des chapitres de « la Couronne de triomphe[2]. » Le défunt se présente successivement devant les dieux d'On (Héliopolis), Aboud (Abydos), Dad (Mendès) et d'autres localités non moins sacrées et adresse ses prières à Tahout, qui remplit ici, comme l'Hermès des Grecs, le rôle de psychopompe ou conducteur des âmes. A chaque station l'invocation commence par ces mots : « O Tahout, qui as fait triompher Osiri de ses adversaires, fais triompher l'Osiri N de ses adversaires comme tu as fait triompher Osiri de ses adversaires. » Le mort rappelle ensuite un des épisodes de la légende épique osirienne, et demande au dieu de lui rendre encore le service qu'en cette circonstance solennelle il a rendu à Osiri et à son fils Hor, « vengeur de son frère. » A la fin le mort est déclaré triomphant à toujours ; les dieux du ciel et de la terre le proclament « en présence d'Osiri Khont-Ament Oun-nofri, fils de Nout, le jour où il a triomphé de Set

---

[1] Vignette d'une des sections du chap. XVIII du *Livre des Morts*.
[2] Chap. XVIII-XX.

et de ses complices, en présence des dieux d'On la nuit de la bataille où les rebelles ont été renversés, en présence des dieux d'Aboud la nuit où Osiri a triomphé de ses adversaires, en présence des grands dieux de l'Horizon occidental le jour de la fête de *Viens vers moi*. » On ajoute : « Hor a répété cette déclaration quatre fois, et tous ses ennemis

La faculté de parler rendue au mort avec sa langue [1].

Le mort redemande son cœur au dieu qui en a été constitué gardien [2].

sont tombés anéantis devant lui. Hor, fils d'Isi, l'a répétée un million de fois, et tous ses ennemis sont tombés anéantis. Ils sont transportés au lieu d'exécution de l'Orient ; leurs têtes sont coupées, leurs cols sont brisés, leurs cuisses sont détachées et livrées au grand destructeur qui habite dans Aati ; ils ne sortiront plus jamais de la garde de Seb. »

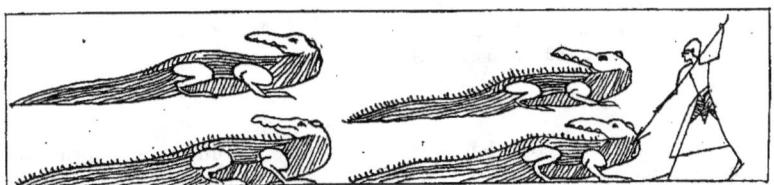

Combat du mort contre les crocodiles [3].

L'âme est ainsi bien pourvue de la provision de science qui lui est nécessaire, et les dieux, en le proclamant d'avance, ont assuré son triomphe sur tous les obstacles qu'il pourra rencontrer. Le mort peut maintenant commencer son voyage. Mais il est encore immobile, il n'a plus l'usage de ses membres ; il faut qu'il s'adresse aux dieux qui lui rendent successivement toutes les facultés qu'il avait dans sa vie terrestre, pour qu'il puisse se tenir debout, marcher, parler, prendre sa

[1] Vignette des chap. XXI-XXII du *Livre des Morts*.
[2] Vignette du chap. XXVIII du *Livre des Morts*.
[3] Vignette du chap. XXXI du *Livre des Morts*.

nourriture et combattre[1]. Ainsi muni, il part ; et avec l'aide de son scarabée, qui tient la place de son cœur et lui sert de passeport, il franchit l'entrée des enfers[2].

Dès les premiers pas, des obstacles terribles se présentent sur son chemin. Des monstres effroyables, serviteurs de Set, crocodiles de terre et d'eau, serpents de toutes sortes, tortues et autres reptiles, se précipitent sur le mort pour le dévorer[3]. Alors s'engage une série de combats, où le mort et les animaux contre lesquels il lutte s'adressent mutuellement des injures à la façon des héros d'Homère. Enfin l'Osiri a

Combat du mort avec le serpent qui tourmente l'âne dans les Enfers[4].

vaincu tous ses ennemis ; il a renversé les monstres typhoniens et forcé le passage ; dans l'exaltation de sa victoire, il entonne un chant de triomphe, où il s'assimile à tous les dieux, dont les membres sont devenus les siens.

    Mes cheveux sont ceux de Nou,
    ma face celle de Râ,
    mes yeux ceux de Hat-Hor,
    mes oreilles celles d'Apouat,
    mon nez celui du dieu de Sekhem,
    mes lèvres celles d'Anôpou,
    mes dents celles de Selket.

Il a même la force de Set ; car la lutte du bon et du mauvais principe n'est qu'apparente ; au fond ils se confondent l'un et l'autre dans le même panthéisme et reçoivent également les adorations de l'initié.

    Il n'y a pas de membre en lui sans dieu,
    et Tahout est la sauvegarde de tous ses membres.
    Ni homme, ni dieu,
    ni esprit glorieux des morts, ni damné,
    passé, présent ou à venir,
    ne peut s'attaquer à lui.
    Il est celui qui s'avance en sûreté.
    « Celui que les hommes ne connaissent pas » est son nom,

---

[1] Chap. XXI-XXIX.
[2] Chap. XXX.
[3] Chap. XXXI-XLI.
[4] Vignette du chap. XL du *Livre des Morts*.
Voy. plus haut, dans ce volume, p. 234, la vignette du chap. XXXIX.

« le Hier qui voit des années sans fin » est son nom,
passant en triomphe par les chemins de l'éternité.
L'Osiri est le Seigneur de l'éternité ;
il est reconnu à toujours comme Khopra ;
il est le maître de la couronne royale.

Après de pareils travaux, le mort a besoin de repos ; il s'arrête quelque temps pour reprendre ses forces et repaître sa faim dévorante.

Le mort tournant le dos au *nemma* ou billot infernal [1].

Il a évité de grands dangers : il a échappé à la décapitation, à la seconde mort, au billot infernal ou *nemma*, d'où il serait sorti sans tête, à la décomposition de son corps ; il ne s'est pas égaré dans le désert où l'on meurt de faim et de soif, à tel point qu'on y est réduit à manger ses excréments [2]. Du haut de l'arbre de vie, la déesse Nout lui verse une eau salutaire, qui le rafraîchit [3] et lui permet de recommencer sa route, afin d'atteindre la première porte du ciel.

Là s'engage un dialogue entre le mort et la Lumière divine qui l'instruit [4]. Ce dialogue présente les plus remarquables rapports avec le dialogue placé en tête des Livres dits Hermétiques que les Grecs alexandrins ont donnés comme traduits des antiques écrits religieux de l'Égypte, dialogue entre Tahout et la lumière, laquelle explique au dieu les plus sublimes mystères de la nature. Ce morceau, qui à l'origine a dû former un tout indépendant, est certainement un des plus beaux et des plus grandioses du *Livre des Morts;* il peut marcher

La déesse Nout versant au mort l'eau du rafraîchissement divin [5].

presque de pair avec les invocations au Soleil qui terminent la première partie.

Le mort a franchi la porte ; il continue à s'avancer, illuminé par cette nouvelle lumière à laquelle il adresse ses invocations [6]. Il est alors

---

[1] Vignette du chap. L du *Livre des Morts*.
[2] Chap. L-LXIII.
[3] Chap. LIX.
[4] Chap. LXIV. Étudié spécialement par M. Guieysse, *Rituel funéraire égyptien, chapitre LXIV, Textes comparés, traduction et commentaire*, Paris, in-4.
[5] Vignette du chap. LIX du *Livre des Morts*.
Voy. plus haut, dans ce volume, p. 202, fig. 3, la même représentation d'après la peinture d'un cercueil de momie.
[6] Chap. LXV-LXX.

maître de prendre toutes les formes qu'il lui plaît, et il entre dans une série de transformations où il s'élève peu à peu, revêtant la figure des symboles divins les plus augustes et s'identifiant à la divinité dans ces symboles, se changeant par exemple en épervier d'or, en lotus, en héron, en grue, en oiseau à tête humaine, image plastique de l'âme, en hirondelle, en serpent et en crocodile[1].

Le mort et la lumière divine[2].

Jusqu'ici l'âme du défunt a fait seule sa pérégrination ; elle n'a revêtu que cette espèce de corps subtil qui constitue le *ka*, apparence du

Quelques-unes des formes divines que revêt le défunt[3].

corps matériel qui reste étendu sur le lit funèbre. Après les transformations, l'âme vient se réunir à son corps, qui lui est devenu nécessaire pour

[1] Chap. LXXVII-LXXXVIII.
[2] Vignette du chap. LXIV du *Livre des Morts*.
[3] Vignettes des chap. LXXVII, LXXVIII, LXXXI et LXXXV du *Livre des Morts*.

le reste du voyage¹. C'est pour cela que le soin de l'embaumement est une chose si importante ; il faut que l'âme retrouve le corps intact et bien conservé. « Oh! s'écrie le corps, que je réunisse mon âme brillante avec moi dans la demeure du maître des souffles (de la vie) ; n'ordonne pas aux gardiens du ciel, pour ce qui me concerne, de faire la destruction, de manière à éloigner mon âme de mon cadavre et à empêcher l'œil de Hor, qui est avec toi, de me préparer les chemins². »

Le mort traverse la demeure de Tahout, qui lui remet un livre conte-

Le mort se remet en route, précédé de son âme, qui vole devant lui³.

Le mort ouvrant la porte de la demeure de Tahout⁴.

nant des instructions pour le reste de sa route et de nouvelles leçons de science dont il va bientôt avoir besoin⁵. Il arrive en effet sur les bords du fleuve infernal qui le sépare des Champs-Élysées ; mais là un nouveau danger l'attend. Un faux nautonier, envoyé par les puissances ennemies, celles du mal, est embusqué sur sa route et essaye, par de trompeuses paroles, de l'attirer dans sa barque, qui l'égarera et l'emportera vers l'Orient au lieu de l'Occident, terme de sa course, où il doit rejoindre le Soleil infernal⁶. Le mort surmonte encore ce nouveau péril ; il démasque la perfidie du faux pilote et le repousse en l'accablant d'injures. Il rencontre enfin la véritable barque, celle qui doit le conduire

---

[1] Voy. plus haut, p. 237, la vignette du chap. LXXXIX, représentant la réunion de l'âme au corps.
[2] Chap. LXXXXI.
[3] Vignette du chap. XCI du *Livre des Morts*.
[4] Vignette du chap. XC du *Livre des Morts*.
[5] Chap. XC.
[6] Chap. XCIII.

au port¹. Mais, avant d'y monter, il faut qu'on sache s'il est véritablement capable de faire sa navigation; s'il possède, à un degré suffisant, cette science indispensable pour son salut. Le batelier divin lui fait donc

Le mort et le faux nautonier².

subir un interrogatoire, l'initiation préliminaire, qui semble répondre aux petits mystères dans le culte d'Eleusis. Le mort passe un examen de

Le mort en présence du vrai pilote³.

capitaine⁴; chacune des parties de la barque semble successivement s'animer, elle demande quel est son nom et le sens mystique de ce nom.

D. Dis-moi le nom du piquet pour amarrer la barque?
R. Le Seigneur des mondes dans son enveloppe est ton nom.

¹ Chap. XCVIII.
² Vignette du chap. XCIII.
³ Vignette du chap. XCVIII.
⁴ Chap. XCIX.

D. Dis-moi le nom du maillet?
R. L'adversaire de Hapi est ton nom.
D. Dis-moi le nom de la corde ?
R. Le nœud attaché au piquet? Anôpou, dans les circonvolutions du
[lien, est ton nom.

Et ainsi de suite.

Après avoir surmonté cette épreuve, le mort s'embarque, traverse le fleuve infernal et prend terre sur l'autre rive, où il parvient bientôt dans les Champs-Elysées, au sein de la bienheureuse vallée d'Aarou, dont les textes du *Livre des Morts* détaillent la géographie avec une précision minutieuse [1]. Ils en vantent aussi l'incomparable fertilité ; la tige du blé s'y élève à sept coudées et la longueur de l'épi est de deux coudées. Un mur d'acier entoure cette terre de bénédiction, et c'est de sa porte que le Soleil sort au matin dans le ciel oriental.

Un grand tableau figuré [2] nous montre les champs d'Aarou, véritable Égypte souterraine, entrecoupée de canaux, dans laquelle nous voyons l'Osiri, au milieu des autres justes, se livrer à toutes les opérations de l'agriculture, labourer, semer, moissonner et récolter dans les champs divins une ample moisson de ce froment de la science qui va bientôt lui être plus nécessaire que jamais. Car il arrive au terme de son voyage ; il n'a plus devant lui que la dernière, mais aussi la plus terrible de ses épreuves.

Mais un homme seul, réduit à ses propres forces, ne peut faire que peu de chose en fait d'agriculture, aussi bien dans l'autre monde que dans celui-ci. Il lui faut des auxiliaires, des ouvriers qui travaillent sous ses ordres. On en fournissait par un moyen magique au défunt pour ses travaux de labourage dans les champs bienheureux d'Aarou. Tout le monde a vu, dans les collections d'antiquités égyptiennes, de ces figurines funéraires en diverses matières, principalement en bois ou en terre émaillée, qui, à partir de l'époque de la XVIIIe dynastie, et en particulier à partir du règne d'Amon-hotpou III, se rencontrent dans toutes les tombes, par centaines dans celles des riches, tandis qu'auprès des plus pauvres momies il ne manque pas d'y en avoir au moins deux ou trois, d'un travail tout à fait grossier. Elles ont la forme de momies, tenant d'une main une pioche de métal et de l'autre une houe de bois pour remuer la terre, et portant derrière l'épaule la couffe de sparterie

---

[1] Chap. CVIII et CIX.
[2] Chap. CX.

où l'on mettait le grain pour ensemencer. On les nommait des *ouscheb-*

La culture dans les champs bienheureux d'Aarou[1].

tiou, c'est-à-dire des « répondants. » En récitant sur elles une certaine formule de prière, qui a trouvé place dans le *Livre des Morts*, où elle

[1] Vignette du chap. CX du *Livre des Morts*.

forme le V° chapitre, et qui est gravée sur la gaîne de toutes celles de ces figures qui sont d'une exécution soignée, on les enchantait, on leur donnait la vie et le mouvement, et sur l'appel du défunt auprès de qui on les avait placées, elles passaient dans le monde infernal et devenaient pour ce défunt autant d'aides, autant d'ouvriers, qui joignaient leurs efforts aux siens pour faire produire la moisson mystique au sol divin des Champs-Elysées.

Figurine funéraire en terre émaillée.

Après cette station prolongée dans un état qui est déjà un premier degré de béatitude, mais qui n'en est pas la perfection et le dernier terme, le mort, conduit par Anôpou, traverse le labyrinthe à l'aide du fil qui les guide dans ses dédales[1]. Il pénètre enfin dans la Salle de la double Justice, dans le prétoire où l'attend Osiri Khont-Ament, assis sur son trône et entouré des terribles assesseurs qui siègent auprès de lui comme jurés[2]. C'est là que va être prononcé l'arrêt décisif qui l'admettra dans la béatitude suprême ou l'en exclura pour toujours[3]. Alors commence un nouvel interrogatoire, bien plus solennel que le premier. Il faut que le mort fasse preuve de sa science; il faut qu'il montre qu'elle est assez grande pour lui donner droit d'être admis au sort des âmes glorifiées. Chacun des quarante-deux jurés, portant un nom mystique, l'interroge à son tour; il faut qu'il lui dise ce qu'est ce nom et ce qu'il signifie. Ce n'est rien encore, il doit rendre compte de toute sa vie, prouver qu'elle a été pure et sans tache.

« Hommage à vous, dit-il, Seigneurs de Vérité et de Justice! Hommage à toi, Dieu grand, seigneur de Vérité et de Justice! Je suis venu vers toi, ô mon maître; je me présente à toi pour contempler tes perfections. Car il est reconnu que je sais ton nom et les noms de ces quarante-deux divinités qui sont avec toi dans la Salle de la double Justice, vivant des débris des pécheurs et se gorgeant de leur sang, au jour où se pèsent les paroles par-devant Osiri, le véridique. Esprit

[1] Chap. CXVII et CXIX.
[2] Voy. plus haut, dans ce volume, p. 147, la vignette du chap. CXXV, représentant le jugement des âmes.
[3] Chap. CXXV.

double, Seigneur de la double Justice est ton nom. Moi, certes, je vous connais, Seigneur de la Vérité et de la Justice ; je vous ai apporté la vérité, j'ai détruit pour vous le mensonge. »

C'est alors que le défunt prononce l'Apologie ou la Confession négative, dont nous avons déjà rapporté plus haut les principaux articles, pour y montrer le code de la morale égyptienne, apologie qui se termine par l'affirmation trois fois répétée : « Je suis pur ! je suis pur ! je suis pur ! » Il reprend ensuite : « Salut à vous, dieux qui êtes dans la Salle de la double Justice, qui n'avez point le mensonge en votre sein, mais vivez de vérité dans On et en nourrissez votre cœur, par devant le Seigneur dieu qui habite en son disque solaire. Délivrez-moi du dieu hostile qui se nourrit d'entrailles, ô magistrats, en ce jour du jugement suprême ; donnez à l'Osiri N. de venir à vous, lui qui n'a point péché, qui n'a ni menti ni fait le mal, qui n'a commis nul crime, qui n'a point rendu de faux témoignage, qui n'a rien fait contre lui-même, mais qui vit de vérité et se nourrit de justice. Il a semé partout la joie. Ce qu'il a fait, les hommes en parlent et les dieux s'en réjouissent. Il s'est concilié la divinité par son amour ; il a donné à manger à celui qui avait faim, à boire à celui qui avait soif, des vêtements à celui qui était nu ; il a fourni une barque à celui qui était arrêté dans son voyage ; il a offert les sacrifices aux dieux, les repas funéraires aux défunts. Délivrez-le de lui-même ! Protégez-le contre lui-même (variante : ne parlez pas contre lui) par-devant le Seigneur des morts, car sa bouche est pure et ses deux mains sont pures ! »

L'Osiri s'est pleinement justifié ; son cœur a été mis dans la balance avec la Justice, et on ne l'a trouvé ni plus lourd ni plus léger ; les quarante-deux jurés lui ont reconnu la science et l'innocence nécessaires. Osiri Khont-Ament rend sa sentence, que Tahout, comme greffier du tribunal, inscrit sur son livre, et le défunt est définitivement reçu parmi les âmes bienheureuses et glorifiées.

Ici s'ouvre la troisième partie du *Livre des Morts*, plus mystique et plus obscure que les deux autres. Elle nous fait voir l'Osiri désormais admis sur la barque éternelle du Soleil, parcourant avec lui les diverses demeures du ciel supérieur et de l'hémisphère souterrain. Il y a, nous l'avons déjà dit, deux chœurs de dieux sidéraux qui forment cortège au Soleil, les uns errants et les autres fixes ; l'admission parmi ceux-ci est le dernier degré de l'initiation glorieuse de l'âme[1]. C'est mêlée à

[1] Chap. CXXIX et CXXX.

la troupe de ces dieux qu'elle adore l'Être parfait[1], le contemple face à face et s'abîme en lui.

Dans les bas temps, après la xxvi⁰ dynastie et déjà pendant qu'elle occupait le trône, on a souvent substitué, auprès des morts dans les tombeaux, aux copies du « Livre de la sortie au jour », qui étaient très volumineuses et coûtaient fort cher, des sortes d'abrégés de cet ouvrage sacré, où la doctrine en était résumée en quelques pages, sous une forme plus simple, moins développée, moins mystique et dégagée des principales obscurités du grand recueil que nous avons essayé d'analyser brièvement.

Celui de ces écrits succincts qui se rencontre le plus fréquemment et qui a le plus manifestement le caractère d'un véritable bréviaire du *Livre des Morts*, est celui qui porte le titre singulièrement étendu de « Livre des souffles de la vie communiqués par Isi à son frère Osiri, pour restituer une nouvelle vie à son âme et à son corps et renouveler tous ses membres, afin qu'il puisse atteindre l'horizon avec son père Râ, que son âme s'élève au ciel dans le disque de la lune, que son corps brille dans les étoiles de la constellation d'Orion, sur le sein de Nout. » Des éditions critiques, accompagnées de traductions, en ont été données, d'abord par M. Brugsch, puis par M. de Horrack. M. Wiedemann[2] a récemment publié un autre livre du même genre, que le regretté Théodule Devéria avait signalé dans un papyrus du Louvre. Le titre en est « Chapitre de la sortie au jour; » c'est une paraphrase de quelques-uns des chapitres du *Livre des Morts*, qui y trouvent d'intéressants éclaircissements. La forme est notablement différente, mais les idées restent toujours exactement les mêmes dans le livre funéraire dont le Papyrus Rhind, actuellement conservé au Musée Britannique, a fourni une copie des derniers temps romains, présentant cette particularité très curieuse que le texte hiératique y est accompagné d'une traduction démotique, car on ne comprenait plus qu'avec ce secours, au moment où le manuscrit a été exécuté, l'ancienne écriture et l'ancienne langue.

Les « Lamentations d'Isi et de Nebt-hat, » traduites par M. de Horrack, sont encore au nombre des livres funéraires basés sur la donnée du mythe osirien, qui rentrent dans la famille du *Livre des*

---

[1] Chap. CXXXI.
[2] *Hieratische Texte aus den Museen zu Berlin und Paris*, Leipzig, 1879.

Morts, mais avec une forme toute spéciale. Une rubrique qui accompagne le texte dit que, lorsqu'on le récitait aux funérailles, deux belles femmes, portant inscrit sur leurs épaules, l'une le nom d'Isi, l'autre celui de Nebt-hat, devaient s'asseoir sur le sol, à la tête et aux pieds de la momie étendue sur le lit funèbre, tenant chacune un vase d'eau dans leur main droite et un pain de Memphis dans leur gauche. Deux prêtres prenaient alors alternativement la parole, récitant les lamentations sur le trépas d'Osiri, l'un parlant au nom d'Isi, l'autre au nom de Nebt-hat, et prononçant les paroles qui devaient assurer la résurrection du dieu, gage et prototype de celle du défunt. Le « Livre de la glorification d'Osiri, » publié par M. Pierret d'après un papyrus du Louvre, en est comme une sorte de variante. Mais il est très inférieur en poésie, et son principal intérêt est au point de vue de la géographie religieuse de l'Égypte, par la liste qu'il donne des localités consacrées au culte d'Osiri.

Les notions sur l'autre vie sont présentées sous une forme notablement différente dans le « Livre de ce qui est dans l'hémisphère inférieur, » dont j'ai déjà eu l'occasion de dire un peu plus haut quelques mots. Nous en possédons des copies plus ou moins complètes dans un certain nombre de papyrus, sur les parois des tombes royales de Thèbes, sur le sarcophage de Séti Ier, conservé à Londres, et sur plusieurs sarcophages privés de la XXVIe dynastie. Théodule Devéria en a traduit la plus grande partie dans son *Catalogue des manuscrits égyptiens du Louvre*, d'après un exemplaire de ce musée. Mais c'est un livre qui, de son essence, contient beaucoup plus d'images que de texte, et qui reste singulièrement incomplet quand on sépare ce texte des figures qu'il explique. C'est la description, heure par heure, de la navigation nocturne du Soleil sur le fleuve infernal Ouer-nès, dans les douze demeures de l'hémisphère inférieur, avec l'indication détaillée de tout ce qu'il y rencontre, des lieux où résident les bienheureux et de ceux où sont tourmentés les damnés [1]. Le voyage du dieu, depuis le moment où il s'engouffre à l'ouest dans les entrailles du sol, jusqu'à celui où il ressort à l'orient, régénéré et triomphant, est l'emblème des phases de l'existence mystérieuse de l'homme, de l'heure de la mort

---

[1] Voy. plus haut, dans ce volume, p. 191, le fac-simile d'une page du *Livre de ce qui est dans l'hémisphère inférieur*, comprenant les tableaux relatifs à la dernière heure de la nuit

à celle de la résurrection. Le mythe osirien s'efface ici dans le symbolisme solaire direct, et le nom de Sokari prime même dans ce livre celui d'Osiri comme dieu des morts.

Ce livre avait un pendant et comme une première partie dans un autre ouvrage analogue, sans doute « Le livre de ce qui est dans l'hémisphère supérieur, » qui décrivait, également en douze sections horaires, la course lumineuse et triomphante du Soleil dans le ciel pendant le jour, énumérant toutes les formes qu'il revêtait depuis son lever à l'Orient jusqu'à son coucher à l'Occident. Champollion a remarqué que les premières galeries des tombes royales de Thèbes étaient garnies de représentations et de textes qui d'un côté dépeignaient le voyage diurne du Soleil, de l'autre son voyage nocturne. Représentations et textes de cette dernière espèce sont tirés du « Livre de ce qui est dans l'hémisphère inférieur ; » les représentations et les textes qui y font pendant peuvent être rapportés avec certitude au « Livre de ce qui est dans l'hémisphère supérieur. » On a aussi quelques fragments de ce dernier ouvrage dans des papyrus de la xviii° dynastie, tous exécutés avec un très grand soin. Mais presque tout en reste inédit. On n'a pas encore essayé d'établir le texte de ce livre et de le traduire. M. Édouard Naville en a seulement extrait les « Litanies du Soleil » d'après les tombeaux des rois.

Un esprit de panthéisme absolu règne dans ces textes. Toutes les choses y sont représentées comme de pures émanations de Râ. Ainsi que le remarque très justement leur savant éditeur, « puisque toute chose, bonne ou mauvaise, émane également du Grand Tout, il est clair que la valeur morale du bien est nécessairement fort affaiblie. Nous ne trouvons rien dans ces textes qui rappelle la morale si élevée qu'enseigne le chapitre cxxv du *Livre des Morts*, ni rien même qui nous parle de la responsabilité. »

La sorte de monothéisme, ou plutôt d'hénothéisme, que le progrès de la pensée religieuse avait développé, comme nous l'avons fait voir, ne s'était jamais assez dégagé de la confusion de la divinité avec la nature pour qu'il ne dût pas presque fatalement glisser dans le panthéisme. C'était la conséquence logique de l'impossible tentative que l'on avait entreprise, de le concilier avec la conservation d'un polythéisme exubérant. L'expression la plus formelle de cet esprit de panthéisme, qui prévalut définitivement à partir d'une certaine époque dans les sanctuaires égyptiens, se trouve dans un hymne copié par M. Brugsch sur les murailles du temple de l'Oasis d'El-Khargeh. On y célèbre les noms mystérieux du

> Dieu qui est immanent en toutes choses,
> âme de Schou dans tous les dieux.
> Il est le corps de l'homme vivant,
> le créateur de l'arbre qui porte des fruits,
> l'auteur de l'inondation fertilisatrice.
> Sans lui rien ne vit dans le circuit de la terre,
> soit au nord, soit au sud,
> sous son nom d'Osiri, celui qui donne la lumière.
> Il est le Hor des âmes vivantes,
> le dieu vivant des générations à venir.
> Il est le créateur de tout animal,
> sous son nom de Bélier des brebis,
> Bouc des chèvres, Taureau des vaches.
> . . . .
> Il aime le scorpion dans son trou ;
> Il est le dieu des crocodiles qui plongent dans les eaux ;
> . . . .
> il est le dieu de ceux qui reposent dans leurs tombes.
> Ammon est son image, Atoum est son image,
> Khopra est son image, Râ est son image ;
> lui seul se fait lui-même
> par des millions de voies.
> Il est le grand architecte,
> qui existait depuis le commencement,
> qui a façonné son corps de ses propres mains
> en toutes formes, suivant sa volonté.
> . . . .
> Permanent et perdurable,
> il ne passe jamais.
> Pendant des millions et des millions d'années sans fin,
> il traverse les cieux
> et il parcourt le monde inférieur chaque jour.
> . . . .
> Il est la lune dans la nuit
> et le roi des étoiles,
> qui fait la division des saisons,
> des mois et des années ;
> il vient vivant à toujours
> à la fois dans son lever et dans son coucher.
> Il n'y a aucun autre pareil à lui ;
> sa voix est entendue,
> mais il demeure invisible
> à toute créature qui respire.
> Il fortifie le cœur de la femme en travail
> et donne la vie à ceux qui naissent d'elles.

. . . .
Il voyage dans la nuée
pour séparer le ciel et la terre,
et ensuite pour les réunir,
caché en permanence dans toute chose,
le Un vivant
en qui toutes choses vivent éternellement.

Comme c'est presque exclusivement dans les tombeaux que l'on découvre les papyrus, les livres funéraires dont je viens d'essayer de donner une idée constituent la seule portion de l'ancienne littérature religieuse de l'Égypte qui soit parvenue jusqu'à nous. En dehors de ces livres, nous n'en avons que quelques hymnes aux dieux, d'un très grand accent de poésie lyrique, qui souvent atteint presque à l'élévation de pensée et d'expression des Psaumes hébraïques. Encore, à part celui au dieu Nil que possède le Musée Britannique et celui à Ammon-Râ qui fait partie des collections de Boulaq, ces hymnes se lisent plutôt gravés sur les parois des temples que copiés dans des manuscrits sur papyrus. Nous en avons cité assez de fragments pour en donner au lecteur une idée suffisante.

CHAPITRE IV

ARTS ET MONUMENTS

§ 1. — CARACTÈRES GÉNÉRAUX DE L'ART ÉGYPTIEN[1]. — ARCHITECTURE.

Les Égyptiens ont été, avant les Grecs, celui de tous les peuples de l'antiquité qui a porté les arts plastiques au plus haut degré de perfection et de grandeur. Les Hellènes seuls sont parvenus à les surpasser.

Le génie du peuple égyptien se peint tout entier dans le caractère général de son architecture. Les fils de Miçraïm, comme nous venons de le faire voir, croyaient fermement à l'immortalité de l'âme et désiraient l'immortalité de la matière, dans la pensée que l'âme rentrerait un jour dans son corps. Ils regardaient la vie d'ici-bas comme le prélude d'une existence meilleure. Aussi n'avaient-ils guère soin de l'habitation des vivants, tandis qu'ils déployaient une extrême magnificence dans la demeure des morts. Un peuple ainsi préoccupé de la vie future, un peuple qui a conservé des cadavres plus de quatre mille ans, devait développer dans son architecture la dimension qui assure la solidité de l'édifice et lui présage la durée sans fin. L'immense largeur des bases devait être le trait caractéristique de ses monuments : murs, piliers, colonnes, tout en effet dans la construction égyptienne est épais et court. Et, comme pour ajouter à l'évidence de cette inébranlable solidité, la largeur des bases est augmentée encore par une

---

[1] Toutes les questions relatives à l'histoire de l'art dans l'antique Égypte, que le plan de notre ouvrage ne nous permet que de résumer ici d'une façon très brève, en nous bornant à indiquer sommairement les traits essentiels, viennent d'être traitées de main de maître, et avec tout le développement qu'elles méritent, par MM. Perrot et Chipiez dans le tome 1er de leur *Histoire de l'art dans l'antiquité*. J'y renvoie le lecteur comme à un des meilleurs livres écrits de nos jours sur les matières d'archéologie, à un de ceux où ils peuvent apprendre le plus de choses, où l'érudition est la plus sûre et du meilleur aloi, en même temps qu'une excellente et singulièrement riche illustration éclaircit le texte à chaque pas. Il faut aussi consulter les admirables planches de l'*Histoire de l'art égyptien d'après les monuments* par Prisse d'Avesnes (Paris, 1879), un des hommes qui ont eu la plus profonde connaissance et le sentiment le plus exact de l'art pharaonique.

inclination en talus, qui donne à toute l'architecture une tendance pyramidale. Les pyramides elles-mêmes, celles de Memphis, dont la plus grande est le bâtiment le plus élevé de la terre, sont assises sur une base énorme : elles sont beaucoup moins hautes que larges. Ainsi tous les monuments égyptiens, même ceux dont l'élévation est célèbre, sont cependant plus étonnants encore par l'étendue de leur dimension en largeur, dimension qui les rend et les fait paraître impérissables et éternels.

Il faut aussi, pour l'architecture égyptienne comme pour toute architecture, dans la formation de ses caractères essentiels, de sa physionomie prédominante, faire la part de la nature des matériaux

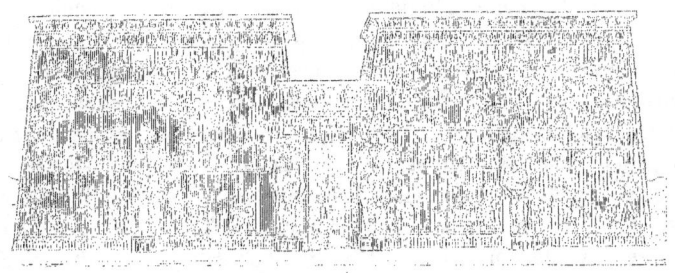

Prédominance de la dimension en largeur dans l'architecture égyptienne.
Façade du temple de Louqsor.

qu'elle mettait en œuvre le plus habituellement, que la nature avait placés à sa portée dans la constitution du sol du pays. Toute construction élevée par la main de l'homme a pour supports verticaux des murs, des piliers ou des colonnes; mais il y a différentes manières de fermer la partie supérieure de l'édifice, c'est-à-dire de couvrir l'espace qui sépare les colonnes ou les murs. Le mode le plus simple, celui qui s'est offert le premier à l'esprit des hommes, consiste à poser sur les supports verticaux des pierres horizontales assez grandes pour réunir deux points d'appui. Quand les supports se touchent et forment des murs, un seul rang de pierre suffit à couvrir l'édifice. Telle est la construction des monuments mégalithiques, dont nous avons parlé en traitant des plus lointaines origines de l'humanité (tome I", p. 160 et suiv.). Quand les supports sont des piliers ou des colonnes, il faut superposer l'un à l'autre deux rangs de pierre. Les pierres du premier rang portent immédiatement sur les points d'appui et par conséquent laissent entre elles des vides (à moins d'être colossales et de toucher à la fois, par une dimension tout à fait exceptionnelle, à quatre piliers); les pierres du second rang portent sur les premières et sont juxtaposées de façon à couvrir ces vides, qui sont l'intervalle existant entre deux rangées de colonnes, ou bien entre une rangée de colonnes et un mur. Le bâtiment étant alors couvert en terrasse, le second rang de pierres fait saillie sur le premier, afin d'écarter la chute des eaux pluviales et d'en préserver le pied des colonnes ou le pied du mur.

Mais ce système de construction en *plates-bandes* exigeait des pierres d'une grande portée et d'une épaisseur correspondante ; et tous les pays n'en produisent pas de pareilles. C'est ainsi que l'on fut amené à chercher d'autres combinaisons, pour suppléer à l'insuffisance des matériaux. Ici, comme toujours, la nécessité devint un aiguillon pour le progrès, et les peuples qui étaient obligé de renoncer au système des architraves de pierre et des couvertures en grandes dalles, introduisirent dans l'architecture de nouvelles ressources, d'une incomparable fécondité, en la dotant du moyen de couvrir de grands vides avec de petits matériaux, et d'espacer les supports, non plus selon la grandeur des pierres, mais selon les convenances de l'architecte et la destination du monument. Ce pas immense fut franchi lorsqu'on eut trouvé l'art de construire une voûte. La plate-bande put être alors remplacée par un arc. Au lieu de réunir deux points d'appui avec une pierre d'un seul morceau, on franchit l'intervalle qui les séparait en appareillant des pierres plus petites suivant une courbe.

La nature avait mis à la disposition des Égyptiens, dans les montagnes qui bordent les deux côtés de la vallée du Nil, d'admirables pierres à bâtir. Ils n'ont donc jamais éprouvé le besoin de renoncer au système de la construction en plates-bandes. Toute leur architecture se compose d'éléments verticaux et horizontaux.

« Les éléments verticaux, disent MM. Perrot et Chipiez, à qui je ne peux mieux faire que d'emprunter ici leurs excellentes définitions — et je le ferai largement dans ce chapitre — les éléments verticaux sont les supports de dimensions variables. Ils portent les architraves ; celles-ci les relient les uns aux autres. Ceux de petite et de moyenne dimension sont monolithes. Ceux de grandes dimensions sont composés d'assises superposées qui, dans ce cas, prennent le nom de tambours.

« Sur la surface extérieure des édifices, les supports se développent suivant des dispositions très diverses qui se rapportent toutes au type du portique. A l'intérieur des édifices, dans les salles, les supports résultent en principe d'une nécessité matérielle. Lorsque les pierres de la couverture ne sont pas d'une dimension suffisante pour franchir l'espace compris entre deux murs, on les fait reposer sur des supports; c'est ce qui arrive pour tout édifice de dimensions un peu considérables. Cette combinaison tout élémentaire suffit aux besoins de la circulation. Plus les rangées de dalles qui composent la couverture sont nombreuses, plus nombreux aussi sont les supports. Ils se multiplient parfois dans une telle mesure, qu'ils affectent cette disposition qui est particulière à certaines plantations faites dans nos jardins suivant un plan régulier, à ce que l'on appelle les quinconces. On ne peut cependant pas dire que la longueur des architraves et des dalles commande rigoureusement le nombre des supports. Des monolithes d'une très grande longueur sont parfois soutenus par plusieurs supports qui soulagent ainsi la très longue portée de ces poutres de pierre, et qui empêchent qu'elles ne cèdent à la flexion, qu'elles ne se rompent sous leur propre poids. Les murs sont assez épais, les supports assez puissants, les architraves assez fortes pour que la couverture, de quelque nature qu'on la suppose, ne soit pour tous ces soutiens qu'une charge légère.

Structure en plates-bandes de l'architecture égyptienne.

« Ces dispositions si simples constituent un système de construction complet, qui appartient en propre à l'Égypte, et dont l'emploi a eu des résultats sur lesquels nous ne saurions trop insister. Les architraves et la couverture, étant horizontales, n'exercent sur les murs que des pressions verticales. Il n'y a donc point de force qui tende à pousser les murs vers l'extérieur, ni à déranger l'immobilité des supports. Par conséquent, dès que les proportions des éléments horizontaux et verticaux, leurs sections, comme disent les ingénieurs, ont été convenablement déterminées, l'édifice ne contient en lui-même aucune cause de désordre; il est dans des conditions d'équilibre parfait. Cet équilibre ne peut être détruit que par des causes physiques tout extérieures, par les intempéries des saisons, par les tremblements de terre, par la main des hommes.

« L'esprit n'est donc pas trompé par l'impression que produisent sur lui, dès le premier coup d'œil, les lignes extérieures, la silhouette des monuments égyptiens. Cette impression, d'abord tout irréfléchie et spontanée, l'examen et l'étude la confirment en l'expliquant. L'édifice est bâti, comme le disaient les Pharaons eux-mêmes, « en pierres éternelles. » La stabilité, dans son expression la plus haute et la plus simple, tel est, entre tous, le caractère qui distingue l'architecture égyptienne et qui en fait l'originalité.

« Le support et l'architrave composent pour ainsi dire à eux seuls tout l'édifice égyptien ; le reste n'est que secondaire. Il en résulte que l'édifice ne comprend aucun de ces appuis qui, dans les édifices construits par d'autres peuples, sont destinés à annuler les effets produits par la combinaison d'éléments moins stables par eux-mêmes. Ces moyens auxiliaires, tels que contreforts et arcs-boutants, s'imposent, au contraire, là où la pression des matériaux ne s'exerce pas tout entière, comme ici, dans le sens vertical, de haut en bas.

« C'est dans les édifices en pierre que le principe de cet art s'accuse le plus franchement ; mais il se laisse pourtant aussi sentir dans ceux dont le corps est formé de matériaux créés par l'industrie humaine. Ces bâtiments en briques ou en petit appareil font comme la transition entre la construction en grand appareil et la construction compacte, moulée d'un seul bloc en pisé ou terre pilonnée dans des formes de bois. Une couverture lapidaire y serait déplacée ; ils se terminent en général par une terrasse dont le bois fournit les éléments. Dans certains cas, les parties secondaires d'édifices ainsi composés, et même quelques édifices entiers, sont couverts par des voûtes également faites de briques et maintenues par des murs d'une épaisseur convenablement fixée. En effet, quoique l'emploi des monolithes pour couvrir les vides soit général en Égypte, il ne faudrait pas croire que les architectes de cette contrée aient ignoré l'art d'obtenir des couvertures au moyen de matériaux de petite dimension, c'est-à-dire de former des voûtes. Nous avons de nombreux exemples de voûtes égyptiennes, même de voûtes à claveaux, dont quelques-unes remontent à une très haute antiquité, et pourtant, dans la pratique des constructeurs égyptiens, l'emploi de la voûte a toujours gardé un caractère exceptionnel ; malgré les facilités qu'il offrait, il n'a joué, dans le développement de l'art, qu'un rôle très secondaire. On n'y a point eu recours pour les édifices auxquels on attachait le plus d'importance ; on s'en est servi surtout dans des parties moins en vue, dans les dépendances intérieures ou souterraines des grands ensembles monumentaux. Ce mode de construction, maintenu dans d'étroites limites, n'a jamais constitué en Égypte un système d'architecture ; il n'a donné naissance à aucune de ces

Voûtes égyptiennes [1].

formes accessoires qui en résultent et qui s'y rattachent là où, comme dans notre moyen âge, il est d'un usage constant et frappe tous les regards. »

L'influence des matériaux sur les formes et le style que les Égyptiens adoptèrent pour leurs monuments a été si considérable qu'à côté de leur architecture de pierre, dont les caractères viennent d'être définis, nous voyons que, dès les temps les plus reculés de l'Ancien Empire, ils avaient une architecture légère de bois dont l'esprit et les principes étaient tout différents, parce qu'elle employait d'autres matériaux.

[1] D'après Wilkinson. Le n° 1 représente une voûte à claveaux en briques, dans une tombe pyramidale de la XI° dynastie, à Thèbes ; le n° 2 une fausse voûte de pierre à Thèbes ; le n° 3 enfin une des voûtes monolithes du temple d'Abydos.

C'était celle des constructions privées, des habitations, et ce qu'elle cherchait avant tout était la sveltesse et l'élancement des formes. Elle procédait par des assemblages savamment compliqués de charpente, dont l'imitation a fourni le système habituel d'ornementation des chambres funéraires et des sarcophages du temps des vieilles dynasties mem-

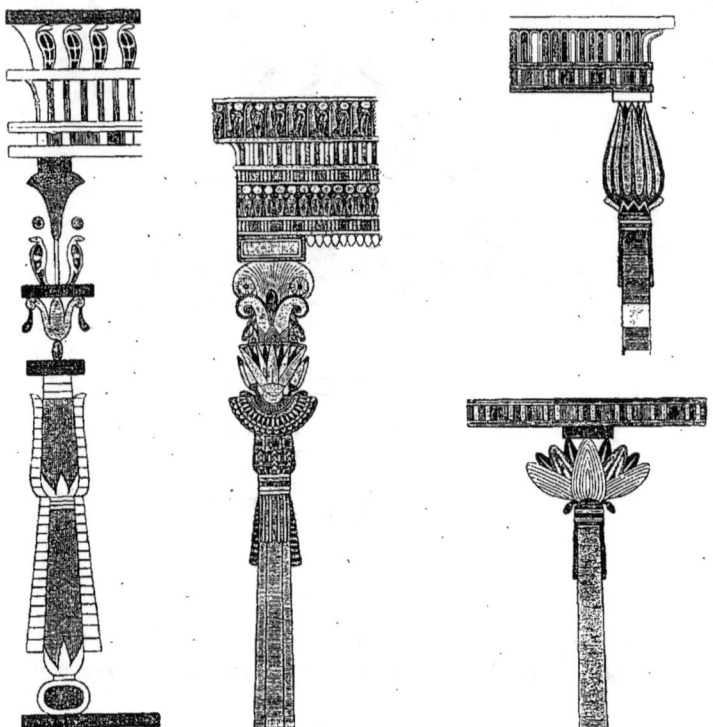

Colonnettes de bois à chapiteaux de métal estampé, d'après les peintures.

phites (voy. tome II, p. 85) ; ou bien elle supportait des architraves de bois sur des colonnettes minces, hautes et d'une extrême légèreté, que couronnaient des chapiteaux sculptés dans le bois ou estampés en métal, conçus de manière à donner à la colonne l'apparence d'une tige végétale surmontée de sa fleur ou de son bouton.

Ce sont les formes de ces colonnettes de l'architecture légère de bois, qui, imitées dans l'architecture en pierre et y perdant en grande partie leur sveltesse primitive, ont produit la colonne telle qu'elle commence à se montrer vers la xii⁰ dynastie et qu'elle devient surtout d'un emploi général avec l'avènement du Nouvel Empire.

Le plus élémentaire des supports, le pilier quadrangulaire, avec ou sans base, a été naturellement le premier usité en Égypte. Nous n'en trouvons pas d'autre dans les monuments de l'Ancien Empire. L'architecture égyptienne, même aux époques de son plus grand luxe, en a toujours conservé la donnée et l'a mise fréquemment en usage, en couvrant seulement le pilier de figures et d'hiéroglyphes. C'est ainsi qu'elle a produit ce qu'on appelle le *pilier osiriaque*, que les monarques de la xix⁰ dynastie ont si fréquemment employé dans les cours des temples construits par eux à Thèbes. Ce qui caractérise ce pilier, c'est qu'au devant se dresse, adossée à sa masse, une figure colossale debout, qui représente le roi constructeur du monument avec les attributs et la coiffure du dieu Osiri.

Pilier quadrangulaire de l'Ancien Empire.

Cependant, avec le cours du temps et un certain progrès du goût, le désir d'avoir le plus de lumière possible dans l'espace situé en arrière des piliers dans une salle éclairée seulement par l'entrée, et aussi la recherche d'un allègement des formes trop massives, avaient conduit à abattre les angles du support carré. Il fut ainsi transformé en un prisme octogonal, qui se relie au sol par un large socle très bas, en forme de disque. En abattant encore les huit angles, on obtint la colonne à seize pans, dite *proto-dorique*, qui est par excellence celle des architectes de la xii⁰ dynastie, et où, pour faire mieux ressortir l'élégance de la division longitudinale du fût par des jeux d'ombre et de lumière, on prit bientôt l'habitude de creuser légèrement en cannelure chacune des faces. Quel que soit, du reste, le nombre de ces faces, huit ou seize, elles s'interrompent au-dessous de la ligne de jonction avec l'architrave, de telle sorte qu'au sommet le pilier reste quadrangulaire. « On conservait ainsi le souvenir du type original, et l'on obtenait, entre le fût et l'architrave, un élément de liaison qui, par la place qu'il occupe, correspond à ce que les Grecs appelèrent l'abaque. Cette partie supérieure satisfait à la double condition d'offrir une profondeur toujours égale à celle de l'architrave, et de conserver une forme invariable. C'est la persistance de ce plateau carré qui avertit l'œil du changement graduel qu'a subi le support primitif. Faiblement inclinées dans le sens de la hauteur, les faces produi-

Ruines du Bourgeaum de Thélept.

sent un ensemble conique : en s'arrêtant au-dessous de l'abaque et de ses angles droits, elles appellent l'attention sur le fût presque circulaire qui naît ainsi du pilier et qui porte en lui-même la preuve irrécusable de la filiation [1]. »

Dès la xii⁰ dynastie, à côté de cette colonne prismatique, si simple et si ferme d'aspect, les architectes cherchèrent à essayer dans les supports des formes plus ornées. C'est alors qu'ils commencèrent à introduire dans l'architecture de pierre des données qui jusqu'alors

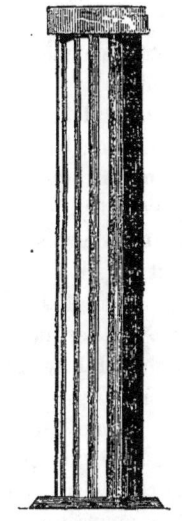

Colonne prismatique à seize pans de Béni-Hassan.

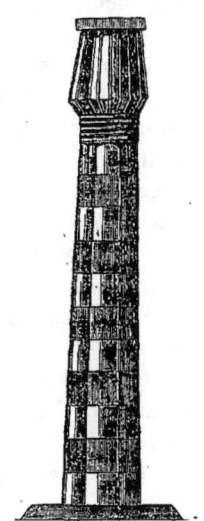

Colonne de Béni-Hassan en bouton de lotus.

étaient restées propres à l'architecture de bois et avaient été conçues pour elle. « La colonnette légère, dit A. Mariette, devient alors pierre, de bois qu'elle était. C'est cette colonnette qui, reniant son origine et cessant d'être elle-même pour devenir comme masse, comme solidité, comme lourdeur, la rivale du pilier, donnera naissance à la grosse colonne fasciculée, au chapiteau en bouton de lotus fermé ou en fleur ouverte, qui commence à se faire voir dans tout son épanouissement à Karnak, à Louqsor et dans les temples des premières années du Nouvel-Empire. »

[1] Perrot et Chipiez.

Nous reproduisons ici la plus ancienne connue des colonnes égyptiennes en pierre imitant les formes végétales, celle qui s'observe dans un des tombeaux de Béni-Hassan et qui appartient au temps de la xii° dynastie. Elle reproduit un faisceau que formeraient quatre tiges de lotus, terminées chacune par un bouton de fleur non encore épanoui, et serrées par un lien à plusieurs tours au-dessous de la naissance de ces boutons. Plus tard, à partir de la xii° dynastie, le fût est aussi souvent cylindrique que fasciculé. Il l'est surtout quand le chapiteau devient campaniforme ou, pour parler autrement, reproduit le galbe d'une fleur épanouie.

Chez les Grecs, de siècle en siècle la colonne a allongé ses proportions, est devenue plus svelte ; c'est par un chiffre de plus en plus élevé que s'est exprimé le rapport qui représente la hauteur du fût comparée à son diamètre. Chez les Égyptiens la marche a été inverse. A mesure qu'on avance dans le cours du temps, à mesure qu'on s'éloigne de l'époque où la colonne à chapiteau végétal sortit de l'imitation en pierre des sveltes colonnettes de l'architecture de bois, l'origine de la colonne s'oublie ; elle se raccourcit, devient plus lourde, plus trapue, se rapproche davantage de l'esprit du pilier massif. Le progrès dans cette voie sera facilement apprécié en voyant les deux colonnes à chapiteau campaniforme que nous mettons en parallèle, l'une du règne de Râ-mes-sou II, l'autre du règne de Râ-mes-sou III. Mais où la marche de l'architecture égyptienne est la même que la marche de l'architecture classique, c'est quand le goût de la décadence ne se contente plus des types de colonnes et de chapiteaux qui ont régné à la grande époque. Pour obtenir des effets nouveaux et variés, on a recours alors à des combinaisons où s'ajoutent les uns aux autres, non sans surcharge, des motifs dont chacun avait eu jusqu'alors son existence séparée et son rôle distinct. Dans la série des types égyptiens, comme le remarquent justement MM. Perrot et Chipiez, les chapiteaux du temps de Nakht-neb-f (xxx° dynastie), à Philæ, occupent ainsi une place analogue à celle que l'on assigne, dans la série des ordres gréco-romains, au chapiteau composite des derniers siècles de l'antiquité.

Si les formes des supports, piliers et colonnes, offrent des types assez divers, en revanche, rien n'est moins varié que la modérature égyptienne. « Ce n'est point, comme en Assyrie, par la nature des matériaux que s'explique cette uniformité ; à la différence de la brique, le granit, le grès et le calcaire se seraient prêtés à fournir les saillies et les creux, d'où résultent ces beaux jeux d'ombre et de lumière que présentent les moulures grecques. La vraie raison de cette indigence il faut la chercher dans l'habitude prise de couvrir d'une décoration sculptée et peinte presque toutes les surfaces de l'édifice. Les moulures auraient risqué de couper, d'une manière désagréable, ces tableaux qui se succèdent, par registres superposés, depuis le haut jusqu'en bas

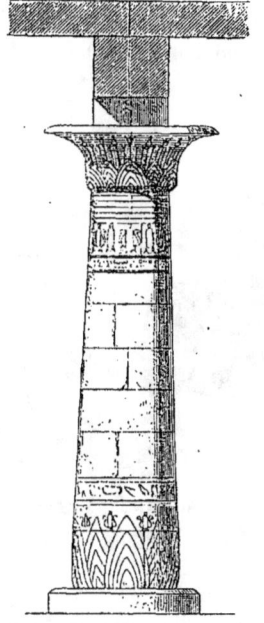

Colonne de la salle hypostyle du Ramesséum.   Colonne de Médinet-Abou.

du mur. En présence de cette riche ornementation multicolore, l'œil était satisfait ; le décor lui semblait achevé et complet [1]. »

La seule moulure employée, celle qui surmonte tous les édifices, est celle que l'on appelle la *gorge égyptienne*[2]. « Dès l'Ancien Empire l'architecte avait trouvé cette belle corniche, dont la franche saillie termine si bien ces constructions massives. Cette corniche se compose de trois éléments, toujours associés dans le même ordre. C'est d'abord

---

[1] Perrot et Chipiez.
[2] Elle est bien caractérisée dans la figure de la p. 284.

un tore, autour duquel semblent s'enrouler des rubans qu'a tracés le pinceau. Ce tore sert à encadrer, sur leurs quatre côtés, les grandes surfaces murales; il donne aux arêtes des murs plus de fermeté et d'accent. Dans le sens vertical, il indique à la fois la fin du mur et le commencement de la corniche. Au-dessus de lui commence à se dessiner, en s'évasant à son sommet, une courbe sillonnée de canaux; c'est la gorge proprement dite. Cette courbe est surmontée d'une étroite bande plate, au-dessus de laquelle l'œil n'aperçoit plus que le bleu du ciel. Il y a là des contrastes habilement ménagés. Tandis que

Pylône d'un temple égyptien [1].

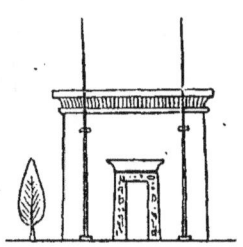

Propylon précédé de mâts ornementaux [2].

la concavité de la gorge se remplit d'ombre, la lumière frappe le bandeau terminal, et fait ainsi ressortir les longues lignes du couronnement. »

Nous étudierons brièvement un peu plus loin les dispositions ordinairement données aux tombeaux et aux temples, les deux principales classes de monuments de l'architecture égyptienne, les seules du moins dont il soit parvenu jusqu'à nous assez de spécimens pour nous les faire connaître d'une manière complète. Mais ce dont il faut dès à présent parler, dans cette esquisse sommaire et générale de l'art de bâtir dans l'antique civilisation de la vallée du Nil, c'est de la conception toute particulière qu'il avait adoptée pour la façade extérieure de ses édifices. La donnée en est toujours la même. La porte s'y ouvre au

[1] Mystiquement la porte centrale est interprétée comme symbolisant Osiri, et les deux tours Isi et Nebt-hat.
[2] Peinture d'un hypogée de Tell-el-Amarna.

centre entre deux puissantes tours, beaucoup plus hautes qu'elle, tours aux murs en talus et infiniment plus développées en largeur qu'en hauteur, offrant en façade une vaste surface à la décoration sculpturale. C'est cette disposition à laquelle les Grecs ont donné le nom de *pylône*, que les modernes ont adoptée à leur exemple.

Quand une porte s'ouvre dans un mur d'enceinte, isolément de tout édifice, elle a toujours un caractère monumental et dépasse notablement en élévation la crête de la muraille. Quelquefois même elle prend encore plus d'importance et est enveloppée d'un massif pareil aux tours latérales des pylônes, mais unique ; c'est ce que les Grecs ont appelé un *propylon*.

Pylône avec ses mâts à banderoles[1].

Pylônes et propylons étaient, au moins dans les occasions de fêtes, garnis par devant de grands mâts dressés et munis de banderoles. Les obélisques placés debout en avant, aux côtés de la porte principale du pylône extérieur des temples, étaient comme deux de ces mâts, rendus permanents et exécutés en pierre. L'obélisque, cette longue poutre quadrangulaire et monolithe, taillée dans le granit, dressée debout et surmontée d'un pyramidion que revêtait primitivement une enveloppe de métal doré, constitue un type monumental exclusivement propre à l'architecture égyptienne. La forme en a été dictée par une intention symbolique et est en rapport direct avec le culte du dieu Soleil, ainsi qu'avec celui de l'Ammon générateur. Sous l'Ancien

[1] Bas-relief du temple de Khonsou, à Karnak.

Empire, il est question d'obélisques dressés isolément et surmontés d'un disque ou d'une sphère de métal, comme monuments religieux existant d'une manière indépendante et complets en eux-mêmes. Quelquefois l'obélisque ainsi isolé était placé sur un massif en forme de pyramide tronquée, couronnée d'une vaste plate-forme. Sous le Nouvel Empire, et déjà du temps de la xii⁰ dynastie, il n'est plus question de rien de semblable. Les obélisques deviennent exclusivement des accessoires des grands édifices du culte. Ils ne vont plus que par couples, en avant du premier pylône des temples, un de chaque côté de l'entrée. Les grands obélisques subsistants ont de 20 à 33 mètres de hauteur; mais les inscriptions parlent de certains de ces monuments qui auraient atteint 40 et 50 mètres. Dans les carrières de granit rose de Syène on voit encore un obélisque qui est resté inachevé. Les Romains enlevèrent d'Égypte un grand nombre d'obélisques pour les dresser dans leurs cirques et sur leurs places. Les empereurs byzantins firent de même pour la décoration de Constantinople et de Thessalonique. Enfin, de nos jours, Paris et Londres ont voulu avoir chacune son obélisque, apporté à grands frais des rives du Nil. Celui de Paris, qui occupe le centre de la place de la Concorde, est un de ceux que Râ-mes-sou II avait élevés devant la façade du grand temple de Louqsor; sa hauteur est de 23 mètres 57.

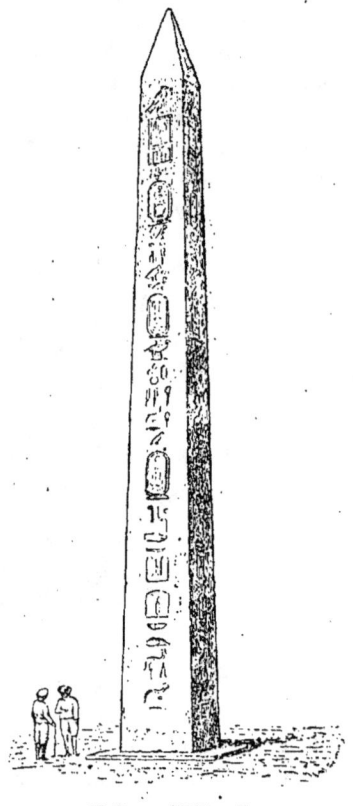

Obélisque d'Héliopolis.

« Quelque haut que l'on remonte en Égypte, observent MM. Perrot et Chipiez, on n'y trouve pas l'appareil que les Grecs ont appelé cyclopéen; on n'y trouve pas de murs qui soient bâtis, comme ceux de Tirynthe, en quartiers de rocs, en blocs énormes et bruts, aux interstices remplis, tant bien que mal, par de petites pierres. On n'y trouve même pas l'appareil polygonal; nous entendons par là des murs formés de blocs travaillés au ciseau, mais dont la section verticale, sur les faces visibles, présente partout des joints irréguliers, de telle façon qu'il n'y ait pas, l'une auprès de l'autre, deux pierres de même hauteur et de même forme. En Grèce et en Italie, les acropoles les plus anciennes présentent toutes les variétés de ce système; mais, en Égypte, les pierres sont toujours disposées par lits horizontaux; seulement il arrive souvent que les joints montants ne sont pas tous perpendiculaires à la direction générale de l'assise; beaucoup sont obliques et plus ou moins inclinés. On rencontre aussi, de place en place, des pierres qui dépassent la rangée dont elles dépendent et qui s'engagent, en faisant une sorte de crochet, dans celle du dessus ou dans celle du dessous; mais ces accidents, tout en frappant l'œil, n'empêchent pas la direction générale des assises de rester sensiblement parallèle au sol.

« C'est par exception seulement que l'on a l'occasion d'admirer, dans les monuments égyptiens, soit le soin et la perfection du travail, soit la grandeur des matériaux. » A ce point de vue, les œuvres de l'Ancien Empire sont généralement supérieures à celles des époques plus récentes. Rien n'égale, comme habileté professionnelle, le jointoiement des dalles de granit ou de calcaire qui revêtent plusieurs des chambres et des couloirs des pyramides de Gizeh. « C'est ainsi qu'à plus d'un égard l'Égypte des premières dynasties a donné des exemples qui n'ont été suivis que de très loin par les générations suivantes. Ce qui, plus tard, a donné aux Égyptiens l'habitude de se satisfaire à meilleur marché, c'est, d'une part, la quantité prodigieuse d'édifices que les grands rois thébains ont fait élever à la fois, depuis le fond de la Nubie jusqu'aux plages de la Méditerranée; c'est, d'autre part, l'usage d'étendre sur toutes les surfaces, en dehors comme en dedans des édifices, le voile d'une riche décoration polychrome. On était toujours pressé; c'était à peine si les bras suffisaient aux tâches que l'on avait entreprises; pourquoi aurait-on allongé le travail en s'appliquant, avec une patiente minutie, à dresser des joints qui devaient être cachés? Le stuc et la peinture ne se chargeraient-ils pas de dissimuler toutes les imperfections? On ne rencontre donc pas, dans les édifices égyptiens, certaines combinaisons d'appareil qui ont leur élégance et où se sont complu d'autres peuples constructeurs, ceux qui laissent apparent le nu de la pierre. Vous ne trouverez point ici le contraste d'un bossage plus ou moins saillant avec la ciselure d'une bande lisse qui borde le joint; vous n'y trouverez pas l'alternance de blocs placés les uns en carreaux et les autres en boutisses; surtout vous y chercheriez en vain cette régularité des assises, cet aplomb rigoureux des joints, cette perfection de la taille et de la pose qui font qu'un pan de mur des fortifications de Messène, même séparé de l'ensemble auquel il appartient, a sa noblesse et sa beauté propres. A Thèbes, l'ouvrier, comptant sur la complicité de l'enduit, se contente d'un à peu près.

« C'est encore pour le même motif que les Égyptiens ne se sont pas attachés, d'ordinaire, à l'emploi de très grands matériaux. Comme le prouvent leurs obélisques et leurs colosses, ils ont su tirer de la carrière, amener à pied d'œuvre et mettre en place des blocs énormes; mais ils ne se sont imposé cet effort que lorsqu'ils y avaient quelque intérêt. Fallait-il s'astreindre à hisser péniblement des pierres d'un très gros volume et d'un maniement difficile, pour qu'ensuite le stuc vînt empêcher l'œil du spectateur d'apprécier la difficulté vaincue? Dans les édifices thébains les plus soignés, les dimensions des pierres de taille ne dépassent guère celles qui sont usuelles dans notre pratique. On n'a guère été au delà de ces proportions que pour les linteaux et les architraves. Dans le grand pylône de Karnak, les linteaux étaient formés par des poutres de pierre qui dépassent 8 mètres de long. Dans la salle hypostyle, les architraves de la nef centrale avaient au moins 9 m. 20.

« L'architecte égyptien n'éprouvait donc aucun embarras à l'idée d'avoir à couvrir les vides au moyen de monolithes dont la longueur et le poids auraient un caractère tout exceptionnel; mais il ne recherchait pas ces occasions, comme on l'a fait chez d'autres peuples; il n'y mettait aucune affectation, aucune coquetterie. Les voyageurs qui débarquent en Égypte se figurent souvent qu'ils vont voir partout se dresser devant eux d'énormes fûts monolithes; vous les surprendriez fort en leur disant que les colonnes gigantesques des salles hypostyles ne sont pas d'un seul morceau. Dès qu'ils seront arrivés à Thèbes, ils reconnaîtront leur erreur. A Karnak et à Louqsor, à Médinet-Abou et au Ramesséum, partout enfin, les colonnes sont faites de tambours superposés; souvent même, quand elles sont de grand diamètre, chacun de ces tambours est composé de plusieurs pièces. C'est sous la domination romaine que l'on a volontiers façonné des colonnes monolithes; presque toutes celles qui présentent d'assez grandes dimensions appartiennent à cette époque.

« Même remarque pour ce qui concerne les procédés et la qualité de la construction. On peut citer quelques exemples de belle et savante facture ; il n'en est pas moins vrai que l'appareil a pour caractère à peu près constant un laisser-aller qui va parfois jusqu'à la négligence la plus choquante. Les fondations sont insuffisantes ; il faut descendre jusqu'aux temples ptolémaïques, tels que ceux d'Edfou et de Dendérah, pour en trouver qui s'enfoncent jusqu'à 5 ou 6 mètres de profondeur. Les édifices pharaoniques sont plutôt posés sur la surface que solidement enracinés dans le sol. Mariette expliquait l'écroulement des édifices de Karnak, moins par les ravages des hommes et par la violence des tremblements de terre que par les défauts de la construction, et par l'imprudence que les architectes avaient commise en ne plaçant pas le pied de leurs murs à une assez grande hauteur au-dessus du niveau des crues. Depuis bien des siècles, Karnak est atteint, chaque année, par les infiltrations du Nil, dont les eaux saturées de nitre corrodent le grès. Les mêmes causes produisant les mêmes effets, on peut prévoir le temps où, d'éboulements en éboulements, la magnifique salle hypostyle, par exemple, verra céder sous un dernier effort la base de ses colonnes déjà rongées plus qu'aux trois quarts et s'abattre sur elles-mêmes, comme se sont abattues les colonnes de la cour de l'ouest.

« Au temps où fut bâti Karnak, il existait en Égypte des monuments vieux de 10 à 15 siècles, qui pouvaient servir de points de repère ; on aurait dû, ce semble, tenir compte d'un phénomène aussi facile à observer que l'était l'exhaussement graduel du fond de la vallée. Cependant le manque de prévision n'a rien de surprenant ; ce qui étonne davantage, c'est le peu de soin avec lequel les architectes paraissent avoir dressé leurs plans, ou le peu de peine qu'ils ont pris pour contraindre les ouvriers à s'y conformer scrupuleusement. « Sauf dans les cas exceptionnels, dit A. Mariette, les constructeurs égyptiens sont loin d'avoir montré cette précision dont on leur fait si souvent honneur. Il faut avoir mesuré, le mètre en main, les temples et les tombeaux de l'Égypte pour savoir combien de fois les deux murs opposés d'une même chambre ne sont pas d'égale longueur. »

C'est encore aux savants auteurs de l'*Histoire de l'art dans l'antiquité* que j'emprunterai leurs judicieuses remarques sur les caractères essentiels de la décoration sculptée et peinte qui revêt toutes les surfaces des édifices de l'Égypte, et joue un rôle si capital dans le système de son architecture.

« Il y a dans la décoration égyptienne union intime et constante de deux éléments qui, chez d'autres peuples, restent souvent séparés. Le premier, c'est l'emploi de la peinture pour diversifier l'aspect des surfaces et pour distinguer, par les oppositions et les nuances des tons, les différents membres de l'architecture ; c'est ce que l'on a pris l'habitude d'appeler la polychromie. Le second, c'est la peinture s'appliquant à introduire partout la représentation de la vie et s'emparant, à cette fin, du moindre champ que lui offre le parement du mur, soit le fût de la colonne. Le décorateur ne se contente pas d'user des jeux de la couleur pour faire valoir les formes de l'édifice et pour en relever l'effet ; il entend s'en servir aussi pour tracer, pour multiplier, pour conserver les images des objets qui occupent sa pensée. Pris dans son ensemble, l'édifice présente aux regards une suite de tableaux qui font corps avec la pierre. Du sol jusqu'à la corniche, sur le pilier comme sur la muraille, ils la couvrent d'une fresque sans fin. C'est comme une tenture continue, une brillante tapisserie à personnages, qui garnit toutes les parois et qui enveloppe tous les supports ; sans voiler, sans effacer aucun des grands traits de l'architecture, elle habille de son simple et brillant tissu la construction tout entière.

« En Égypte comme en Chaldée et en Assyrie, comme en Grèce et en Italie, comme dans tous les pays méridionaux, la décoration polychrome s'explique par la qualité même du jour et par la manière dont il affecte nos organes visuels. Plus la lumière est intense, plus l'œil trouve de plaisir à l'intensité et à la variété des couleurs... Sous un soleil ardent et toujours resplendissant, les objets placés au premier plan, s'ils sont d'un ton neutre, ne s'enlèvent pas sur le fond, et les ombres, comme dévorées par la diffusion et la réverbération d'une incomparable lumière, perdent une partie de leur valeur. En Égypte, une colonne, une tour ronde, une coupole paraissent presque plates. Les tons chauds et variés que la polychromie permet de donner aux édifices aident à les distinguer des terrains et à faire saisir la différence des plans ; ils compensent aussi, dans une certaine mesure, la perte subie par les contours que ne dessinent plus des ombres bien accusées ; par les contrastes de couleur, ils attirent l'attention sur les lignes dominantes et ils avivent les arêtes ; ils font saillie sur le mur, le bas-relief et les ornements qui le décorent.

« Dans les édifices exposés à cette lumière aveuglante des pays où le soleil est sans nuages, la polychromie est un secours pour le regard ; elle lui donne une perception plus nette de ce que l'on peut appeler les articulations de ces grands corps de pierre. Elle n'est d'ailleurs pas particulière à l'Égypte ; mais l'Égypte a été la première à l'employer dans de riches et vastes constructions ; elle en a fait un usage plus constant et plus général qu'aucun autre peuple ; elle a plus hardiment poussé le principe jusqu'à ses conséquences dernières.

« Ce qui est propre à l'Égypte, c'est l'habitude qu'elle a tout d'abord prise de semer des figures sur toutes les surfaces de la construction, quelle que soit la forme de ces surfaces, quelle que soit la fonction remplie par le massif auquel elles appartiennent. Sur le fût tournant de la colonne, sur le nu du mur, ces figures se multiplient et se développent à l'infini, tant que monte le pilier, tant que s'allonge la paroi ; dès que le comporte la dimension du champ, elles s'y étagent en plusieurs registres, qui d'ordinaire sont de même hauteur. Ces registres ne sont d'ailleurs séparés les uns des autres que par de légers filets qui indiquent, pour chaque groupe, la ligne de terre sur laquelle posent les pieds des personnage. Il n'y a aucun lien, aucun rapport sensible entre la construction et le décor ; en haut et en large, registres et figures chevauchent, d'une assise sur l'autre, comme au hasard, sans se préoccuper des joints qui les coupent.

« Ces joints, dira-t-on, n'étaient pas visibles avant que les siècles eussent émietté et fait tomber le stuc qui, surtout dans les édifices en calcaire ou en grès, cachait partout autrefois le nu de la pierre. Sans doute ; mais, même sous le climat de l'Égypte, l'architecte pouvait-il, devait-il compter qu'une mince couche d'enduit résisterait à l'action des années aussi longtemps que la pierre qu'il recouvrait ? N'y a-t-il pas une sorte de contradiction entre le principe de l'architecture égyptienne et celui de cette décoration ? L'architecte semble n'avoir qu'un but et qu'une pensée, assurer à ses constructions une stabilité absolue, une durée indéfinie, et tout l'effet du riche décor dont il les revêt peut être compromis par la chute d'une légère pellicule de stuc, par l'écartement des pierres, que ne manqueront pas de déranger les tassements de l'appareil et les tremblements de terre.

« Quand les édifices étaient dans toute la fraîcheur de leur nouveauté première, cette décoration devait avoir beaucoup d'éclat et de charme. Que le pinceau seul eût tracé ces images sur la paroi lisse ou qu'il fût venu recouvrir et compléter l'œuvre du ciseau, toutes ces figures, répandues par milliers dans toutes les parties de l'édifice, mêlées à des inscriptions qui étaient elles-mêmes des tableaux en raccourci, parées des tons les plus vifs et les plus gais, amusaient l'œil par la variété de leurs couleurs et par la diversité des scènes qu'elles représentaient. Malgré son ampleur et son brillant, ce système a deux graves défauts. Le premier, c'est la fragilité de l'enduit. A vrai dire, c'est sur cet enduit, et non sur la pierre, qu'était appliqué le décor, semblable à une somptueuse tenture étendue sur tout l'édifice. Or, pour reprendre et continuer la comparaison, une fois que l'enduit s'est détaché, vous n'avez plus la tenture elle-même, mais seulement ce qu'on peut appeler le dessous et l'envers de l'étoffe. Sans doute, avec un peu d'attention, vous y devinez le dessin, vous y distinguez les couleurs ; mais quelle différence entre cette sorte de reflet incertain et l'aspect harmonieux et franc que présentait l'endroit de la tapisserie, avant que les fils en eussent été tachés, ternis et comme arrachés brin à brin, avant que la trame eût presque partout disparu !

« L'autre inconvénient du système, c'est l'uniformité, c'est une certaine monotonie et une certaine confusion dans la richesse ; c'est surtout l'absence de ces contrastes que la Grèce saura ménager entre les parties nues ou décorées de simples moulures et les espaces choisis où le statuaire disposera, dans les cadres que lui aura préparés l'architecte, une sculpture qui pourra, grâce à la beauté de la matière, se passer du secours de la couleur. Dans le temple grec, les figures prendront d'autant plus de valeur que l'attention sera plus appelée sur elles par la limitation même de la place qui leur aura été réservée. Elles seront taillées dans des blocs séparés, et ceux-ci, soigneusement rattachés à l'appareil, n'en feront pourtant pas partie intégrante ; ces figures ne risqueront donc pas d'être coupées en deux par l'écartement des joints, que le stuc, en s'écaillant, aura mis à découvert. Quoique merveilleusement adaptées à la place qui leur aura été destinée, quoique liées étroitement à l'édifice, aussi bien par le sujet qu'elles représenteront que par la manière dont elles seront encadrées dans la construction, elles garderont cependant, si l'on peut ainsi parler, leur fortune à part, leur indépendance personnelle. A prendre la décoration dans son ensemble, l'art grec n'y fera pas entrer autant de figures ; mais il saura mieux en ménager l'effet, en assurer la conservation et en garantir la beauté contre les injures du temps.

« L'Égypte a donc le mérite d'avoir deviné la première l'obligation qu'une vive lumière impose à l'architecte de donner, au moyen de la couleur, plus de tenue et d'accent aux lignes de l'édifice ; elle a fort bien compris le parti qu'elle pouvait tirer de la différence et de la clarté des tons, pour distinguer les uns des autres les membres de la construction et pour en défendre le contour contre l'éblouissement du plein soleil. En ce sens, on peut dire qu'elle a fait de la polychromie l'emploi le plus judicieux et le plus brillant. Par contre, elle a dépassé le but en couvrant toutes les surfaces, sans distinction ni choix, d'une figuration continue. Ce décor, elle n'a pu l'obtenir si fourni et si varié que par l'emploi d'un procédé qui en compromettait la durée. Ce n'est pas tout : elle a méconnu l'utilité des repos et la nécessité des contrastes ; elle ne s'est pas aperçue que les figures, en se multipliant, finissent par perdre leur valeur, par lasser le regard et fatiguer l'esprit. »

§ 2. — CARACTÈRES GÉNÉRAUX DE L'ART ÉGYPTIEN. — SCULPTURE

En racontant, dans le livre précédent, les annales de l'Égypte, nous avons indiqué les principales époques de sa sculpture et les traits essentiels qui les caractérisent : la première phase de développement entièrement libre et tourné surtout vers une exacte imitation de la nature, sous les dynasties primitives ; la première apparition d'un canon fixe des proportions et d'une tendance à un style conventionnel, vers la XIIe dynastie ; l'apogée de la grandeur solennelle et religieuse, avec une part de convention de plus en plus grande, sous la XVIIIe et le commencement de la XIXe dynastie ; la décadence absolue qui commence à la fin du règne de Râ-mes-sou II ; enfin la dernière renaissance sous les rois Saïtes. A dater de ce moment, la sculpture égyptienne est comme figée dans cette immobilité absolue qui frappa tant Platon et les autres Grecs. « L'art n'est plus qu'un ensemble de procédés qui se transmettent dans les ateliers, par l'enseignement et par la pratique ; c'est une routine, où l'habileté de l'exécution peut être poussée très loin, mais sans qu'il y ait jamais dans l'œuvre rien de personnel. On ne songe même plus à regarder et à consulter la nature ; on sait que la figure humaine doit être divisée en tant de parties ; on sait que, pour représenter tel ou tel dieu, il convient de lui prêter telle ou telle attitude et tels ou tels attributs ; on sculpte donc la statue commandée, d'après une recette confiée à la mémoire. L'art égyptien a pris, pour ne plus jamais le perdre, un caractère tout conventionnel. A plus forte raison en est-il de même au temps de Diodore de

Sicile ; les sculpteurs que cet historien vit travailler à Memphis et à Thèbes, sous le règne d'Auguste, taillent une statue comme on fabrique aujourd'hui, chez un constructeur, les différentes pièces d'une machine, avec une précision rapide et une sûreté de main qui sont de l'ouvrier plutôt que de l'artiste. Ils ne cherchent plus ; on a trouvé pour eux, il y a des siècles, l'exacte mesure et la proportion la plus heureuse [1]. »

Une circonstance toute particulière à l'Égypte et à l'histoire du développement de ses croyances a largement contribué à pousser la sculpture des dynasties primitives dans la voie d'un réalisme vivant, que n'a connu au même degré l'art archaïque d'aucun autre peuple. C'est qu'elle travailla d'abord presque exclusivement à faire des portraits pour les tombeaux.

J'ai exposé plus haut ce qu'était la conception du *ka* dans les idées de l'Égypte primitive sur l'autre vie, de ce double subtil de l'homme, qui persistait après la mort du corps matériel et qui avait besoin d'un point d'attache, d'un appui corporel pour ne pas s'évanouir dans les ténèbres de sa demeure souterraine. J'ai dit comment on s'étudiait alors à assurer sa permanence en lui fournissant dans la tombe, en outre de la momie, des sortes de corps de rechange sous forme de statues iconiques du défunt. « On comprend dès lors, dit M. Maspero, pourquoi les statues égyptiennes qui ne représentent pas des dieux sont toujours et uniquement des portraits de tel ou tel individu, aussi exacts que l'artiste a pu les exécuter. Chacune de ces statues était un corps de pierre, non pas un corps idéal où l'on ne chercherait que la beauté des formes ou de l'expression, mais un corps réel à qui l'on devait se garder d'ajouter ou de retrancher quoi que ce fût. Si le corps de chair avait été laid, il fallait que le corps de pierre fût laid de la même manière, sans quoi le double ne trouverait pas le support qui lui convenait. »

« La première statue égyptienne, disent MM. Perrot et Chipiez, fut donc moins une œuvre d'art qu'un décalque de la réalité, qu'une sorte de moulage pris sur nature... On copia, dans le bois ou dans la pierre, la figure de celui que la persistance de cette effigie devait aider à lutter contre l'anéantissement. Son attitude ordinaire, son costume et ses traits, on devait tout imiter avec une sincérité scrupuleuse, de telle manière que ce fût un autre lui-même qui prît sa place dans la tombe. Pour arriver à cette équivalence du modèle et de l'épreuve que l'on en

---

[1] Perrot et Chipiez.

tirait, l'artiste ne pouvait s'en rapporter à sa mémoire; il fallait que l'original posât devant le sculpteur qui se chargeait d'immortaliser sa personne. La plupart de ces images, les plus soignées tout au moins, ont dû être exécutées du vivant de celui qu'elles représentent; autre-

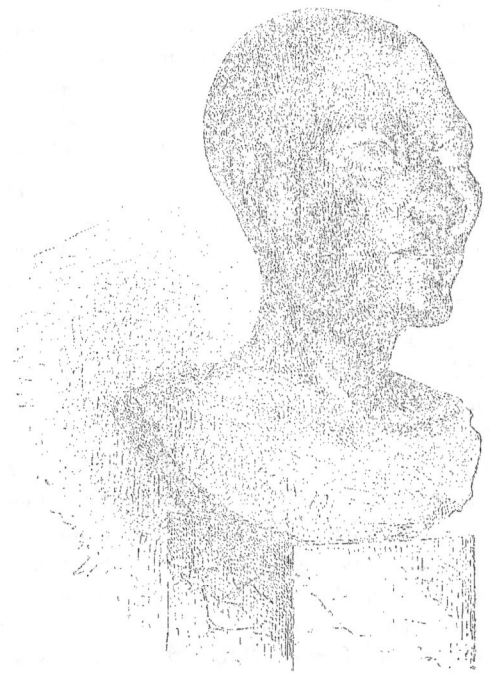

Buste d'une statue égyptienne en calcaire peint, du temps des dynasties primitives [1].

ment le statuaire n'aurait jamais produit ces effigies en présence desquelles vous sentez et vous affirmez que ce sont des portraits, sur chacun desquels tout contemporain, sans hésiter, aurait mis tout d'abord un

---

[1] Nous avons déjà, dans le volume précédent, placé sous les yeux du lecteur la représentation de quelques-unes des plus belles figures iconiques que l'Ancien Empire égyptien nous ait léguées, les deux statues assises en pierre de Râ-hotpou et de Nofri-t, découvertes à Meïdoum (t. II, p. 43), la statue de bois du Musée de Boulaq, dite le *Scheikh-el-beled* (t. II, p. 83). C'est aux collections du Louvre qu'est emprunté le merveilleux buste dont nous donnons ici un dessin de moindre dimension. Comme habileté de sculpture, comme réalité et comme vie, il égale tout ce que l'on peut admirer ailleurs dans le même genre. C'est un des chefs-d'œuvre de l'art égyptien le plus antique.

nom, tant les traits et l'expression du visage sont empreints d'un caractère particulier et vraiment unique, vraiment individuel. »

Plus tard, nous l'avons dit, cette conception du *ka* perdit son importance primitive, et sans s'effacer entièrement, passa au second plan, par suite de la naissance de conceptions plus hautes et plus raffinées de l'âme humaine. Il en résulta une modification dans les rites funéraires, qui eut bientôt une influence décisive sur la marche de l'art et le laissa sortir de la voie où il s'était jusqu'alors tenu. On ne s'inquiéta plus de multiplier, comme on l'avait fait aux périodes florissantes de l'Ancien Empire, les statues iconiques des particuliers dans leurs tombeaux. La sculpture, désormais, travailla principalement pour la glorification des dieux et des rois. Ce sont leurs images qu'elle tailla surtout dans la pierre et le bois. Elle n'eut donc plus pour première préoccupation le désir de faire un portrait bien réel; elle se mit à chercher l'idéal et dans cette recherche elle tendit à s'éloigner de la nature. C'est ainsi que chaque jour davantage elle glissa dans la convention.

Comment l'art égyptien y fut invinciblement conduit, les auteurs de l'*Histoire de l'art dans l'antiquité* l'expliquent de la manière la plus exacte et la plus heureuse.

« Toute œuvre d'art est une interprétation de la nature. Prenons par exemple la figure humaine. Dans un même temps, chez un même peuple, elle est partout sensiblement la même : il n'y a pourtant pas deux artistes originaux qui la voient des mêmes yeux; celui-ci en saisira certains aspects et certaines qualités, et il laissera dans l'ombre ce que celui-là, pourtant son contemporain, mettra le plus en lumière. L'un s'attachera surtout à la beauté de la forme; l'autre fera surtout ressortir les accidents de la couleur ou la puissance expressive de la passion et de la pensée. L'original ne changera pas; les traductions seront plus diverses. Déjà très marquées d'un maître à l'autre, ces différences seront encore plus accusées si l'on compare l'art des différents peuples, l'art égyptien à l'art assyrien ou à l'art grec, l'art ancien à l'art moderne.

« Si les œuvres nées dans un même pays et dans un même siècle présentent de grandes ressemblances, c'est que leurs auteurs, compatriotes et contemporains, regardent les objets, si l'on peut ainsi parler, à travers les mêmes verres, teints des couleurs de leur génie national; ils portent dans l'étude de l'éternel modèle, qui change si peu, les mêmes penchants, les mêmes préoccupations, les mêmes préjugés. Pourtant, chez les peuples bien doués, dans les sociétés où l'art tient une grande place, il se forme des groupes, simultanés ou successifs, que l'on appelle les « écoles; » chacun de ces groupes, en consultant à nouveau la nature, prétend l'interpréter plus fidèlement que ne l'ont fait ses prédécesseurs, en tirer des types qui répondent encore mieux aux désirs et aux goûts du public pour lequel elle travaille. Entre les ouvrages de ces différentes écoles, il y a bien des rapports de similitude, qui s'expliquent par l'identité de race et de croyances; mais il y a aussi des diversités qui tiennent, soit aux variations du milieu, soit à l'influence personnelle de tel ou tel homme supérieur. Tant qu'il naît des écoles, l'art vit; il est en mouvement et en progrès; mais tôt ou tard il vient un moment où cette ardeur s'épuise et tombe. La société s'est lassée; elle vieillit, et, comme une eau qui baisse insensiblement, sa puissance créatrice diminue. Or, avant que se soit trahie cette fatigue, dans les derniers jours de force et de maturité féconde, il arrive souvent qu'une riche et brillante école traduise avec clarté, par un ensemble de formes bien choisies et bien liées, les sentiments qui tiennent le plus au cœur de ses contemporains et les idées qui leur sont le plus familières et le plus chères. Si cette traduction est de tous points satisfaisante, à quoi bon en chercher une autre et risquer de trouver moins bien? se dit une paresse qui n'est au fond qu'un aveu déguisé d'impuissance. Cette expression plastique des plus hautes pensées de la race, on l'accepte donc comme définitive. Dès lors, la convention régnera en souveraine maîtresse. La convention, en ce sens, c'est donc un système de partis pris qui dispense l'artiste de recourir au témoignage de la nature.

« Une pareille révolution ne s'accomplit pas en un jour; ce n'est pas en un jour qu'un art arrive à se figer et à s'immobiliser ainsi dans une sorte d'habileté toute mécanique. A mesure qu'un peuple vieillit, la part de la convention va toujours augmentant dans son art comme dans sa littérature. Chaque grand siècle, chaque grande école lègue aux générations suivantes des types qui ont fait sur le goût une vive impression et qui s'imposent à l'imagination. Plus on va, plus ces types sont nombreux et brillants, et plus il est difficile de se soustraire au prestige de leur beauté, d'échapper à leur influence, on pourrait presque dire à leur tyrannie. Une société ne réussit à s'en affranchir, dans une certaine mesure, que lorsqu'elle est profondément renouvelée par l'infusion d'un sang étranger ou par de grands mouvements philosophiques et religieux; c'est ce qui est arrivé pour la société occidentale, dans les premiers siècles de notre ère, par l'établissement du christianisme, par les invasions des barbares et par la chute de l'empire romain.

« La société égyptienne, grâce surtout aux conditions très spéciales du milieu qu'elle habitait, a su maintenir, avec une ténacité tout exceptionnelle, l'originalité de son génie et de ses institutions principales. Après chaque invasion et chaque bouleversement, elle s'est mise aussitôt à reformer ses cadres et à renouer la chaîne de ses vieilles traditions. Malgré bien des mélanges, le fond de la race est resté le même jusqu'aux derniers jours de l'antiquité ; les éléments hétérogènes ont été absorbés et se sont fondus dans la masse sans laisser de traces apparentes. Les idées que ce peuple se faisait de la destinée humaine ont pu se développer et se teindre, suivant les âges, de couleurs un peu différentes, sans que jamais il soit sorti de ces variations une religion véritablement nouvelle, comme le bouddhisme est sorti du brahmanisme, comme le christianisme a succédé au paganisme. Chaque fois qu'une dynastie active et puissante a chassé l'étranger, mis fin au morcellement et rétabli l'unité, son œuvre a eu tous les caractères d'une restauration ; ce que l'on se proposait, c'était de refaire, dans toutes ses parties, un régime resté cher à l'orgueil national. Arrivée si tôt à une civilisation qui fut longtemps unique au monde, c'était dans son passé, dans ce passé si plein et si glorieux, que cette société cherchait l'idéal qu'elle s'obstinait à poursuivre au milieu de tous les obstacles et de tous les malheurs ; elle regardait toujours en arrière vers ses premiers souverains, qui lui apparaissaient transfigurés par l'éloignement et que rendait toujours présents à sa mémoire la perpétuité du culte qu'elle leur avait voué.

« Toute restauration s'inspire d'un respect plus ou moins superstitieux et plus ou moins aveugle pour ce passé que l'on a l'ambition de recommencer... Chacune de ces dynasties qui remettait l'Égypte sur pied réparait les temples à demi détruits et relevait sur leurs piédestaux les statues des dieux ou celles des ancêtres qu'avait renversées la rage du barbare ; quand elle voulait ériger de nouveaux temples et de nouvelles statues, la première pensée de ses artistes ne devait-elle pas être d'étudier les monuments anciens et de tâcher de les égaler ? Sans doute, tant que l'Égypte conserva du ressort et de la vitalité, les besoins de l'heure présente et les influences du dehors introduisirent certains changements, soit dans la disposition des édifices, soit dans le modelé, dans le mouvement et dans l'expression des figures. On ne copia pas seulement les types antérieurs; mais on ne put résister à la tentation de s'en rapprocher, d'y chercher tout au moins un point de départ pour les tentatives où l'on s'engageait, pour les progrès que l'on avait en vue. Bâtiments et statues, il fallait tout assortir, tout raccorder avec ce qui subsistait encore de l'œuvre des générations d'autrefois ; il en résultait nécessairement qu'à chacune de ces reprises, c'était par l'imitation que l'on débutait. L'école qui se fondait acceptait de confiance, dans une certaine mesure, les dispositions architecturales auxquelles sa devancière s'était arrêtée, ainsi que sa manière de comprendre la nature. N'est-ce pas dire que dès le premier moment, il devait y avoir dans tous ses ouvrages, une part de convention ?

« A chaque nouvelle renaissance, cette part ne pouvait que s'augmenter. Aux formes et aux procédés d'interprétation que l'on avait reçus de ses devanciers, on en ajoutait d'autres que l'on transmettait à son tour. Après chaque recul ou du moins après chaque pause de l'art, quand on voulait se remettre en marche, le poids du passé se faisait sentir de plus en plus lourdement. D'une part, ceux des éléments les plus anciens qui s'étaient ainsi perpétués avaient conquis, par le fait même de cette transmission et de cette adoption plusieurs fois répétée, un prestige et une autorité qui les plaçaient au-dessus de la discussion ; d'autre part, de siècle en siècle, ce legs de principes admis et de traditions imposées allait toujours en grossissant ; de plus en plus, il gênait, il supprimait la liberté de l'artiste. Lorsque, par la décadence du peuple, eut baissé la force qui permettait de ressaisir, au moins dans le détail, quelque indépendance et quelque initiative, il vint une heure où la convention s'étendit à tout, comme un de ces rituels qui règlent toutes les paroles et jusqu'aux gestes de l'officiant. Quand Platon visita l'Égypte, les écoles de sculpteurs n'étaient plus, comme nous dirions, que des *conservatoires ;* des élèves très dociles et d'une grande adresse de main y recevaient de leurs maîtres et y transmettaient à leurs successeurs tout un ensemble de préceptes et de recettes qui s'appliquaient à tous les cas et qui ne laissaient aucune place à l'imprévu. »

Il ne faut pas l'oublier, d'ailleurs, la sculpture égyptienne, même aux époques primitives où elle cherchait avec un accent de naturalisme incontestable la réalité individuelle du portrait, a toujours été empreinte d'un esprit de symbolisme et d'hiéroglyphisme, pour ainsi dire, qui devait la conduire forcément à la convention hiératique en même temps qu'il lui a donné un accent de grandeur solennelle et monumentale. Elle semble toujours se rappeler sa première destination, alors qu'elle tentait ses premières ébauches dans le ténébreux passé des générations antérieures à Ména, destination qui fut d'exprimer des idées religieuses et d'en être l'écriture imagée. Jetez les yeux sur une statue égyptienne, même sur une de celles de l'Ancien Empire : les formes y sont accusées d'une manière concise, abrégée, non pas sans finesse, mais sans détails. Les lignes en sont droites et grandes. L'attitude est raide, imposante et fixe. Les jambes sont le plus souvent parallèles et jointes. Les pieds se touchent, ou bien, s'ils sont l'un devant l'autre, ils suivent la même direction, ils restent aussi exactement parallèles. Les bras sont pendants le long du corps ou croisés sur la poitrine, à moins qu'ils ne se détachent pour montrer un attribut, un sceptre, la croix ansée, une fleur de lotus. Mais dans cette pantomime solennelle et cabalistique, la figure fait des signes plutôt que des gestes ; elle est en situation plutôt qu'en action, car son mouvement prévu, et en quelque sorte immobile, ne changera plus ; il ne sera suivi d'aucun autre.

Cependant cet art égyptien, qui semble retenu par certains côtés dans une éternelle enfance, est un art essentiellement grand, majestueux, hautement formulé. Il est majestueux et grand par l'absence du détail, dont la suppression a été voulue et préméditée. Gravée en bas-relief ou sculptée en ronde bosse, la figure égyptienne est modelée, non pas grossièrement, mais sommairement ; elle n'est point dégrossie comme une ébauche ; elle est au contraire finement dessinée, d'une simplicité choisie dans ses lignes et dans ses plans, d'une délicatesse élégante dans ses formes, ou pour mieux dire, dans ses formules algébriques.

Deux choses y sont évidentes et évidemment volontaires : de tout temps, le sacrifice des petites parties aux grandes ; surtout à partir de l'avènement du Nouvel Empire, la non-imitation de la vie réelle. Nue, la figure est vue comme à travers un voile ; vêtue, elle est serrée dans une draperie collante, semblable à un second épiderme, de sorte que le nu se découvre quand il est voilé, et se voile quand il est découvert. Les muscles, les veines, les plis et les contractions de la peau n'y sont pas rendus, ni même la charpente osseuse. La variété qui distingue les êtres vivants, et qui est l'essence de la nature, est désormais remplacée par une symétrie religieuse et sacerdotale, pleine d'artifice et de majesté.

Tous les mouvements exécutés par plusieurs figures sont soumis au parallélisme des membres doubles et paraissent obéir à un certain rythme mystérieux, qui a été réglé dans le sanctuaire. Le plus sûr moyen d'expression dans l'art égyptien, est, en effet, la répétition.

Quels que soient le naturel et la souplesse d'un mouvement, il devient

310   ARTS ET MONUMENTS

cérémonieux quand il est répété intentionnellement et plusieurs fois

Danse religieuse, bas-relief du musée de Boulaq[1].

d'une manière identique, ainsi que nous le voyons si souvent dans les sculptures de l'antique Egypte. Elle appartient à l'ordre des choses su-

[1] C'est à l'*Histoire de l'art* de MM. Perrot et Chipiez que nous empruntons la représentation de ce beau spécimen de la plus élégante sculpture de la XVIIIe dynastie, qui offre un si frappant exemple de la répétition du geste dans l'art égyptien.

blimes, cette répétition persistante qui fait de toute marche une procession, de tout mouvement un emblème religieux, de toute pantomime une cadence sacrée.

Le style égyptien est donc monumental par le laconisme du modelé, par l'austérité des lignes et par leur ressemblance avec les verticales et les horizontales de l'architecture. Il est imposant parce qu'il est une pure émanation de l'esprit; il est colossal, même dans les plus petites figures, parce qu'il représente la foi qui ne doit point varier; enfin le style égyptien procède en partie d'un principe autre que l'imitation, et c'est volontairement qu'il s'écarte de la vérité imitative; car la faculté de rendre fidèlement la nature n'était pas plus étrangère aux Égyptiens qu'aux Grecs, et la preuve en est, dans la vérité que présentent quelquefois les figures d'animaux, comparées à la manière convenue et artificielle dont la figure humaine est exprimée, aussi bien que dans les œuvres des écoles primitives mises en regard avec celles qui ont été produites depuis la XIIe dynastie et surtout depuis la XVIIIe, c'est-à-dire depuis l'établissement définitif du canon fixe des proportions du corps de l'homme.

Quand il modèle la tête humaine, le sculpteur égyptien l'imite avec plus de fidélité que le corps, et il montre bien ce qu'aurait pu être son imitation dans un art qui fût resté libre. Avec quelle force est exprimée la conformation de chacune des races que les artistes ont voulu représenter! Jamais aucun autre peuple, dans les œuvres de son art, n'a aussi bien rendu la vérité ethnographique.

Est-il besoin d'insister sur la tendance au symbolisme, dominante dans la sculpture égyptienne, alors que tant de figures nous y offrent la combinaison monstrueuse de corps humains avec des têtes d'animaux? « En montrant aux yeux, a fort bien dit Raoul Rochette, un corps d'homme surmonté d'une tête de lion, de chacal ou de crocodile, l'Égypte n'eut certainement pas l'intention de faire croire à la réalité d'un être pareil; c'était une pensée qu'elle voulait rendre sensible plutôt qu'une image vraie qu'elle prétendait offrir. Le mélange des deux natures était là pour avertir que ce corps humain servant de support à une tête d'animal était une pensée écrite, la personnification d'une idée et non pas l'image d'un être réel. » Autant devons-nous dire de la combinaison inverse, de celle qui, réunissant à un corps de lion une tête d'homme, de bélier ou d'épervier, donne naissance à l'androsphinx, au criosphinx et à l'hiéracosphinx, et crée une infinité d'autres monstres symboliques, à quelques-uns desquels la crédulité populaire en vint à attribuer une existence effective dans les pays loin-

Râ-mes-sou III[1].

tains dont les voyageurs racontaient tant de merveilles et de fables. Ce dernier genre de combinaisons, du reste, nous le rencontrerons chez

[1] Cette tête, empruntée aux bas-reliefs de Médinet-Abou, est un beau spécimen de ce que restait le portrait dans l'art de la xixᵉ et de la xxᵉ dynastie. On peut aussi en juger par la tête du colosse de Râ-mes-sou II, à Memphis, gravée dans notre tome II, p. 247.

d'autres peuples, dans l'art des Chaldéens et des Assyriens, d'où il a passé même chez les Grecs, tandis que l'idée de placer, dans une intention de symbole, une tête d'animal sur les épaules d'un corps humain, est restée toujours exclusivement propre à l'Égypte. Ainsi, on peut le dire, la sculpture égyptienne demeura une forme de l'écriture, un art essentiellement symbolique, et ce fut une raison de plus pour qu'elle s'immobilisât de bonne heure. Le symbole fut pour ce grand

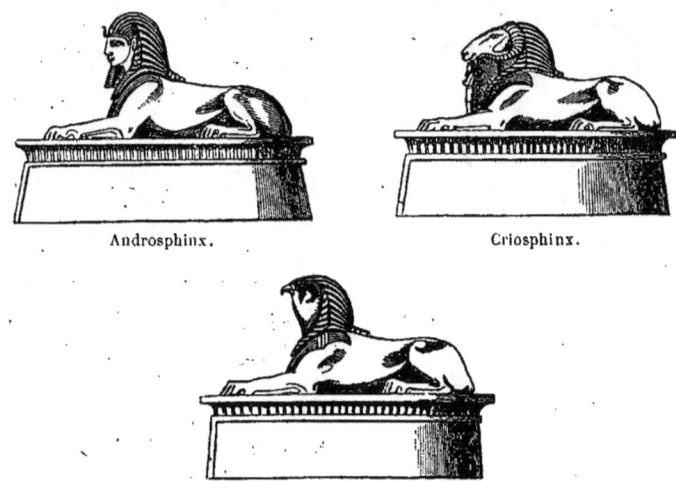

Androsphinx. — Criosphinx. — Hiéracosphinx.

art ce qu'étaient pour les morts embaumés les aromates qui les conservaient ; il le momifia, mais, en le momifiant, il le rendit incorruptible.

Ajoutons que la statuaire égyptienne a toujours, pendant la longue durée de son existence, été renfermée dans certaines conditions assez étroites, qui ont nécessairement influé sur son style, par la nature des matières qu'elle travaillait et par celle des outils qu'elle avait à sa disposition. C'est un sculpteur habile, M. Emile Soldi, qui, éclairé par son expérience d'artiste praticien et l'ayant appliquée à l'étude des sculptures égyptiennes, a le premier appelé l'attention des savants sur ce côté capital de la question[1].

Dès les temps les plus reculés de l'Ancien Empire, les sculpteurs,

---

[1] E. Soldi, *La sculpture égyptienne*. Paris, 1876.

cherchant l'indestructibilité pour leurs œuvres, se sont attachés à les exécuter dans les pierres les plus dures, le granit, la diorite, le basalte, dont sont déjà faites les statues de Kha-f-Râ. Ces matières, de nos jours encore, c'est à grand peine si on parvient à les entamer et à les tailler à l'aide de ciseaux d'acier de la meilleure trempe ; encore le travail est-il très lent et très pénible ; on est obligé de s'arrêter à chaque instant pour aiguiser à nouveau le tranchant, qui s'émousse sur la roche, et pour retremper l'instrument. Mais l'Égypte de l'Ancien Empire, tout le monde est d'accord sur ce point, ne connaissait pas le ciseau d'acier. Le fer lui même, bien que les Égyptiens l'aient possédé à partir d'une certaine époque, n'a été chez eux que d'un emploi singulièrement restreint ; des superstitions religieuses en repoussaient l'usage. C'est le bronze qui était le métal dont on faisait les outils. Et jamais on n'a pu prouver que les Égyptiens, non plus qu'aucun autre peuple de l'antiquité, aient su donner au bronze une trempe qui lui assurât une dureté analogue à celle de l'acier. Ce prétendu secret perdu de la métallurgie, dont on a beaucoup parlé, mais sans fondement solide, la science moderne l'a vainement cherché ; elle n'est point parvenue à le découvrir.

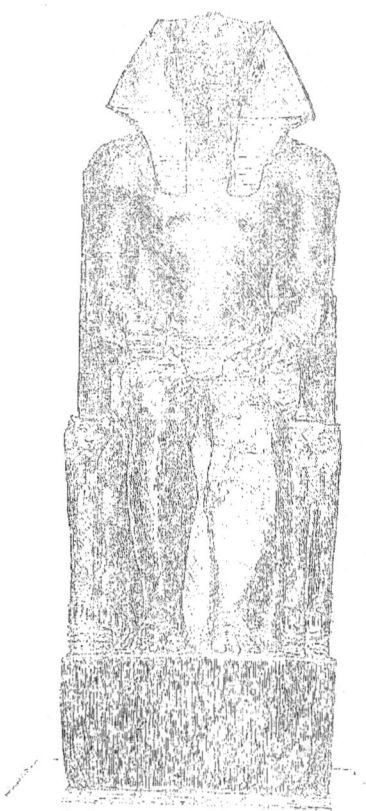

Kha-f-Râ (IVᵉ dynastie). Statue en diorite du musée de Boulacq.

Du reste, ce n'est que par exception, et sur des monuments du Nouvel Empire, que l'on a signalé dans la pierre dure ces arêtes vives et droites que donne le travail du ciseau, en quelque métal qu'il fût fabriqué. Les statues de ces matières résistantes, et en général toutes celles des époques les plus anciennes, portent la trace manifeste de l'emploi de tous autres procédés, et le mérite de les avoir reconnus appartient à M. Soldi.

« En principe, dit-il, c'est surtout par le martelage ou le frappage à plat que l'on taille le plus facilement le granit. On se sert d'abord d'un gros outil nommé *pointe*, que l'on fait entrer dans la matière, pour qu'ensuite celle-ci, sous les coups répétés du marteau qui frappe sur la pointe,

Sculpteur égyptien travaillant avec la pointe[1].

se fende et se détache par éclats. Cette pointe, outil des plus simples, es l'instrument qui nous semble avoir le plus longtemps et le plus souvent servi aux Égyptiens, non seulement à tailler et à dégrossir les blocs, mais aussi à détailler la coiffure et à creuser des hiéroglyphes. Naturellement cet outil ne peut tracer des sillons nets et fermes, comme le ferait le ciseau, et nous retrouvons bien le caractère propre du travail qu'il produit dans ces lignes éclatées et irrégulières que nous constatons sur beaucoup de monuments du Louvre.

« L'outil qui vient ensuite, dans la série de ceux qu'on emploie aujourd'hui, est la *boucharde*, sorte de marteau dont la tête est formée d'un assemblage de pointes disposées symétriquement. La boucharde, pour

[1] Peinture d'un tombeau de Thèbes.

nous servir d'un terme technique, dresse assez bien le travail, et nous ne pouvons donner de meilleur exemple de ses effets que la bordure de nos trottoirs. Mais, outre que la boucharde est d'une fabrication compliquée, nous ne la voyons figurée sur aucun monument égyptien. Aussi doutons-nous fort qu'elle ait été connue jadis en Égypte. Il n'en devait pas être de même de la *marteline*, sorte de hachette à deux tranchants. On s'en sert toujours comme d'un marteau en frappant à plat; la matière éclate en morceaux plus ou moins petits, suivant la grandeur et le poids de l'outil et la volonté du travailleur; on peut arriver ainsi à préciser la forme assez vite et assez loin pour ne pas avoir besoin de ciseau. L'usage en a dû être fréquent en Égypte, quoique la forme ait pu varier; la plus grande partie des monuments sont finis à l'aide de ce seul instrument…

« Avec des outils tels que ceux que nous avons indiqués, le polissage était nécessaire, et on le comprend, pour regagner tous les éclatements de la pierre ; il était la terminaison forcée du travail ; aussi les Égyptiens polirent-ils toutes les surfaces des statues. En même temps le polissage, par cela même qu'il augmentait l'intensité de la couleur de la pierre et qu'il offrait aux yeux des nuances de tons variés, quoique sévères, était en harmonie avec le goût des Égyptiens pour la polychromie. Ce goût était tellement prononcé chez eux que, toutes les fois qu'ils se servirent de pierre calcaire ou de terre cuite, ils prirent soin de les peindre et de les émailler, et qu'ils firent de même pour les monuments de pierre dure ayant de très grandes dimensions. » Les Égyptiens ne paraissent pas avoir connu la *lime*, ni la *râpe*, variété de la lime aujourd'hui très employée ; nulle part on ne remarque les incisions sèches que donnent ces outils. « Pour les grandes surfaces unies, il est probable que les sculpteurs se servirent de planches à main et frottèrent du grès écrasé sur la pierre, en versant de l'eau par un trou percé au milieu de la planche. » Des pierres aplaties pouvaient remplacer ces disques de bois. Afin de donner à certaines parties un poli plus brillant, ils durent aussi employer l'émeri. Cette substance se trouve en abondance dans plusieurs des îles de l'Archipel ; s'ils ne l'en avaient pas reçue par l'intermédiaire des navigateurs phéniciens, les artistes de l'Égypte n'auraient pas pu, comme ils l'ont fait au moins dès la xiie dynastie, graver sur pierres fines.

Quelques ouvrages de basalte de la xxvie dynastie présentent la trace incontestable de l'emploi du ciseau d'acier trempé dans le découpage du contour de leurs hiéroglyphes. L'Égypte pouvait alors l'avoir reçu des Asiatiques ou peut-être des Grecs. Mais à cette époque même l'usage en fut très restreint. Et en tout cas, c'est toujours à l'aide de la pointe et de la marteline que l'on a commencé et conduit très loin le travail. Dans les figures de grande proportion, qui ont été largement ébauchées par ces moyens, le poli n'a pas toujours réussi à faire disparaître complètement les creux que des outils sans finesse avaient laissés dans la pierre, là où le praticien avait frappé trop fort. Les bas-reliefs des hypogées, qui montrent des sculpteurs à l'ouvrage, font assister aux deux opérations principales qui viennent d'être mentionnées, le taillage de la pierre par la pointe et le polissage des surfaces.

M. Soldi inclinerait à croire que ce fut, au moins dans le commence-

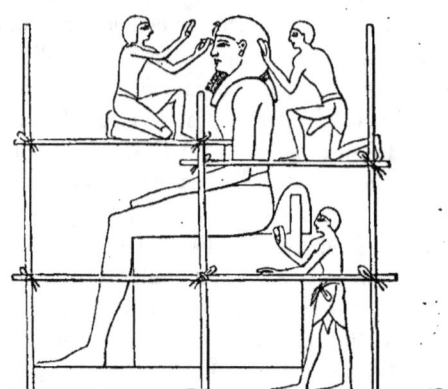

Sculpteurs égyptiens polissant un colosse de pierre dure [1].

ment, avec des outils de pierre plutôt qu'avec des outils de métal que les Égyptiens attaquèrent les matières dures. Il a lui-même, dit-il, taillé plusieurs granits de dureté différente avec un silex commun des environs de Paris ; il a de même entamé la diorite, soit en détachant de petites parcelles, soit en pulvérisant finement la surface à l'aide du jaspe. « Ce mode de travail, dit-il, est excessivement long, et le jaspe, quoique plus dur que la diorite, est fortement gâté par la pierre ; mais en somme, l'exécution d'une statue par ce procédé n'est pas impossible, si extraordinairement pénible et lente qu'elle soit. » J'ajouterai que mes observations personnelles en Égypte m'ont permis de reconnaître que l'emploi des outils de pierre par les sculpteurs et les carriers égyptiens avait été général.

[1] Peinture d'un tombeau de Thèbes.

et beaucoup plus prolongé qu'on ne serait porté à l'imaginer. A l'entrée de toutes les tombes creusées dans les flancs des montagnes, on trouve à pied d'œuvre de véritables amoncellements d'éclats de silex, travaillés par la main de l'homme, qui sont manifestement les débris des pointes et des ciseaux de pierre avec lesquels a été entamée la roche calcaire, et qui, brisés pendant le travail, ont été jetés au rebut. Les mêmes fragments s'observent avec la même abondance dans les galeries des mines de cuivre et de turquoises du Sinaï, où les marteaux employés paraissent aussi avoir été de pierre pour la plupart. Enfin, dans les carrières de granit de Syène, j'ai pu constater que le travail habituel avait consisté à délimiter les blocs que l'on voulait détacher de la masse au moyen d'une rainure profonde, taillée en attaquant la matière avec des outils de pierre, rainure dans laquelle on forçait ensuite des coins de bois, que l'on arrosait pour les faire gonfler et faire éclater longitudinalement la roche sous l'effort de leur dilatation.

Il ne subsiste donc de doute que sur un seul point, celui de savoir si les sculpteurs, pour tailler le granit, employaient plutôt la pierre que le métal ; quant à la forme et au maniement de leurs outils, le témoignage des représentations plastiques s'accorde avec les inductions que l'on peut tirer de l'examen intrinsèque du travail des monuments. Malgré toute la dextérité d'ouvriers très appliqués à leur tâche, et qui ne comptaient pas les heures, il y avait toujours quelque chose d'inégal et de violent dans l'effet d'instruments plus contondants que perçants et tranchants. Les défauts des matières et l'imperfection des procédés ont eu une double conséquence : pour ne pas risquer de briser sa figure au moment même où il cherchait à la dégager du bloc, l'artiste a dû l'alourdir outre mesure ; il a dû multiplier les appuis et se garder, avec un soin constant, de tout évidement et de tout amincissement ; en même temps, pour corriger les irrégularités et les défauts d'une ébauche faite à tour de bras, par un outil capricieux et brutal, il s'est trouvé contraint d'effacer ou tout au moins de trop atténuer, sous les rondeurs et les luisants du poli, les détails et les accents de la forme vivante.

On n'a pas de peine à comprendre avec quelle rigueur s'imposait à la statuaire égyptienne cette nécessité de réserver partout des supports et de grandes épaisseurs de pierre. « Tout d'abord, dit M. Soldi, la tête offrait, par son emmanchement avec le corps, un des principaux dangers : le cou, plus faible que les autres parties, risquait de ne pas résister aux chocs répétés du marteau, frappant à grands coups sur la pointe qui façonnait la tête. Aussi les sculpteurs eurent-ils soin, toutes les fois qu'ils le purent, de coiffer leurs figures du *klaft*, dont les barbes tombent sur la poitrine, formant ainsi, des deux côtés du visage, comme deux larges étais. Dans les cas où la tête est nue, les cheveux sont réunis en une forte masse, qui consolide le cou, en lui donnant un soutien jusqu'aux épaules. Exagérée d'une façon toute particulière, si la barbiche descend toute droite jusqu'au thorax, c'est pour servir de tenon. En même temps, on l'a modifiée dans sa forme, pour supprimer la difficulté qu'aurait causée l'extrémité, qui, comme on le voit dans les peintures, se redresse en finesse et est dégagée du cou.... La coiffure, quelquefois très haute et très mince, est toujours soutenue par derrière dans presque toute sa largeur. Toute la figure elle-même est appuyée par le dos ou par le côté à un pilier plus ou moins épais. Cet appui lui donne de la solidité ; il diminue la quantité de matière à enlever. »

« Entre les deux jambes, dont l'une se projette en avant, disent à leur tour MM. Perrot et Chipiez, entre les bras tombant le long du corps et le creux des hanches, l'ouvrier n'a point évidé la pierre, comme l'eût conseillé la libre imitation de la vie. Rien ne lui eût été plus facile, avec un instrument aussi simple que le *violon*, qui permet d'opérer sans secousse les percements nécessaires ; mais il en ignorait certainement l'usage. Pour détacher les membres il lui aurait fallu frapper à la volée tout autour, et l'ébranlement qu'il aurait ainsi imprimé à la masse aurait risqué de rompre jambes ou bras : en un certain sens, les matériaux les plus durs sont aussi les plus cassants et les plus fragiles. Si le sculpteur, tout en maintenant les membres rapprochés du corps, n'a pas réussi à les faire sortir tout entiers de cette matière où ils restent comme emprisonnés, combien il lui eût été plus difficile ou, pour mieux dire, plus impossible encore de les présenter dans des mouvements très vifs, dans des mouvements tels que ceux de la course par exemple ou du combat ! L'intérêt et la beauté de ces mouvements n'échappaient pas à l'œil de l'artiste ; c'est par impuissance que la statuaire a donc laissé au bas-relief et à la peinture le plaisir et le soin de les rendre.

« Voici d'ailleurs qui confirme, d'une manière indirecte, la justesse de ces observations : le ciseau, lorsqu'il avait affaire à des matières moins rebelles, changeait d'allures ; il s'affranchissait de plusieurs des conventions auxquelles paraissent asservis les sculpteurs qui façonnent les images colossales des Pharaons. Dans les statues de bois, pas de pilier qui serve d'appui ; les jambes sont séparées, les bras ne touchent point au corps, mais sont souvent très librement fléchis. Nous en dirons autant du bronze ; il donne des figures aussi libres et aussi dégagées que le fait le bois. Dans les statues en calcaire, il n'en est pas tout à fait de même ; on n'avait pas d'instrument commode pour évider la pierre ; de plus, on pouvait être tenté d'imiter l'aspect de ces statues en pierre dure qui devaient passer pour les chefs-d'œuvre de l'art national. La figure est souvent adossée à un pilier auquel les jambes adhèrent par derrière ; mais parfois aussi le pilier est supprimé, et la variété des attitudes devient plus grande. Ce qui achève la démonstration, ce sont tous ces ouvrages de tabletterie et d'orfèvrerie qui appartiennent à ce que l'on appelle communément les arts industriels. La figure de l'homme et celle de l'animal y sont employées, comme éléments décoratifs, avec un goût exquis et une liberté charmante ; elles s'y groupent de la manière la plus imprévue ; pas de mouvement, si vif qu'il soit, qui ne fournisse un motif à l'imagination de l'artiste. Si les qualités qui nous frappent ici ne se rencontrent pas au même degré dans l'art officiel et monumental de l'Égypte, c'est donc que là les outils et la matière ont exercé sur la marche et sur le style de la statuaire une influence décisive, une influence qui a empêché les heureux dons du génie égyptien de porter tous leurs fruits.

« Cette influence s'est fait sentir non seulement dans la raideur et la monotonie des poses, mais aussi dans le caractère du modelé... Chaque chose y est à sa place, mais en gros, comme si la figure était vue de loin, à la distance où les détails s'effacent et ne frappent plus le regard... C'est que le sculpteur s'était épris du granit ; dès lors, même quand il travaillait la pierre tendre, son faire s'est de plus en plus rapproché de celui qu'exige et qu'impose la pierre dure. Seul le ciseau donne ces accents justes et fins sans lesquels il n'y a pas de sculpture parfaite ; or il ne pouvait guère servir que pour la figure de bois ou de calcaire. La statue de granit ou de basalte, très imparfaitement ébauchée avec des outils qui obéissaient mal à la main, ne se terminait qu'à force de grès ou d'émeri, roulant, tout humide, sous le galet ou sous la planchette du polisseur ; or allez donc demander des finesses à un instrument aussi grossier ! Il émoussera toutes les arêtes, il aplatira, il arrondira toutes les surfaces ; ce n'est qu'au prix de bien des sacrifices qu'il vous permettra d'obtenir l'apparence trompeuse d'une exécution satisfaisante. »

L'art sculptural de l'Égypte antique se trouve donc incontestablement emprisonné dans certaines conditions matérielles et techniques qui lui fermèrent plusieurs des voies du progrès où les Hellènes ont su s'avancer avec tant de succès. Mais les statuaires égyptiens eurent le rare mérite de savoir accepter franchement ces conditions, d'en combiner les

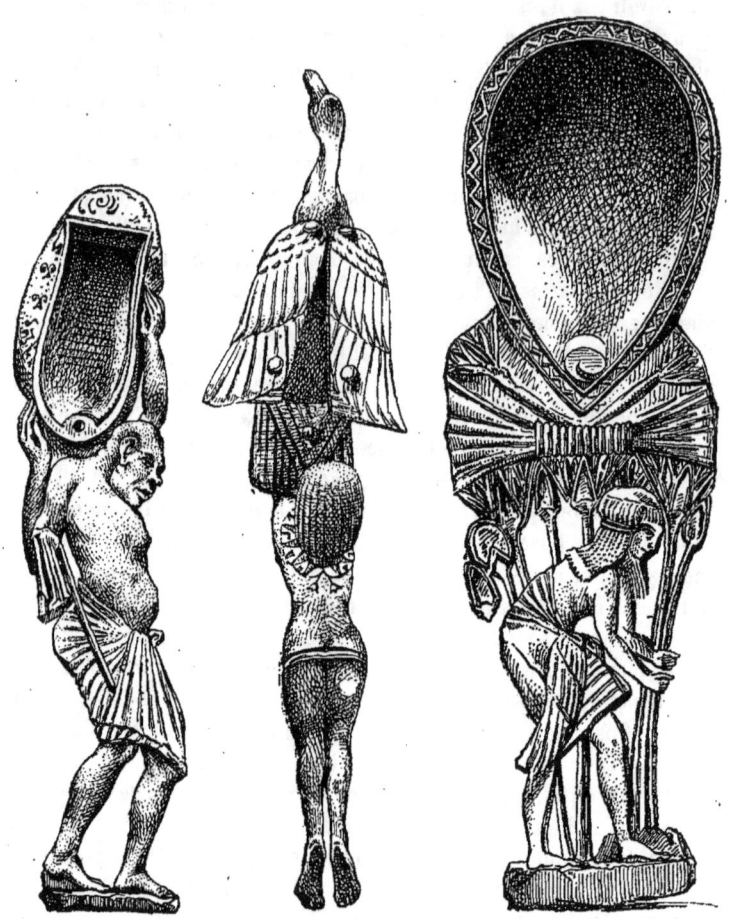

Cuillers de toilette égyptiennes, en bois.

nécessités avec les exigences de l'esprit de symbolisme dont ils étaient pénétrés, et de tirer de cette combinaison un système raisonné et voulu dont nous avons cherché tout à l'heure à expliquer, en la définissant, la grandeur et l'accent solennel.

§ 3. — CARACTÈRES GÉNÉRAUX DE L'ART ÉGYPTIEN. — PEINTURE

La peinture n'a guère été employée par les Égyptiens que d'une manière décorative, pour accompagner et rehausser l'architecture et la sculpture, qui sont toujours coloriées. Cependant on rencontre quelques petites stèles en bois où les sujets sont seulement peints, souvent avec une extrême finesse et une grande recherche de style, ou bien des tombeaux dont la roche ne se prêtait pas à l'exécution de délicates sculptures et dont les parois intérieures ont été revêtues d'un enduit peint. Ce n'est guère que sous la xii° dynastie que l'on commence à voir cette substitu-

Peintres coloriant une statue et exécutant une peinture à plat¹.

tion d'une décoration peinte à plat au bas-relief colorié; elle présente alors ses chefs-d'œuvre les plus parfaits dans les hypogées de Béni-Hassan. Le système se continue dans une grande partie des tombes thébaines du Nouvel Empire et produit encore à cette époque des ouvrages fort remarquables, mais dont aucun n'égale certains morceaux du Moyen Empire. Cette peinture égyptienne est toujours, du reste, sculpturale et conçue absolument d'après les principes du bas-relief.

« C'est en modelant la statue et en ciselant le bas-relief, disent excellemment MM. Perrot et Chipiez, que l'artiste a pris les partis et adopté les conventions qui donnent au style égyptien son caractère à part et son originalité. Quand, au lieu de faire saillir l'image sur le nu du mur, il se contente de la dessiner à plat et d'en remplir le contour à l'aide de la couleur, cette légère différence de procédé ne change rien au mode de représentation dont il a fait choix, à sa manière de

---

¹ Peinture d'un tombeau de Thèbes, d'après Wilkinson.

comprendre et de traduire la forme vivante. Ce sont les mêmes qualités et les mêmes défauts ; c'est la même pureté de lignes et la même noblesse d'allure, c'est le même dessin à la fois juste et sommaire, avec la même ignorance de la perspective et le même retour constant d'attitudes et de mouvements consacrés par la tradition. La peinture, à vrai dire, n'est jamais devenue en Égypte un art indépendant et autonome. Employée d'ordinaire à compléter l'effet du modelé, dans la statue et dans le bas-relief, elle ne s'est jamais affranchie de cette subordination ; elle n'a jamais cherché les moyens de rendre, à l'aide de ressources qui lui fussent propres, ce que la sculpture ne saurait exprimer, la profondeur de l'espace, le recul et la diversité des plans, la variété des teintes que la passion répand sur le visage de l'homme et, par suite, les différents états par lesquels passe son âme suivant la nature et l'intensité des sentiments qui la pénètrent et qui la remuent. Ce n'est même que par une sorte d'abus des termes que nous parlons de peinture égyptienne.

« Il n'y a pas de peuple qui ait étendu, sur la pierre ou le bois, plus de couleurs que ne l'a fait le peuple égyptien ; il n'y en a pas qui ait eu un plus juste sentiment de l'harmonie des couleurs ; mais jamais il n'a su, par des dégradations de ton, par des touches juxtaposées ou superposées, rendre l'aspect que nous offrent, dans la réalité, les surfaces sur lesquelles se porte notre regard, aspect que modifient sans cesse le plus ou moins d'épaisseur de l'ombre, l'état de l'atmosphère et la distance. Ce que nous appelons clair-obscur et perspective aérienne, ils n'en ont pas le moindre soupçon.

« Leur peinture repose tout entière sur une convention, aussi hardie et aussi franche que les conventions d'où partent la statuaire et le bas-relief. Dans la nature, il n'y a que des nuances ; ici, tout au contraire, le peintre attribue à toute surface une valeur uniforme et tranchée ; à tout le nu d'un corps il donnera la même couleur, qui sera plus ou moins claire suivant qu'il s'agira d'une femme ou d'un homme. Toute une draperie sera d'un même ton, sans que l'artiste s'inquiète de savoir si, dans telle ou telle position, la teinte de l'étoffe ne sera pas, tantôt assombrie par l'ombre portée, tantôt, au contraire, avivée et comme égayée par le rayon qui la frappe. » Ce n'est que dans le rendu du pelage de certains animaux que le peintre s'est quelquefois appliqué à varier ses à-plat de couleur en variant les tons, en y exprimant les détails jusqu'à arriver à des dégradations qui donnent dans une certaine mesure l'illusion du modelé. Ceci est sensible dans la figure d'un chasseur rapportant son gibier, que nous empruntons, d'après Prisse d'Avesnes, à une tombe de Thèbes du temps de la xviiiᵉ dynastie. Il y a contraste marqué entre le rendu de l'homme et celui de la gazelle

Chasseur rapportant son gibier. Peinture d'un tombeau de Thèbes¹.

qu'il porte sur ses épaules, ainsi que du chien qui l'accompagne. La figure de danseuse jouant du théorbe, que nous reproduisons également et qui provient aussi d'une tombe thébaine, donnera une idée du degré d'élégance auquel atteignent quelquefois les peintures égyptiennes, dans la sobriété conventionnelle et l'imperfection de leurs procédés.

¹ Cette figure, comme celles des p. 304, 325 et 326, nous a été libéralement prêtée par le journal l'*Art*.

Elles vont dans ce sens plus loin que les plus gracieux et les plus fins bas-reliefs, et l'artiste s'y permet quelquefois certaines hardiesses que jamais n'a risquées la sculpture. Ainsi l'on y voit des figures de face, ce qui ne se présente pour ainsi dire jamais dans les bas-reliefs. C'est surtout à Béni-Hassan que l'on observe certaines tentatives isolées

Joueuse de théorbe, peinture.

pour donner à la peinture un aspect qui lui soit propre, qui s'écarte un peu de celui de la sculpture. Mais les essais de ce genre ne s'offrent plus à une époque postérieure; les peintres du Nouvel Empire ont été plus timides et plus esclaves de la convention traditionnelle.

« Poser les tons les uns auprès des autres, sans transitions qui les relient, des tons entiers et plats, c'est faire de l'enluminure, ce n'est pas peindre, dans le vrai sens du mot; aussi le peintre n'était-il, à proprement parler, qu'un artisan. L'artiste, c'était le dessinateur, c'était celui qui, pour les peintures comme pour les bas-reliefs, traçait au

Types des races étrangères, esquisse au trait.

crayon rouge, ou au pinceau chargé de noir, sur la paroi, les contours des personnages et des ornements; on ne saurait trop admirer, pour la hardiesse et la liberté du trait, certaines de ces esquisses, où, par suite de l'inachèvement des travaux, la couleur n'est jamais venue recouvrir.

et cacher les lignes de l'ébauche[1]. » On en a des exemples particulièrement remarquables dans plusieurs des salles des tombeaux d'Amonhotpou III et de Séti Ier, à Thèbes. C'est à ce dernier hypogée que nous empruntons un groupe qui offre, avec une vérité ethnographique merveilleuse, les types des trois grandes races que les Égyptiens, comme nous l'avons déjà dit, admettaient dans l'humanité, en dehors d'eux-mêmes. Ces esquisses, qui pour la sûreté du trait, sans hésitations ni repentirs, la pureté du dessin, la fière et libre allure, peuvent rivaliser avec les décorations des vases peints des Grecs, ont été exécutées à main levée, sans emploi de patron découpé ni de décalque. Un artiste français, M. Paul Durand, s'en est assuré en calquant tous les portraits de Séti Ier dessinés au pinceau de cette manière dans les parties inachevées de sa tombe, et en superposant les calques ainsi obtenus. Il n'en est pas deux dont les traits coïncident exactement, malgré la fidélité avec laquelle l'artiste a toujours reproduit la même effigie. On trouve quelque chose des qualités distinctives de ces esquisses dans les vignettes au trait qui accompagnent le texte dans quelques-uns des plus soignés parmi les manuscrits sur papyrus du *Livre des Morts*.

Le dessin des contours une fois exécuté par le dessinateur, ainsi que nous venons de le dire, lorsque aucun accident n'empêchait de compléter le décor, le peintre ou l'enlumineur arrivait, avec sa palette et ses pinceaux, pour remplir ce contour. Sa tâche était des plus aisées ; il n'avait qu'une précaution à prendre, celle de bien étendre sa couleur et de ne pas dépasser le trait qui circonscrivait la figure. Les tons des carnations et des draperies étaient fixés d'avance, ainsi que ceux des différents objets qui revenaient plus ou moins souvent dans ces tableaux.

§ 4. — PRINCIPAUX MONUMENTS[2]. — LES PYRAMIDES

Les monuments de l'Égypte les plus imposants par leur masse et les plus curieux par leur antiquité sont sans contredit les grandes pyramides

---

[1] Perrot et Chipiez.
[2] Sur ce sujet, voyez principalement : Les volumes d'antiquités dans le grand ouvrage de la Commission d'Égypte. — Champollion, *Lettres écrites d'Égypte*, Paris, 1833 ; 2e édit., 1863. — Nestor Lhote, *Lettres d'Égypte*, Paris. — Lepsius, *Briefe aus Ægypten und Æthiopien*, Berlin, 1852. Les deux premiers volumes de son grand ouvrage des *Denkmæler aus Ægypten und Æthiopien*, comprenant les études d'architecture — Ch. Lenormant, *Beaux-arts et voyages*, tome II. — J.-J. Ampère, *Voyage en Égypte*, Paris,

de Gizeh. Nous avons raconté plus haut (tome II, p. 71 et suiv.) quels travaux immenses leur construction avait réclamé; mais on s'en fera peut-être une idée plus précise quand on saura que la plus grande, la pyramide de Khoufou, se compose de plus de deux cents assises ou couches de blocs énormes; qu'intacte elle avait 152 mètres de hauteur, à peu près le double de l'élévation des tours de Notre-Dame de Paris, plus que celle de la flèche de la cathédrale de Strasbourg; que sa base mesure 235 mètres de longueur sur chaque côté; enfin que les pierres dont elle se compose forment une masse véritablement effrayante de 25 millions de mètres cubes, qui pourrait fournir les matériaux d'un mur haut de six pieds et long de mille lieues. Pour soulager du poids

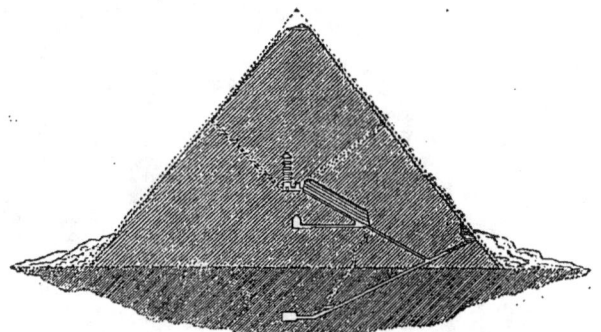

Coupe de la grande pyramide de Gizeh.

immense que devait porter la chambre destinée au sarcophage royal, on a ménagé au-dessus, dans la masse du monument, des vides formant cinq petites chambres basses, sans issue extérieure. Une seconde chambre sépulcrale est placée presque exactement au-dessous de la première, mais taillée dans le roc et non ménagée dans la construction même. L'orientation de ce gigantesque monument est parfaite, ses quatre faces regardent exactement les quatre points cardinaux. Par sa masse un semblable édifice défiait les injures du temps et les efforts de d'homme pour le détruire. Les khalifes arabes, au moyen âge, sont cependant parvenus à dégrader considérablement la pyramide de Khoufou et ses

1868. — Brugsch, *Reiseberichte aus Ægypten*, Leipzig, 1855. — A. Mariette, *Itinéraire de la Haute-Égypte*, Le Caire, 1869; 3ᵉ édit., Paris, 1880. — Ebers, *l'Égypte*, trad. par Maspero, Paris, 1880-1881. — Prisse d'Avesnes, *Histoire de l'art égyptien d'après les monuments*, Paris, 1879. — Les Guides en Égypte de Murray, d'Isambert et de Baedeker.

deux compagnes. Ils ont arraché pierre à pierre le revêtement incliné et lisse qui la couvrait sur toutes ses faces et se terminait en pointe au

La grande pyramide de Gizeh et le Sphinx.

sommet. Aujourd'hui les assises du noyau du monument, qui portaient ce revêtement, apparaissent à nu, en retraite les unes sur les autres comme les marches d'un escalier démesuré.

La disposition des deux autres pyramides est analogue à celle de la pyramide de Khoufou; seulement leur maçonnerie n'offre aucun vide et les chambres qu'elles renferment sont taillées dans le roc. La seconde diffère par sa hauteur de la première, et cette différence est rendue plus sensible par l'élévation du rocher sur lequel la première est assise; sa construction intérieure est aussi loin d'égaler en beauté celle de la grande pyramide. Elle avait été élevée pour recevoir le corps de Kha-f-

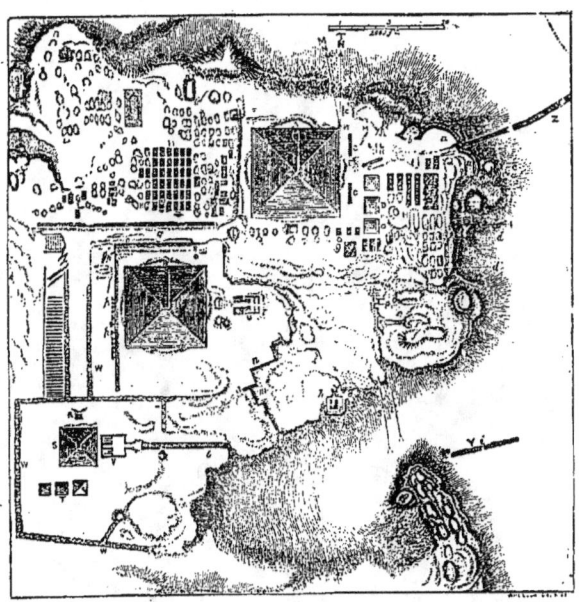

Plan du plateau des pyramides de Gizeh, d'après les levés de Wilkinson.

Râ, et est la seule à posséder encore en partie son revêtement extérieur.

La troisième pyramide n'atteint pas en hauteur le tiers de la première, mais elle était plus ornée; on y a trouvé le cercueil en bois du roi Menké-Râ, par qui elle fut construite. La salle où il a été découvert avec son sarcophage était entièrement revêtue de granit; or, pour trouver cette roche, il faut remonter le Nil jusque vers la première cataracte: c'est donc de là qu'on avait dû l'apporter sur des bateaux. Cette pyramide avait aussi un revêtement extérieur tout en granit de Syène, mais un peu moins ancien, paraît-il, que le monument lui-même et ajouté par la reine Nit-aqrit, de la viᵉ dynastie (voy. tome II, p. 94).

Le Sphinx colossal qu'on voit au pied des grandes pyramides, et qui en forme comme l'appendice, est un monument qui paraît remonter aux époques semi-fabuleuses des Schesou-Hor, antérieurement à l'établisse-

Le grand Sphinx déblayé, avec le petit temple établi entre ses pattes.

ment d'une royauté unique sur tout le pays (voy. tome II, p. 55), et qui subit à diverses époques des restaurations plus ou moins étendues, entre autres sous Khoufou et Kha-f-Râ, de la ivᵉ dynastie, et sous Tahout-mès IV, de la xviiiᵉ. Il a près de 90 pieds de long et environ 60 pieds de haut. La tête seule en a été sculptée avec quelque soin. Le corps est un rocher naturel à peine dégrossi et complété aux endroits défectueux par une mauvaise maçonnerie en calcaire. Les assises du rocher partagent sa face en zones horizontales. On a profité, pour la bouche, d'une des lignes de séparation des couches. Le grand Sphinx était une image du dieu Lar-m-akhouti, le soleil à son coucher, envisagé dans ce cas comme un dieu essentiellement funèbre. Entre ses deux pattes de devant se trouvait un petit sanctuaire consacré à cette divinité, qui fut reconstruit par Tahout-mès IV, à la suite d'une vision que ce roi avait eue pendant son sommeil. « Cette grande figure mutilée, dit Ampère, est d'un effet prodigieux; c'est comme une apparition éternelle. Le fantôme de pierre paraît attentif; on dirait qu'il entend et qu'il regarde. Sa grande oreille semble recueillir les bruits du passé; ses yeux tournés vers l'orient semblent épier l'avenir; le regard a une profondeur et une vérité qui fascinent le spectateur. Sur cette figure, moitié statue, moitié montagne, on découvre une majesté singulière, une grande sérénité et même une certaine douceur. »

Outre Gizeh, nombre d'autres localités plus ou moins voisines de Memphis possèdent des pyramides, moins considérables, il est vrai. On en compte une centaine, dont soixante-sept ont été l'objet d'études attentives. Elles se répartissent sur une ligne d'environ soixante-neuf kilomètres, depuis Abou-Roasch, au nord, jusqu'à Meïdoum et à l'entrée du Fayoum, au sud. Elles y forment plusieurs groupes dont les principaux, en allant du nord au sud, sont ceux de Abou-Roasch, de Gizeh, de Zaouyet-el-Arriân et d'Abousir, de Saqqarah et de Dahschour. On a retrouvé dans ces pyramides les tombes d'une partie des rois de la IVe dynastie à Gizeh, de ceux de la Ve à Abousir, de ceux de la VIe à Saqqarah et de ceux de la XIIe au Fayoum. Il semble donc que leur position sur la ligne du nord au sud est en raison de leur ancienneté, quoique cette règle souffre quelques exceptions ; car la grande pyramide à étages de Saqqarah est positivement la plus ancienne de toutes, et de puissants indices donnent à penser que celle de Meïdoum a reçu la sépulture de Snéfrou, l'avant-dernier roi de la IIIe dynastie (voy. tome II, p. 66).

Les trois pyramides de Gizeh sont de toutes les plus régulières de forme; elles reproduisent exactement le solide géométrique dont elles portent le nom. Mais il est bien peu de ces monuments qui suivent avec précision la même donnée. La pyramide méridionale de Dahschour fournit une des variantes les plus curieuses du thème traditionnel; chacune de ses arêtes offre à l'œil non pas une ligne droite, mais une ligne brisée ; vers le milieu de la hauteur totale de chacune de ses faces, l'inclinaison change d'une manière très sensible. La pyramide de Meïdoum se compose de trois pyramides tronquées, de hauteurs diverses, superposées les unes aux autres et fortement en retraite à mesure qu'elles se superposent. La grande pyramide de Saqqarah, élevée de 57 mètres environ, se divise dans sa hauteur en six larges gradins à pans inclinés ; de la base au sommet, la hauteur de ces degrés va toujours en diminuant : elle varie ainsi entre 11 mètres 48 et 8 mètres 89. D'un étage à l'autre, le retrait est à peu près de 2 mètres. Par l'inclinaison des pans et par l'effet du retrait, cet édifice tend vers la forme pyramidale plutôt qu'il ne l'atteint :

La pyramide à degrés de Saqqarah.

c'est comme une pyramide à l'état d'ébauche. Il est vrai que c'est la plus ancienne de celles que l'on peut dater et que sa destination n'a pas été, comme pour les autres, d'être une sépulture royale. Nous avons déjà dit (tome II, p. 61) qu'elle paraissait dater de la 6ᵉ dynastie et avoir servi de sépulture aux taureaux Hapi de l'Ancien Empire, inhumés dans les trente caveaux qu'elle recouvre.

Même variété dans les matériaux employés. Les pyramides de Gizeh sont bâties en belle pierre calcaire du Moqattam et de Tourah ; la grande pyramide de Saqqarah est faite d'un mauvais calcaire argileux tiré des roches voisines. A Dahschour et à Abou-Roasch on trouve des pyramides bâties en briques crues. Il y en a enfin dont le corps est en pierre, mais où cette pierre est maintenue par une sorte d'ossature en briques d'un travail très soigné ; tel est le cas de la pyramide d'Ellahoun, à l'entrée du Fayoum, qui date de la xii° dynastie.

Quelques modernes, ignorants des choses de l'archéologie égyptienne et aimant à parler de ce qu'ils ne savaient pas, se sont livrés aux rêves les plus bizarres sur l'origine et la destination des pyramides. Mais aucune de ces fantaisies ne mérite même l'examen. « Les pyramides, quelles qu'elles soient, sont toutes des tombeaux massifs, pleins, bouchés partout, même dans leurs couloirs les plus soignés, sans fenêtres, sans portes, sans ouverture extérieure. Elles sont l'enveloppe gigantesque et à jamais impénétrable d'une momie, et une seule d'entre elles aurait montré à l'intérieur un chemin accessible d'où, par exemple, des observations astronomiques auraient pu être faites comme du fonds d'un puits, que la pyramide aurait été aussi contre sa propre destination. En vain dira-t-on que les quatre faces orientées dénotent une intention astronomique ; les quatre faces sont orientées parce qu'elles sont dédiées par des raisons mythologiques aux quatre points cardinaux, et que dans un monument soigné, comme l'est une pyramide, une face dédiée au nord, par exemple, ne peut pas être tournée vers un autre point que le nord. Les pyramides ne sont donc que des tombeaux, et leur masse immense ne saurait être un argument contre cette destination puisqu'on en trouve qui n'ont pas six mètres de hauteur. Notons, d'ailleurs, qu'il n'est pas en Égypte une pyramide qui ne soit le centre d'une nécropole, et que le caractère funéraire de ces monuments est par là amplement certifié.

« La preuve que les pyramides étaient des monuments hermétiquement clos, c'est que, quand le khalife El Mamoun, au ix° siècle de notre ère, voulut pénétrer dans la grande, il ne put le faire qu'en perforant violemment la face nord à peu près sur la ligne de son centre, ce qui le fit tomber par hasard à l'intérieur sur le couloir montant. Comme à cette époque le revêtement était entier et que, par conséquent, il n'y avait point de décombres accumulés à la base, il s'ensuit que la place même de l'entrée ne se voyait pas du dehors [1]. »

Les pyramides étant ainsi des tombeaux hermétiquement clos, chacune d'elles avait un petit temple extérieur, une chapelle funéraire détachée du monument principal qui s'élevait à quelques mètres en avant de sa face orientale. C'est là qu'on célébrait les cérémonies du culte en l'honneur du roi divinisé qui reposait sous le massif. Les débris de cet édifice,

[1] A. Mariette.

appendice nécessaire de la pyramide, se voient encore très clairement à Gizeh près de celles de Kha-f-Râ et de Men-ké-Râ. Le temple funéraire dépendant de la pyramide de Khoufou a péri sans laisser de traces.

Pendant toute la période où ce genre de sépultures fut en usage, « chaque souverain, aussitôt qu'il montait sur le trône, commençait la construction de sa pyramide. Mais, comme il pouvait se faire qu'il ne lui fût accordé que peu d'années de vie et de règne, il commençait par s'assurer une sépulture convenable en pressant le travail jusqu'à l'achèvement d'une pyramide de moyenne dimension, pourvue de son caveau. Ce point gagné, il avait l'esprit en repos; mais ce n'était pas une raison pour interrompre le travail commencé; plus la pyramide serait haute et large, mieux elle protégerait le dépôt qui lui serait confié; plus aussi elle donnerait à la postérité une grande idée de la puissance du roi qui l'aurait bâtie. D'année en année, il employait donc plus d'ouvriers à dresser, tout autour de la pyramide, d'abord une, puis plusieurs couches extérieures de brique ou de pierre, épaisses chacune de cinq ou six mètres; chaque couche augmentait ainsi graduellement la grosseur et l'élévation du monument, auquel la petite pyramide élevée à la hâte dès le début du règne servait comme de noyau. La construction commençait ainsi par le centre et se développait vers le dehors à la manière de l'aubier dans les arbres. A mesure que la pyramide s'épaississait et montait, chaque nouvelle enveloppe devait exiger plus de bras et plus de temps. Nous n'avons aucune raison de croire que l'on s'astreignît à terminer chacune d'elles dans un délai déterminé; il serait donc chimérique de vouloir calculer la durée d'un règne, comme on le fait l'âge d'un arbre, par le nombre de ses couches concentriques; mais on peut dire, d'une manière générale, que les plus hautes pyramides correspondent aux règnes les plus longs. Nous savons, par les témoignages anciens, que les trois rois qui ont construit les trois grandes pyramides de Gizeh ont régné l'un et l'autre plus ou près de soixante ans. L'histoire confirme ainsi l'induction à laquelle on était conduit par l'analogie et par l'étude comparative des procédés de construction qu'ont employés les architectes des pyramides [1]. »

De tout temps, la pyramide a continué d'être employée en Égypte comme amortissement, comme motif terminal. Abydos et Thèbes nous offrent de nombreux exemples de cet emploi, soit dans des édifices

---

[1] Perrot et Chipiez.

Les pyramides du champ de sépulture des rois de Napata.

funéraires encore debout, soit surtout dans les représentations de ces édifices, que contiennent les bas-reliefs. Quant à la pyramide proprement dite, dépourvue de base et composant à elle seule tout le tombeau, on n'en a plus élevé après la xii° dynastie. Quand l'art égyptien a été en possession de toutes ses ressources, cette forme, toute géométrique, aura semblé trop simple et trop nue ; elle ne comportait pas la variété d'effets et la richesse de décoration dont l'habitude et le goût s'étaient peu à peu répandus.

« Cependant, remarquent MM. Perrot et Chipiez, les pyramides n'ont jamais manqué de frapper les yeux et l'imagination des étrangers qui

Pyramide à Aschour en Éthiopie.

ont visité l'Égypte ; tout y contribuait, la vénérable antiquité de ces monuments et les souvenirs mêlés de fables qu'y rattachait la tradition populaire, la masse imposante qu'ils présentaient au regard, le vaste espace sur lequel ils étaient répandus, aux portes de la plus grande des villes égyptiennes, sur la limite des terres cultivées et du désert. Les peuples qui subirent l'influence de l'Égypte et qui se mirent à son école ne pouvaient donc guère échapper au désir d'imiter les pyramides, chacun à sa manière. Nous retrouvons la pyramide employée comme couronnement de l'édifice funéraire en Phénicie, en Judée et ailleurs encore ; mais c'est le royaume éthiopien, cette annexe méridionale de l'Égypte, dont il a copié la civilisation, qui s'est le plus appliqué à reproduire le type de la vieille pyramide des Pharaons ; comme l'Ancien Empire, il l'a consacré à la sépulture de ses princes (voy. plus haut, tome II, p. 332). Napata, Méroé et d'autres sites encore ont leur pyramides, qui se comptent par douzaines.

« L'Éthiopie n'a jamais su donner à ses pyramides royales ce caractère de grandeur auquel les pyramides voisines de Memphis doivent surtout leur effet et l'impression qu'elles produisent ; elle leur a, de plus, attribué des proportions effilées qui en changent sensiblement le caractère. En Égypte, dans les monuments de ce genre, la ligne de la base est toujours plus longue que celle de la hauteur verticale ; sur le Haut-Nil, ce rapport est renversé ; ces édifices perdent ainsi quelque chose de cette apparence d'indestructible solidité qui en est comme l'expression naturelle ; ils semblent tenir tout à la fois de l'obélisque et de la pyramide. Ajoutez à cela qu'un goût inintelligent les a surchargées d'ornements qui leur conviennent mal. Ainsi leur partie supérieure porte le plus souvent, dans la face de l'est, car elles sont orientées, une fausse fenêtre surmontée d'une corniche. Or, peut-on imaginer un motif qui soit moins à sa place, qui s'explique moins pour l'œil et pour l'esprit ? » La chapelle funéraire s'applique toujours au pied des pyramides de l'Éthiopie, du côté de l'orient.

§ 5. — LE LABYRINTHE

Le Labyrinthe, comme disaient les Grecs, c'est-à-dire le *lope-ro-hount*, « le Temple ou le Palais à la bouche du lac, » construit vers le débouché du lac Mœris, dans le Fayoum actuel, était, ainsi que nous le dit Manéthon, l'œuvre d'un roi de la xiie dynastie, Amon-em-ha-t III (voy. tome II, p. 114). Mais il avait été peut-être achevé ou réparé après le départ des Éthiopiens, au temps de la Dodécarchie, s'il faut ajouter foi au témoignage d'Hérodote. Cet édifice avait, presque autant que les pyramides elles-mêmes, attiré l'attention et la surprise des anciens voyageurs grecs. Hérodote le place même au-dessus, et le dépeint comme formé de « douze cours couvertes, opposées l'une à l'autre par leurs entrées, six au nord et six au midi, toutes enveloppées d'une enceinte commune et entourées de trois cents chambres, moitié sur terre, moitié dessous. » Il ajoute qu'il n'a vu que les premières ; on ne voulut pas le conduire dans les lieux souterrains, qui renfermaient, lui dit-on, les tombeaux des princes auteurs du Labyrinthe et ceux des crocodiles sacrés. « Les issues des appartements et les détours si variés pour traverser les cours me causaient, dit-il encore, un étonnement inépuisable, quand je passais des cours dans les chambres, des chambres dans les salles, des salles dans d'autres chambres, et de celles-ci dans de nouvelles cours. Le toit est partout de pierre comme les murs ; ceux-ci sont en grande partie ornés de sculptures. Chaque cour a un péristyle de pierre blanche admirablement appareillée. A l'extrémité du labyrinthe, on voit une pyramide de quarante orgyies (400 pieds) de haut, décorée de grandes figures sculptées en relief ; on y entre par un chemin souterrain. »

Strabon, qui visita aussi personnellement le Labyrinthe, en donne une description qui s'accorde avec celle d'Hérodote sur le caractère général du monument et de sa construction, mais qui en même temps s'en écarte singulièrement, en ce qui est du plan. D'après lui, c'était un palais renfermant autant de palais qu'il y avait primitivement de nomes en Égypte, c'est-à-dire vingt-sept, car c'est ce nombre qu'admet le géographe comme ayant été celui des plus anciennes divisions politiques et administratives de la contrée. Il y avait donc, nous dit-il, vingt-sept « cours entourées de colonnes, les unes à côté des autres, disposées en avant du mur continu et peu élevé qui formait la façade de l'édifice. En avant de ces cours, pour y donner accès, sont de longues cryptes formant couloirs, communiquant les unes avec les autres et offrant des passages tortueux, de telle façon qu'aucun étranger ne pourrait sans un guide y trouver le chemin de l'entrée et de la sortie. La merveille est que le plafond de chacune des chambres est formé d'une seule pierre, et que les couloirs des cryptes sont aussi couverts de dalles monolithes d'une énorme dimension. Si l'on monte sur le toit, qui est en terrasse et à une élévation assez médiocre, on croit être sur une plaine pavée de pierres gigantesques. En redescendant dans les cours on voit que les colonnes y sont monolithes et les murs revêtus de dalles de pierrre dont la dimension n'est pas moindre. A l'extrémité de l'ensemble des constructions, qui a un stade de côté, est le tombeau du roi qui a bâti l'édifice, une pyramide à quatre faces. »

Vingt-trois siècles après Hérodote, le 25 juin 1843, M. Lepsius écrivait des ruines du même monument : « C'est du Labyrinthe que vous iront chercher ces lignes ; non d'un labyrinthe douteux ou du moins toujours contesté, dont je n'avais pu me faire une idée d'après les descriptions toujours défectueuses des voyageurs, qui le plaçaient tantôt ici, tantôt là. Il en reste encore une masse considérable de ruines ; au milieu d'elles, un grand espace où étaient les cours, avec les restes de grandes colonnes de granit, formées d'une seule pierre et d'autres d'un calcaire blanc, dur, luisant presque comme du marbre.... La première vue du

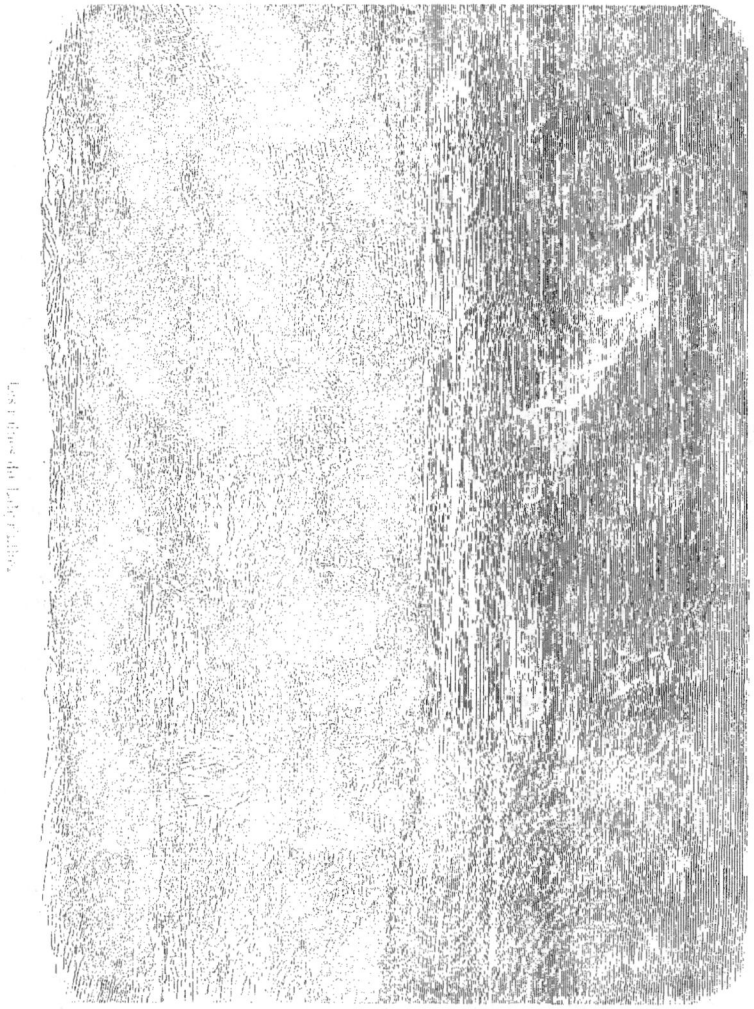

terrain découvre à l'œil un nombre vraiment labyrinthique de chambres embrouillées (*verwirrter*), tant au-dessus qu'au-dessous du sol. Nous y trouvons à la lettre des centaines de chambres, l'une auprès de l'autre, souvent de très petites auprès de grandes, de grandes pièces soutenues par de petites colonnes, liées par des corridors, sans régularité pour l'entrée et la sortie, en sorte que sur ce point la description d'Hérodote et de Strabon est pleinement justifiée... Quant à la disposition de l'ensemble, il consiste en trois masses de constructions, épaisses de 300 pieds et dessinant un espace de 600 pieds de long sur 500 de large. Le quatrième côté, l'un des petits, est occupé par la pyramide, qui a 300 pieds en carré à sa base... Du côté oriental, surtout à l'extrémité sud, les murs des chambres s'élèvent à dix pieds au-dessus du sol ; et du haut de la pyramide on découvre un plan régulier de tout l'édifice. » La construction est partout en briques crues ; la pierre n'avait évidemment été employée que pour les revêtements, les colonnes et la couverture. Sur un certain nombre de fragments de la décoration architectonique en granit et en calcaire, le docte voyageur a trouvé plusieurs fois inscrit le nom d'Amon-en-ha-t III, fondateur du monument.

Bien que considérables, les ruines subsistantes du Labyrinthe sont tellement informes que l'on ne saurait prétendre en tirer une restitution plausible de l'édifice, tâche rendue d'ailleurs singulièrement difficile par les divergences des descriptions d'Hérodote et de Strabon. La destination réelle du Labyrinthe, sur lequel tout ce que nous possédons aujourd'hui de textes hiéroglyphiques reste muet, n'est pas moins obscure. Strabon prétend qu'originairement les chefs des vingt-sept nomes s'y réunissaient à époques fixes pour y pratiquer des rites religieux, chacun dans le palais correspondant à son nome et avec un personnel spécial de prêtres, et pour y tenir des assemblées à la fois politiques et judiciaires. Ceci sent beaucoup les romans des exégètes, d'autant plus que la prétendue division de l'Égypte en vingt-sept nomes n'a aucun fondement historique réel. Une seule chose paraît évidente, c'est que le Labyrinthe était avant tout un édifice religieux, qui avait en même temps, dans une certaine mesure, un caractère funéraire, résultant de sa liaison à la pyramide d'Amon-em-ha-t. Peut-être était-ce un temple renfermant dans son ensemble douze ou vingt-sept temples distincts, suivant qu'est exact le chiffre d'Hérodote ou celui de Strabon, chacun dédié à une divinité différente. Il est à remarquer, en effet, qu'on relève plusieurs exemples d'un groupement de douze grands dieux, et que, d'autre part, le nombre vingt-sept nous offrirait le triplement d'un de ces cycles de neuf dieux, donnés par le triplement de la triade, dont nous avons eu l'occasion de parler plus haut.

§ 6. — TOMBEAUX

« Les Égyptiens, dit Diodore de Sicile, appellent les demeures des vivants des hôtelleries, parce qu'on y demeure peu de temps; les tombeaux, au contraire, ils les appellent « maisons éternelles », parce qu'on y est toujours. Voilà pourquoi ils ont peu de soin d'orner leurs maisons, tandis qu'ils ne négligent rien pour la splendeur de leurs tombeaux. » Je me suis appesanti, dans le chapitre précédent, sur les idées religieuses propres aux Égyptiens et sur leur si remarquable préoccupation de la vie future, qui ont fait que, plus qu'aucun autre peuple au monde, ils ont donné de développement aux rites funéraires, d'importance et de luxe à la tombe. Aussi les sépultures privées, souterraines ou construites au-dessus du sol, constituent-elles une des parties les plus originales de l'architecture égyptienne; elle les a multipliées en nombre infini sur les pentes du flanc occidental de la vallée du Nil, la demeure des morts devant être naturellement du côté où le soleil se couche, avec la porte ouverte vers l'orient, vers le point où il se lève au matin, promettant à l'homme la résurrection par son exemple divin. Même, en dépit des raisons mystiques qui imposaient ce site et cette orientation, quelques groupes importants de tombeaux se rencontrent en différents endroits par suite de circonstances locales particulières, sur la rive orientale, leur face tournée vers l'Occident. Encore aujourd'hui, après tant de siècles d'abandon qui les ont vu violer, piller, bouleverser, ces nécropoles, par leur développement, par la magnificence et la recherche de quelques-unes de tombes qui les composent, tiennent une place de premier ordre parmi les vestiges monumentaux que nous a légués l'antique civilisation égyptienne. On peut dire que l'Egypte est comme un pays de tombeaux, une immense cité des morts. Pour toutes les périodes les plus reculées de son histoire, pour l'Ancien et le Moyen Empire, nous ne connaissons guère ses annales, ses mœurs, ses croyances, son art, que par les monuments funéraires. Les édifices religieux de ces âges reculés ont péri sans retour. Ceux qui subsistent ne commencent guère qu'avec le début du Nouvel-Empire.

C'est par les grandes nécropoles des environs de Memphis que nous connaissons surtout les tombes des dynasties primitives. Elles y sont multipliées plus que partout ailleurs, car dans cette région, qui était alors comme le centre et le foyer principal de vie de la monarchie pharaonique, la population était plus dense qu'ailleurs ; on comptait plus de riches et de grands personnages en état de déployer un luxe considérable dans leur sépulture. C'est là, d'ailleurs, à Gizeh et à Saqqarah, qu'ont porté les grandes fouilles d'Auguste Mariette qui ont révélé ce monde sépulcral de l'Égypte des premiers âges. J'emprunte à M. Maspero l'excellent résumé qu'il donne des résultats essentiels des études du grand explorateur des ruines des bords du Nil sur les tombes de l'Ancien Empire [1].

« Les gens du vulgaire étaient enterrés dans le sable à un mètre de profondeur, le plus souvent nus et sans cercueils. D'autres étaient ensevelis dans de petites chambres rectangulaires, grossièrement bâties en briques jaunes ; le tout surmonté d'un plafond en voûte, ordinairement aiguë. Aucun ornement, aucun objet précieux n'accompagnait le mort au tombeau : des vases en poterie commune étaient placés à côté du cadavre et renfermaient les provisions qu'on lui donnait pour le voyage de l'autre vie. »

Les tombes monumentales et soignées de l'Ancien Empire, dans la région de Memphis, sont construites en maçonnerie au-dessus de la surface du sol. « Lorsqu'elles sont complètes, elles se divisent en trois parties : une chapelle extérieure, un puits et des caveaux souterrains. La chapelle est une construction quadrangulaire que l'on a pris l'habitude de désigner par le nom arabe de *mastabah*, et que l'on prendrait de loin pour une pyramide tronquée. Les faces, bâties en pierre ou en briques, sont symétriquement inclinées et le plus souvent unies ; parfois cependant les assises sont en retraite l'une sur l'autre et forment presque gradins. La porte, qui s'ouvre d'ordinaire dans le paroi de l'est, est tantôt surmontée simplement d'un tambour cylindrique, tantôt ornée sur les côtés de bas-reliefs représentant l'image en pied du défunt et couronnée par une large dalle couverte d'une inscription en lignes horizontales. C'est une prière et l'indication des jours consacrés au culte des ancêtres.

« Proscynème fait à Anôpou, résidant dans le palais divin, pour que « soit donnée une sépulture dans l'Ament, la contrée de l'ouest, la très

---

[1] Mariette a consacré à ce sujet un travail spécial : *Sur les tombes de l'Ancien Empire*, Paris, 1869. M. Brugsch a aussi publié, sur les tombeaux égyptiens de toutes les époques, *Die ægyptische Græberwelt*, Leipzig, 1868.

« grande et très bonne, au parfait selon le dieu grand ; pour qu'il marche
« sur les voies où il est bon de marcher, le parfait selon le dieu grand, pour
« qu'il ait des offrandes en pains, farines et liquides à la fête du commen-
« cement de l'année, à la fête de Tahout, au premier jour de l'an, à la fête
« de Ouâgâ, à la grande fête de la chaleur, à la procession du dieu Khem,
« à la fête des offrandes, aux fêtes du mois et du demi-mois, et chaque
« jour. »

« D'habitude l'intérieur de la chapelle ne renferme qu'une seule chambre. Au fond, à la place d'honneur et toujours orientée vers l'est, se dresse une stèle quadrangulaire de proportions colossales au pied de laquelle on trouve assez ordinairement une table d'offrandes en albâtre, granit ou pierre calcaire, posée à plat sur le sol, et quelquefois deux

Mastabah de l'Ancien Empire à Saqqarah.

petits obélisques ou deux petits autels, évidés au sommet pour recevoir les dons en pains sacrés, en liquides et en victuailles dont il est parlé dans l'inscription du linteau. Après une prière au dieu chacal Anôpou et aux autres dieux de l'Ament, l'inscription de la stèle énumère les titres du défunt, raconte sa vie, cite les rois qu'il a servis et qui l'ont estimé « plus que nul autre serviteur ». Dans certains cas la stèle seule est gravée ; mais en règle générale on peut dire que les parois de la chambre sont couvertes de tableaux où la vie entière du défunt est représentée avec une richesse de détails et une exactitude merveilleuse. Dans un coin ce sont des scènes de la vie domestique : des cuisiniers qui activent le feu et préparent le repas, des femmes du harem qui dansent et chantent au son des violes, des flûtes et de la harpe ; ailleurs des épisodes de chasse et de pêche, des joûtes sur l'eau, des incidents de l'inondation, le labourage, le semage, la moisson, l'emmagasinement des récoltes. Sur une autre paroi, des ouvriers de toute sorte exécutent chacun des travaux de son métier : des cordonniers, des verriers, des fondeurs, des

Décoration figurée d'une des parois intérieures du tombeau de Phtah-hotpou, à Saqqarah.

menuisiers sont rangés et groupés à la file ; des charpentiers abattent des arbres et construisent une barque, des femmes tissent au métier sous la surveillance d'un eunuque renfrogné qui paraît peu disposé à souffrir leur babil. Le maître de la maison, debout à l'arrière d'un grand navire, commande la manœuvre aux matelots ; la mer sur laquelle il navigue est « le bassin de l'occident », et le port vers lequel il se dirige n'est autre que la tombe. Non loin de là, il est figuré assis et recevant les dons que leur apportent des files de personnages disposés en hauteur sur plusieurs registres : ce sont ses domaines, ceux dont il hérita de ses ancêtres et ceux qu'il tient de la munificence royale, qui lui présentent leurs produits et tiennent à honneur de contribuer aux offrandes funéraires qu'on lui fait. Tous ces tableaux sont accompagnés de légendes explicatives destinées à reproduire les paroles des personnages mis en scène. « Tiens bon : saisis fortement, » dit à son aide un sacrificateur prêt à tuer un bœuf. » — « C'est prêt ; fais vite, » lui répond celui-ci. Un batelier de bonne humeur crie de loin à un vieillard attardé sur la rive : « Viens sur l'eau ». Et le vieillard : « Allons ! pas tant de paroles, » lui dit-il.

« C'est dans cette chambre que les descendants du défunt et les prêtres attachés à son culte funéraire se réunissaient aux jours indiqués pour rendre hommage à leur ancêtre... Ils le retrouvaient là tel qu'il avait été durant son existence, escorté de ses serviteurs et entouré de ce qui avait fait la joie de sa vie terrestre, partout présent et pour ainsi dire vivant au milieu d'eux. Aussi bien on savait que derrière l'une des parois, dans un étroit réduit ménagé au milieu de la maçonnerie, les statues du défunt étaient entassées pêle-mêle, » servant de support à son *ka* ou double. « D'ordinaire ce réduit, cette demeure du *ka*, ne communiquait pas avec la chambre et restait perdu dans la muraille ; quelquefois il était relié avec elle par une sorte de conduit si resserré qu'on a peine à y glisser la main. A certains jours les parents venaient murmurer quelques prières et brûler des parfums à l'orifice de ce conduit ; prières et parfums étaient censés arriver par là jusqu'à l'oreille du mort.

« Le puits qui descend au caveau se trouve quelquefois dans un coin de la chambre ; mais le plus souvent, pour en découvrir l'ouverture il faut monter sur la plate-forme de la chapelle extérieure ou mastabah. Il est carré ou rectangulaire, bâti en grandes et belles pierres jusqu'à l'endroit où il s'enfonce dans le roc. Sa profondeur moyenne est de douze à quinze mètres, mais il peut aller jusqu'à trente et au delà. Au fond et dans la paroi du sud, s'ouvre un couloir où l'on ne pénètre que courbé et qui mène à la chambre funéraire proprement dite. Elle est taillée dans la roche vive et dépourvue d'ornements, au milieu se dresse un grand sarcophage en calcaire fin, en granit rose ou en basalte noir, gravé aux noms et titres du défunt. Après avoir scellé le corps, les ouvriers déposaient sur le sol les quartiers d'un bœuf qu'on venait de sacrifier dans la chambre du haut, et de grands vases en poterie rouge pleins de cendres, muraient avec soin l'entrée du couloir et remplissaient le puits jusqu'à la bouche d'éclats de pierre mêlés de sable et de terre. Le tout, largement arrosé d'eau, finissait par former un ciment presque impénétrable dont la dureté mettait le mort à l'abri de toute profanation. »

Ces tombes monumentales, vraies maisons des défunts, formaient par leur groupement des villes funéraires, plus étendues que les villes des vivants, nécropoles qui généralement, comme nous l'avons dit plus haut, avaient pour centre les pyramides royales, isolées ou réunies à plusieurs. A Gizeh, les mastabah sont disposés sur un plan symétrique et rangés le long de véritables rues, qui se coupent à angle droit; on peut l'observer sur le plan que nous donnions tout à l'heure (p. 330) du plateau où s'élèvent les grandes pyramides, plan qui n'embrasse, du reste, qu'une petite partie du vaste ensemble de la nécropole de Gizeh. A Saqqarah, les tombes sont semées en désordre sur la surface du plateau, espacées en certains endroits, entassées pêle-mêle dans certains autres.

Les tombes de l'Ancien Empire que l'on a reconnu dans le champ de sépultures d'Aboud ou Abydos sont des mastabah construits en maçonnerie, tout à fait du même type que ceux de la région de Memphis. Mais sur d'autres points de l'Égypte, on constate qu'il y avait déjà sous les premières dynasties, seulement en moins grand nombre que les autres, des sépultures souterraines, en forme de grottes artificielles creusées dans le flanc des rochers. C'est seulement avec le Moyen-Empire que ce type des hypogées commence à prédominer, sous la xii⁰ dynastie, qui nous en offre les spécimens les plus parfaits dans les tombeaux des princes de Meh, à Béni-Hassan. (Sur ces tombeaux, voy. tome II, p. 119 et suiv.).

Les parties essentielles qui devaient constituer toute tombe égyptienne se retrouvent dans les hypogées du Moyen-Empire comme dans les mastabah, mais disposées et exécutées d'une manière différente. Il y a toujours la chambre accessible à tous, la chapelle où se célébraient les cérémonies du culte funèbre, qui reste au point de vue monumental la portion la plus importante du sépulcre, mais qui, au lieu d'être prise dans un massif de maçonnerie, est creusée dans le roc vif. Vient ensuite le puits caché et bouché conduisant au caveau funèbre ; il s'ouvre ici au milieu ou dans un des coins de la chambre. Au fond du puits, comme du temps de l'Ancien Empire, se trouve le caveau qui renfermait le sarcophage et la momie. Mais on ne trouve déjà plus dans les tombes de cette époque le réduit étroit ou serdab, ménagé derrière une des parois de la chapelle funéraire pour recevoir les statues du défunt. Les idées sur la vie d'après la mort se sont déjà modifiées ; la conception du *ka* ou du double, à laquelle se rattachait cette disposition, n'a plus la même importance que primitivement, et surtout n'est plus seule. Le principe de la décoration de la salle accessible au public pour les rites périodiques reste encore le même que sous l'Ancien Empire. Elle consiste encore exclusivement en scènes de la vie civile, et les représentations des dieux continuent à en être complètement absentes. Un vestibule largement ouvert précédait cette chambre principale. Suivant la disposition des lieux, tantôt il était creusé dans le roc, tantôt construit en maçonnerie en avant de la paroi de la falaise dans laquelle on avait ouvert la tombe. Un petit jardin planté de quelques arbres entourait généralement l'entrée du vestibule. C'est une pratique qui s'est maintenue sous le Nouvel Empire.

Dans la nécropole d'Abydos, les tombes du Moyen Empire ne sont plus des hypogées, mais des constructions élevées au-dessus du sol. Ce sont presque toujours de petites pyramides en briques, d'une forme plus effilée que les grandes pyramides royales, dans la masse desquelles on a ménagé la salle formant chapelle, où s'ouvre, au centre ou dans un angle, le puits bouché soigneusement qui donnait accès au caveau dans lequel le corps momifié était déposé.

C'est surtout à Thèbes que l'on a l'occasion et les moyens d'étudier à fond les sépultures du Nouvel Empire. Entre les diverses nécropoles de cette grande ville, groupées sur les pentes de la montagne de l'ouest, celle de Drah-Abou-l-Neggah a été le cimetière de la xie et de la xiie dynastie, inauguré sous les En-t-ef, puis celui de la xvie dynastie, dont les princes reposaient en cet endroit. A El-Assassif se trouve la nécropole de l'époque de la xviiie dynastie. Les sépultures de Scheikh-'Abd-el-Qournah et de Qournet-Mourraï appartiennent surtout à la période qui s'étend de la xixe dynastie à la xxvie inclusivement. Le cimetière principalement usité plus tard, jusque sous les Ptolémées et les Romains, entoure Deïr-el-Médinch. Il faut également citer, comme d'un intérêt exceptionnel, en dehors de Thèbes, les tombeaux de Tell-el-Amarna, datant tous du règne d'Amon-hotpou IV, Khou-n-Aten, qui avait fondé cette ville pour en faire sa capitale, en abandonnant Thèbes (voy. tome II, p. 210). Enfin, dans les environs de Memphis, à Gizeh et à Saqqarah, dans les nécropoles presque entièrement abandonnées depuis la fin de l'Ancien Empire, on recommence, sous la XXVI° dynastie, à exécuter des sépultures nombreuses et d'un grand luxe, remarquables surtout par la profusion de sculptures de leurs sarcophages de basaltes et d'autres pierres dures.

Les tombes du Nouvel-Empire offrent universellement le type des hypogées. Pour celles de grands personnages, il n'est pas rare de leur voir un plus grand développement qu'à celles du Moyen Empire. Il en est qui offrent plusieurs chambres successives, dans la plus reculée desquelles s'ouvre le puits conduisant au caveau funéraire. La décoration de ces chambres est en bien des cas très riche, mais d'un art moins parfait et moins fin que sous la XII° dynastie. Le plus souvent elle n'est que peinte sur enduit. On y rencontre encore des scènes de chasse, de pêche, d'agriculture et de métiers, quelquefois aussi des sujets historiques, des processions d'envoyés des peuples étrangers apportant leurs tributs au pharaon; mais ces représentations de la vie terrestre y alternent avec des tableaux religieux, des figures des divinités; de plus, on y retrace souvent les cérémonies des funérailles avec une multitude de détails intéressants, dont nous avons largement tiré parti plus haut, en essayant de décrire ces cérémonies. Creusées dans le roc calcaire, ces sépultures étaient précédées d'une construction extérieure en maçonnerie qui y donnait accès. D'ordinaire c'était un propylon surmonté d'une petite pyramide, dont l'intérieur formait vestibule. En avant de cette construction, qui ne manquait guères, les tombes les plus luxueuses avaient une ou plusieurs cours entourées de murailles, avec des entrées en façon de pylones.

Pour les gens du commun, qui n'avaient pas de quoi faire les frais, toujours très considérables, d'une sépulture séparée de ce genre, il y avait des tombes communes, dont quelque individu de la classe sacerdotale prenait l'entreprise, assurant par contrat à ceux qui s'y faisaient enterrer la perpétuité des cérémonies faites aux jours prescrits par le rituel pour tous les morts de l'hypogée. Les tombes de cette classe

La vallée de Biban-el-Molouk et les tombeaux des rois, à Thèbes.

offrent une salle où l'on empilait les momies les unes sur les autres jusqu'à ce qu'elle en fût entièrement remplie. Certaines des salles du temple de Dëir-el-Bahari, qui cessa de bonne heure d'appartenir au culte, ont été dès la xxıı° dynastie transformées en sépultures collectives. On les a trouvées pleines de momies régulièrement amoncelées.

Les plus magnifiques monuments de l'architecture funéraire souterraine du Nouvel Empire, à Thèbes, sont les sépultures royales de Biban-el-Molouk, que les Grecs appelaient les *Syringes* et qu'ils rangeaient au nombre des merveilles de l'Égypte. Biban-el-Molouk est une gorge profonde et bifurquée qui s'enfonce au cœur de la montagne de l'ouest, de la montagne funéraire, à six kilomètres de distance du Nil. Rien de plus sauvage et de plus désolé que l'aspect de cette

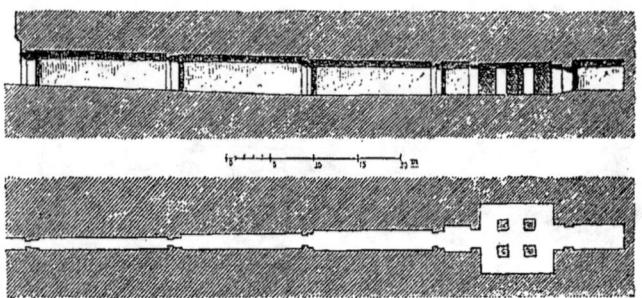

Plan et coupe d'une tombe royale de Biban-el-Molouk, du type le plus simple.

vallée ; c'est littéralement le pays de la mort. Pas un brin d'herbe n'y égaie la vue. Toute vie en est absente ; le sol lui-même y semble dévoré par les ardeurs d'un soleil implacable, qui a fendu et comme grillé des rochers. Dans la branche la plus reculée vers l'ouest, les derniers rois de la xvııı° dynastie ont fait creuser leurs tombes ; on y voit celles d'Amon-hotpou III et de Aï. Les monarques de la xıx° et de la xx° dynastie ont les leurs dans un ravin un peu moins retiré, que les voyageurs visitent davantage.

La disposition typique de ces tombes consiste en un corridor, plus ou moins incliné, qui s'enfonce profondément dans la montagne en offrant de distance en distance des étranglements marqués par autant de portes. Au fond est une salle soutenue par des piliers, qui renferme le sarcophage où était la momie royale. Quelquefois la nécessité de suivre le banc de calcaire compacte, qui seul permettait d'y tailler de semblables excavations, a conduit l'architecte à des changements de niveau considérables ou bien à donner à sa galerie une forme contournée en plan. Quand le règne du prince qui se faisait préparer la sépulture de son vivant s'est prolongé, on a multiplié les salles, soit disposées en enfilade, soit s'ouvrant sur les côtés du couloir principal [1]. A la mort du roi, si la tombe n'était pas achevée, le creusement s'arrêtait ; on exécutait en hâte un réduit tel quel pour le sarcophage, et la décoration était brusquement interrompue.

Toutes les parois de la galerie principale et des salles sont couvertes de tableaux peints et sculptés où se succèdent des milliers de figures. « Dès les premiers pas que le visiteur fait dans ces tombeaux, dit M. A. Mariette, il se sent littéralement dans un monde nouveau... Le défunt n'est plus dans sa famille, entouré des siens. On ne façonne plus ses meubles ;

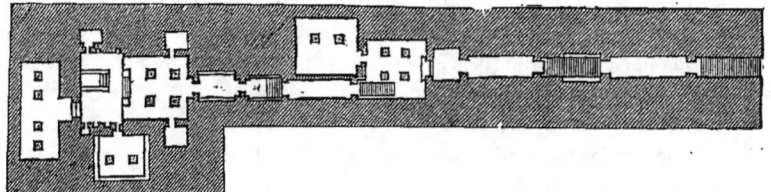

Plan de l'hypogée funéraire de Séti Ier, à Biban-el-Molouk.

on ne met plus les barques sur le chantier ; des fermes aux nombreuses cours ne nous montrent plus les bestiaux, bœufs, antilopes, bouquetins, oies, canards, demoiselles de Numidie défilant en présence des intendants. Tout devient fantastique et chimérique. Les dieux y ont des formes étranges. De longs serpents se glissent çà et là au bas des chambres, ou se dressent contre les portes. Il y a des condamnés qu'on décapite, d'autres qu'on précipite dans les flammes.... On a dit qu'avant de leur donner la sépulture les Égyptiens jugeaient leurs rois. C'est dans le sens allégorique qu'il faut entendre cette légende. Le jugement de l'âme après sa séparation du corps, les épreuves qu'à l'aide des vertus dont elle a fait preuve sur la terre, elle doit surmonter, voilà le sujet des représentations presque sans fin qui recouvrent la tombe, de la porte d'entrée au fond de la dernière chambre. Les serpents qui se dressent à

---

[1] La tombe de Séti Ier, dont nous donnons ici le plan, est un bon exemple des dispositions compliquées auxquelles on est quelquefois arrivé par ces additions successives à la donnée première.

chaque porte, en lançant leur venin, sont les gardiens de l'une des stations du trajet des enfers : l'âme ne passera pas si elle ne justifie de sa piété et de sa bienfaisance. Ces longs textes qui, autre part, s'étalent sur les murs, sont des hymnes magnifiques que l'âme entonne en l'honneur de la divinité, et où elle célèbre sa grandeur. Le mort une fois jugé digne de la vie éternelle, les épreuves sont accomplies; il devient dieu lui-même; désormais pur esprit, il circule dans le monde infini des astres. La tombe n'est ainsi que le passage figuré de l'âme jusqu'au séjour éternel. Elle la prend à sa sortie du corps, et, de chambre en chambre, elle nous fait assister à sa comparution devant les dieux, à son épuration graduée; finalement, dans la grande salle du fond, elle nous montre sa définitive admission dans la vie qu'une seconde mort n'atteindra pas. » Tableaux et inscriptions, dans cette décoration des sépultures royales de Biban-el-Molouk, sont généralement empruntés au « Livre de ce qui est dans l'hémisphère inférieur, » livre dont nous avons parlé plus haut (p. 277) et dont la donnée fondamentale est l'assimilation des vicissitudes des destinées de l'âme après la mort aux phases successives du voyage souterrain du Soleil pendant la nuit.

Une fois les funérailles royales terminées, la momie déposée dans le sarcophage, la porte d'entrée de la syringe était murée, et le terrain environnant nivelé de telle sorte qu'aucune marque extérieure ne révélât l'entrée de la tombe. On voit par là que l'esprit dans lequel ces monuments funéraires ont été exécutés est bien loin de l'esprit qui a présidé à la construction de toutes les autres tombes égyptiennes. La chambre accessible, la chapelle où les survivants se réunissaient pour honorer la mémoire du mort, fait ici complètement défaut. Ce qui en tenait la place, les sanctuaires funéraires des rois inhumés à Biban-el-Molouk, étaient ces vastes temples commémoratifs élevés en avant de la montagne où s'enfonçait la vallée sépulcrale, tout le long de son pied du côté de l'est. Une bonne part de ces temples a péri. Les principaux et les plus solidement bâtis sont seuls parvenus jusqu'à nous. Mais originairement il devait y en avoir autant que de rois reposant dans les catacombes de la montagne.

Après la chute de la xxe dynastie, au temps des luttes des grands-prêtres d'Ammon, usurpateurs de la couronne, contre les rois de Tsân, il se forma à Thèbes une association de malfaiteurs, qui comptait pour complices des personnages de l'ordre le plus élevé, dans le but de pénétrer violemment dans les tombes royales et de les dévaliser des richesses qui y avaint été déposées. Beaucoup furent forcées et dépouillées, et ces faits donnèrent lieu à une enquête judiciaire dont les pièces ont été préservées en partie (voy plus haut, dans ce volume, p. 52). C'est alors que le roi Pi-notem II, pour les mettre à l'abri de semblables entreprises et des chances de la guerre civile, ordonna la translation générale des corps des rois enterrés à Biban-el-Molouk et les fit déposer dans un caveau voisin de Deïr-el-Bahari, où leurs momies ont été récemment retrouvées (voy. tome II, p. 329). Les tombes royales, ainsi dépouillées de leurs morts, perdirent tout caractère sacré, restèrent ouvertes et devinrent un simple objet de curiosité pour les étrangers. On y trouve partout sur les murailles les signatures des voyageurs égyptiens, grecs et romains qui les visitèrent jusqu'à l'époque de l'invasion musulmane. Du temps de Strabon, quarante étaient accessibles ; il n'y en a plus aujourd'hui que vingt-cinq d'ouvertes, quinze ont été cachées par des éboulements de la montagne, sous lesquels des fouilles en feraient retrouver les entrées.

Parmi les plus achevées et les plus remarquables sont celles de Séti Ier et de Râ-mes-sou III. Celle de Séti a été découverte il y a une soixantaine d'années seulement par Belzoni. A ce moment pas un bas-relief ne manquait à ses murailles, et ses peintures étaient aussi fraîches qu'au premier jour. Le vandalisme des voyageurs de toutes les nations les a maintenant dégradées d'une manière irréparable, mutilations d'autant plus malheureuses que le travail en était d'un art exquis et d'une incomparable finesse. Dans la tombe de Râ-mes-sou III, des chambres, placées sur les côtés du couloir d'entrée, sont garnies de représentations de meubles magnifiques, d'ustensiles de toute nature, de vases en métaux précieux, de cottes d'armes, d'arcs, de flèches, de piques. Ce sont évidemment ces peintures qui, piquant la curiosité des visiteurs et prêtant riche matière aux contes des exégètes, ont donné naissance aux légendes recueillies par Hérodote sur les prodigieux trésors du roi Rampsinitos. Car c'est à Râ-mes-sou III qu'on appliquait ce surnom populaire. Par l'infinie variété et le caractère étrange de leurs scènes du monde infernal, les sépultures de Râ-mes-sou IV et de Râ-mes-sou IX sont particulièrement remarquables. La salle du sarcophage de la première, décrite par Champollion dans ses Lettres, retrace au complet les stations du Soleil pendant les douze heures de la nuit, et les parois en sont couvertes de milliers d'hiéroglyphes. Dans l'hypogée de Râ-mes-sou IX on note la multiplicité des tableaux où l'idée de la génération s'exprime de la façon la plus brutale et la moins déguisée, expression bizarre et étrangement grossière de la notion de résurrection après la mort, d'immortalité promise au défunt, qui régnait partout dans la décoration de ces tombeaux.

§ 7. — TEMPLES

L'Égypte, ce pays éminemment religieux, dès les époques les plus antiques a déployé plus de soin et plus de luxe encore dans la demeure de ses dieux que dans celle de ses morts. Sa piété s'est traduite de tout temps par le nombre et la somptuosité de ses temples. Mais nous ne savons presque rien de l'architecture religieuse de l'Ancien Empire. La plupart des sanctuaires renommés du pays de Kêmi-t prétendaient faire remonter leur origine jusqu'à cette période, et même jusqu'aux temps semi-fabuleux des Schesou-Hor. Mais, ruinés par l'effet du temps ou par la main des hommes dans le cours des révolutions et des invasions étrangères dont l'Égypte fut le théâtre durant son existence tant de fois séculaire, ils avaient été plusieurs fois réédifiés dans le cours des âges, et rien n'y reste plus de la construction primitive. Pourtant Strabon vit encore, à Héliopolis et à Memphis, des édifices sacrés « de style barbare », dit-il, soutenus par des piliers sans sculptures ni ornements, qui dataient d'une antiquité prodigieusement reculée et qui étaient environnés d'une vénération exceptionnelle, en vertu de cette antiquité même.

Un temple de cette nature a été découvert sous les sables à Gizeh dans les fouilles de A. Mariette, et est maintenant accessible aux visiteurs. C'est celui qui se trouve dans le voisinage du grand Sphinx et qui offre comme une sorte de transition entre les monuments négalithiques et l'architecture proprement dite (voy. tome II, p. 54).

« On pénètre, par un couloir long d'environ 20 mètres et large de 2, qui se dirige vers l'est, dans un épais massif de maçonnerie, de forme à peu près carrée. Vers le milieu de ce corridor s'ouvrent deux étroits passages; celui de droite conduit à une petite chambre, et celui de gauche à un escalier, par lequel on montait sur la terrasse. Au bout du couloir on arrive à l'une des extrémités d'une grande salle, orientée du nord au sud, qui a 25 mètres de long et 7 de large. Le plafond de cette salle était soutenu par six piliers quadrangulaires qui sont encore debout. Ces monolithes ont 5 mètres de haut, et de 1 mètre à 1 mètre

40 de côté; plusieurs d'entre eux portent encore les architraves longues d'environ 3 mètres, qui les reliaient l'un à l'autre. Dans cette salle s'en ouvre une autre, orientée de l'est à l'ouest, qui est longue d'un peu plus de 17 mètres et large de 9; le toit en était supporté par dix autres piliers semblables.

« A l'angle sud-ouest de la salle où l'on est entré tout d'abord, un couloir aboutit à six niches profondes, superposées deux par deux. Du milieu de la face orientale de cette même pièce, un large passage conduit à une dernière salle, parallèle à celle d'où l'on sort. Ici point

Intérieur du temple voisin du grand Sphinx.

de piliers; mais dans le sol est creusé un puits profond, qui a été vidé par Mariette du sable qui le remplissait. Autrefois il contenait de l'eau, car il descend au-dessous du niveau qu'atteint la crue du Nil. Aux deux extrémités de cette pièce, sur les petits côtés nord et sud, d'étroits couloirs mènent à de petites chambres, pratiquées dans l'épaisseur du massif, dont l'une, celle du nord, paraît avoir débouché au dehors par une sorte de fente pratiquée dans la maçonnerie.

« Les matériaux employés dans l'intérieur de l'édifice sont le granit rose et l'albâtre. Les piliers sont en granit; des dalles d'albâtre revêtent les parois des salles et en formaient le plafond. Albâtre et granit ont été.

dressés avec soin et assemblés avec art ; mais nulle part on ne voit la moindre trace d'une moulure ou d'un ornement. Pas de chapiteaux ni de cannelures aux piliers ; pas de bas-reliefs ou de peintures sur les murailles ; pas une inscription, pas un tableau d'adoration. Quant à l'enveloppe extérieure, elle est construite avec les plus gros blocs de calcaire qu'on trouve en Égypte. Nulle part aujourd'hui le dehors n'en est visible ; mais

Plan du temple voisin du grand Sphinx [1].

d'après Mariette, qui a pratiqué des sondages sur quelques points de la périphérie, elle n'offrirait à la vue que des surfaces lisses, décorées de longues rainures verticales et horizontales habilement entre-croisées [2]. »

Les mêmes données d'architecture et de construction se reproduisent dans le temple funéraire dépendant de la troisième pyramide, de celle de Men-ké-Râ, édifice aujourd'hui presque entièrement caché sous les sables, mais qui a été vu et décrit par Jomard lors de la grande expédition d'Égypte.

[1] C'est à l'*Histoire de l'art* de MM. Perrot et Chipiez que nous empruntons ces précieux dessins, dus à M. A. Rhoné, d'un édifice d'une importance capitale, qui jusqu'à ce jour était demeuré inédit.

[2] Perrot et Chipiez.

« C'est, dit-il, un ouvrage extrêmement remarquable par son plan, son étendue et l'énormité des pierres dont il est construit. Le plan en est carré, presque de 53 mètres 80 dans un sens sur 56 mètres 20 dans l'autre, avec un prolongement ou long vestibule vers l'est, ayant 31 mètres sur 14 mètres 20.... En sortant du vestibule on entrait dans une vaste cour qui avait deux issues latérales ou fausses portes. Au delà étaient plusieurs salles spacieuses, dont cinq encore subsistantes ; celle du fond a la même largeur que le vestibule, et répond juste au milieu de la pyramide, dont elle est éloignée seulement de 13 mètres... Après avoir étudié dans la Thébaïde la construction et les matériaux des édifices, on est encore étonné ici de la grandeur des matériaux et du soin apporté à l'appareil. Les murs ont 2 mètres 40 d'épaisseur ; c'est la largeur des pierres ; leur longueur varie de 10 à 20 pieds. Ces blocs sont tels que je les ai pris d'abord pour le rocher lui-même, travaillé et taillé, et l'on resterait dans l'erreur si l'on ne voyait le ciment qui joint les assises. Le prolongement de l'est est formé par deux énormes murailles, qui n'ont pas moins de 4 mètres 20 d'épaisseur. On se demande quelle nécessité il y avait de construire des murs aussi extraordinaires, puisque, réduits à la moitié de cette dimension, ils n'auraient pas eu moins de solidité. »

Jomard ne semble pas avoir trouvé trace de piliers dans aucune des parties de l'édifice ; mais Belzoni, dont la description est à la fois brève et confuse, paraît en avoir reconnu dans le temple de la seconde pyramide, car il parle d'un portique, et il ajoute que quelques blocs de ce portique avaient 24 pieds de haut : c'est à peu près la dimension des piliers monolithes du temple du Sphinx.

Les traits communs de ces édifices sont le plan carré, la multiplicité des salles intérieures dont quelques-unes ont des dimensions singulièrement exiguës, la recherche des très grands matériaux, l'habileté dans la taille et dans l'assemblage de ces pierres énormes, l'absence de toute moulure et de toute décoration sculptée. Mais on concevra facilement qu'avec un si petit nombre de spécimens de l'architecture religieuse de l'Ancien Empire et dans l'absence de tout renseignement des inscriptions à cet égard, il est impossible de chercher même à donner un nom aux diverses parties du temple d'une période aussi reculée et d'en déterminer la destination. Il faut d'autant plus y renoncer que c'est sur une donnée toute différente que se construisent les temples quand la civilisation égyptienne renaît sous la xie et la xiie dynastie, après l'éclipse étrange qui marque la fin de l'Ancien Empire.

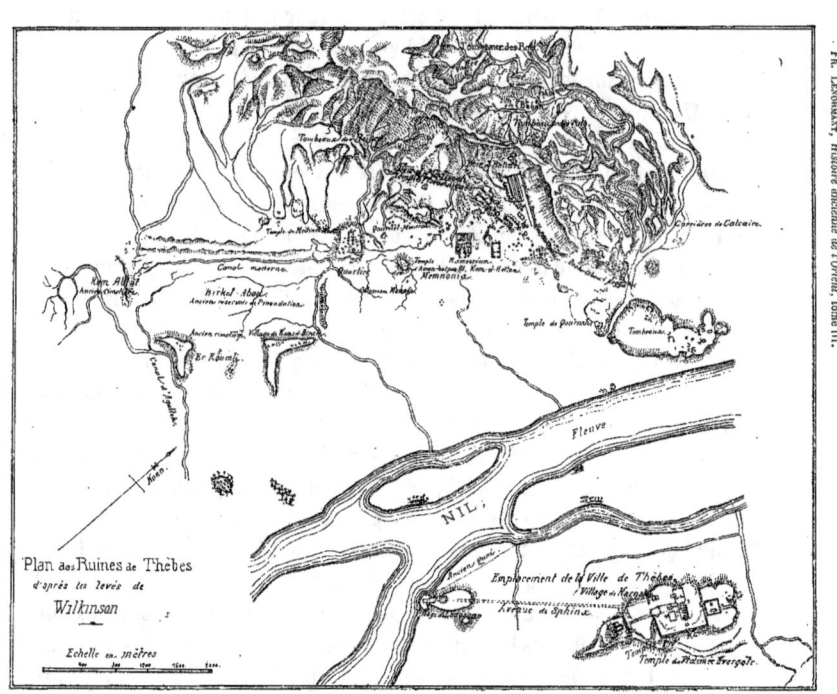

Aucun temple de la xıı^e dynastie, ni en général du Moyen Empire, n'est parvenu jusqu'à nous dans son intégrité. Mais d'après les quelques débris qui en subsistent, englobés dans des constructions postérieures, et surtout d'après les indications des textes écrits, il est positif que ces édifices étaient déjà conçus d'après le type que reprit le Nouvel Empire, et qui se perpétua tant que l'on éleva sur les bords du Nil des sanctuaires aux vieilles divinités nationales.

Désormais le temple égyptien que l'on peut appeler classique se compose de trois parties essentielles, qui ne manquent jamais, et qui peu-

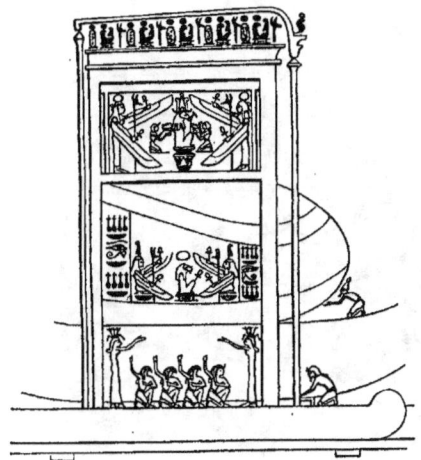

Tabernacle portatif de bois, d'après les sculptures.

Tabernacle ou naos en granit, Musée du Louvre.

vent se répéter plusieurs fois, à mesure que se développe l'étendue de l'édifice. Strabon les a déjà fort bien indiquées aux Grecs de son temps. C'est d'abord le sanctuaire, ou sêcos, comme disaient les Hellènes, petite pièce de forme rectangulaire, où nul que le roi et le grand-prêtre n'avaient le droit de pénétrer et où le dieu du temple était censé résider en personne, représenté par un symbole qu'on tenait enfermé loin de tout regard profane dans un tabernacle de bois, ayant souvent la forme de la cabine d'une barque richement ornée, ou bien dans un naos monolithe de granit et de basalte. Le sanctuaire est fréquemment construit au milieu d'une grande salle carrée et toujours entouré d'une série de chambres assez petites qui servaient à renfermer les objets employés dans le culte. En avant du sanctuaire est la salle hypostyle, vaste salle au plafond plat soutenu par des colonnes, qui formaient vestibule ou pronaos, pour parler comme les Grecs. Le pronaos et la porte flanquée de tours pyloniques, qui y donne accès, est précédée d'une vaste cour garnie d'un péristyle intérieur sur trois de ses faces, cour où l'on entre du dehors par un premier pylone. Enfin, par devant celui-ci s'étend souvent au loin un dromos ou avenue de sphinx, formant la voie sacrée qui conduit au temple. Enfin l'ensemble des constructions de l'édifice regardé comme la demeure du dieu est environné d'une vaste enceinte, munie de

Le temple d'Edfou.

plusieurs propylons comme entrées, qui renferme souvent d'autres petits temples secondaires, et en général un vaste bassin artificiel, où l'on puisait l'eau pour les lustrations et pour les sacrifices.

Les diverses parties essentielles et constitutives du temple lui-même, moins la cour et le pylone extérieur, se dessinent avec une extrême netteté dans le plan très simple et très clair, du temple de Dendérah (Tantarer, Tentyris), que nous insérons à la page suivante comme spécimen typique. On y voit d'abord la salle hypostyle (III) formant pronaos ouvert dans toute la largeur de l'édifice; vient ensuite une seconde salle hypostyle plus petite, à une seule nef de colonnes (II), sur laquelle s'ouvrent six chambres latérales, trois à droite et trois à gauche. Elle est suivie de deux salles sans colonnes (1 et 2), qui précèdent le sanctuaire (I) et où débouchent aussi des chambres latérales. Enfin un couloir circule tout autour du sanctuaire et est enveloppé à son tour de chambres étroites. Dans les temples ptolémaïques, comme celui de Dendérah, les inscriptions gravées sur les murs de ces chambres accessoires expliquent la nature des objets qu'on y conservait et les actions qu'on y accomplissait rituellement. En outre, dans l'épaisseur des murs sont dissimulées des cryptes, où l'on déposait certains objets employés dans le culte, que l'on voulait soustraire plus soigneusement aux regards et à l'action de la lumière du soleil.

« Il faut se garder, dit Auguste Mariette, de confondre le temple égyptien avec le temple grec, avec l'église chrétienne ou la mosquée musulmane. Le temple n'est pas un lieu où les fidèles se rassemblent pour dire la prière en commun; on n'y célèbre aucun culte public, personne même n'y est admis que les prêtres et le roi. Le temple

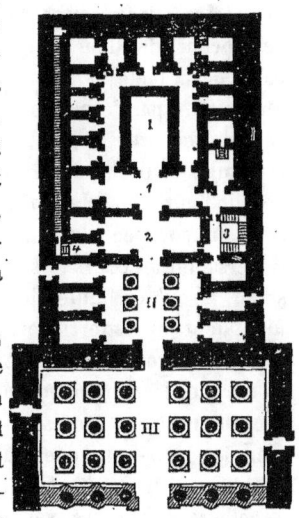

Plan du temple de Dendérah.

est un proscynème royal, c'est-à-dire un monument de la piété du roi qui l'a fait élever pour mériter la faveur des dieux... L'immense décoration dont sont couverts les murs des temples ne s'explique que si l'on admet ce point de départ. Le principe de la décoration est le tableau, que plusieurs tableaux soient rangés symétriquement côte à côte et que plusieurs séries de tableaux superposés par étages revêtent les parois des chambres de haut en bas. Tel est l'inévitable arrangement. Quant au sens des tableaux, il est partout le même. Le roi d'un côté, une ou plusieurs divinités de l'autre, c'est là le seul sujet de la composition. Le roi adresse une offrande (table chargée de victuailles, fleurs, fruits, emblèmes) à la divinité et demande que celle-ci lui accorde une faveur; dans sa réponse, la divinité concède le don demandé. Il n'y a donc dans la décoration du temple qu'un acte d'adoration du roi, répété sous toutes les formes. Un temple n'est ainsi que le monument exclusivement personnel du roi qui l'a fondé et décoré.

Par là s'explique encore la présence des tableaux de batailles dont sont ornés les murs extérieurs de certains temples. C'est à la divinité et à sa protection que le roi fait remonter la première cause de ses victoires. En combattant les ennemis de l'Égypte, en les amenant enchaînés par milliers dans sa capitale, en les employant à la construction du temple qu'il érige, il a fait un acte agréable aux dieux, comme en leur offrant de l'encens, des fleurs et des membres d'animaux sacrifiés. Il témoigne par là de sa piété; il mérite la continuation de ces faveurs qu'il a voulu reconnaître par l'érection de l'édifice. »

Cette reconnaissance et cette piété du roi se manifestaient encore par la pompe et l'éclat des grandes fêtes, répétées plusieurs fois par an, dont le temple était le centre. « Ces fêtes consistaient surtout en processions qui sortaient du sanctuaire, se formaient dans la salle hypostyle, traversaient les cours et se répandaient au dehors, à la pleine clarté du soleil, jusqu'aux limites de la grande enceinte en briques crues ; elles montaient sur les terrasses, elles faisaient voguer sur le lac les barques sacrées, toutes pavoisées de banderoles multicolores. En de rares occasions, elles franchissaient la muraille qui d'ordinaire en protégeait les évolutions contre l'indiscrète curiosité des regards profanes ; on voyait alors les prêtres, avec les saintes images, prendre la tête d'une brillante flottille, quitter la ville et se diriger soit par le Nil, soit par un canal qu'on appelle le canal sacré, vers quelque autre cité plus ou moins éloignée.

« Dans les processions que le roi était censé conduire, on portait les enseignes des dieux, on portait les coffres dans lesquels était enfermés leurs effigies ou le symbole qui les représentait, on portait les châsses et les barques sacrées. En temps ordinaire, celles-ci étaient déposées dans le sanctuaire. Les jours de fêtes, on les y venait chercher ; on allait prendre dans le tabernacle l'emblème mystérieux que personne ne devait voir, sauf le roi ou le prêtre qu'il avait délégué à cet effet, et on le portait sous un dais, sur lequel était jeté le voile d'une riche draperie. »

Un culte aussi brillant et aussi pompeux suppose un ample matériel ; il fallait donc des locaux appropriés à la garde de tout cet appareil. C'était la destination des chambres qui entouraient le sanctuaire et s'ouvraient sur les salles accessoires. « On ne trouve dans le temple, dit encore A. Mariette, ni logements pour les prêtres, ni lieux d'initiation, ni trace de divination ou d'oracles, et rien ne peut laisser supposer que, en dehors du roi et des prêtres, une partie quelconque du public y ait jamais été admise, » si ce n'est dans les cours et dans la salle hypostyle. « Mais le temple était un lieu de dépôt, de préparation, de consécration. On y célébrait quelques rites à l'intérieur, on s'y assemblait pour les processions, on y emmagasinait les objets du culte; et si tout y est sombre, si, dans ces lieux où rien n'indique qu'on ait jamais fait usage de flambeaux ou d'aucun mode d'illumination, des ténèbres à peu près complètes règnent, ce n'est pas pour augmenter par l'obscurité le mystère des cérémonies; c'est pour mettre en usage le seul moyen possible alors de préserver les objets précieux, les vêtements divins, des insectes, des mouches, de la poussière du dehors, du soleil et de la chaleur elle-même. »

Ce n'est que rarement, du reste, qu'un temple égyptien présente un plan aussi simple et d'une clarté aussi limpide que celui de Dendérah. Le temple est la maison du dieu; le sanctuaire, la chambre d'habitation où il réside. Mais autour de cette chambre, qui constitue le noyau essentiel et primitif de son palais sacré, les somptueuses dépendances, les parties accessoires peuvent se développer et s'étendre sans que rien y assigne de limites, au gré de la volonté souveraine du Pharaon constructeur, de la richesse d'imagination de l'architecte ou du nombre des générations qui apportent, les unes après les autres, leur tribut d'embellissement au temple. On ajoute ainsi, et quelquefois par suite de diverses circonstances, d'une façon singulièrement irrégulière, les salles hypostyles aux salles hypostyles, les cours entourées de colonnes aux cours entourées de colonnes, les pylones aux pylones; on multiplie les chambres autour du sanctuaire; on établit même plusieurs sanctuaires pour des divinités différentes; on donne aux appartements placés comme appendices derrière cette résidence spéciale du dieu, et constituant l'ensemble de l'opisthodome, un développement égal à celui des parties antérieures. C'est ainsi que l'on arrive à produire ces édifices immenses, au plan si compliqué, dont le grand temple d'Ammon à Karnak est le plus frappant exemple, édifices dont il ne semble pas qu'il y ait eu, en dehors des catastrophes politiques, de raisons décisives d'arrêter le développement indéfini à tel point plutôt qu'à tel autre, et qui auraient pu, si les événements y avaient prêté, devenir pendant bien des siècles encore plus vastes et plus enchevêtrés dans leurs dispositions, par des adjonctions successives de constructions nouvelles.

C'est ici qu'éclate le plus, comme l'ont très bien montré MM. Perrot et Chipiez, la différence profonde des manières de concevoir le temple chez les Égyptiens et chez les Grecs. « Le temple grec n'est pas susceptible, comme le temple égyptien, d'un accroissement indéfini. La Grèce n'a jamais rien produit de semblable à Karnak ou même à Louqsor. Dans les siècles où le goût du colossal remplace celui du grand, elle n'aurait encore rien conçu, rien rêvé de pareil. Le temple grec a l'unité d'un être vivant ; étant données les dimensions principales, les éléments qui composent cet ensemble ne peuvent varier que dans des limites très étroites. Suivant que l'on aura voulu déployer plus ou moins de luxe, la cella ne sera close que par un simple mur ou bien elle sera entourée de portiques ; mais ces portiques ne seront jamais qu'une sorte de parure, qu'un vêtement qui, suivant les circonstances, aura plus ou moins d'ampleur et de richesse. Derrière les colonnes qui se développent en longue file sur les grands côtés, derrière celles qui se pressent en double ou en triple rang sur les deux façades, partout on aperçoit ce que l'on peut appeler le corps même du temple, la cella, de même que, dans une statue drapée, pour peu qu'elle soit de main d'ouvrier, on sent sous l'étoffe les formes et les articulations du corps humain. Cette cella est faite à la taille du dieu qui y réside, représenté par sa statue. L'effigie divine donne la mesure de la chambre où elle est logée et détermine à la fois l'échelle et le sujet des groupes qui rempliront le champ des frontons et des bas-reliefs qui orneront les frises ; elle permet de prévoir la hauteur des colonnes et la saillie de l'entablement. Entre toutes ces parties, il y a un rapport intime et nettement défini…. Une fois les murs de la cella sortis de terre, le temple grandit et s'achève ; mais, du jour où le sol avait reçu les fondations, le temple existait virtuellement tout entier ; la place qu'il devait occuper sur le terrain et dans l'espace était arrêtée et circonscrite d'une manière définitive. Comme tous les corps organiques, le temple grec a en lui-même son principe et sa loi intérieure, qui en gouvernent tout le développement et qui l'enferment à l'avance dans des bornes qu'il ne saurait franchir.

« Il n'en est pas de même du temple égyptien. Dans les édifices de petite et de moyenne dimension, vous retrouvez bien quelque chose de cette belle unité et de cette simplicité du plan… Mais placez-vous au milieu des ruines d'Abydos ou de Qournah, et surtout parcourez celles de Louqsor ou de Karnak, et vous éprouverez une impression toute différente. Là vous verrez plusieurs sanctuaires accolés les uns aux autres, pareillement décorés et de même dimension. Ici c'est une succession de cours, de salles et de chambres, ce sont des files de colonnes disposées en portiques ou en quinconces, c'est un redoublement et un recommencement perpétuel; il faut chercher longtemps pour découvrir le sanctuaire, et celui-ci n'est pas même la partie la plus élevée du temple; il est dominé par les pylones et par la salle hypostyle.

« Quand l'Égypte, arrivée au faîte de sa puissance, a voulu honorer ses grands dieux par l'érection de monuments qui fussent dignes d'eux et dignes d'elle-même, elle s'est donc trouvée bien vite entraînée soit à sacrifier l'unité du temple par un morcellement qui le subdivise en plusieurs nefs, soit à la dissimuler en cachant le principal sous l'accessoire, de telle sorte que le sanctuaire semble se perdre et disparaître parmi toutes ces annexes qui l'enveloppent par devant et par derrière. Le vestibule et les dépendances de toute sorte masquent la maison, la vraie maison du dieu. Si nous avons souvent peine à reconnaître la véritable destination de telle ou telle pièce de cet ensemble si vaste et si complexe, nos incertitudes s'expliquent par les lacunes que présente encore notre science des choses de l'Égypte; mais n'est-il pas curieux et significatif que parfois, au milieu de ruines considérables et vraiment imposantes, on ne soit pas d'accord sur le point où il convient de placer ce que l'on peut appeler le cœur et comme le centre organique de l'édifice? Ce centre existe; il a précédé tous ces bâtiments somptueux, et c'est en quelque sorte lui qui leur a donné naissance; mais on dirait que son action s'affaiblit et ne se fait plus sentir au delà d'une certaine distance. Aux deux extrémités, c'est par juxtaposition, à la manière des corps inorganiques, que se développe le temple; on ne saurait donc assigner de limites à son allongement, à son accroissement successif. »

La division de l'armée française que commandait le général Desaix, lancée dans la Haute-Égypte à la poursuite de Mourad-Bey et de ses mamelouks, manquant de tout, dénuée de vivres, accablée par la chaleur, lorsqu'elle aperçut pour la première fois les ruines de Thèbes, oublia tout d'un coup sa fatigue, ses souffrances, le voisinage de l'ennemi, et saisie d'enthousiasme, se mit à battre des mains d'un mouvement unanime. C'est qu'en effet Thèbes, malgré tous les désastres qui ont fondu successivement pendant tant de siècles sur cette ville sainte d'Ammon, malgré l'action des eaux qui minent graduellement ses édifices par leur base, présente encore le plus grandiose et le plus prodigieux ensemble de constructions élevées par la main des hommes qui existe dans le monde. Ce sont les temples bâtis par les souverains de la xviii°, de la xix° et de la xx° dynasties, à la période culminante de la puissance guerrière de l'Égypte, temples dont les parois, par les vastes tableaux sculptés et les longues inscriptions qui les couvrent, chantent avec une incomparable éloquence la grandeur de ces princes. Les siècles postérieurs n'ont que peu ajouté à leurs œuvres, et des édifices que les âges plus anciens, ceux du Moyen-Empire, par exemple, avaient pu élever à Thèbes, il ne reste à peine que de bien faibles lambeaux.

C'est sur la rive orientale du Nil qu'était située la ville proprement dite de Ape-t ou T-Ape, nom dont les Grecs ont fait Thèbes, en même temps qu'ils traduisaient en Diospolis son appellation sacrée de Ni-Amoun. Le centre historique et géographique en était l'énorme groupe de temples que l'on désigne aujourd'hui sous le nom collectif de Karnak. Ce groupe d'édifices sacrés compte trois temples principaux, dédiés aux trois personnes de la grande triade thébaine, Ammon, Mout et Khonsou. Le temple d'Ammon ou grand temple est le plus important de tous ceux qui subsistent en Égypte et le plus vaste édifice du monde. C'est en même temps comme un résumé de l'histoire égyptienne, car toutes les maisons royales qui se sont succédées sur le trône depuis le premier avènement de princes thébains à la souveraineté de l'Égypte, depuis la xii° dynastie, ont tenu à honneur de contribuer à la grandeur et à l'éclat d'un temple qui était devenu le sanctuaire national par excellence. Nous donnons ici un plan du temple d'Ammon à Karnak. Sans vouloir entrer dans sa description minutieuse, qui à elle seule demanderait un volume entier, j'essaierai de résumer brièvement les principales phases de sa construction. Rien ne peut mieux montrer comment un temple égyptien fameux et vénéré se développait en magnificence et en étendue de générations en générations.

Dès les temps les plus anciens un sanctuaire d'Ammon, le dieu spécial du nome de Ouas, s'éleva au point marqué II dans notre plan. Après l'affermissement de la xii° dynastie, Ousor-tesen Ier le reconstruisit et l'on a trouvé en cet endroit les débris de l'édifice qu'il avait bâti, des colonnes prismatiques à seize pans, analogues à celles des tombeaux de Béni-Hassan. Le temple de la xii° dynastie resta toujours le centre véritable du grand temple de Karnak, son lieu le plus vénéré, et toutes les dynasties qui suivirent le respectèrent pieusement, en l'environnant de nouvelles constructions. On ne saurait dire exactement aujourd'hui ce que cet édifice d'Ousor-tesen Ier eût à souffrir de l'invasion des Pasteurs et de l'abandon où il dut forcément demeurer pendant que les princes de Thèbes luttaient péniblement contre les étrangers. Mais après l'expulsion de ceux-ci les premiers souverains de la xviiie dynastie, Amon-hotpou Ier et Tahout-mès Ier en restaurèrent le sanctuaire de grès et construisirent à l'entour un temple déjà d'un certain développement, avec une salle hypostyle à 18 colonnes (9 du plan), précédée de deux pylônes successifs dont l'intervalle (7) forme comme une sorte de salle dont les ailes sont couvertes d'un plafond supporté par des colonnes, tandis que la partie centrale reste à ciel ouvert. Dans cette partie découverte la reine Hat-schepou fit dresser les deux plus grands obélisques que l'on connaisse en Égypte. Son frère Tahout-mès

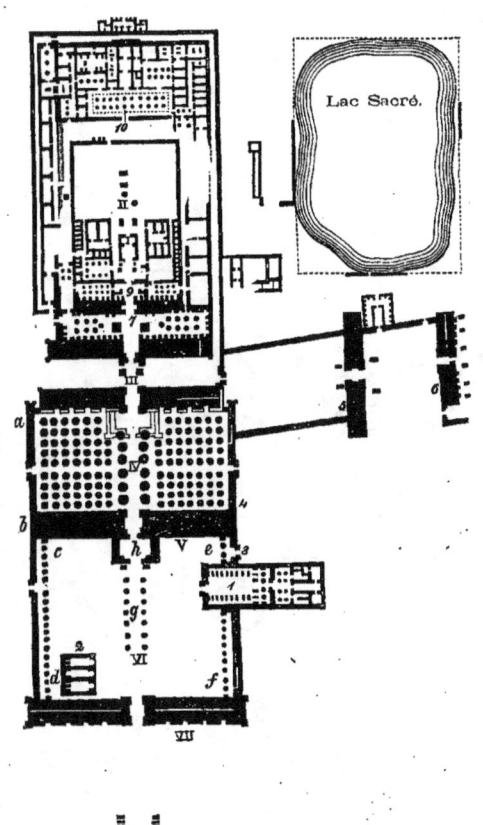

Plan du grand temple d'Ammon à Karnak.

III, démolissant tout ce que les règnes précédents avaient pu élever au delà de la salle 9 de notre plan, construisit l'ensemble fort compliqué des chambres et des salles qui environnent l'emplacement du temple de la xiie dynastie, devenu le sècos ou sanctuaire, et qui, dans la partie de l'opisthodome, présentent encore une fort vaste salle à

Ensemble des ruines du temple d'Ammon, à Karnak, vues des bords du lac sacré.

La grande salle hypostyle de Karnak.

colonnes (10). Le même Tahout-mès III fit aussi dresser, en avant du premier pylône de Tahout-mès Ier, deux obélisques de granit, dont un fut remplacé sous le règne de Râ-mes-sou IV.

Amon-hotpou III bâtit, à quelque distance par devant le premier pylône de Tahout-mès Ier, un autre pylône, de plus vastes proportions. Mais ce sont les grands monarques conquérants de la XIXe dynastie qui ont doté le temple de Karnak de la partie qui le rend sans rival. Râ-mes-sou Ier y construisit un énorme pylône (plan V), précédant tous ceux qui existaient déjà, et dans l'intervalle entre ce pylône et celui d'Amon-hotpou III, Séti Ier fit édifier la grande salle hypostyle (IV), qu'acheva son fils Râ-mes-sou II, la plus prodigieuse salle de l'Égypte et de l'univers, la merveille incomparable de Thèbes, dont nous avons déjà signalé (tome II, p. 229) la précieuse décoration de grands bas-reliefs historiques, couvrant les murailles tout autour. « L'imagination, dit Champollion, qui en Europe s'élève bien au-dessus de nos portiques, s'arrête et tombe impuissante au pied des cent trente-quatre colonnes de la salle de Karnak... Je me garderai bien de rien décrire, car ou mes expressions ne vaudraient pas la millième partie de ce qu'on doit dire en parlant de tels objets, ou bien, si j'en traçais une faible esquisse, même très décolorée, je passerais pour un enthousiaste, et peut-être même pour un fou. » — « Imaginez, dit à son tour J.-J. Ampère, une forêt de tours ; représentez-vous cent trente-quatre colonnes égales en grosseur à la colonne de la place Vendôme, dont les plus hautes (les douze de la nef centrale) ont soixante-dix pieds de haut (c'est presque la hauteur de notre obélisque) et onze pieds de diamètre, couvertes de bas-reliefs et d'hiéroglyphes ; les chapiteaux ont soixante-cinq pieds de circonférence ; la salle a trois cent dix-neuf pieds de largeur et plus de cent cinquante de longueur. Cette salle était entièrement couverte, et l'on voit encore une des fenêtres qui l'éclairaient. » — « Il est impossible, écrivait à son tour M. Lepsius, de rendre l'impression qu'on éprouve quand on entre pour la première fois dans cette forêt de colonnes et qu'on s'y promène de rang en rang, entre ces figures de dieux et de rois, tantôt en entier, tantôt en partie. Tous les murs sont couverts de sculptures peintes, les unes en relief, les autres en creux ; elles n'ont été achevées que sous les héritiers de Séti et surtout sous Râ-mes-sou II, son fils. » Râ-mes-sou II construisit aussi un temple complet, avec toutes ses parties, mais de dimensions qui paraissent minimes à côté de celles du grand temple, qu'il adossa au fond de celui-ci, dans le même axe, mais orienté de la manière exactement inverse, avec son entrée à l'est, tandis que celle du grand temple est à l'ouest.

Pendant longtemps ce grand temple n'eut pas d'autre façade que le pylône de Râ-mes-sou Ier (V). Mais, une fois devenus maîtres de Thèbes, les rois Bubastites de la xxiie dynastie établirent en avant la vaste cour VI, avec ses deux colonnades latérales (*c-d* et *f-g*), sur le mur extérieur d'une desquelles Scheschonq Ier a fait sculpter, avec leurs noms, les personnifications des 133 villes conquises dans son expédition de Palestine (voy. tome II, p. 340). Ils englobèrent ainsi dans leurs constructions et réunirent au temple principal un temple distinct et complet en lui-même, avec salle hypostyle et sanctuaire, long en tout de 200 pieds, que Râ-mes-sou III, de la xxe dynastie, avait édifié perpendiculairement à l'axe du grand temple, avec son entrée au nord (1), et un petit édifice du règne de Séti II (2), composé de trois salles, qui se trouve vers l'angle nord-ouest de la cour. L'Éthiopien Taharqa, dans les années de ses victoires sur les Assyriens, éleva les colonnes monumentales, primitivement surmontées de symboles divins, qui se dressent sur deux lignes parallèles au milieu de la cour des Bubastites.

Les édifices de Karnak souffrirent de grandes dévastations lors du sac de Thèbes par les Assyriens d'Asschour-bani-abal et du passage de l'armée dirigée contre l'Éthiopie par le Perse Kambouziya. Quand les Macédoniens devinrent les maîtres de l'Égypte, une partie des constructions de Tahout-mès III et le temple d'Ousor-tesen Ier étaient en ruines. Ptolémée, fils de Lagos, au temps où il gouvernait l'Égypte en se donnant encore pour le lieutenant d'Alexandre, fils de Rhoxane, et de Philippe Arrhidée, les deux successeurs nominaux d'Alexandre le Grand, entreprit des travaux considérables en cet endroit. On ne releva pas le petit temple de la xiie dynastie et l'on en conserva les débris tels qu'ils étaient, comme une sorte de relique, mais en avant, entre ce temple (II) et la salle à dix-huit colonnes de Tahout-mès Ier (9), on construisit ce qu'on appelle aujourd'hui les appartements de granit, avec au milieu un nouveau sanctuaire (I), destiné à remplacer l'ancien, tombé en ruines. Enfin ce furent les Lagides qui élevèrent le gigantesque pylône fermant du côté de l'ouest la cour des Bubastites et y donnant accès (VII), ainsi que le propylon (VIII), placé en tête de l'avenue de sphinx qui y conduit.

La construction du grand temple de Karnak se répartit donc sur une durée de tout près de 3,000 ans, pendant laquelle toutes les époques ont apporté leur pierre à l'embellissement de la demeure sacrosainte de l'Ammon de Thèbes. C'est grâce au travail de tant de siècles que ce temple est parvenu aux dimensions prodigieuses de 366 mètres de long sur 106 de large pour l'étendue enfermée dans un mur de pierre continu, depuis le premier pylône jusqu'au fond des dernières chambres placées derrière le sanctuaire. Si on y ajoute l'avenue de sphinx et son propylon, à une extrémité, à l'autre le temple adossé par Râ-mes-sou II au principal, on trouve que l'ensemble des constructions occupe une longueur de 808 mètres sur son grand axe.

Le grand temple d'Ammon n'était pas le seul de Karnak. Il y en avait aussi deux autres, de dimensions moins extraordinaires, bien que déjà fort vastes, dédiés à la mère et au fils de la triade divine de Thèbes, Mout et Khonsou, chacun ayant son enceinte distincte. Le temple de Mout est au sud du temple d'Ammon, au delà du lac sacré dépendant de ce dernier. Il a été construit par Amon-hotpou III, et sa façade, pour des raisons mystiques, était tournée vers le nord. Un lac sacré l'entourait de trois côtés. Les ruines en sont aujourd'hui dans le plus déplorable état de bouleversement. Tout autour des deux cours de ce temple étaient disposées, serrées les unes contre les autres, 500 statues assises en granit noir de la déesse léontocéphale Sekhet. Beaucoup, comme de juste, ont été détruites dans la suite des âges, on en a transporté dans tous les musées de l'Europe ; mais il en reste encore en place une multitude, les unes enfouies sous les décombres, les autres surgissant du sol et présentant au visiteur le plus étrange aspect. Une avenue de sphinx reliait le temple de Mout au temple d'Ammon. Pour y conduire de celui-ci, quatre cours successives, précédées d'autant de pylônes, ont été appliquées à son flanc sud, communiquant avec l'intervalle entre le pylône de Tahout-mès Ier et celui d'Amon-hotpou III. Le premier des quatre pylônes de ces cours latérales du sud, en venant du grand temple (5 de notre plan), est du règne de Tahout-mès III, le second (6) de celui de la reine Hat-Schepou ; les deux autres, qui se trouvent en dehors des limites de notre plan, datent du roi Hor-em-heb ; ils ont été construits en partie avec les débris de la pyramide à la mode asiatique, couverte de somptueuses sculptures, qu'Amon-hotpou IV, Khou-n-Aten, avait commencé à élever en cet endroit même en l'honneur de son dieu Aten, dont il voulait substituer le culte à celui d'Ammon (voy. tome II, p. 210). Sur le flanc de la cour le plus au sud est un reposoir monumental pour les processions, construit sous Amon-hotpou II.

Le temple de Khonsou se trouve au sud de la cour des Bubastites, à l'ouest des cours dirigées du temple d'Ammon vers celui de Mout. Sa façade est tournée vers le sud, regardant le côté de Louqsor. C'est un édifice d'une seule venue, avec pylône, cour à portiques, salle hypostyle et sanctuaire entouré de chambres accessoires, très remarquable par l'unité et la simplicité classique de son plan. Il a été commencé par Râ-mes-sou III, terminé par Her-Hor et ses successeurs, les usurpateurs de la famille des grands-prêtres d'Ammon. Au flanc nord de l'enceinte extérieure ou péribole du grand temple s'appuie une autre enceinte sacrée, qui enferme les ruines d'un second temple d'Ammon, bâti par Amon-hotpou III et restauré sous les Ptolémées, ainsi que d'un certain nombre de chapelles isolées de différentes époques.

Un dromos pavé, de 2 kilomètres de longueur, bordé de 1,200 criosphinx colossaux, à corps de lion surmonté d'une tête de bélier, part de la façade du temple de Khonsou pour aboutir à celle du grand temple de Louqsor. Cette avenue reliait entre eux les deux centres religieux de Ape-t (Karnak) et Ape-t-rès (Louqsor), unis par une étroite communauté de culte et servait au parcours des processions solennelles qui, dans les jours de fête, allaient de l'un à l'autre. Aussi le temple de Louqsor a-t-il sa face tournée vers Karnak. Le plan de ce temple est d'une grande irrégularité, motivée en partie sur ce que les architectes ont dû suivre la direction du quai du fleuve, sur lequel il était construit. Ici, du reste, nous avons encore affaire à un assemblage de monuments de différents règnes. La partie la plus ancienne, le temple principal avec le sanctuaire, est l'œuvre d'Amon-hotpou III; au nord de ce premier temple, une galerie de colonnes conduit à un second, élevé par Râ-mes-sou II, dont le pylône extérieur porte le grand tableau de la bataille de Qadesch, que nous avons reproduit en planche hors texte à la p. 258 de notre tome II; il est accompagné d'une copie épigraphique du poème de Pen-ta-our sur cette bataille. Les temples de Louqsor occupent une superficie de 2,500 mètres carrés.

Le quartier ou faubourg de Thèbes, situé sur la rive occidentale du Nil, entre le fleuve et la montagne, avait reçu des Grecs le nom de Memnonia, de l'égyptien *mennou*, « monument » et spécialement « monument funéraire. » C'était un quartier fort habité et dans lequel se concentraient les nombreuses professions qui avaient trait aux funé-

Le temple de Louqsor, vu du Nil.

railles; car il conduisait aux diverses nécropoles, creusées, comme nous l'avons déjà dit, dans les flancs de la montagne de l'ouest. En avant du pied de cette montagne était comme une chaîne presque ininterrompue de temples, dont quelques-uns d'un développement considérable et d'une grande magnificence. Ce sont ceux qui avaient été destinés au culte funèbre et aux cérémonies commémoratives en l'honneur des rois de la xviii° à la xx° dynastie, enterrés dans les hypogées de la vallée de Biban-el-Molouk. Il n'y a que quelques-uns de ces temples dont les ruines aient été préservées.

Le premier, en en commençant la visite par le nord, est le temple de Qournah, « la maison de Séti, » comme l'appellent les inscriptions; il a été bâti par Séti Ier à la mémoire de Râ-mes-sou Ier, son père, et continué par Râ-mes-sou II en l'honneur de son père Séti. Le plan s'en écarte sur plusieurs points importants de celui des temples ordinaires, et la sculpture des bas-reliefs y est d'une exquise finesse.

Vient ensuite, au fond d'une vallée qui pénètre dans le flanc de la montagne, le temple de Deïr-el-Bahari, œuvre de la reine Ha-t-Schepou (voy. tome II, p. 187). Précédé d'une longue avenue de sphinx, il s'élève par une série de terrasses successives, dans lesquelles l'influence de l'architecture des bords de l'Euphrate est manifeste. Ses sanctuaires sont au nombre de trois, parallèles entre eux et creusés dans le rocher auquel le temple est adossé, en manière de grottes sacrées ou spéos, comme disaient les Grecs. C'est dans une des salles du temple de Deïr-el-Bahari que se trouvent les si curieux bas-reliefs historiques représentant les scènes de l'expédition de la flotte de Ha-t-Schepou au pays de Pount.

Plus au sud-est est le temple, consacré tout entier à la gloire de Râ-mes-sou II, que Champollion a nommé le Ramesséum (voy. plus haut, dans ce volume, p. 289). Les Grecs, à qui les exégètes égyptiens en avaient appris la destination funèbre, l'appelaient le Tombeau d'Osymandias, et c'est sous ce nom qu'il a été décrit par Diodore de Sicile. C'était un vaste et somptueux édifice, avec deux cours entourées de portiques, une salle hypostyle soutenue par 48 colonnes et d'autres salles à colonnes précédant le sanctuaire. La largeur en est de 68 mètres, la longueur de 180. Dans les dépendances autour du sanctuaire étaient une bibliothèque et une salle d'archives; Râ-mes-sou II avait fait comme les souverains du monde musulman qui, à côté du turbeh où ils reposent et de leur mosquée funéraire, établissent un médrecèh, ou école religieuse. Dans la première cour s'élevait un colosse de granit de 17 mètres de haut, représentant le roi assis sur son trône. Les débris en encombrent une partie de la cour. C'est la plus

grande ruine de statue qu'il soit possible de voir; le pied seul a plus de quatre mètres de long.

Le temple funéraire d'Amon-Hotpou III, situé tout auprès, était construit en calcaire. Il a été démoli jusqu'aux fondations et les fours à chaux

Entrée du temple de Médinet-Abou.

en ont dévoré tous les matériaux. Seuls, les deux colosses dits de Memnon (voy. tome II, p. 207), qui étaient originairement devant le pylône extérieur, des deux côtés de l'entrée, sont restés debout et dressent leur silhouette solitaire au milieu de la plaine.

Plus au sud encore, à Médinet-Abou, nous trouvons un petit temple, œuvre de Tahout-mès III, et un autre plus grand, créé d'un seul jet par Râ-mes-sou III pour servir à son culte commémoratif. C'est là qu'il a fait sculpter les grands tableaux représentant ses guerres victorieuses, que nous avons fait passer sous les yeux de nos lecteurs dans le volume précédent. Ce temple a deux grandes cours à péristyles, une salle hypostyle assez restreinte, qui ne compte que 24 colonnes, et, comme au Ramesséum, deux autres salles à colonnes précédant le sanctuaire. La longueur totale est de 145 mètres environ. Là paraît encore avoir été une bibliothèque, car plusieurs fois, en fouillant dans les chambres encore encombrées de terre qui environnent le sanctuaire, les fellahs ont découvert des cassettes remplies de papyrus littéraires, dont une partie seulement a pu être préservée et transportée dans les musées.

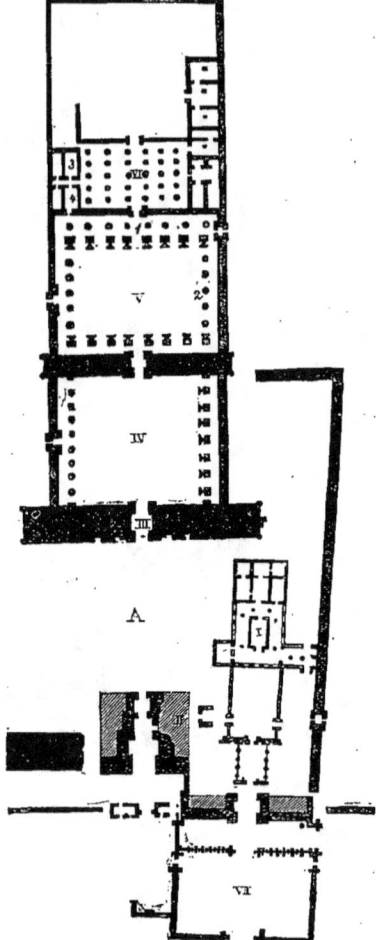

Plan des édifices sacrés de Médinet-Abou[1].

Entre Médinet-Abou et le Ramesséum, mais plus à l'ouest, sur les

---

[1] I. Temple de Tahout-mès III. — II. Pavillon royal de Râ-mes-sou III. — III. Pylône extérieur du grand temple de Râ-mes-sou III. — IV. Première cour. — V. Seconde cour. — V. Salle hypostyle.

pentes de la montagne, à Deïr-el-Médineh, est un petit temple, reconstruit en partie sous les Lagides. Il était consacré à la déesse Mâ, la déesse de la justice, et parmi les sculptures on remarque la scène du jugement de l'âme au tribunal d'Osiri. Les processions des funérailles fai-

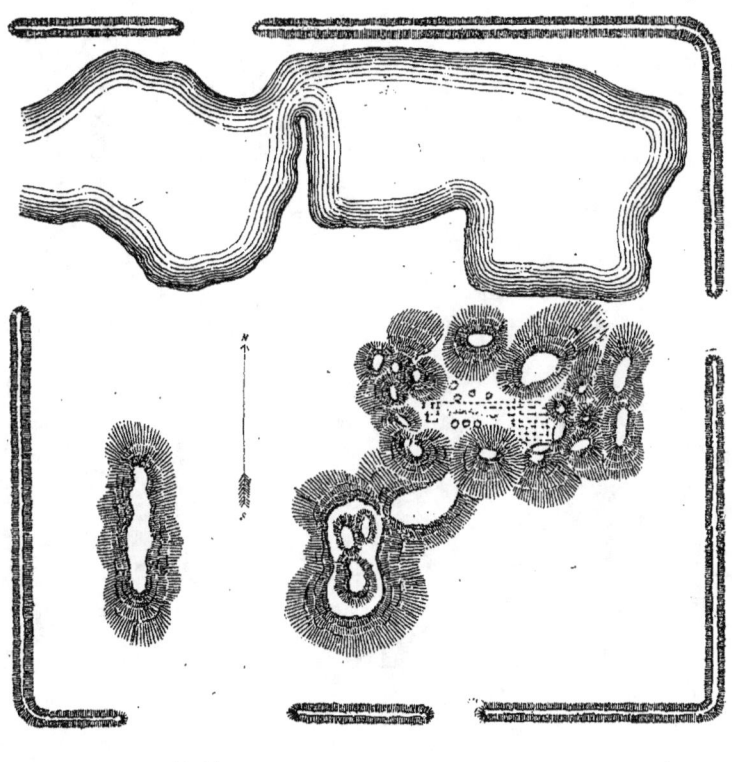

Plan des ruines de Saïs.

saient une station à ce sanctuaire, avant de conduire le mort à sa dernière demeure dans les nécropoles voisines.

Les ruines de Thèbes sont les plus considérables et les plus majestueuses de toute l'Égypte. Aussi devrions-nous en parler avec un certain développement. Mais il ne faudrait pas croire qu'elles fussent les seules qui subsistent sur les bords du Nil. En général les temples des cités de

Ruines de Saïs.

la Basse-Égypte, principalement bâtis en briques crues, et où la pierre ne servait qu'à faire des colonnes et des revêtements, ne sont pas restés debout. Mais on en reconnaît les emplacements, avec leurs grandes enceintes et les vastes buttes de décombres qui marquent le site de l'édifice, écroulé sur lui-même. Les fouilles, quand on les y entreprendra, seront certainement fructueuses. Un des points où l'on peut compter qu'elles donneront le plus est Saïs, où se dessine avec une extrême netteté, par un amas énorme et confus de masses de maçonnerie en briques et de débris de toute nature, l'emplacement du fameux temple de Nit,

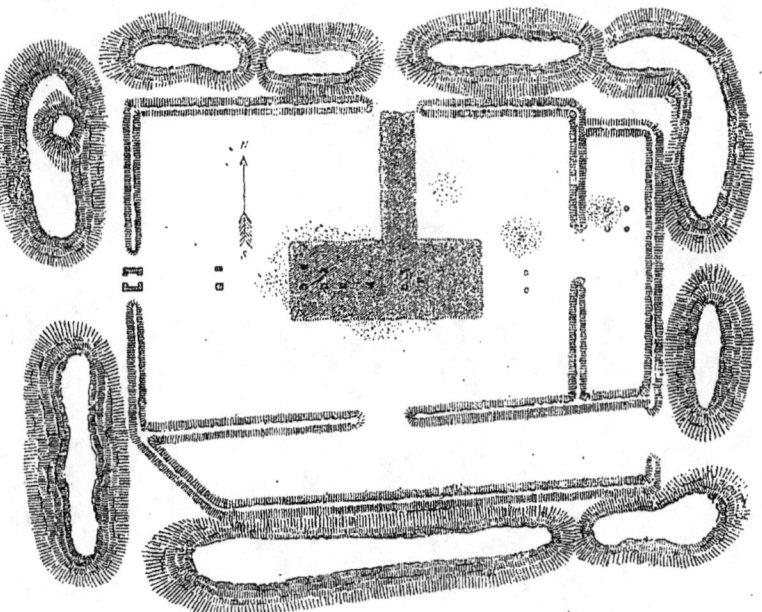

Plan des ruines de Tanis.

avec sa façade tournée vers l'est, que les rois de la XXVI° dynastie s'étudièrent à l'envi à reconstruire et à embellir magnifiquement.

Les seules ruines de la Basse-Égypte qui aient été fouillées par Auguste Mariette sont celles de Tsân ou Tanis. Les trois temples que renfermait l'enceinte sacrée de cette ville, dont un énorme, ont été bouleversés jusqu'aux fondations depuis l'antiquité par des mains dévastatrices. Mais les excavations de notre savant compatriote n'en ont pas moins donné des résultats capitaux pour la connaissance de l'histoire et de la religion. Onze obélisques, de nombreuses colonnes monolithes de

granit, des statues et des stèles colossales retirées des décombres, attestent que le grand temple de Tanis, quand il était entier, pouvait marcher de pair avec ceux de Thèbes. La xiie et la xiiie dynasties, sous lesquelles le temple était dédié à Phtah, l'âge des Pasteurs, qui le consacrèrent à leur dieu Soutekh, les règnes de Râ-mes-sou II, qui le dédia ensuite à Râ-Harmakhouti, de Mi-n-Phtah et de Séti II, les xxiie et xxive dynasties, originaires de Pa-Bast et de Tsân même, sont les époques qui ont surtout laissé leurs vestiges parmi ces débris.

Au temps de Strabon, les fameux sanctuaires de On ou Héliopolis, dévastés par le Perse Kambouziya, au temps de sa démence furieuse, étaient déjà dans le plus déplorable état de délabrement. Dans le moyen âge ils ont servi de carrière pour la construction du Caire. Aussi ne voit-on plus aujourd'hui sur leur emplacement, à Matarieh, que les restes de la grande enceinte en briques qui les enveloppait, quelques pans de murs informes et un obélisque d'Ousor-tesen Ier, resté debout comme par miracle au milieu de la destruction générale.

Man-nofri ou Memphis, la plus antique capitale de l'Égypte, était encore une plus grande ville que Thèbes, et surtout dans les derniers siècles d'existence de la civilisation égyptienne, de même qu'à ses époques primitives, elle la primait de beaucoup en importance. Son grand temple de Phtah était aussi vaste et aussi magnifique, sinon plus, que celui d'Ammon à Karnak. Depuis Ména jusqu'aux derniers Ptolémées, toutes les dynasties qui régnèrent sur l'Égypte y avaient travaillé. Les guides d'Hérodote lui montrèrent dans ce temple des parties importantes, des cours, des portiques, des salles portant les cartouches de tous les grands souverains des longues annales de l'empire des Pharaons. Strabon y signale un sanctuaire d'architecture barbare, du genre de celui que l'on a découvert auprès du grand Sphinx de Gizeh. Malheureusement, sur les seules indications des écrivains grecs, il est impossible de se faire une idée exacte de ce que pouvaient être les dispositions du grand temple de Phtah, qui paraissent avoir été, par suite des additions successives de cinquante siècles, plus compliquées encore que celles du grand temple de Karnak. L'emplacement s'en reconnaît encore, au village de Mit-Kahineh, sous une épaisse forêt de dattiers; mais il ne présente plus que des buttes confuses et informes de décombres, où il est impossible de retrouver la trace d'un plan.

Au xiie siècle de notre ère, avant les grands développements du Caire sous les Ayoubites, les ruines de Memphis étaient encore la merveille de l'Égypte. Nous le savons par la description qu'en donne

Plan des ruines du grand temple de Phtah, à Memphis.

un des plus judicieux écrivains arabes, 'Abd-el-Latyf, qui a écrit son livre en 1190. « Malgré l'immense étendue de cette ville et la haute antiquité à laquelle elle remonte, dit-il, nonobstant toutes les vicissitudes des divers gouvernements dont elle a successivement subi le joug, quelques efforts que différents peuples aient fait pour l'anéantir, en faisant disparaître jusqu'aux moindres vestiges, effaçant jusqu'à ses plus légères traces, transportant ailleurs les pierres et les matériaux dont elle était construite, dévastant ses édifices, mutilant les figures qui en faisaient l'ornement ; enfin, en dépit de ce que quatre mille ans et plus ont dû ajouter à tant de causes de destruction, ses ruines offrent encore aux yeux des spectateurs une réunion de merveilles qui confond l'intelligence et que l'homme le plus éloquent entreprendrait inutilement de décrire. Plus on la considère, plus on sent augmenter l'admiration qu'elle inspire, et chaque nouveau coup d'œil que l'on donne à ses ruines est une cause d'admiration. » Ce qui a le plus frappé 'Abd-el-Latyf est ce qu'on appelait « la Chambre verte, » naos monolithe de neuf coudées (4 m. 86) de hauteur, huit (4 m. 32) de profondeur et sept (3 m. 78) de largeur, en brèche verte. Il ajoute ensuite : « On voit au même endroit des piédestaux établis sur des bases énormes. Les pierres provenant de la démolition des édifices remplissent toute la surface de ces ruines ; on trouve en quelques endroits des pans de murailles encore debout...; ailleurs il ne reste que les fondements ou bien des monceaux de décombres. J'y ai vu l'arc d'une porte très haute, dont les deux murs latéraux ne sont formés chacun que d'une pierre ; et la voûte supérieure, qui était d'une seule pierre, était tombée au-devant de la porte... Quant aux figures d'idoles que l'on trouve parmi ces ruines, soit que l'on considère leur nombre, soit qu'on ait égard à leur prodigieuse grandeur, c'est une chose au-dessus de toute description et dont on ne saurait donner une idée; mais ce qui est encore plus digne d'exciter l'admiration, c'est l'exactitude de leurs formes, la justesse de leurs proportions, et leur ressemblance avec la nature. Nous en avons trouvé une qui, sans son piédestal, avait plus de trente coudées (16 m. 20). Cette statue était d'une seule pierre de granit rouge ; elle était recouverte d'un vernis rouge, auquel son antiquité semblait ne faire qu'ajouter une nouvelle fraîcheur. » Plus loin encore : « J'ai vu deux lions placés en face l'un de l'autre à peu de distance ; leur aspect inspirait la terreur. On avait su, malgré leur grandeur colossale et infiniment au-dessus de la nature, leur conserver toute la vérité des formes et des proportions. Ils ont été brisés et couverts de terre. »

Tel était l'état des ruines de Memphis à la fin du xii° siècle, au temps des Croisades, avant que les pierres de ses temples eussent été s'engloutir une à une dans les constructions du Caire. On ne peut lire cette description près des buttes de décombres de Myt-Rahyneh sans éprouver un vrai serrement de cœur en pensant à tant de trésors d'art et d'archéologie détruits par la barbarie des hommes à une date si rapprochée de nous. On ne voit plus aujourd'hui, sur l'emplacement de la ville même de Memphis et de son pompeux sanctuaire, que deux colosses renversés de Râ-mes-sou II, l'un en granit rose (peut-être celui dont parle 'Abd-el-Latyf), l'autre en calcaire siliceux ; ce dernier est d'un art admirable ; c'est celui dont nous avons reproduit la tête à la p. 247 de notre tome II. Ces deux statues se trouvent, avec une grande stèle de Ouah-ab-Râ (xxvi° dynastie), relatant ses donations en fonds de terre et ses travaux d'embellissement au temple de Phtah, près du lac sacré de ce temple, dont la dépression occupe le centre des ruines. Les fouilles que l'on a plusieurs fois tenté dans les buttes avoisinantes n'ont donné aucun résultat de quelque valeur.

Le seul temple de Memphis qui ait échappé à la destruction, a été conservé par son enfouissement sous les sables venus du désert. Il n'était pas, du reste, situé dans la ville, mais dans une de ses nécropoles, à Ka-kam, aujourd'hui Saqqarah. C'est le Sérapêion, si heureusement rendu à la lumière par les excavations de A. Mariette, qui servait à la sépulture des taureaux Hapi. J'en ai dit assez plus haut (dans ce volume, p. 247) pour n'avoir pas besoin d'y revenir.

C'est la Haute-Égypte qui offre au voyageur, en dehors même de Thèbes, toute une série de temples somptueux encore debout et quelques-uns presque intacts. On rencontre ainsi l'un après l'autre, en remontant le fleuve, ceux de Dendérah ou Tentyra (Tantarer ou Tsanoutri), d'Hermonthis (On-Monthou), d'Esneh ou Latopolis (Snî), d'Edfou ou Apollonopolis (Deb), d'Ombos (Noubit), et enfin de Philæ (Aalak ou Pi-lak). Tous ceux que je viens d'énumérer datent de l'époque des Lagides et de celle des Empereurs romains, où ils ont été reconstruits conformément aux traditions de l'art pharaonique et sur des emplacements consacrés par une succession de temples antérieurs depuis les âges les plus reculés. Ces temples ptolémaïques, d'un art plus que médiocre et portant l'empreinte d'une pleine décadence, offrent un grand intérêt par les renseignements que leurs inscriptions fournissent sur la destination des différentes pièces de l'édifice, et par les textes mythologiques qui y tiennent bien plus de place que sur les murailles des temples pharaoniques. Mais nous ne nous y arrêterons pas, leur date les plaçant en dehors du cadre historique de notre livre.

En revanche, nous devons dire quelques mots du temple de l'antique Aboud ou Abydos, l'un des plus vastes et des plus beaux comme art de toute l'Égypte, dont le déblaiement est entièrement dû à Auguste Mariette et a été l'une des œuvres capitales de sa carrière de fouilleur. C'est un monument du règne de Séti Ier. Le plan en est tout particulier, fort différent de celui des autres temples égyptiens.

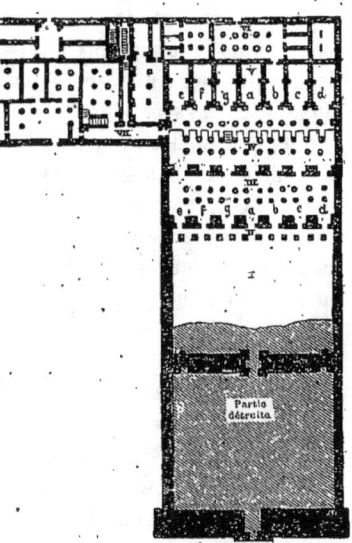

Plan du grand temple d'Abydos.

« Les cours extérieures et les pylônes, qui conduisaient à la porte d'entrée principale, sont détruits, dit M. Ebers, mais les chambres intérieures du temple sont merveilleusement conservées et font aujourd'hui encore une grande impression sur le spectateur. Sept chapelles accotées l'une à l'autre (V. c-d du plan), et qui étaient considérées chacune comme un « saint des saints, » forment le noyau de l'édifice. De même qu'on fermait les grands sarcophages en pierre de couvercles arrondis à l'intérieur, représentant le firmament étoilé qui s'étend par-dessus le monde et par-dessus le défunt, les sanctuaires d'Abydos sont recouverts de voûtes d'une belle courbure ménagées dans la pierre de taille. Au fond de chacun d'eux, on voit encore la niche où se dressait le tabernacle de la divinité, et on trouve, sur le montant, les cavités où les gonds de bronze des portes s'enchâssaient. On adorait une grande divinité dans chacun de ces sanctuaires : au milieu (a), Ammon de Thèbes ; à sa gauche (e, f, g), Har-m-akhouti l'Héliopolitain, Phtah de Memphis et le roi Séti, considéré comme incarnation de Râ sur cette terre ; à sa droite (*b*, *c*, *d*), Osiri, Isi èt Hor... Sept portes (III, *a-g*), aujourd'hui toutes murées, à l'exception d'une seule, conduisaient de la seconde cour dans le temple et aux deux larges salles hypostyles, qu'on devait traverser pour arriver aux sanctuaires. Le toit de la première salle (III) est supporté par vingt-quatre colonnes, celui de la seconde (IV), qui est plus belle et plus grande, par trente-six. Dans l'une, elles sont réparties entre six groupes de quatre, dans l'autre entre six groupes de six, et les intervalles qui séparent ces groupes de colonnes, comme ceux qui passent entre les rangées de colonnes et les parois extérieures, sont autant de chemins qui mènent directement aux portes des sanctuaires.

« Lorsqu'on désirait parvenir à la chapelle d'Ammon par le passage du milieu (*a*), on n'apercevait plus, de droite et de gauche, partout où portait l'œil, que tableaux et inscriptions qui se rapportent à Ammon. Quand on se rendait au saint des saints d'Osiri par la nef qui y correspond, de quelque côté qu'on regardât, on ne voyait rien qui n'eût trait au maître du monde inférieur. De même pour l'ornementation de chacune des voies qui menaient, au fond de la grande salle, jusqu'à chacune des chambres voûtées.

« Aucun profane, ce sont les inscriptions qui nous l'apprennent, ne pouvait s'approcher de ces chambres sacrées; il fallait, pour en obtenir l'accès, se soumettre à beaucoup de cérémonies préliminaires. Seuls, les prêtres du rang le plus élevé et le roi pouvaient pénétrer dans les sanctuaires, tandis que les processions s'arrêtaient dans la seconde salle. Chants, flûtes, harpes, aucune musique ne devait résonner dans ce temple; c'était un cénotaphe, le tombeau honorifique d'un mort enterré ailleurs, que Séti Ier s'était construit, peut-être sur l'emplacement d'un ancien temple, dont des inscriptions remontant à la XIIe dynastie nous racontent la restauration. Le corps du roi reposait à Thèbes, il fallait que son nom fût placé près de la tombe d'Osiri d'Aboud, et sur la même ligne que celui de son prédécesseur divin, pour y recevoir de la postérité des offrandes et un culte, en même temps que le dieu auquel était réunie son âme. Les inscriptions nous enseignent que les prêtres devaient faire le tour de chaque chapelle, y accomplir trente-six cérémonies, réciter des litanies pieuses, soulever les voiles qui recouvraient les statues ou les emblèmes des dieux, parer les images de bandelettes, de couronnes, d'étoffes, et leur témoigner leur vénération par des attitudes strictement prescrites. Dans les chambres qui occupent l'aile du temple

Entrée des salles hypostyles du grand temple d'Abydos.

en retour sur le côté des sept sanctuaires, on faisait à l'avance certains préparatifs. Ils paraissent avoir été surtout nécessaires au culte qu'on célébrait dans la chapelle d'Osiri; car c'est dans celle-ci seule que s'ouvre une porte conduisant à la salle à colonnes VI et à plusieurs chambres qui s'y relient.

« Sur les colonnes et sur les murs de ce magnifique cénotaphe, le Pharaon s'incline pour verser des libations aux dieux, leur brûle des parfums, s'agenouille et reçoit leurs dons, les attributs de la domination ou les symboles des biens les plus précieux de la vie... Chacune des sculptures qui datent du règne de Séti lui-même porte le cachet de la perfection ; mais bientôt après sa mort, il semble que les grands maîtres qui maniaient le ciseau pour lui aient cessé de travailler ; les nombreuses représentations du temps de Râ-mes-sou II, et les rangées d'hiéroglyphes de la première salle hypostyle et du vestibule (II), dont le plafond était porté par douze piliers carrés, sont bien inférieures comme valeur d'art à celles qui datent des années de Séti Ier. Séti avait vécu assez pour voir terminer le gros œuvre de son cénotaphe ; c'est ce que prouvent les tenons de bois en queue d'aronde encastrés entre les blocs pour en augmenter l'adhérence, et qui tous portent son cartouche. Mais il dut laisser à son successeur le soin de terminer l'ornementation extérieure ; une longue inscription, gravée sur la face postérieure du mur du vestibule, nous apprend de quelle manière Râ-mes-sou II s'acquitta de ce devoir filial. »

A quelque distance au nord du temple de son père Séti, Râ-mes-sou s'en était construit un pareil pour lui-même. Mais il a été presque complètement détruit. Quant au temple d'Osiri, où l'on prétendait montrer le tombeau du dieu, il n'en reste plus pierre sur pierre. On voit seulement, au nord des deux temples dont nous venons de parler, la grande enceinte en briques qui le renfermait, et où était également l'escalier symbolique s'enfonçant dans la terre, pour représenter le lieu de la descente du Soleil dans les ténèbres de l'hémisphère inférieur.

Les oasis du désert Libyque, où les Pharaons avaient étendu leur domination de bonne heure et fait pénétrer la religion de l'Égypte avec la civilisation, présentent aussi des temples dans un état de conservation très remarquable. On n'a que des renseignements très incomplets sur celui de l'oasis d'Ammon, appelé par les Égyptiens Sokhet-Am, « le Champ des dattiers, » temple qui était le siège du fameux oracle qu'alla consulter Alexandre le Grand. Mais les temples de la ville de Heb, Hibis des Grecs, chef-lieu de la Grande Oasis, nommée des Égyptiens Kenem ou Ouit-rès, ont été étudiés par M. Brugsch. Le plus ancien et le moins considérable date du règne de Tahout-mès II ; le plus important a été élevé sous le Perse Darayavous, fils de Vistâçpa (Darius, fils d'Hystaspe). Il était consacré aux dieux de la triade thébaine, Ammon-Râ, Mout et Konsou, auxquels étaient associés Schou et Tefnout de Théni ; en outre, on y célébrait dans les chambres de l'étage supérieur, accessibles aux seuls prêtres, les mystères de l'Osiris d'Aboud.

La domination des souverains de la xviie et de la xixe dynastie a aussi garni de nombreux sanctuaires échelonnés sur les rives du Nil en Nubie, depuis la première cataracte ou Qor-ti, comme disaient les Égyptiens, jusqu'à la troisième. Leurs constructions religieuses y avaient été précédées par celles des rois de la xiie dynastie, au moins sur plusieurs points comme Sammina, aujourd'hui Semneh, et Bohon, aujourd'hui Ouady-Halfah. Le type qui prédomine dans les temples de cet ancien pays de Qens est celui du spéos ou du sanctuaire taillé dans le rocher en manière de grotte. Il est, au contraire, singulièrement rare dans l'Égypte propre. Ceci semble indiquer que si les architectes égyptiens l'adoptèrent en Nubie de préférence à tout autre, ce fut pour se conformer à un antique usage religieux des populations de la contrée. Les plus extraordinaires de ces spéos nubiens sont ceux d'Imbsamboul, l'antique Pa-mes-sou, dans le canton d'Aboschek. Ils sont au nombre de deux, et le plus grand, celui qu'on appelait Hat-dou-ab, « la Demeure de la montagne sainte, » consacrée à Ammon, Râ, Phtah et le roi Râ-mes-sou II, est un véritable prodige. On a su lui donner, dans les entrailles de la montagne, les proportions d'un véritable temple, de 55 mètres de profondeur, avec deux salles hypostyles successives, la première soutenue par huit piliers auxquels s'adossent des colosses de trente pieds de haut, la seconde par quatre piliers seulement, des chambres latérales et un sanctuaire au fond. Les parois des deux grandes salles sont couvertes de grands bas-reliefs historiques, qui ont conservé toute la fraîcheur de leur coloration primitive. La façade extérieure est garnie de quatre colosses, hauts de soixante-cinq pieds chacun, sculptés à même la montagne et représentant le roi Râ-mes-sou II, auteur du monument, assis et la tête coiffée du skhent complet. « Ces masses extragigantesques, dit Charles Lenormant, sont traitées d'une manière plutôt large que précieuse, sauf les têtes

Façade du grand temple souterrain d'Ibsamboul, en Nubie.

auxquelles je n'ai rien vu d'égal pour la vérité, la vie et le modelé. Winckelmann n'a pu tracer d'autres règles pour cette beauté calme qu'il regarde comme le comble de l'art. La Junon Ludovisi, quatre fois au moins plus petite, ne l'emporte pas par le sentiment de l'ensemble, par l'harmonie de tant de parties simultanément étendues. Donnez le mouvement à ces rochers, et l'art grec sera vaincu. »

§ 8. — PALAIS

Les premiers voyageurs qui ont visité les ruines des bords du Nil, les savants de la Commission d'Égypte, par exemple, destitués du secours de la lecture des textes hiéroglyphiques et encore peu au fait des usages de la civilisation pharaonique, ont pris la plupart des temples pour des palais. Personne aujourd'hui n'en méconnaît plus la destination religieuse, mais, bien que cette vérité soit définitivement établie, beaucoup d'archéologues n'ont pas encore réussi à s'affranchir de l'idée qui a si longtemps été dominante. Ils en gardent quelque chose et soutiennent une opinion moyenne, d'après laquelle l'habitation royale aurait été une dépendance du temple ; ils la cherchent, à Karnak comme à Louqsor, dans les pièces qui se trouvent en arrière du sanctuaire. C'est là que le roi aurait eu sa demeure, et sa vie se serait passée dans les cours et dans les salles hypostyles.

« Parmi tous les documents qui ont été recueillis dans ces parties de l'édifice, disent avec raison MM. Perrot et Chipiez, il n'en est pas un qui confirme cette hypothèse ; ni dans le reste de la littérature égyptienne, ni même chez les historiens grecs, on ne saurait trouver un texte qui prouve ou qui même tende à faire croire que les rois aient jamais vécu dans le temple ou dans ses dépendances, qu'ils aient habité l'intérieur de l'enceinte sacrée.

« Voici d'ailleurs qui est peut-être plus concluant encore que le silence même des textes. Rappelez-vous ce qu'était le temple égyptien avant que le temps en eût émietté les enceintes, troué les murs et défoncé les plafonds. Arrivez, par un effort d'esprit, à vous le représenter dans son état ancien, et vous comprendrez que les rois n'ont jamais dû songer à choisir comme leur résidence favorite ces lieux fermés et sombres. Aussi bien que leurs sujets, les princes égyptiens devaient être, pour la plupart, d'humeur sereine et gaie ; qu'il s'agisse des grands du royaume ou des humbles et des petits, pas d'expression qui se répète plus souvent dans les textes égyptiens que celle-ci : « Faire un jour de bonheur. » Le palais devait être une maison d'agrément, un lieu de repos ; or était-il rien qui pût être mieux approprié à ces fins que des édifices légers et spacieux, situés hors de la ville, au milieu des jardins amples et touffus, sur le bord du Nil ou de l'un des mille canaux qui en portaient l'onde jusqu'aux limites du désert? Des balcons, des galeries hautes, des terrasses couvertes, l'œil se promenait sans obstacle sur les plantations voisines, sur le cours du fleuve et sur les campagnes qu'il arrosait, sur les montagnes qui bornaient l'horizon. Les chambres avaient de larges fenêtres; des volets mobiles, que l'on distingue dans certaines peintures, permettaient d'ouvrir l'appartement à l'air et à la lumière, ou d'y faire la nuit pendant les heures chaudes de l'après-midi. Cette ombre qui, dans les pays d'ardent soleil, est le plus délicieux de tous les biens, on la trouvait encore, à l'extérieur, sous les sycomores et les platanes, autour des bassins où s'épanouissaient les brillantes corolles du lotus; on la trouvait, embaumée d'odeurs printanières, sous les berceaux de feuillage et les treilles chargées de fruits ou dans les kiosques ajourés qui se dressaient, de place en place, sur la rive des étangs. Là, derrière l'abri de haies discrètes et de murs épais, le roi pouvait appeler à lui son harem, jouir des ébats de ses jeunes enfants et de la beauté de ses femmes. Là, ses campagnes finies, un Tahout-mès ou un Râ-mes-sou s'abandonnait paresseusement à la douceur de vivre, sans vouloir se souvenir des fatigues de la veille, ni penser aux soucis du lendemain ; comme on dirait aujourd'hui en Égypte, il « faisait son kief. »

« Pour cette architecture dans laquelle tout, ensemble et détails, était combiné en vue des jouissances de l'heure présente, on n'avait pas besoin de la pierre; c'était pour la tombe, c'était pour les temples des dieux, pour ce qui devait durer éternellement, qu'il fallait compter sur la solidité du calcaire, du grès et du granit. Le palais n'était qu'une tente dressée pour le plaisir ; il ne réclamait pas d'autres matériaux que le bois et la brique. C'était affaire au peintre et au sculpteur d'en couvrir toutes les parois de couleurs vives et de riantes images ; c'était à eux de faire resplendir partout, sur les enduits des murs, sur les planches d'acacia, sur les minces colonnettes de cèdre ou de palmier, l'éclat des tons joyeux qui garnissaient leur palette et les reflets brillants de l'or. Le luxe de la décoration était ici le même que dans la tombe et le temple; la différence était dans le caractère de l'architecture et dans ses chances de durée. Dans leur genre, ces édifices étaient tout à fait dignes de la richesse et de la puissance des souverains qui les ont bâtis pour les habiter ; mais on comprend qu'avec un pareil mode de construction ils aient disparu de bonne heure, sans laisser de traces sur le sol de l'Égypte.

« Depuis les siècles les plus lointains dont nous ayons gardé mémoire, l'Orient a bien peu changé, malgré l'apparente diversité des races, des empires et des religions qui s'y sont succédé sur la scène ; or on sait quel nombreux domestique y suppose la vie royale et seigneuriale, telle qu'elle y a été entendue et pratiquée de tout temps. Le *konak* du moindre pacha, du moindre bey renferme toute une armée de serviteurs, dont chacun rend bien peu de services. C'est par milliers que se comptent les domestiques qui peuplent le sérail du Sultan à Constantinople ou celui du Schah à Téhéran. Ce qu'il y a là d'eunuques et de palefreniers, de balayeurs et de cuisiniers, d'ateschdjis, de kafedjis et de tchiboukdjis, personne n'en sait le chiffre exact. Une telle extension de la domesticité suppose d'amples communs, où cette multitude puisse se loger, tant bien que mal, avec femmes et enfants. Afin de pourvoir à l'entretien de ce personnel, il faut aussi des provisions considérables et des réserves toujours prêtes ; il faut des magasins où viennent s'entasser les dons plus ou moins volontaires des sujets, les tributs perçus en nature et les récoltes que produisent les immenses propriétés du souverain... Si, dans le cours d'un long règne, la famille du roi s'augmente, s'il faut agrandir le palais pour monter la maison de chacun des princes royaux, rien de plus facile que d'empiéter sur les campagnes voisines et de développer ainsi bâtiments et jardins de plaisance.

« Quelque spacieuse que soit la grande enceinte de Karnak, la royauté égyptienne ne s'y fût pas trouvée à l'aise ; toujours elle se serait sentie à l'étroit derrière ces hautes barrières, dans cet espace clos par une ligne inflexible, au milieu de ces montagnes de pierre. Le palais oriental veut un cadre plus souple et plus large. Étudiez-le des rives du Gange à celles du Bosphore, tel que l'ont fait les nécessités du climat, la vie du harem et l'extrême division du travail ; que vous évoquiez les souvenirs de Suse et de Persépolis, de Babylone et de Ninive, ou que vous visitiez soit les résidences royales d'Agra et de Delhi, dans l'Inde, soit même, sans aller si loin, le Vieux Sérail, à Constantinople, partout, sous la diversité des ornements qui varient suivant les siècles et les lieux, vous serez frappé d'un même aspect, d'un même caractère général : le palais est multiple, complexe et, si l'on peut ainsi parler, diffus.

Il ne se compose point, comme les palais modernes de l'Occident, d'un édifice unique qui forme un ensemble homogène et se laisse embrasser tout entier par un seul regard; il ne ressemble point aux Tuileries ou à Versailles. C'est une collection de bâtiments d'importance très inégale et qui ont été construits par des princes différents; c'est une suite de pavillons que séparent de beaux jardins ou des cours plantées de grands arbres; pour mieux dire, c'est tout un quartier, c'est toute une ville à part, une cité royale, qu'une muraille élevée enveloppe de tous côtés. A l'intérieur, dans la partie la plus voisine de l'entrée, s'ouvrent les riches salles où le maître daigne s'asseoir parfois pendant quelques heures, sur son trône ou sur son divan, pour donner audience et pour recevoir les hommages de ses sujets ou ceux des ambassadeurs étrangers; autour de ces pièces, ouvertes à un certain nombre de privilégiés, fourmille tout un peuple d'officiers, de soldats et de serviteurs. C'est ce qui, dans de bien autres proportions que chez le simple particulier, correspond au *sélamlik* de la maison orientale. Plus loin, derrière des portes jalousement gardées, s'étend et se prolonge le *harem;* c'est là que le roi passe tout le temps que ne lui prennent pas la guerre ou les conseils. Tous ces bâtiments laissent entre eux assez d'air et d'espace pour que le roi puisse, s'il en a la fantaisie, rester des mois et des années sans sortir; il fait manœuvrer ses troupes dans les vastes cours; il se promène à pied, à cheval ou en voiture dans les allées de ses parcs; ses thermes et ses étangs lui offrent les plaisirs du bain chaud et froid; parfois il possède, dans l'enceinte même, des terrains de chasse. »

Précisément les curieuses peintures des hypogées de Tell-el-Amarna nous offrent le plan cavalier de plusieurs édifices qui rentrent exactement dans les données de ce programme habituel des palais orientaux. On les a souvent regardés comme des villas. Mais MM. Perrot et Chipiez y ont reconnu à bon droit des palais, sans doute ceux mêmes qui décoraient la ville nouvelle que le roi Amon-hotpou IV Khou-n-Aten venait de bâtir pour en faire sa résidence et la capitale de son royaume à la place de Thèbes décapitalisée. Nous reproduisons ici la représentation conventionnelle de la principale de ces constructions, de celle qui paraît bien avoir été le palais même du souverain.

La partie de cette habitation royale à la gauche de celui qui entrait par la porte principale de l'enceinte, figurée au bas du tableau, correspond évidemment à ce qu'on appelle en Orient le sélamlik, à ce que nous appellerions dans nos pays les appartements de réception. Devant l'entrée est un réservoir rectangulaire, destiné à abreuver les hôtes du pa-

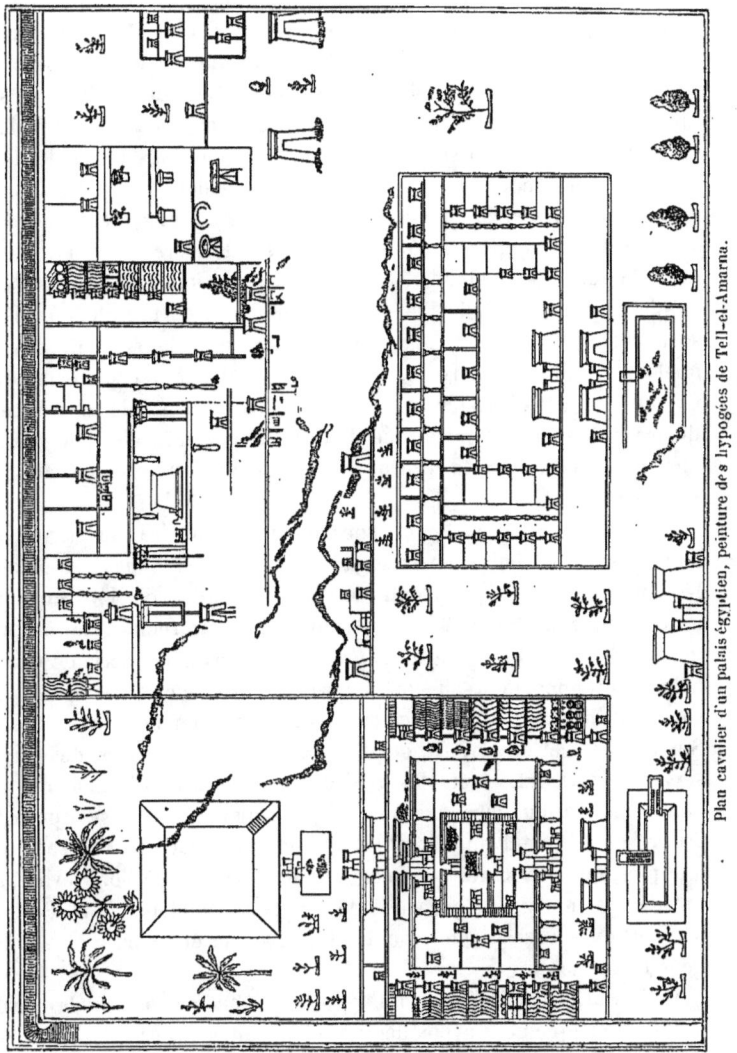

Plan cavalier d'un palais égyptien, peinture des hypogées de Tell-el-Amarna.

lais et des jardins. En arrière de ce réservoir, « une porte s'ouvre entre deux tours à murs inclinés : c'est une sorte de pylône ; sur les côtés, deux portes plus étroites. Ces trois portes conduisent dans une grande cour rectangulaire. Sur les deux longs côtés une suite de chambres ; le petit côté postérieur est la répétition de l'antérieur. Cette cour en renferme une autre, où l'on arrive en traversant un portique ; la seconde cour n'est que l'enveloppe d'une salle à ciel découvert, exhaussée sur plusieurs degrés. Les escaliers par lesquels on y accède sont très visibles sur le plan. » Il est possible, probable même que dans la réalité cette vaste salle était couverte et que l'artiste en a enlevé la toiture afin de montrer l'intérieur, comme il a fait pour les chambres servant de magasins sur les deux grands côtés de la cour extérieure. Peut-être aussi était-elle sans toit et étendait-on par dessus un simple vélum interceptant les rayons du soleil. En tous cas, au centre de la salle, on voit la sorte de dais ou de tabernacle, exhaussé par un soubassement, sous lequel on plaçait le trône royal. Cette pièce était donc ce qu'on appelle aujourd'hui, dans les palais orientaux, le divan, la grande salle des audiences solennelles du monarque. Pour y parvenir il fallait franchir trois enceintes successives ; la sécurité du prince était bien protégée par cette triple clôture.

« A droite du bâtiment que nous venons de décrire, on en voit un autre plus vaste, mais d'un arrangement plus simple ; une aire plantée les sépare, et il n'y a point entre eux de communication apparente. En avant, même pylône précédé du même réservoir rectangulaire ; puis une ample cour, dont trois faces présentent une double série de chambres qui prennent jour soit sur la cour même, soit sur un portique. C'est sans doute là le harem ; là logeaient le prince, ses femmes et ses enfants. Sur les côtés et en arrière, disposés autour d'autres cours, des magasins, des écuries et des étables, puis des jardins. Le plus beau de ces jardins, au milieu duquel se creuse une pièce d'eau carrée, se trouve en arrière du bâtiment du sélamlik. De place en place se dressent des kiosques, des belvédères, des constructions légères où l'on devine, au mode d'assemblage indiqué par le dessinateur, l'emploi du bois. Partout des portiques sous lesquels devaient se grouper et reposer la nuit les gens de service[1]. »

On le voit, le palais des rois d'Égypte n'était autre chose que la maison d'habitation (que nous avons décrite, plus haut, dans ce volume, p. 76-80), agrandie, amplifiée et comme multipliée à plusieurs exemplaires,

[1] Perrot et Chipiez.

groupés dans une même enceinte. Sa construction devait certainement être la même, en briques crues et en bois.

Le seul édifice de pierre qui, dans toute l'Égypte, présente un caractère d'architecture civile, je n'ose pas dire d'habitation, est celui qu'on appelle le « Pavillon de Médinet-Abou. » Il s'élève en avant de l'entrée du grand temple de Râ-mes-sou III et a été également construit par ce prince. En venant de la plaine, on rencontre d'abord deux logettes de gardes flanquant la porte d'une enceinte extérieure. La porte franchie, on se trouvait en présence de deux hautes ailes en forme de pyramides tronquées, et d'un corps de bâtiment qui s'élevait entre les deux, percé d'un passage, au fond d'une cour qui va se rétrécissant par ressauts

Le pavillon de Médinet-Abou.

successifs. En hauteur, l'édifice se compose d'un rez-de-chaussée et de deux étages, qui étaient réunis par des escaliers.

Les sculptures qui couvrent les murailles de ce pavillon, extérieurement et intérieurement, attestent qu'il n'avait pas une destination religieuse et en font une sorte de demeure royale. A l'extérieur ce sont des scènes de victoire et des figures de captifs de toutes les nations étrangères vaincues par Râ-mes-sou III ; à l'intérieur des tableaux de harem, où le roi est comme chez lui, se divertissant avec ses femmes. Mais ce n'a pas pu être un palais proprement dit, une habitation permanente du monarque. Les dimensions mêmes du monument s'opposent à ce que l'on admette une telle idée. « La plus grande largeur du pavillon ne dépasse point 25 mètres, et il n'a que 22 mètres de long. L'édifice se compose de deux corps de logis, et la cour qui les sépare prend un bon tiers de la superficie totale. A eux tous, les trois étages n'ont guère dû jamais fournir plus d'une dizaine de pièces, dont quelques-unes sont plutôt des cabinets, comme nous dirions, que de vraies chambres. Avec toute la simplicité de nos habitudes une famille bourgeoise d'aujourd'hui, pourvu qu'elle fût un peu nombreuse, y serait gênée; comment un Pharaon, avec tout son cortège d'inutiles, aurait-il pu songer à s'y installer? Comment s'y serait-il jamais senti à l'aise[1]? »

Le pavillon de Médinet-Abou n'a jamais pu être qu'un kiosque de repos, où le roi venait se délasser quelques heures et revêtir ses ornements d'apparat quand une cérémonie solennelle l'appelait au temple en personne, où tout au plus il lui était possible, en pareil cas, de passer une nuit. Du reste, si sa décoration intérieure et le développement de ses fenêtres se rapprochent des données des édifices civils, de ceux qui servaient ordinairement à l'habitation, sa forme générale est bien plutôt empruntée à l'architecture militaire. C'est ce qu'Auguste Mariette a discerné avec l'incomparable sûreté de son coup d'œil. « L'idée, dit-il, que, vu de loin et dans le paysage, cet édifice évoque par les lignes générales de son architecture, est celle de ces tours triomphales (*magadil*, de l'hébréo-phénicien *migdol*) dont les bas-reliefs de Karnak, de Loûqsor, du Ramesséum et de Médinet-Abou même nous ont conservé les dessins, et que les rois faisaient élever sur leurs frontières, à la fois comme un moyen de défense et comme un monument de leurs victoires. » Un type d'architecture militaire convenait bien au kiosque commémoratif d'un roi guerrier par excellence.

[1] Perrot et Chipiez.

TABLES DU TOME TROISIÈME

TABLE DES GRAVURES

DU TOME TROISIÈME

Pages

1. Enregistrement des paysans, peinture d'un tombeau de Thèbes (d'après Wilkinson) 3
2. Offrandes d'oignons faites aux dieux, d'après les peintures des tombeaux . . 6
3. Costumes principaux des différentes classes de prêtres (d'après Wilkinson) . . 7
4. Le prêtre appelé *sam*, variantes de son costume 8
5. Pallacides des dieux (d'après Wilkinson) 9
6. Types de mercenaires étrangers sous la XIXᵉ dynastie : Schardana, Tourscha, Ouaschascha et Daanouna 11
7. Troupes légères et troupes de ligne de l'infanterie égyptienne (d'après Wilkinson) 12
8. Phalange d'infanterie égyptienne 13
9. Chasseur avec ses chiens, rapportant une antilope capturée, peinture d'un tombeau de Thèbes (d'après Wilkinson) 17
10. Chasseurs rapportant du désert une autruche vivante, avec des œufs et des plumes du même animal, peinture d'un tombeau de Thèbes (d'après Wilkinson). 18
11. Barque de transport du Nil, peinture d'un tombeau de Thèbes (d'après Wilkinson) . . . . *Ibid.*
12. Bétail marqué au fer chaud, peinture d'un tombeau de Thèbes (d'après Wilkinson) 19
13. Les troupeaux de bœufs amenés devant les intendants pour être enregistrés, peinture provenant de Thèbes et conservée au Musée Britannique 20
14. Les troupeaux d'oies amenés devant les intendants pour être enregistrés, peinture provenant de Thèbes et conservée au Musée Britannique. . . . . . *Ibid.*
15. Porcs et porchers, peinture d'un tombeau de Thèbes (d'après Wilkinson) . . 21
16. Pêche au filet, bas-relief d'un tombeau voisin des Pyramides (d'après Wilkinson) 22
17. Le roi Râ-mes-sou II s'adorant lui-même comme dieu, assis entre Râ et Tefnout, bas-relief du temple souterrain d'Ibsamboul 25
18. Roi officiant en prêtre devant les dieux 26
19. Le roi ouvrant le naos du dieu Ammon, bas-relief du grand temple d'Abydos . 27

	Pages.
20. Coiffures royales.	28
21. La tresse des enfants et des princes	29
22. Scribes écrivant sous la dictée d'un supérieur, peinture d'un tombeau de Thèbes (d'après Wilkinson)	37
23. Statue de scribe de l'Ancien Empire, au Musée du Louvre.	39
24. Enfants bâtonnés à l'école, peinture d'un tombeau de Thèbes (d'après Wilkinson).	41
25. La déesse Rannou-t, déesse de l'Abondance.	43
26. Femme recevant la bastonnade, peinture d'un tombeau de Béni-Hassan.	47
27. Ouvriers travaillant sous le bâton, peinture de Béni-Hassan	48
28. Flabellifères auprès du roi, assis sur son trône	50
29. La déesse Mà, « fille de Râ, » déesse de la Justice, représentations diverses	51
30. Tisserands, peinture des tombeaux de Béni-Hassan (d'après Wilkinson)	54
31. Verriers soufflant leur manchon, peinture de Béni-Hassan (d'après Wilkinson)	55
32. Potiers au travail, peinture de Béni-Hassan	56
33. Anneaux d'or et d'argent servant aux échanges	58
34. Pesée des anneaux en métaux précieux servant aux paiements, peinture d'un tombeau d'Eileithyia (d'après Wilkinson)	59
35. Préparation du poisson salé, sujet emprunté à un tombeau du voisinage des Pyramides	61
36. Rôti préparé dans l'épaule du bœuf, chez les anciens Égyptiens et chez les modernes	62
37. Cuisiniers à l'ouvrage, peinture d'un tombeau de l'Ancien Empire (d'après Wilkinson)	Ibid.
38. Pâtissiers à l'ouvrage, peinture du tombeau de Râ-mes-sou III à Thèbes (d'après Wilkinson)	63
39. Foulage de la vendange et déposition du vin nouveau dans les amphores, peinture d'un tombeau de Thèbes (d'après Wilkinson)	64
40. Dame égyptienne vomissant dans l'ivresse, peinture d'un tombeau de Thèbes (d'après Wilkinson)	66
41. Repas égyptien, bas-relief d'un tombeau de l'Ancien Empire, voisin des Pyramides	Ibid.
42. Fête chez un riche Égyptien, au temps de la xviiie dynastie, peinture du tombeau du scribe Hor-em-heb, à Thèbes	68
43. Echiquier égyptien, Musée Britannique	69
44. Jouets d'enfants, Musée de Leyde	70
45. Variétés de la coiffure virile.	Ibid.
46. Barbes postiches	71
47. Personnages de haut rang, la canne à la main	Ibid.
48. Détails du costume des hommes	72
49. Princesse en costume de cérémonie	73
50. Danseuses en robes transparentes, peinture d'un tombeau de Thèbes (d'après Wilkinson).	Ibid.
51. Femmes dans les lamentations du deuil, peinture d'un tombeau de Thèbes (d'après Wilkinson)	74
52. Femmes du peuple portant leurs enfants dans un pli du vêtement.	Ibid.
53. Coiffure de femme, d'après une caisse de momie.	Ibid.
54. Chaussures égyptiennes, tirées de diverses collections (d'après Wilkinson)	75
55. Maison à un étage et à terrasse couverte, d'après les peintures d'un tombeau de Thèbes	77
56. Maison au milieu d'un jardin, vue cavalière, peinture d'un tombeau de Thèbes (d'après Rosellini)	78
57. Plan cavalier d'une maison égyptienne, peinture d'un tombeau de Tell-el-Amarna (d'après Wilkinson).	79

		Pages
58.	Auvent sur la terrasse de la maison, peinture d'un tombeau de Thèbes (d'après Wilkinson).	80
59.	Maison avec une tour, d'après une peinture	Ibid.
60.	Sièges égyptiens, d'après les originaux conservés au Musée Britannique	Ibid.
61.	Chevet de bois	81
62.	Greniers, peinture d'un tombeau de Béni-Hassan.	Ibid.
63.	Fleurs et arbustes de parterre, d'après les peintures des tombeaux	82
64.	Portrait de Champollion le Jeune	83
65.	Safekh, déesse des lettres, représentations diverses (d'après Wilkinson)	102
66.	La plante du papyrus	103
67.	Scribe écrivant sur une tablette de bois, peinture (d'après Wilkinson)	106
68.	Tesson de poterie ou ostracon avec un mémorandum en écriture hiératique, Musée Britannique	Ibid.
69.	Le dieu Tahout, représentations diverses (d'après Wilkinson)	108
70.	Les dieux des cinq planètes, d'après le zodiaque de Dendérah.	110
71.	Les diverses parties constitutives de l'univers, personnifiées emblématiquement et mythologiquement, peinture d'une caisse de momie.	Ibid.
72.	Le dieu Schou soulevant la déesse Nou-t (l'océan céleste) au corps étoilé, au-dessus du dieu Sev (la terre), peinture d'une caisse de momie, au musée du Louvre.	111
73.	L'astre Sahou (Orion), d'après le zodiaque de Dendérah	112
74.	Isi-Sopt (Sirius)	Ibid.
75.	Table du lever des étoiles le 1er du mois du paophi, tirée du tombeau de Râ-messou XI, à Thèbes (d'après Lepsius)	113
76.	Les douze heures du jour	114
77.	Les douze heures de la nuit, tableau emprunté, comme le précédent, aux peintures des tombeaux des rois, à Thèbes.	Ibid.
78.	Trois théorèmes de géométrie du papyrus mathématique du Musée Britannique.	117
79.	Les Hat-Hor assistant à l'accouchement de Cléopâtre, bas-relief du temple d'Esneh (d'après Champollion)	118
80.	Esclave présentant un breuvage à son maître, peinture d'un tombeau de Thèbes (d'après Wilkinson)	124
81.	Préparation des remèdes et pilonnage des drogues dans des mortiers, peinture d'un tombeau de Thèbes (d'après Wilkinson).	125
82.	Le dieu Hor-Set	130
83.	Figure talismanique d'Ammon, peinture sur toile du Musée du Louvre	132
84.	Le talisman de Hor sur les crocodiles, d'après un exemplaire du Musée Britannique	133
85.	Le dieu Sev, la tête surmontée de l'oie Nakak	136
86.	Hypocéphale de momie en cartonnage, Musée du Louvre	138
87.	Scarabée funéraire en pierre dure.	Ibid.
88.	Individus rapportés ivres-morts après un banquet, peinture d'un tombeau de Béni-Hassan	143
89.	Le jugement de l'âme au tribunal d'Osiri, vignette du *Livre des Morts*	147
90.	Bouchers abattant et dépeçant un animal, peinture d'un tombeau de l'Ancien Empire, voisin des Pyramides (d'après Wilkinson)	151
91.	L'arbre perséa, d'après les monuments	152
92.	Dame égyptienne à sa toilette, se faisant parfumer les cheveux par ses suivantes, peinture d'un tombeau de Thèbes (d'après Wilkinson)	155
93.	Fabrication d'une barque, bas-relief d'un tombeau des dynasties primitives, voisin des Pyramides (d'après Wilkinson)	158
94.	Barque avec ses rameurs, modèle en or provenant du tombeau de la reine Aah-hotpou, Musée de Boulaq	Ibid.

TABLE DES GRAVURES

	Pages
95. Coffres égyptiens, types divers (d'après Wilkinson).	159
96. Momies introduites dans le tombeau et recevant du choachyte la dernière libation purificatoire, peinture d'un tombeau de Thèbes (d'après Wilkinson)	160
97. Courtisane en robe transparente jouant du théorbe	161
98. Un des serpents gardiens des enfers, vignette du *Livre des Morts*.	163
99. Râ Har-m-akhouti, le Soleil dans les deux horizons, représentations diverses (d'après Wilkinson)	177
100. Ammon-Râ, le grand dieu de Thèbes, représentations diverses (d'après Wilkinson)	178
101. Le dieu Atoum	179
102. Le roi Nofri-Toum, types divers (d'après Wilkinson)	180
103. Le dieu Khopra	*Ibid.*
104. La déesse Mout	181
105. La déesse Nit, représentations diverses (d'après Wilkinson)	*Ibid.*
106. Le dieu Khnoum formant l'œuf de l'univers sur le tour à potier, bas-relief du temple de Philæ (d'après Champollion)	182
107. La déesse Hat-Hor, représentations diverses (d'après Wilkinson)	183
108. Har-pa-Khrad ou Hor enfant sur le lotus.	184
109. Les déesses léoncéphales Sekhet et Menhit	*Ibid.*
110. La déesse Bast, à tête de chatte, statuettes de bronze	*Ibid.*
111. La barque du dieu Râ, bas-relief d'un sarcophage	185
112. Les singes cynocéphales adorant Râ dans sa barque, vignette du *Livre des Morts*	187
113. Le dieu Schou soulevant le soleil, lors de la création, vignette du *Livre des Morts*	190
114. Le dieu Schou soulevant le soleil, figurine en terre émaillée	*Ibid.*
115. Fragment du *Livre de ce qu'il y a dans l'hémisphère inférieur*, d'après un papyrus du Musée du Louvre	191
116. Hor combattant le serpent Apap	192
117. Le dieu Set.	193
118. Hor et Set associés pour soutenir la double couronne sur la tête du roi Râ-messou II, bas-relief de Thèbes	194
119. Le dieu d'origine asiatique Bes.	195
120. La déesse guerrière Anta.	*Ibid.*
121. La déesse Anouqt.	*Ibid.*
122. Le dieu Reschpou, représentations diverses	196
123. La déesse Astart, bas-relief du temple d'Edfou	*Ibid.*
124. Phtah, le grand dieu de Memphis, représentations diverses (d'après Wilkinson).	199
125. Le dieu Osiri Oun-nofri, représentations diverses.	200
126. Le dieu Hor, fils d'Isi	201
127. La déesse Nou-t, représentations diverses (d'après Wilkinson)	202
128. Isi allaitant son fils Hor.	203
129. La déesse Isi, représentations diverses (d'après Wilkinson).	204
130. Le tamarisc et le coffre qui renferme le corps d'Osiri, bas-relief de Thèbes (d'après Wilkinson)	205
131. Le dieu Khonsou, représentations diverses.	207
132. La triade suprême des dieux de Thèbes : Ammon, Mout et Khonsou, bas-relief de Karnak.	208
133. Phtah sous la forme d'embryon, figurine en terre émaillée.	209
134. Hor enfant entre les déesses Isi et Nebt-hat, amulette de terre émaillée.	210
135. Le poisson oxyrhynque, animal sacré de Hat-Hor, bronze du Musée du Louvre.	211
136. Image colossale d'un scarabée, en granit noir, Musée Britannique.	212
137. Chatte et ses petits, animal sacré de la déesse Bast, bronze du Louvre	213
138. L'ibis, animal sacré de Tahout, bronze du Louvre	214
139. Le taureau Hapi, d'après les stèles du Sérapéum, conservées au Louvre.	215

DU TOME TROISIÈME

		Pages
140.	Le taureau Hapi, statuette de bronze	215
141.	Les marques du dos du taureau Hapi, exprimées symboliquement	Ibid.
142.	Le dieu Osir-Hapi, représentation égyptienne	216
143.	Le Sérapis grec, d'après les médailles d'Alexandrie	217
144.	Une des chambres funéraires des Hapi dans les souterrains du Sérapéum de Memphis (d'après A. Mariette)	218
145.	Temple funéraire de Hapi et dromos du Sérapéum de Memphis (d'après A. Mariette)	219
146.	L'oiseau Vennou, vignette du *Livre des Morts*	226
147.	L'âme du défunt venant se réunir à son corps, vignette du *Livre des Morts*	227
148.	Le jugement de l'âme au tribunal d'Osiri, peinture d'une des tombes royales de Thèbes	229
149.	La Dévorante des enfers, monstre chargé de la punition des méchants	230
150.	Damnés décapités dans les enfers, peinture d'une des tombes royales de Thèbes	231
151 et 152.	Supplices des damnés, peintures des tombes royales de Thèbes	232
153.	Le lac de feu où l'on se purifie des péchés véniels, vignette du *Livre des Morts*	233
154.	Une des portes des enfers, avec ses gardiens, vignette du *Livre des Morts*	Ibid.
155.	Combat du mort dans les enfers contre le grand serpent Refrof, vignette du *Livre des Morts*	234
156.	Provisions de toute nature accumulées devant le mort, comme offrandes funéraires, peinture d'un tombeau de Thèbes, au Musée Britannique	238
157.	Embaumeurs à l'ouvrage, enveloppant les momies dans leurs bandelettes et dans leurs sarcophages, peinture d'un tombeau de Thèbes (d'après Wilkinson)	242
158.	La momie couchée sur le lit funèbre, sous lequel sont placés quatre paquets contenant les viscères embaumés, vignette du *Livre des Morts*	243
159.	Les quatre génies des enfers, Amset, Hapi, Touaout-mout-f et Qebah-senou-f	244
160.	Momie enveloppée dans ses bandelettes et placée dans son cartonnage ouvert	245
161.	Débris du cercueil de bois du roi Men-ké-Râ (IVe dynastie), au Musée Britannique	246
162.	Sarcophage de pierre en forme de momie, de la XXVIe dynastie	247
163.	Barques de parade, peinture du tombeau de Râ-mes-sou III, à Thèbes	249
164.	Joueurs de harpe, peinture du tombeau de Râ-mes-sou III, à Thèbes	254
165.	Vignette terminant la première partie du *Livre des Morts*	263
166.	Le défunt adorant les dieux du Chemin des Morts, vignette d'une des sections du chapitre XVIII	265
167.	La faculté de parler rendue au mort avec sa langue, vignette des chap. XXI-XXII	266
168.	Le mort redemande son cœur au dieu qui en a été constitué le gardien, vignette du chap. XXVIII	Ibid.
169.	Combat du mort contre les crocodiles, vignette du chap. XXXI	Ibid.
170.	Combat du mort avec le serpent qui tourmente l'âme dans les enfers, vignette du chap. XL	267
171.	Le mort tournant le dos au *nemma* ou billot infernal, vignette du chap. L	268
172.	La déesse Nout versant au mort l'eau du rafraîchissement divin, vignette du chap. LIX	Ibid.
173.	Le mort et la lumière divine, vignette du chap. LXIV	269
174.	Quelques-unes des formes divines que revêt le défunt, vignettes des chapitres LXXVII, LXXVIII, LXXXI et LXXXV	Ibid.
175.	Le mort se remet en route, précédé de son âme, qui vole devant lui, vignette du chap. XCI	270
176.	Le mort ouvrant la porte de la demeure de Thout, vignette du chap. XC	Ibid.
177.	Le mort et le faux nautonier, vignette du chap. XCIII	271

	Pages.
178. Le mort en présence du vrai pilote, vignette du chap. XCVIII.	271
179. La culture dans les champs bienheureux d'Aarou, vignette du chap. CX.	273
180. Figurine funéraire en terre émaillée.	274
181. Prédominance de la dimension en largeur dans l'architecture égyptienne. Façade du temple de Louqsor.	282
182. Structure en plates-bandes de l'architecture égyptienne.	284
183. Voûtes égyptiennes (d'après Wilkinson).	286
184. Colonnettes de bois à chapiteaux de métal estampé, d'après les peintures.	287
185. Pilier quadrangulaire de l'Ancien Empire.	288
186. Ruines du Ramesséum de Thèbes (d'après l'*Égypte*, de Ebers).	289
187. Colonne prismatique à seize pans, de Béni-Hassan.	290
188. Colonne de Béni-Hassan en bouton de lotus.	Ibid.
189. Colonne de la salle hypostyle du Ramesséum.	292
190. Colonne de Médinet-Abou.	Ibid.
191. Pylône d'un temple égyptien.	293
192. Propylon précédé de mâts ornementaux, peinture d'un hypogée de Tell-el-Amarna.	Ibid.
193. Pylône avec ses mâts à banderoles, bas-relief du temple de Khonsou, à Karnak.	294
194. Obélisque d'Héliopolis.	295
195. Buste d'une statue égyptienne en calcaire peint, du temps des dynasties primitives, au Musée du Louvre.	304
196. Danse religieuse, bas-relief du Musée de Boulaq (d'après l'*Histoire de l'art*, de MM. Perrot et Chipiez).	310
197. Portrait de Râ-mes-sou III, bas-relief de Médinet-Abou.	313
198. Androsphinx.	312
199. Criosphinx.	Ibid.
200. Hiéracosphinx.	Ibid.
201. Kha-f-Râ (IVe dynastie), statue en diorite du Musée de Boulaq.	314
202. Sculpteur égyptien travaillant avec la pointe, peinture d'un tombeau de Thèbes.	315
203. Sculpteurs égyptiens polissant un colosse de pierre dure, peinture d'un tombeau de Thèbes (d'après Wilkinson).	317
204. Cuillers de toilette égyptiennes, en bois.	321
205. Peintres coloriant une statue et exécutant une peinture à plat, peinture d'un tombeau de Thèbes (d'après Wilkinson).	322
206. Chasseur rapportant son gibier, peinture d'un tombeau de Thèbes (d'après Prisse d'Avesnes).	324
207. Joueuse de théorbe, peinture d'un tombeau de Thèbes (d'après Prisse d'Avesnes).	325
208. Types des races étrangères, esquisse au trait dans une des tombes royales de Thèbes (d'après Prisse d'Avesnes).	326
209. Coupe de la grande Pyramide de Gizeh.	328
210. La grande Pyramide de Gizeh et le Sphinx	329
211. Le grand Sphinx déblayé, avec le petit temple établi entre ses pattes (d'après l'*Égypte* de Ebers).	331
212. La pyramide à degrés de Saqqarah.	333
213. Les pyramides du champ de sépulture des rois de Napata.	336
214. Pyramide à Aschour en Ethiopie.	337
215. Les ruines du Labyrinthe.	340
216. Mastabah de l'Ancien Empire à Saqqarah.	344
217. Décoration intérieure d'une des parois du tombeau de Phtah-hotpou à Saqqarah.	345
218. La vallée de Biban-el-Molouk et les tombeaux des rois, à Thèbes.	350
219 et 220. Plan et coupe d'une tombe royale de Biban-el-Molouk, du type le plus simple.	351
221. Plan de l'hypogée funéraire de Séti Ier à Biban-el-Molouk.	352

		Pages.
222.	Intérieur du temple voisin du grand Sphinx (d'après l'*Histoire de l'Art* de M. Perrot et Chipiez)	356
223.	Plan du temple voisin du grand Sphinx (d'après la même source)	357
224.	Tabernacle portatif de bois, d'après les sculptures	359
225.	Tabernacle ou naos en granit, Musée du Louvre	359
226.	Le temple d'Edfou	360
227.	Plan du temple de Dendérah	361
228.	Plan du grand temple d'Ammon à Karnak	367
229.	Ensemble des ruines du temple d'Ammon, à Karnak, vues des bords du lac sacré.	368
230.	La grande salle hypostyle de Karnak	369
231.	Le temple de Louqsor vu du Nil	374
232.	Les deux colosses d'Amon-hotpou III à Thèbes	376
233.	Entrée du temple de Médinet-Abou	377
234.	Plan des édifices sacrés de Médinet-Abou	378
235.	Ruines de Saïs	380
236.	Les fouilles de Tanis	382
237.	Plan du grand temple d'Abydos	387
238.	Entrée des salles hypostyles du grand temple d'Abydos	389
239.	Façade du grand temple souterrain d'Ibsamboul en Nubie	392
240.	Plan cavalier d'un palais égyptien, peinture des hypogées de Tell-el-Amarna .	397
241.	Le pavillon de Médinet-Abou	399

TABLE

DES PLANCHES EN NOIR TIRÉES HORS TEXTE.

---

1. La procession solennelle de la fête du dieu Ammon-Khem à Thèbes, bas-relief du temple de Médinet-Abou . . . . (à placer à la p. 171.)
2. Scènes de funérailles, cérémonies à la porte du tombeau, peintures de tombeaux thébains de l'époque du Nouvel Empire . . . (à placer à la p. 252.)

CHROMOLITHOGRAPHIES TIRÉES HORS TEXTE.

1. Bijoux incrustés de pierres dures et de pâtes de verre. Egypte et Éthiopie. . . . . (à placer en tête du volume.)
2. Poteries émaillées . . . . (à placer à la p. 55.)

CARTES ET PLANS TOPOGRAPHIQUES INSÉRÉS DANS LE TEXTE.

	Pages
1. Plan du plateau des pyramides de Gizeh, d'après les levés de Wilkinson . . .	330
2. Plan des ruines de Saïs	379
3. Plan des ruines de Tanis	381
4. Plan des ruines du grand temple de Phtah à Memphis	384

CARTE TIRÉE HORS TEXTE.

Plan général des ruines de Thèbes, d'après les levés de Wilkinson . (à placer à la p. 359.)

TABLE DES MATIÈRES

DU TOME TROISIÈME

LIVRE IV
CIVILISATION, MŒURS, RELIGION ET ART DE L'ÉGYPTE

CHAPITRE PREMIER. — Organisation sociale et politique et mœurs

§ 1. — *Constitution sociale du peuple égyptien.*

	Pages.
Division du peuple égyptien par classes.	3
Ces classes n'étaient pas à proprement parler des castes, comme on l'a cru par une interprétation exagérée des textes grecs.	4
Pas d'hérédité obligatoire des professions.	Ibid.
La classe des prêtres, ses privilèges et ses obligations.	5
Aliments interdits aux prêtres.	Ibid.
Leur costume.	6
Différents degrés de la hiérarchie sacerdotale.	7
Affectation de chaque prêtre à un culte spécial.	Ibid.
Les grands-prêtres.	8
Principaux titres sacerdotaux.	9
Les prêtresses, leurs offices et leurs titres.	Ibid.
Les Pallacides des dieux.	10
La classe des guerriers ; organisation de l'armée égyptienne.	Ibid.
Principaux grades des troupes nationales	11
L'armée se constitue en classe fermée et héréditaire au temps des troubles qui suivent la xxe dynastie.	13
Son organisation au temps d'Hérodote, les Calasiriens et les Hermotybiens	14
Dotation territoriale de l'armée dans cette organisation	15
Psamétik Ier la désorganise.	Ibid.
Affaiblissement qui en résulte pour l'Égypte	16
Classes inférieures de la population, les paysans et les gens de métiers.	Ibid.
Enregistrement des paysans et leur condition	17
Chasseurs	Ibid.
Mariniers et pilotes	18

	Pages.
Ouvriers et marchands	19
Interprètes	Ibid.
Pasteurs et bergers	Ibid.
Bergers étrangers de la Basse-Égypte	21
Porchers	Ibid.
Pêcheurs	22
Prolétaires et gens sans moyens d'existence réguliers	23

§ 2. — La royauté.

Caractère absolu de la royauté égyptienne	23
Divinité de l'office et de la personne du roi	Ibid.
Culte des rois après leur mort	24
De leur vivant	25
Conséquences de cette exaltation du pouvoir royal	Ibid.
Etiquette qui environnait les rois	26
Leurs fonctions pontificales	27
Cartouches qui entourent leurs noms sur les monuments	Ibid.
Insignes de la royauté	28
La mèche distinctive des princes royaux et sa signification emblématique	29

§ 3. — Organisation administrative.

Les nomes ou préfectures, leurs divisions et leurs gouverneurs	30
Leur nombre aux diverses époques	31
Tableau des nomes de la Haute-Égypte	32
Tableau des nomes de la Basse-Égypte	34
Districts de l'Éthiopie égyptienne	36

§ 4. — Le personnel administratif et la corporation des scribes.

La bureaucratie de l'ancienne Égypte	36
Échantillons de correspondances administratives parvenus jusqu'à nous	37
Principaux services de l'administration	38
La corporation des scribes et sa hiérarchie	Ibid.
Instruction exigée et examens	39
Éloge du métier de scribe	Ibid.
Le doctorat	40
Les écoles et l'autorité des maîtres	Ibid.
Usage du bâton dans les écoles	41
Flatteries des élèves aux maîtres	Ibid.
L'examen de fin d'études	42
Sollicitations pour obtenir un poste	Ibid.
Lettres d'employés qui nous font pénétrer dans la vie administrative égyptienne	43
Demande de congé	44

§ 5. — Lois et organisation judiciaire.

Renommée de sagesse des lois égyptiennes	45
Lois criminelles et pénalités	Ibid.
Modes de la peine de mort	46
Lois concernant les femmes	Ibid.
La peine militaire du déshonneur	47
La bastonnade	Ibid.

DU TOME TROISIÈME

	Pages.
Antiquité de l'institution du scheikh des voleurs	47
Lois civiles, régime des obligations	48
Contrats de vente et de louage	49
Contrats de mariage, la dot de la femme	Ibid.
Principaux législateurs de l'Égypte antique	Ibid.
Jugements par commissions spéciales	50
Organisation des tribunaux ordinaires	Ibid.
La cour suprême	51
Manière dont on procédait devant elle	Ibid.
Dossiers de grands procès criminels égyptiens parvenus jusqu'à nous	52

§ 6. — *Industrie et commerce.*

Richesse, développement et perfection de l'industrie égyptienne	53
Nombreux spécimens qui en sont parvenus jusqu'à nous	Ibid.
Tissage des étoffes	Ibid.
Métallurgie	Ibid.
Métaux connus et employés	54
Bijouterie	Ibid.
Fabrication du verre	Ibid.
Céramique	55
La prétendue porcelaine égyptienne et ce qu'elle est en réalité	Ibid.
Commerce d'exportation	57
Emploi des métaux en lingots comme instrument d'échange	Ibid.
La circulation de cuivre à l'intérieur du pays	Ibid.
Prix de diverses denrées relevés sur les papyrus	Ibid.
Emploi de l'or et de l'argent dans les transactions avec les Asiatiques	58
En quoi cet emploi des métaux précieux aux échanges différait de l'usage de la monnaie proprement dite	59
Faits analogues qui se produisent encore actuellement en Chine	60
Remarques d'Hérodote sur les différences d'habitudes industrielles et commerciales des Égyptiens et des Grecs	61

§ 7. — *Mœurs et coutumes.*

Douceur et docilité du peuple égyptien	61
Respect des vieillards	Ibid.
Excellente santé et régime des Égyptiens	Ibid.
Alimentation en viande de boucherie, et manière de découper celle-ci	62
Emploi des palmipèdes comme volailles	64
Cuisiniers et pâtissiers	Ibid.
Le pain	Ibid.
Le vin et la bière	65
Reproches à un scribe qui s'adonne à la boisson	Ibid.
L'ivrognerie chez les Égyptiens	66
Manière de prendre les repas	Ibid.
La momie promenée dans les festins	67
Chant de fête	Ibid.
Gaieté du caractère égyptien et son amour du plaisir	69
Jeux divers	Ibid.
Exercices gymnastiques	70
Habitude de raser la tête et usage de la perruque	Ibid.
La barbe postiche	71
Costume des hommes	Ibid.

	Pages.
Costume des femmes	73
Leur coiffure	74
Bijoux des hommes et des femmes	75
Colliers honorifiques	Ibid.
Chaussures	76
L'habitation de l'Égyptien	Ibid.
Rareté des vestiges de maisons parvenus jusqu'à nous	Ibid.
Représentations de maisons dans les peintures et les bas-reliefs	77
Cours et jardins autour de l'habitation	Ibid.
Plans des maisons	78
Le toit	Ibid.
Matériaux de la construction des maisons	79
Portes et fenêtres	Ibid.
Décoration intérieure	80
Mobilier	Ibid.
Chevets de bois	81
Greniers et magasins voûtés	Ibid.
Jardins	82

CHAPITRE II. — LITTÉRATURE ET SCIENCES

§ 1. — L'écriture.

Les hiéroglyphes	83
Travaux qui ont préparé leur déchiffrement ; l'inscription de Rosette	Ibid.
Champollion le Jeune et sa découverte	84
Les successeurs de Champollion, état actuel de l'égyptologie en Europe	85
Les trois éléments de l'écriture hiéroglyphique	86
Phonétiques simples	87
Signes syllabiques et mécanisme de leur emploi	Ibid.
Les compléments phonétiques	Ibid.
Signes idéographiques	88
Les déterminatifs et leur emploi	89
Analyse d'une phrase égyptienne, décomposée en les divers éléments qui servent à l'écrire	Ibid.
Tableaux des signes les plus usuels de l'écriture hiéroglyphique égyptienne :	
TABLEAU A. — Signes alphabétiques ordinaires	91
TABLEAU B. — Signes syllabiques	93
TABLEAU C. — Principaux déterminatifs	97
Tachygraphies des hiéroglyphes, l'hiératique	99
Le démotique	Ibid.
L'emploi de cette dernière écriture correspond à un état particulier de la langue	100
Principaux travaux sur le démotique	101

§ 2. — Les livres.

Les bibliothèques chez les Égyptiens	Ibid.
La plante du papyrus et le papier qu'on en tirait	102
Fabrication de ce papier	104
Ses diverses qualités	105
Manuscrits palimpsestes et opisthographes sur papyrus	Ibid.
Emploi du parchemin en Égypte	Ibid.
Écriture sur planchettes de bois	106
Les *Ostraca*	Ibid.

	Pages.
L'encre employée par les Égyptiens.	107
Principales branches de la littérature égyptienne et classes de livres.	Ibid.
Les Livres Hermétiques	109

§ 3. — *Astronomie, mathématiques, astrologie.*

Les planètes et leurs noms égyptiens.	109
Les étoiles fixes et le ciel supérieur.	111
Les décans.	Ibid.
Catalogues d'observations stellaires.	112
L'étoile Sopt ou Sothis (Sirius), et le cycle que l'on basait sur le retour de son lever héliaque.	Ibid.
L'année primitive égyptienne.	Ibid.
Les cinq jours épagomènes.	113
L'année civile vague et l'année astronomique.	Ibid.
La période sothiaque, qui ramenait leur coïncidence.	114
Les mois et leurs noms.	Ibid.
Tableau du calendrier égyptien.	115
État des mathématiques et de la géométrie dès la période de l'Ancien Empire.	Ibid.
Le papyrus géométrique et arithmétique du Musée Britannique.	116
Système de notations des nombres entiers.	Ibid.
Notation des nombres fractionnaires.	118
Développement de l'astrologie chez les Égyptiens.	Ibid.
Les jours fastes et néfastes, et les raisons mythologiques du caractère qu'on leur attribuait.	Ibid.
Fragments du calendrier des jours bons et mauvais contenu dans un papyrus du Musée Britannique.	119
Le destin de chaque homme.	120
Les sept Hat-Hor, déesses des destinées.	Ibid.
Action de la date de la naissance de chaque homme sur la nature de sa mort.	121
L'art des horoscopes.	Ibid.

§ 4. — *Médecine.*

Les livres de médecine égyptiens parvenus jusqu'à nous.	122
Multiplicité des spécialistes.	Ibid.
Imperfection des connaissances anatomiques et interdiction des dissections.	123
Obligation de suivre les règles traditionnelles.	Ibid.
Théorie des esprits vitaux.	Ibid.
Maladies dont traitent les papyrus médicaux que nous possédons	124
Nature des remèdes qu'ils prescrivent.	Ibid.
Emploi des incantations magiques dans la médication.	125

§ 5. — *Magie.*

Développement des superstitions magiques chez les Égyptiens.	126
Papyrus qui en traitent	Ibid.
Place que ces superstitions tiennent dans les contes et romans de l'ancienne Égypte.	127
Effet des formules magiques d'assimiler celui qui les prononce aux dieux et de lui en communiquer la puissance.	Ibid.
Echantillons de formules destinées à produire cet effet.	128
Assimilation toute spéciale à Osiri	129
Communication par voie magique de la vertu divine aux animaux	130
Absence de développement démonologique dans la magie égyptienne	Ibid.

	Pages.
Contrainte exercée par les formules magiques sur les dieux eux-mêmes	131
Le talisman de Hor sur les crocodiles	132
Vertu divine enfermée dans le talisman	133
Ce que Porphyre dit de cette contrainte des dieux	134
Emploi des noms mystérieux des dieux dans les formules magiques	135
Vertu attribuée aux noms barbares et inintelligibles	136
Emploi des formules magiques et des talismans dans les rites funèbres	137
Protection qui en résultait pour le mort dans son pèlerinage de l'autre vie	138
Effets merveilleux de la formule magique de Tahout dans le roman de Satni Khâ-m-Ouas	139
Les incantations magiques dans le *Livre des Morts*	Ibid.
Formules du même genre déposées auprès des momies	Ibid.
Celles qui étaient destinées à empêcher le corps de devenir la proie et la résidence d'un mauvais esprit	140

§ 6. — *Recueils de préceptes et de maximes morales.*

La littérature gnomique égyptienne	141
Les maximes de Phtah-hotpou et de Kaqimna, sous l'Ancien Empire	Ibid.
Les instructions du scribe Ani à son fils	Ibid.
Hauteur de leur morale	Ibid.
Sentiment de l'instabilité des choses terrestres	Ibid.
Conseils de piété	142
Respect filial	Ibid.
Abstention des vices abrutissants	143
Dangers des pièges de la femme	Ibid.
Nécessité de la discipline dans la maison	144
Savoir se garder des querelles, de la médisance et de la curiosité indiscrète	Ibid.
Contentement de son sort	145
Belles maximes d'un papyrus démotique du Louvre	Ibid.
La confession négative du *Livre des Morts*	146
Prescription des œuvres de charité	148

§ 7. — *Contes et romans.*

Découverte des premiers romans égyptiens que l'on ait déchiffrés sur les papyrus	148
Publication générale de M. Maspero	149
Questions intéressantes que soulèvent ces œuvres d'imagination	150
Le conte des deux frères et les deux parties, très imparfaitement reliées entre elles, qui le composent	Ibid.
Contes analogues à sa première partie chez d'autres peuples	152
Contes analogues à sa seconde partie	154
Incertitude du point de départ originaire de ces récits	156
Le roman de Satni Khâ-m-Ouas, analyse de ses péripéties	Ibid.
Caractère historique des principaux personnages de ce roman	162
Travestissement romanesque de l'histoire dans les imaginations égyptiennes	Ibid.
Contes sur des faits et des personnages historiques	163
Place que tiennent ces contes dans les récits que les Grecs ont recueillis comme de l'histoire de la bouche de leurs exégètes en Égypte	164
Les narrations d'Hérodote et leur intérêt à ce point de vue	165
Le conte du prince prédestiné, son analyse	166
Le conte du navigateur	167
Connaissance des grands lacs de l'Afrique équatoriale, que ce conte implique	169

CHAPITRE III. — Religion.

§ 1. — *Unité divine et multiplicité des dieux.*

	Pages.
Grande piété des Égyptiens envers leurs dieux, éclat qu'ils donnaient au culte.	171
La doctrine ésotérique et la religion populaire.	172
Idée de l'unité de Dieu.	173
Le Dieu des Égyptiens.	*Ibid.*
Sa génération éternelle et sa triplicité.	174
Il se subdivise extérieurement en une multitude de dieux, qui sont ses modes et ses attributs.	*Ibid.*
Caractère géographique de cette subdivision de l'unité divine, le dieu de chaque nome et de chaque ville.	*Ibid.*
Combinaisons de plusieurs dieux en un seul.	175
Théorie qui fait du monothéisme la base primordiale de la religion égyptienne.	*Ibid.*
Difficultés que soulève cette théorie.	*Ibid.*

§ 2. — *Le dieu Soleil.*

Préoccupation de l'autre vie dominante dans l'esprit des Égyptiens.	176
Ils en voient l'image et l'emblème dans les phases de la course diurne du soleil.	*Ibid.*
Râ, le dieu Soleil.	*Ibid.*
Il est assimilé au Dieu suprême et unique.	179
Tous les dieux divers deviennent des formes de Râ.	*Ibid.*
Influence de l'antropomorphisme sur ces conceptions religieuses.	*Ibid.*
Assimilation de la génération divine à la génération humaine.	181
Rôle attribué au principe féminin dans la théogonie.	*Ibid.*
Les déesses.	182
Hat-Hor, mère du Soleil.	*Ibid.*
Déesses personnifiant la lumière du Soleil	*Ibid.*
La navigation du Soleil sur l'océan céleste.	184
Hymne au dieu Râ dans sa barque.	185
Navigation nocturne du Soleil dans le monde souterrain.	189
Les salles des enfers et les supplices des damnés.	*Ibid.*
Description de cette navigation infernale dans le « Livre de ce qu'il y a dans l'hémisphère inférieur ».	190
La création, séparation des eaux célestes et terrestres par le dieu Schou.	*Ibid.*
Lutte des dieux lumineux contre les puissances des ténèbres.	192
Combat de Hor contre le serpent Apap.	*Ibid.*
Le dieu Set.	193
Il n'a pas été toujours une personnification du principe mauvais, mais un dieu de la force matérielle et du pouvoir destructeur du Soleil.	*Ibid.*
Identification de Set à Soutekh et à Ba'al	194
Les dieux asiatiques prennent place dans le panthéon égyptien en se rangeant dans son cycle.	196
Hymne au Soleil comme auteur et conservateur de la vie sur la terre.	197

§ 3. — *Les dieux régnant sur la terre. Osiri.*

Règne des dieux sur la terre aux origines de l'humanité.	198
Systèmes divers sur la succession des règnes de la dynastie divine.	*Ibid.*
Osiri, le type parfait du dieu roi.	*Ibid.*
Sa conception primitive comme Soleil de nuit.	*Ibid.*
Son meurtre par Set.	*Ibid.*

	Pages
Hor, son fils, le venge.	201
Assimilation de l'homme mort à Osiri dans sa passion.	Ibid.
L'épopée d'Osiri.	203
Isi, sa sœur et son épouse.	Ibid.
Légende qui faisait porter à Gebal, en Phénicie, le corps d'Osiri mort	Ibid.

§ 4. — *Triades et ennéades diverses.*

Personnages secondaires que nous sommes obligés de laisser de côté dans ce rapide exposé de la religion égyptienne.	205
Les dieux lunaires, Tahout et Khonsou.	206
Groupement ternaire des dieux.	207
La triade normale, composée, comme une famille humaine, de père, mère et fils	Ibid.
Les triades locales des principales villes.	208
Triade de Thèbes.	209
Triade de Memphis	Ibid.
Triades de quelques autres cités de premier ordre.	Ibid.
Groupe ternaire des dieux mâles.	210
Introduction du roi vivant dans ces triades.	Ibid.
Triplement du groupe ternaire, l'ennéade	Ibid.
Ce qu'on appelait un *Cycle de dieux*.	211

§ 5. — *Le culte des animaux.*

Ce culte, dont le développement est si particulier à l'Égypte, provient d'une exagération de l'esprit de symbolisme.	211
Préférence donnée à des images vivantes des dieux sur les idoles de pierre ou de métal.	212
Le culte des animaux n'était pas en Égypte le reste d'un fétichisme primitif, on connaît son point de départ historique	Ibid.
Animaux adorés dans tout le pays.	Ibid.
Animaux dont le culte était spécial à chaque nome.	213
Popularité de ce culte.	214
Les plus importants des animaux sacrés de l'Égypte	Ibid.
Hapi, le taureau divin de Memphis, incarnation de Phtah	215
Marques auxquelles on le reconnaissait.	Ibid.
Soins dont on l'entourait dans sa vie.	216
Sa mort et les honneurs funèbres qu'on lui rendait.	Ibid.
Culte d'Hapi mort ou Osir-Hapi (Sérapis)	Ibid.
Le Sérapis grec.	217
Sépultures des taureaux Hapi au Sérapéion de Memphis.	Ibid.
Durée du culte de Hapi vivant et mort.	Ibid.
Résumé du caractère de la religion égyptienne.	218
Ce qu'en dit Clément d'Alexandrie.	219

§ 6. — *Genèse et développement de la religion égyptienne.*

Théorie généralement admise sur le monothéisme primitif de la religion égyptienne.	220
Doutes élevés à cet égard par M. Lepage-Renouf et M. Maspero.	Ibid.
Variations de la religion égyptienne suivant les temps et les lieux	221
Grandes lacunes de nos connaissances à son sujet.	Ibid.
Nécessité de faire dans son étude une place à l'évolution historique.	222
Les dieux primitifs de l'Égypte et leurs trois classes, dieux des morts, dieux élémentaires et dieux solaires.	Ibid.

	Pages
Développement progressif de la tendance au monothéisme ou plutôt à l'hénothéisme.	223
Marche graduelle de l'esprit de syncrétisme.	Ibid.
Identification et fusion des dieux d'abord distincts les uns avec les autres.	224
Établissement d'une hiérarchie régulière fondée sur l'unité de la substance divine.	Ibid.
Variations de la doctrine religieuse, même après ce grand travail	Ibid.
Corruption et dégénérescence de la religion égyptienne dans les bas temps	225
Les dieux ramenés à des proportions humaines	Ibid.

§ 7. — Les doctrines sur l'autre vie.

Vaste ensemble de symbolisme fondé sur l'assimilation de l'existence d'outre-tombe à la course du soleil.	226
Le dogme de la résurrection.	Ibid.
Soins pris de la conservation du corps pour que l'âme puisse le retrouver intact au jour de la résurrection, origine de la pratique des embaumements	227
La rémunération dans l'autre vie.	228
L'intelligence, l'âme, l'esprit et le corps, d'après les idées des Égyptiens	Ibid.
Lutte entre les aspirations divines de l'intelligence et les instincts animaux du corps.	Ibid.
Jugement de l'âme après la mort.	230
Châtiment des réprouvés	231
Béatitude des justes	Ibid.
Épreuves de l'âme dans son pèlerinage d'outre-tombe.	232
Assimilation du mort à Osiri	233
Doutes nés dans quelques esprits sur la béatitude de l'autre vie	Ibid.
Les vertus qui assuraient cette béatitude.	234
L'éloge du mort dans son épitaphe est un véritable plaidoyer devant le tribunal des juges infernaux	235

§ 8. — Les rites des funérailles.

Évolution progressive des croyances des Égyptiens sur l'autre vie et leur spiritualisation graduelle	236
Conception primitive du Ka ou du « double, » rites fondés sur cette croyance.	237
Multiplication des statues iconiques du mort pour servir de support à son double.	Ibid.
Offrandes servant à l'entretien du double, enfermé dans son tombeau	Ibid.
Formule assurant le passage de ces offrandes dans l'autre vie	238
Signification des peintures de la vie quotidienne tracées sur les parois des tombeaux les plus anciens	239
La mort reste toujours aux yeux des Égyptiens un simple changement de vie	240
Le tombeau considéré comme la demeure de l'âme après qu'une conception plus spiritualiste de celle-ci s'est superposée à l'ancienne doctrine du double.	241
Rites des funérailles	Ibid.
L'embaumement et ses procédés.	Ibid.
Embaumement séparé des viscères	243
Emmaillottage de la momie dans ses bandelettes	245
Variations de la forme des sarcophages suivant les époques.	Ibid.
Le « Rituel de l'embaumement » et ses manuscrits	247
Mobilier déposé dans le tombeau.	Ibid.
Armes qu'on y mettait à la disposition du mort	Ibid.
Les jours du deuil entre la mort et les funérailles.	248
Texte décrivant les funérailles sous la xii⁰ dynastie	Ibid.
La procession funèbre à Thèbes, au temps du Nouvel Empire.	249
Traversée du Nil sur des barques	250
Lamentations de la famille et des pleureuses	Ibid.

	Pages.
Arrivée au tombeau.	251
Nouvelles lamentations des pleureuses	Ibid.
Peintures représentant la cérémonie à l'entrée du tombeau	Ibid.
Banquet funèbre	252
Chant du premier harpiste dans le tombeau de Nofri-Hotpou	253
Chant mystique du second harpiste	255
Fêtes d'anniversaires aux tombeaux.	257

§ 9. — *Le Livre des Morts et les autres écrits analogues.*

Le *Livre des Morts* ou « Rituel funéraire » déposé auprès de toutes les momies soignées à partir du Nouvel Empire.	257
Recueil de leçons liturgiques qui se récitaient pendant les funérailles ou dans les rites commémoratifs auprès des tombeaux	Ibid.
Manuscrits de ce livre et état de son texte	258
Éditions et traductions qui en ont été données.	Ibid.
Les deux récensions que l'on en possède, de la xviiie et de la xxvie dynastie.	259
Formation du livre, collection de morceaux originairement distincts	260
Question de savoir si la collection a été disposée sur un plan raisonné et régulier.	Ibid.
Les Égyptiens admettaient un assez long temps entre la mort et le jugement de l'âme.	261
Preuve tirée d'une curieuse sommation adressée par un mari à sa femme morte	Ibid.
Analyse du *Livre des Morts*.	262
Première partie, grande scène dialoguée qui se passe au moment de l'entrée de l'âme dans le monde inférieur	Ibid.
Hymne au Soleil	Ibid.
Seconde partie, introduction, le chapitre XVII, antiques invocations accompagnées de commentaires.	263
Les chapitres de la *Couronne de Triomphe*.	265
Restitution au mort des facultés de la vie	266
Combats contre les monstres infernaux et chant de triomphe final	267
Repos et rafraîchissement du mort.	268
Son dialogue avec la lumière divine.	Ibid.
Les transformations divines de l'âme	269
Sa réunion au corps	Ibid.
Rencontre du faux nautonier sur le fleuve infernal.	270
L'examen avant d'entrer dans la barque qui doit transporter le mort dans les champs bienheureux.	Ibid.
Culture du froment de la science dans les champs d'Aarou	272
Auxiliaires qu'on donne au mort pour ce travail, les figurines funéraires	Ibid.
Dernières épreuves du mort	274
Son entrée dans la salle du jugement.	Ibid.
Son apologie et la sentence qui est rendue à son égard	275
Troisième partie du *Livre des Morts*, la béatitude, le mort admis dans la barque du Soleil.	Ibid.
Abrégés sommaires de ce grand ouvrage : Le *Livre des souffles de la vie*	276
Le Papyrus Rhind.	Ibid.
Les *Lamentations d'Isi et de Nebt-hat*	Ibid.
Le *Livre de ce qui est dans l'hémisphère inférieur*.	277
Le *Livre de ce qui est dans l'hémisphère supérieur*.	278
Esprit du panthéisme qui règne dans ces deux derniers ouvrages.	Ibid.
Hymne panthéistique inscrit sur les murailles du temple de l'Oasis d'El-Khargeh	279
Poésie lyrique religieuse des Égyptiens, hymnes aux dieux	280

CHAPITRE IV. — Arts et monuments.

§ 1. — *Caractères généraux de l'art égyptien.* — *Architecture.*

	Pages.
Grandeur des Égyptiens dans les arts	281
Esprit général de l'architecture égyptienne, recherche de l'expression de stabilité et de durée, développement donné à la largeur des bases.	Ibid.
La construction en plates-bandes.	282
Nouvelles ressources que fournit à l'architecture l'invention de la voûte	283
Les Égyptiens s'en sont tenus à la construction en plates-bandes, tous leurs édifices se composent d'éléments verticaux et horizontaux	Ibid.
Équilibre parfait des constructions ainsi faites	284
Les Égyptiens ont pourtant connu la voûte, mais ne l'ont employée que dans les constructions en briques, qui n'avaient qu'une importance secondaire	285
Influence des matériaux dans l'art égyptien, architecture massive de pierre et architecture légère de bois	286
Sveltes colonnettes de cette dernière	287
Les supports dans l'architecture de pierre, le pilier quadrangulaire de l'Ancien Empire	288
La colonne prismatique à huit ou seize pans du Moyen Empire	Ibid.
Introduction de la colonne à chapiteau en bouton de lotus, empruntée à l'architecture de bois, sous la xiie dynastie.	290
La colonne égyptienne va en s'alourdissant avec le temps	291
Chapiteaux composites de Philæ.	Ibid.
Uniformité de la modénature des monuments égyptiens	Ibid.
Seule moulure employée, la *gorge égyptienne*	292
Disposition de la façade des édifices égyptiens	293
Le pylône	294
Le propylon.	Ibid.
Mâts ornementaux qu'on érigeait devant	Ibid.
Les obélisques.	Ibid.
Appareil des constructions égyptiennes en pierre.	295
Défaut de soin très ordinaire dans l'exécution de cet appareil et dans le choix des matériaux	296
Rareté de l'emploi des monolithes et même des grandes pierres.	297
Imperfection des fondations	298
Décoration peinte des édifices égyptiens.	Ibid.
Nécessité de la polychromie architecturale sous la lumière des pays au soleil ardent.	299
Esprit de la décoration égyptienne qui revêt toutes les parois de tableaux.	300
Défauts de ce système.	Ibid.
Altération rapide du décor par la chute du stuc qui l'a reçu sur les joints.	Ibid.
Monotonie de l'effet	301

§ 2. — *Caractères généraux de l'art égyptien.* — *Sculpture.*

Principales phases du développement de la sculpture égyptienne.	302
Elle finit par tomber dans la routine et la convention	Ibid.
Ce qui fait que les premières statues égyptiennes ont été iconiques et réalistes	303
Ces raisons n'ont plus existé au même degré dans les époques postérieures	305
Comment la convention naît dans les arts	Ibid.
Causes qui devaient tout particulièrement faire glisser la sculpture égyptienne dans cette voie.	307
Influence de l'esprit de symbolisme et d'hiéroglyphisme sur cette sculpture.	308
Majesté de l'art sculptural de l'Égypte	309
Ses partis pris volontaires	Ibid.

	Pages.
Répétition des mouvements	309
Accent monumental de l'art égyptien	311
Vérité ethnographique	Ibid.
Combinaisons symboliques de formes humaines et animales	Ibid.
Ce qu'a été le symbole pour la sculpture égyptienne	313
Influence des matériaux et des outils employés sur le style de cet art	Ibid.
Goût particulier pour l'emploi des matières dures	314
Les Égyptiens n'ont pas mis en usage le ciseau d'acier pour les tailler	Ibid.
Travail à la pointe	315
Emploi de la marteline	316
Achèvement du travail par le polissage à l'émeri	Ibid.
Emploi d'outils de pierre pour entamer le travail et attaquer la matière	317
Nécessités d'alourdissement qu'emportait l'emploi d'instruments aussi imparfaits	318
La sculpture égyptienne s'est affranchie en partie de ces entraves lorsqu'elle a eu affaire à des matières moins rebelles	319
Statues de bois	Ibid.
Objets d'orfèvrerie et de tabletterie	320
Résumé de l'influence des matériaux et des outils sur la sculpture égyptienne	Ibid.

§ 3. — *Caractères généraux de l'art égyptien.* — *Peinture.*

La peinture égyptienne a commencé par être une coloration de la sculpture	322
Son style procède du bas-relief, elle a les mêmes conventions et les mêmes partis pris	Ibid.
Emploi exclusif des teintes plates, absence de modelé et de clair-obscur	323
La peinture égyptienne est une simple enluminure	325
L'esquisse au trait, sûreté de dessin qui s'y déploie	326
Vignettes dessinées dans les papyrus	227

§ 4. — *Principaux monuments.* — *Les Pyramides.*

Les grandes Pyramides de Gizeh	327
Pyramide de Khoufou	328
Pyramide de Kha-f-Râ	330
Pyramide de Men-ké-Râ	Ibid.
Le grand Sphinx	331
Groupes de pyramides autres que celles de Gizeh	332
Variations dans la forme de ces monuments	Ibid.
Variété dans les matériaux employés	333
Fantaisies de quelques écrivains modernes sur les pyramides	334
C'étaient des tombeaux hermétiquement clos	Ibid.
Chapelle funéraire construite dans le voisinage de chacune d'elles	Ibid.
Mode de construction des pyramides et leur accroissement progressif	335
Emploi de la pyramide comme motif d'amortissement sous le Nouvel Empire	Ibid.
La pyramide dans l'architecture en dehors de l'Égypte	337
Les pyramides funéraires de l'Ethiopie	338

§ 5. — *Le Labyrinthe.*

Ce qu'était ce fameux édifice	338
Description qu'en donne Hérodote	Ibid.
Description de Strabon	339
Les ruines du Labyrinthe et leur état actuel, d'après M. Lepsius	Ibid.
Difficulté de tenter une restitution de ce monument	341

§ 6. — *Tombeaux*.

	Pages.
Soins tout particuliers donnés par les Égyptiens à leurs tombeaux	342
Orientation normale de ceux-ci	Ibid.
Les tombes de l'Ancien Empire, nécropoles des environs de Memphis	343
Les sépultures des pauvres	Ibid.
Tombes soignées et monumentales, les *mastabahs*.	Ibid.
Décoration de la chapelle accessible au public pour les cérémonies du culte funéraire.	344
Réduit secret des statues du mort	346
Le puits funéraire	Ibid.
Les tombes du Moyen Empire, prédominance du type de l'hypogée	347
Leur disposition habituelle	Ibid.
Les tombes du Nouvel Empire	348
Hypogées des nécropoles de Thèbes.	349
Tombeaux communs des pauvres.	Ibid.
Les tombes royales de Thèbes	351
Leur disposition typique et ses variantes.	Ibid.
Leur décoration et son caractère spécial.	352
Circonstances qui amenèrent le transfert d'une partie des morts ensevelis dans ces tombes en un autre lieu.	353
Les plus remarquables des tombes royales de Thèbes	354

§ 7. — *Temples*.

Magnificence des temples égyptiens.	355
Sanctuaires de l'Ancien Empire, le temple voisin du grand Sphinx.	Ibid.
Temples funéraires dépendant des pyramides de Gizeh	357
Les temples sous le Moyen Empire.	359
Le temple égyptien classique du Nouvel Empire, ses dispositions et ses parties constitutives	Ibid.
Ce qu'était proprement le temple égyptien et la nature des cérémonies qu'on y célébrait.	361
Faculté d'agrandissement indéfini du temple égyptien par le développement et la multiplication des parties accessoires	363
Différences fondamentales du temple égyptien et du temple grec.	364
Les ruines des temples de Thèbes	365
Le grand temple d'Ammon à Karnak, histoire de sa construction et de son développement successif	Ibid.
Autres sanctuaires de Karnak, le temple de Mout	372
Temple de Khonsou.	373
Le grand temple d'Ammon à Louqsor	Ibid.
Édifices sacrés de la rive occidentale du Nil, leur caractère funéraire.	Ibid.
Temple de Qournah	375
Temple de Deïr-el-Bahari.	Ibid.
Le Ramesséum	Ibid.
Temple d'Amon-hotpou III et colosses dits de Memnon.	376
Temple de Médinet-Abou	378
Temple de Deïr-el-Médineh	379
Édifices sacrés de la Basse-Égypte	380
Ruines du temple de Saïs.	381
Ruines des temples de Tanis.	Ibid.
Le grand temple de Phtah à Memphis et ses ruines	383
État où il se trouvait au XIIe siècle de notre ère, sa description par 'Abd-el-Latyf	385
Le Sérapéum de Memphis.	386
Temples de l'époque ptolémaïque en Égypte	Ibid.

	Pages.
Temples d'Abydos.	387
Temples des Oasis.	390
Les temples de la Nubie, prédominance du type du spéos ou de la grotte souterraine.	391
Le grand temple d'Ibsamboul	Ibid.

§ 8. — *Palais.*

Les temples égyptiens n'ont pas pu, comme on l'a cru longtemps, servir de palais.	393
Ce que devaient être les palais des rois d'Égypte.	394
Conditions normales de la conception du palais dans les civilisations orientales	395
Plan cavalier d'un palais dans les peintures des hypogées de Tell-el-Amarna	397
Le Pavillon de Médinet-Abou et sa destination	399
Son caractère à la fois civil et militaire.	400

FIN DE LA TABLE DES MATIÈRES.

ANGERS, IMPRIMERIE BURDIN ET Cie, RUE GARNIER, 4.

www.ingramcontent.com/pod-product-compliance
Lightning Source LLC
Chambersburg PA
CBHW070621230426
43670CB00010B/1600